MÁRIO GAZIN

A HISTÓRIA DO MENINO POBRE QUE MUDOU UMA REGIÃO E FUNDOU UMA DAS PRINCIPAIS REDES DE VAREJO DO BRASIL

CB072817

ELIAS AWAD

MÁRIO GAZIN

A HISTÓRIA DO MENINO POBRE QUE MUDOU UMA REGIÃO E FUNDOU UMA DAS PRINCIPAIS REDES DE VAREJO DO BRASIL

ns

São Paulo, 2023

Mário Gazin – a história do menino pobre que mudou uma região e fundou uma das principais redes de varejo do Brasil
Copyright © 2023 by Elias Awad
Copyright © 2023 by Novo Século Editora Ltda.

Produção Editorial: SSegovia Editorial
Preparação: Julio Talhari
Revisão: Tamires Cianci, Livia First e Carla Sacrato
Projeto gráfico e diagramação: Linea Editora
Capa: Equipe Novo Século
Transcrição: Marcelo Romano

Texto de acordo com as normas do Novo Acordo Ortográfico da Língua Portuguesa (1990), em vigor desde 1º de janeiro de 2009.

Dados Internacionais de Catalogação na Publicação (CIP)
Angélica Ilacqua CRB-8/7057

Awad, Elias
Mário Gazin : a história do menino pobre que mudou uma região e fundou uma das maiores redes de varejo do Brasil / Elias Awad. – 2. ed. – Barueri, SP : Novo Século Editora, 2023.
504 p.

ISBN 978-65-5561-550-0

1. Gazin, Mário Valério – Biografia 2. Empresários – Biografia 3. Empreendedores – Biografia 4. Varejistas - Biografia 5. Grupo Gazin – História I. Título

23-1702 CDD 926.58

Índice para catálogo sistemático:
1. Empresários - Biografia

---

uma marca do
Grupo Novo Século

GRUPO NOVO Alphaville Industrial, Barueri – SP – Brasil
Tel.: (11) 3699-7107 SÉCULO
Alameda Araguaia, 2190 – Bloco A – 11º andar – Conjunto 1111
CEP 06455-000 –| www.gruponovoseculo.com.br
atendimento@gruponovoseculo.com.br

SUMÁRIO

PREFÁCIO

Sabedoria! Essa é a palavra que representa a trajetória do nosso irmão Mário Gazin. Ele nasceu para vencer. A força e a determinação que ele possui fazem com que as situações difíceis se tornem fáceis.

Nosso irmão Mário sempre foi um líder muito forte e confiável, ao ponto de convencer nosso pai, Alfredo, a investir tudo o que tinha em sua visão de negócio e na compra de uma loja de móveis em 1966.

Outra passagem que nos marcou muito foi quando nós, os irmãos, estávamos para ingressar na empresa. O Mário mostrou ser não só o nosso irmão mais velho, mas o nosso pai! Somos frutos da união de duas pessoas especiais: a nossa mãe, Laurinda, e o nosso pai, Alfredo; eles formaram uma linda e respeitosa família.

Hoje temos o compromisso de dar continuidade a essa linda realidade que o Mário criou e nos deixou, que é a nossa empresa, à qual dedicou toda sua vida. Somos muito gratos ao Mário por tudo o que ele nos proporcionou e proporciona.

A Gazin tem a cara e o jeito do Mário! O respeito que os funcionários têm para com a empresa é fruto da confiança que o Mário deposita neles, tanto que nosso irmão os chama carinhosamente de filhos.

Os irmãos Gazin se uniram para solidificar mais um dos objetivos de Mário, o de escrever a sua história de vida. Uma linda trajetória que está aqui relatada! As páginas seguintes trazem a biografia deste homem ímpar, humilde, de personalidade marcante e inteligência brilhante, lúcido e atuante na construção do Grupo Gazin, e que, sob a sua "batuta", rege uma "orquestra" que conta com a participação ativa de nós, os irmãos.

Sua mentalidade é sempre otimista e Mário não se refugia em desculpas; para ele "Tudo é possível!".

Admiramos também as ideias arrebatadoras e desafiadoras do Mário. São posturas que "contagiam" a equipe da Gazin e as pessoas em geral, tornando-as mais preparadas, confiantes e motivadas para superar desafios e aproveitar as oportunidades que se apresentam na vida e carreira.

Somos o resultado das nossas escolhas. O nosso irmão Mário decidiu colocar como sua missão o trabalho em primeiro lugar. E ele vem cumprindo essa missão do modo mais construtivo, produtivo, prático e vencedor, tendo plena consciência das grandes possibilidades da vida e merecendo, assim, essa imensa notoriedade que alcançou.

Claro que, como toda opção, traz facilidades e dificuldades, alegrias e tristezas, conquistas e decepções... Mas ele é, sim, um grande vencedor, pois, com as suas decisões ele acertou muito mais do que errou!

Também através dessa escolha o Mário conseguiu construir uma ponte que permite que milhões de pessoas possam cruzá-la e se empenhem para alcançar o lado onde se encontra o que elas desejam obter.

Muitos de nossos triunfos se realizaram porque, motivados pelo Mário e ao lado dele, resolvemos resistir e persistir na luta para realizar as ambiciosas metas que ele nos determinou.

Portanto, é com muito orgulho que compartilhamos essa história, lembrando sempre de nossos pais, que nos ensinaram a amar a Deus sobre tudo e sobre todos, dando-nos ainda a oportunidade de sermos uma família unida que busca constantemente não apenas a nossa vitória, mas a de todos que acreditam em nossos propósitos!

O Mário é um grande sonhador e um grande realizador dos próprios sonhos e dos sonhos das outras pessoas! Se não fosse assim, ele não seria o Mário Gazin!

Querido irmão Mário, nós te amamos muito! Você é o nosso herói!

IRMÃOS GAZIN
MARIA APARECIDA (CIDINHA),
RUBENS, JAIR E ANTONIO

ABERTURA

MÁRIO VALÉRIO GAZIN

Minha filha, meu filho! É dessa forma que eu gosto de chamar as pessoas. Por isso, tomei a liberdade de chamá-lo(a) assim. Gosto de gente! Gosto de estar, de aprender e de me relacionar com gente!

Esta é a base do ser humano: ser, estar e transformar! E essa transformação acontece mediante contatos, relações interpessoais. É nisso que eu acredito! É isso que eu pratico!

Aqui começa um pouco da história que eu vivi e a que chamamos de biografia. Tornei-me, sim, um empresário de certo destaque no Brasil. Mas foi uma dura trajetória, e quero compartilhá-la com vocês. Uma trajetória que levou a nossa empresa, a Gazin, a completar cinquenta anos de existência!

Muitas vezes, achamos que a vida nos reserva poucas oportunidades. Isso não é verdade! Culpar a vida pelos dissabores é um erro. Durante o nosso curso, muitas portas são colocadas nos nossos caminhos. Mas elas não se abrem sozinhas! A nossa vontade, garra, perseverança, conhecimento, entre outros fatores, é que farão com que essas portas se abram. E se não colocarmos todas as nossas "ferramentas" em uso, as portas realmente não se abrirão.

Eu consegui abrir muitas portas. Outras, contudo, não se abriram ou até mesmo se fecharam. Mas nunca desisti! Muitas são as passagens do livro que comprovam isso. E você deve fazer o mesmo: nunca desista dos seus sonhos, metas, objetivos e valores.

Eu e meus irmãos Rubens, Jair, Cidinha e Antonio somos de origem humilde. Sabe como fizemos para virar o jogo? Trabalhamos muito! Como se diz, "trabalhamos de sol a sol". Aliás, quando o Sol se punha, eu ainda tinha a missão de preparar jantares para funcionários, fornecedores, clientes e amigos; são momentos bastante agradáveis.

Tenho a certeza de que meus irmãos e eu escrevemos uma história que se convenciona chamar de "criar valor". Mas o fizemos de uma forma diferente, priorizando a empresa e os nossos funcionários acima de nossos benefícios e interesses pessoais.

Quantas não foram as vezes em que tive de ausentar-me de casa – onde estavam a minha esposa, Cecília, e os meus filhos Valéria, Adriano e Marcelo – para trabalhar e receber pessoas, na nossa sede em Douradina, que levavam boas oportunidades de negócio para a Gazin?

Eu tinha a obrigação de estar lá para recebê-los e agradecê-los! De estar lá para acomodar o visitante, oferecer-lhe uma boa refeição e também fazer um bom negócio! Além disso, claro, soltar uma daquelas bombas – fogos de artifício – que divertem a turma, e bater o sino que fica na matriz da empresa, sinônimo de uma comemoração importante.

Bem, mas neste livro estão todas as passagens que marcam a minha trajetória e a da empresa. Temos por regra não esconder as informações daqueles que nos ajudam a alcançá-las. Como posso cumprir uma meta se as pessoas que irão ajudar a conquistá-la não sabem qual é?

Por isso, na Gazin deixamos tudo às claras. Aonde quer que você vá, sempre verá uma parede, uma placa, um adesivo ou um *banner* com as nossas metas.

Ah, e na Gazin todos nós usamos roupas íntimas com as nossas metas estampadas! Loucura? Excentricidade? Talvez... Mas posso afirmar que essa é uma estratégia extremamente vencedora.

Sabe como tudo isso começou? Em 1999, o faturamento da Gazin não conseguia atingir os R$ 10 milhões por mês; parou em R$ 9 milhões. Não havia jeito de fazer esse valor aumentar. Comprávamos certo, tínhamos uma excelente gama de produtos, a política econômica do Brasil não apresentava nenhuma distorção, fazíamos boas campanhas de vendas e nossa equipe comercial era excelente. Estava tudo certo, mas o faturamento não deslanchava.

Eu estava bastante incomodado com aquilo. Conversei com muitos amigos e outros empresários. Perdi muitas noites de sono. Até que, numa dessas noites de insônia, lá pelas 5h, me veio à mente a necessidade de todos na Gazin estarmos mais envolvidos e comprometidos com as metas.

Esse era realmente o caminho a seguir. E comecei a transformação de mentalidade e de atitude por mim, pela minha casa. Mentalizei o número que queria para o faturamento e, com uma caneta na mão, saí escrevendo o valor pela minha casa: na porta do armário, nas paredes, na geladeira, na toalha da mesa da cozinha, no meu quarto, na fronha do travesseiro, no velocímetro do meu carro... Em tudo eu escrevi R$ 10 milhões!

Feito isso, fui tomar banho e pegar a roupa que colocaria para ir ao trabalho. Assim que peguei a cueca, toda branca, pensei: "Eu preciso estar íntimo com essa meta!".

Com a caneta, novamente, escrevi R$ 10 milhões também na minha roupa íntima! Naquela cueca e em todas as outras que estavam na gaveta. Eu estava comprometido e íntimo da meta que havia definido!

Como já disse, não costumo guardar segredos. Na empresa, contei isso para meus irmãos e para todos os meus "filhos", ou seja, os nossos funcionários. Eles vibraram! E passaram também a escrever em suas cuecas e calcinhas a meta de faturamento que queríamos alcançar!

E realmente alcançamos! Chegamos ao faturamento mensal de R$ 10 milhões e logo seguimos para R$ 12,5 milhões.

Os funcionários depois queriam saber a meta do ano seguinte para escreverem nas suas peças de roupas. Foi então que decidi produzir em todo final de ano um grande número de calcinhas, cuecas, aventais de cozinha e lenços com as metas da Gazin estampadas!

Dali em diante, nunca mais deixamos de bater e superar as metas! E nunca mais deixamos de usar as peças com as metas coladas ao corpo! Ali, os números apresentavam a seguinte sequência: "faturamento mensal da *holding* + percentual de lucro da *holding* + percentual de lucro no varejo + percentual de retorno sobre o patrimônio líquido + percentual de perdas na carteira = oito dias de viagem com o patrão (premiação)".

Eu tenho ainda muito a contar e farei isso nas páginas seguintes. Mas, antes de começar a ler a minha biografia, reserve alguns minutos e aproveite esse tempo para definir a sua próxima meta, pegar uma caneta e escrevê-la na sua roupa íntima!

Boa leitura!

MÁRIO VALÉRIO GAZIN

ABERTURA

ELIAS AWAD

Um homem que faz a sua imagem e presença multiplicarem-se em todos os departamentos, lojas e empresas que compõem o Grupo Gazin. Um homem que faz a sua imagem e presença multiplicarem-se no coração de todos aqueles com quem convive.

Impossível falar de Mário, e da Gazin, sem que as pessoas se emocionem. E com toda razão! Conheci-o por volta de 2010. Alguns empresários e amigos em comum falaram-me sobre ele e até ajudaram-me na aproximação. Como fez um dos meus biografados, o empresário Domingos Rigoni. Claro, o objetivo era falarmos sobre a sua biografia.

Depois do primeiro contato, definimos que eu faria uma visita a Douradina, no Paraná, onde está a sede da empresa. A viagem de São Paulo a Maringá não é longa, leva em torno de uma hora e vinte minutos de avião. Quando cheguei ao aeroporto da cidade, sabia que haveria alguém da Gazin para levar-me até Douradina. Pois, assim que saí da sala de embarque, lá estava o próprio Mário Gazin, com seu sorriso franco e simpático, à minha espera!

O próprio dono da Gazin veio buscar-me em Maringá? E ele ainda irá dirigindo o carro até Douradina...

Isso não me saía da mente! Um homem tão importante e respeitado, que empregava milhares de pessoas e cuja empresa apresentava um faturamento anual bilionário, foi pessoalmente me buscar.

Eu amo o que faço! Não me canso de dizer que nunca trabalho, mas constantemente aprendo, me transformo, me divirto, conheço pessoas incríveis, ganho amigos e ainda tenho o privilégio divino de ser escolhido por esses gênios empreendedores para escrever suas biografias.

Nossa conversa levou por volta de duas horas e meia, que era o tempo da viagem. Em poucos minutos, já estávamos sorrindo, falando sobre política, trabalho, família, sonhos, sentimentos... Estávamos falando sobre a biografia do senhor Mário Valério Gazin!

Estive por dois intensos dias em Douradina! Digo "intensos" porque foram no ritmo Mário Gazin de ser: acordar e começar cedo o dia de trabalho com uma oração, ler as notícias, andar pela empresa, conversar com o pessoal, despachar os assuntos do dia, participar de reuniões, falar com bastante gente ao telefone... E à noite ele ainda encontrou disposição para preparar a "Janta do seu Mário".

Aqueles dois dias passaram rápido! Tão rápido quanto a viagem de Maringá a Douradina. Tão rápido quanto a volta, de Douradina a Maringá, também na agradável companhia de Mário Gazin.

Despedimo-nos! Havia emoção naquele momento! Eu levava comigo, na bagagem para São Paulo, muito mais do que as enriquecedoras e saborosas horas que havia vivido ao lado de Mário e seu grupo de trabalho. Ali eu carregava comigo uma "bagagem" importante: alguns tópicos da biografia do empresário; um pouco do jeito de ser, pensar e agir de Mário Valério Gazin. Guardei aquilo como um tesouro. Eram anotações, passagens e lembranças que reservei no arquivo da mente e logo transferi para o computador.

Infelizmente, a ideia da biografia não evoluiu naquele momento. Mas continuamos a conversar por telefone, e-mails e mensagens de vez em quando. Sempre que nos falávamos, entretanto, o assunto "biografia" vinha à tona, e o empresário dizia: "Elias, assim que eu colocar em prática na empresa o tema sucessão, nós vamos começar a minha biografia".

Uma das inúmeras qualidades de Mário Valério Gazin é a de ser um homem de palavra! No ano de 2013, a possibilidade de iniciarmos a biografia ganhou corpo. Em 2014, aquele corpo começou a ganhar forma!

Daí em diante, aquele corpo definiu sua forma e beleza com um coração batendo intensamente, uma mente expandida para o aprendizado e as novidades, e começou a apresentar também suas marcas e cicatrizes, surgidas nos momentos de grandes dificuldades e incertezas. Mas nem mesmo elas arranharam o lado otimista do empresário.

Naquela viagem a Douradina, em 2010, começou a nascer este livro. E posso afirmar, sem receio de errar, que a história construída por Mário Valério Gazin é fruto não só de sua humildade, mas principalmente da simplicidade que ajuda a construir a sua essência de vida como homem, pai, empreendedor, amigo e ser humano na acepção da palavra!

Boa leitura! Nela, você vai saber, inclusive, por que Mário Valério Gazin gosta de usar a seguinte frase nas conversas que mantém com as pessoas: "Tô aqui quebrando tudo!".

ELIAS AWAD

AGRADECIMENTOS

Agradeço a todos os integrantes da família Gazin, filhos, esposa e irmãos do biografado Mário Gazin, pela confiança;

Agradeço ao querido casal Geneci (Mana) e Affonso Brandão Hennel, pelo carinho e amizade fraterna;

Agradeço ao querido Diego Henrique Garcia Soriani por toda a dedicação, empenho e ajuda para que o livro pudesse ser desenvolvido e finalizado;

Agradeço aos queridos Antonio Miguel, Carlos Eduardo Gouvêa, Felipe Hennel Fay, Gabriel Bdine e Mauricio Santini, pela amizade e carinho de sempre;

Aos meus editores, Nilda e Luiz Vasconcelos, e à querida Letícia Teófilo e sua equipe, pelo carinho e competência na produção do livro;

Ao empresário Mário Gazin, por te me escolhido para a tão honrada missão de biografá-lo; um homem que valoriza o ser humano e que tem o coração do tamanho da empresa que construiu...

Às mulheres da minha vida: minhas filhas Camille e Nicole, minha esposa Lúcia e minha mãe Maria.

Amo vocês!

ELIAS AWAD

PRÓLOGO

O Osmar vai ser o presidente!

Fim de tarde! Dia 30 de dezembro de 2013! Eram quase 18h. Eis o momento em que a frase dita por Mário Gazin pelos quatro cantos da matriz, e que ele havia repetido à exaustão na convenção com os fornecedores ocorrida vinte dias antes, tornava-se realidade.

As gavetas da mesa de trabalho já estavam vazias e a mesa, limpa! Mário Valério Gazin ainda retirou um objeto ou outro: fotos em copas do mundo, lembrancinhas de viagens e uma estátua da Ilha de Páscoa.

Ele havia feito um único pedido ao pessoal mais próximo antes de se despedir:

– Por favor, deixem a minha cadeira na mesa da minha nova sala.

Na verdade, havia uns seis meses que Mário evitava despachar daquele local. Certamente, estava em contagem regressiva. E há um ano ele já encaminhava assuntos importantes para serem resolvidos pelo novo presidente executivo, Osmar Della Valentina.

Até os carros, a que ele e a esposa tinham direito, Mário já havia devolvido para a empresa. Era um privilégio oferecido ao presidente executivo. Como ele estava de saída...

Naquele último dia, Mário ainda se lembrou de cada passagem

que ali viveu. A lembrança mais dura foi dos momentos de esvaziar as gavetas com seus papéis e pertences pessoais.

Você, caro leitor, já ouviu falar em "remédio amargo"? Digamos que era isso que acontecia com Mário Gazin: ele precisava daquele "remédio amargo" para o bem da sua própria empresa.

O primeiro passo foi sair da presidência executiva e fixar-se na presidência do Conselho. E a partir do momento em que isso se consolidou, Mário aboliu o uso da gravata. Era mais uma forma de demonstrar às pessoas que ele estava mesmo fora do dia a dia da empresa.

A segurança em sair da presidência executiva advinha justamente da certeza de que a empresa dificilmente quebraria. Pode parecer estranho, mas isso era algo que realmente incomodava Mário, tanto que compartilhava com os mais próximos, apesar do exagero nos números:

> Em 2009, quando decidi que sairia da presidência executiva aos 65 anos, acreditava que a chance de a empresa ter algum problema no meio do caminho era de 60%. Quando defini o nome do sucessor, o Osmar, imaginei que a possibilidade diminuiu para 50%. E agora que o meu sucessor assumiu, acredito que a probabilidade despencou para 25%. Fiquei tão seguro que antecipei em um ano a minha saída.

A energia foi outro fator preponderante:

> Acredito que eu tenha dedicado toda a minha energia e conhecimento para o desenvolvimento da Gazin. Talvez, o que

tenho a oferecer a partir de agora agregue pouco. A empresa precisa de um presidente com sangue novo!

Mas aquele dia custara a terminar. Houve momentos em que Mário Valério Gazin queria que o dia passasse mesmo logo. Em outros, ele preferia que tudo acontecesse a passos de tartaruga, bem devagar...

O tempo voou como num piscar de olhos. E lá se iam 47 anos de luta, perseverança, empreendedorismo. Lá se iam 47 anos de comando. Lá se iam 47 anos como gestor máximo da Gazin, da rede de lojas Gazin, da *Holding* Gazin, que mantinha sob suas "asas" algumas empresas. Lá se iam 47 anos de uma vida de dedicação; de uma vida intensa e feliz! Da vida de Mário, uma vida que se misturou com a da empresa que leva seu sobrenome.

Muitos poderiam achar que a decisão de deixar a presidência da empresa e se fixar na presidência do Conselho era precoce. Mário Gazin estava com 64 anos. Mas o empresário tinha lá os seus inúmeros motivos. O principal deles? A Gazin precisava de ideias diferentes, de comando e "sangue" renovado. Mário não compartilhou isso com ninguém, mas ele percebia a dificuldade em fazer com que seus funcionários agissem da forma como ele queria.

Sinal de insubordinação? Nada disso! Os funcionários da Gazin idolatram-no. É comum ouvir deles: "Dou a vida por esse homem!". São palavras que, no sentido figurado, representam todo o respeito, carinho e admiração que Mário desperta na equipe. Ou, como o próprio Mário gosta de dizer: "São os meus filhos amados".

Antes de decretar a saída do posto maior de comando, repassou um a um todos os motivos, por diversas vezes. Em alguns momentos, até ficava indeciso ao reavaliar um ponto ou outro, mas, no fim, sempre reafirmava sua decisão.

As conversas reservadas com o sucessor, Osmar Della Valentina, que trabalhava no empresa desde 1996, já vinham de longa data. Na verdade, desde 2011, quando a sucessão começou a ser traçada. Então, não restava muito a dizer, apenas a desejar. Mário passou na sala de Osmar e, com bastante convicção, deu o seu recado:

– Eu lhe desejo muito trabalho e grandes resultados. É o que a grande maioria resume na palavra "sorte"! – Depois de alguns segundos de silêncio, prosseguiu: – Então, muita sorte nessa nova etapa da sua vida e na da Gazin! Que Deus o ilumine no comando desta empresa! Tem muita gente que depende de nós! Torço e acredito em você! – Fez-se silêncio por algum tempo, o qual o próprio Mário quebrou com uma brincadeira: – Mas não se anime! Você só vai assumir *pra* valer no ano que vem! – disse, sorrindo. Afinal, haveria o recesso de dois dias para comemorar a passagem do ano e o primeiro dia normal de trabalho seria em 2 de janeiro de 2014!

O executivo deu risada, mas logo retomou a seriedade:

– Mário, imagino que deva ser um momento difícil para você. Acredite que para mim também o é, tamanha a responsabilidade que assumo. Mas quero tê-lo por perto, contar com seu conhecimento, sua inteligência, seu brilhantismo, sua liderança. – Osmar ainda falou sobre metas: – Você reduziu o endividamento da Gazin em R$ 5 milhões neste ano. Vou trabalhar para reduzir em R$ 30 milhões nos próximos cinco anos.

O empresário acompanhou atentamente as palavras do executivo e prontificou-se a colaborar, mas aconselhou:

– Osmar, claro que vou ajudar sempre, mas quero que você crie sua própria identidade como presidente. Torço para que você escreva uma linda história na presidência da Gazin.

Era a fala mais sincera que Mário poderia dizer a Osmar. No dia a dia, Mário continuaria a viver a Gazin, a motivar e a provocar os profissionais para que pudessem alcançar sempre o melhor resultado. A partir daquele dia, isso seria feito não só ao seu jeito e modo, mas por meio de uma fórmula mágica: um quase "segredo industrial" que Mário Gazin teria de guardar em seu íntimo e que não poderia compartilhar com ninguém.

Mário se despediu de Osmar com um abraço e saiu andando rapidamente. Ele estava lá, mas sua mente, não. O pensamento vagava pelo espaço, sem conseguir criar aderência a assunto nenhum. De tão "desligado", Mário passou por um funcionário e não se atentou ao cumprimento dele. Passou batido. Continuou andando e apertou o passo até chegar em casa. Não havia ninguém! Era tudo o que ele queria: sossego, paz para viver o seu interior.

O empresário subiu as escadas e foi tomar banho. Ligou o chuveiro e deixou a água bem quente! Debaixo dela, relembrou passagens daquele dia, daquela semana, daquele mês, daquele ano, daquela década, daquelas últimas quase cinco décadas.

Debaixo daquela água quente, Mário chorou...

Chorou lágrimas de tristeza...

Chorou lágrimas de insegurança...

Chorou lágrimas de alegria...

Chorou pelo ciclo que se fechava. E chorou também pelo ciclo que ali se iniciava.

CAPÍTULO 1

VENCER EM TERRAS PARANAENSES

Dia 7 de setembro de 1955! Depois de saírem de Oscar Bressane, próximo a Marília, interior de São Paulo, José Gazin e a família amanheceram em Maringá, defronte à antiga rodoviária; de lá iriam para Mandaguaçu, a alguns poucos quilômetros de Maringá. Como era o Dia da Independência do Brasil, havia desfile na cidade.

O que motivou a mudança? A terra de pouca produtividade que possuíam no interior de São Paulo, onde plantavam café. Apesar de ter um pedaço de terra, José Gazin era "porcenteiro" ou colono, o que muitos também chamam de "caseiro". Ou seja, ele trabalhava nas terras onde o dono ficava com parte da safra colhida de café; o restante era de José, que utilizava sua parte ou percentual para vender e sustentar a família. Pelo mesmo motivo, o de buscar terras mais férteis, muitas outras famílias de agricultores do interior de São Paulo, vindos de cidades como Dracena, Bastos, Osvaldo Cruz, entre outras, também migraram para o Paraná. Naquele tempo, quem tinha plantio e colheita de café era patrão.

O chefe da Família Gazin chegou a viajar para Mandaguaçu a fim de conhecer as terras e a região. E ficou encantado: "A terra é nova, produtiva! É o melhor lugar para a lavoura! Para produzir café!". Outro fator positivo: os Gazin venderam cinco alqueires em Oscar Bressane e, com o dinheiro, conseguiram comprar doze alqueires em Mandaguaçu, numa área a cinco quilômetros de um posto de gasolina e de uma escola.

No entanto, havia um importante fator negativo: a geada branca. E os Gazin chegaram justamente em meio à forte geada. O pequeno Mário Valério Gazin, de apenas seis anos e que nascera em 16 de novembro de 1949, divertia-se mais com a imagem da folhagem congelada do que com o desfile. Era a primeira vez que ele via aquilo: árvores e plantações cobertas de branco. Mário era filho de Laurinda, a qual todos chamavam de "Laura", e de Alfredo Gazim, filho de José e cuja grafia do nome terminava com "m" e não com "n"; com eles estava o outro filho, Rubens, de três anos.

Mas era exatamente a geada o motivo da discórdia. Mal chegaram à cidade, onde haviam comprado a prazo um pedaço de terra, dando um valor de entrada, José e os filhos Olga, Alfredo e Salvador acharam melhor voltar para o interior de São Paulo; de onde tinham vindo a temperatura era amena e não haveria o risco de perder a plantação na geada. José tinha ao todo sete filhos, sendo que alguns deles se dividiram pelo Paraná.

Apesar de não ter sido "consultado", Mário, encantado com a neve, queria continuar ali. Logo eles foram até a propriedade, que fora adquirida em parceria pelo avô, o pai e os tios de Mário. Ao chegarem e verem a terra roxa e a plantação toda seca e queimada, a família entrou em desespero. Aquilo fez o avô de Mário decretar:

– Aqui não tem condições de se viver. Não descarreguem a bagagem! Vamos voltar para o lugar de onde viemos.

Mas quando foi desfazer o negócio das terras, o homem que a vendera convenceu o patrono dos Gazin a continuar na propriedade. A estratégia utilizada foi a de baixar o preço negociado anteriormente.

ACOMODANDO-SE NA NOVA CASA

Na moradia em que Alfredo, a esposa e os filhos passaram a morar, o piso era de chão batido, ou de "terra roxa", como se dizia. A estrutura era de madeira, com ripas de peroba encostadas uma ao lado da outra. Entre uma ripa e outra, colocava-se palha de arroz para tentar vedar os buracos. Mas não era tão eficaz. Tanto que, nas épocas de frio, passava um vento gelado justamente por aquelas frestas.

Os colchões sobre as camas eram de palha. Nada diferente das outras casas, todas de estrutura simples. Assim que se instalaram na nova moradia, ainda sem ter o que comer, a comunidade demonstrou toda a hospitalidade. Apareceu um vizinho dizendo que tinha feijão de sobra e deixou dois sacos; outro deu dois leitões; outro ainda trouxe arroz. De tempos em tempos um vizinho batia à porta, oferecendo as boas-vindas e algum tipo de ajuda. Era um motivo de força num momento tão difícil e de grande transformação familiar.

Logo eles começaram a trabalhar na lavoura. Plantaram café, que era o forte da região. O feijão crescia rapidamente, mas tinha pouco mercado de venda. A cada colheita, saíam duzentos sacos, dos quais tiravam parte para alimentar a família. Depois de quase dois anos da chegada dos Gazin, nova geada. Grande parte da colheita foi perdida. Alfredo ficou intrigado com aquilo e definiu:

– Vou vender a parte do café que conseguirmos salvar e com o dinheiro compro uma terra que seja boa para plantar nova safra do produto.

UMA CERTA SEGURANÇA

Quem morava pelas terras do Paraná não passava fome. A comida, preparada em fogão a lenha, não faltava. Sempre havia um pedaço de linguiça ou carne, que era frito na própria banha do animal, colocada numa lata de vinte litros e coberta por gordura para preservação. Alguns compravam gelo para conservar produtos.

Em cada refeição, Laurinda reservava uns quatro pedaços de carne, derretia na frigideira e servia com arroz. A terra fértil garantia a fartura: abóbora, milho, mandioca e, quando não tinha seca, também o feijão. Tudo cultivado e preparado em casa. A polenta também era um prato tradicional, para se comer com arroz e frango ensopado; era um pedaço para cada integrante da família. Também se vendia ou se trocava frango por sal, açúcar ou querosene.

Uma coisa era certa: Laurinda não tinha o hábito de colocar comida no prato de ninguém. As panelas ficavam em cima do fogão; cada qual servia-se à vontade. Outra certeza: na casa dos Gazin, não havia horário certo para almoçar ou jantar. Cada um chegava quando podia, mas, independentemente disso, sempre havia comida pronta e saborosa.

Muitas vezes, a matriarca preparava marmita para quem não tivesse como passar em casa para comer. Quando Alfredo precisava sair de madrugada para trabalhar, a esposa deixava café e pão no jeito. À medida que os filhos foram crescendo, a regra se manteve.

Um detalhe interessante: quando utilizava ovos no preparo das refeições, Laurinda lavava e guardava as cascas numa lata. Então, quando chegava a época da Páscoa, ela torrava amendoim, para fazer uma espécie de pé de moleque, e enchia as cascas; para a criançada, era uma alegria! Na verdade, eram os "ovos de Páscoa" da garotada!

Havia também um sopão, que Laurinda preparava à base de feijão, carne e alguns legumes, sempre saboreado com pão caseiro. Tudo feito em fogão a lenha, que ficava dentro de casa; no frio, o fogão aceso ajudava a aquecer o ambiente. Outro prato convencional era o frango com polenta; Laurinda dividia o frango e usava metade no almoço e metade no jantar. Ovo era muito caro; por isso, macarrão era o prato principal apenas nas mesas dos almoços de domingo, Páscoa e Natal.

A comida farta não significava dinheiro no bolso. Essa era uma outra história. Em datas como Páscoa, Natal e Ano-Novo, cabia uma extravagância. Mário arrumava um dinheiro e, com o irmão Rubens, compravam uma garrafa de refrigerante. Para poder saborear por mais tempo, eles, em vez de abrirem a tampa, apenas faziam um pequeno furo. Assim, bebiam aos poucos, quase que a conta-gotas.

Mas havia o sério problema da falta de água. Eles moravam no alto da Estrada Atlântica, em Mandaguaçu. Diariamente, era preciso buscar água no rio, que ficava na parte baixa e relativamente longe da casa. De manhã, Alfredo trazia duas latas de vinte litros cada. Na parte da tarde, era a vez de Laurinda buscar outras duas latas de vinte litros. Ainda cabia a Mário a obrigação de buscar mais uns quinze litros.

Bastava trabalhar um pouco que as sementes brotavam. E na casa dos Gazin trabalhava-se muito! Todos na lavoura. Laurinda levava os filhos; Alfredo cavava um buraco fundo, que era onde as crianças ficavam. Laurinda alimentava-os e deixava uma garrafa de água e mais alguns alimentos. Enquanto isso, trabalhavam de sol a sol na terra. A mulher ainda aproveitava para lavar as roupas no rio que havia perto da propriedade. Naquela época, eles já tinham três filhos: Mário, Rubens e Jair.

À medida que os filhos cresciam, já começavam a trabalhar na lavoura. A eles era dada a missão de limpar o tronco do café, ou seja, retirar o café que lá nascia, além de recolherem os grãos que caíam no chão. Naqueles tempos, havia poucas casas na região e só se via café e mato pelas redondezas. O pasto era usado para tratar os cavalos ou burros que puxavam o café da roça. Os animais também serviam para carregar as compras do mês.

A data mais esperada pelos irmãos Mário e Rubens, até mesmo mais do que o Natal, era o Dia de Reis (Dia dos Três Reis Magos), comemorado em 6 de janeiro. O motivo de tanta alegria e expectativa era a festa que ocorria em comemoração à data, a Folia de Reis. Nesse dia, assava-se porco ou galinhas e preparavam-se bolo, doces e sucos; às vezes, aparecia até refrigerante na mesa de refeição.

Mas nas redondezas havia também os dias de rituais religiosos, em que se rezava o terço. As famílias reuniam-se e cada uma levava um bule de café ou chá, além de um alimento.

• • •

Ainda quando criança, Mário adoeceu. De uma hora para outra, passou a ficar, como se diz, "largado", "prostrado" no banco de madeira que ficava na sala da casa. A mãe estranhou, pois o menino era "elétrico". Laurinda percebeu que o filho estava bastante pálido, com tom de pele amarelado.

Havia um médico que diariamente passava em frente à casa dos Gazin. A mulher, então, postou-se no portão à espera dele e, quando o avistou, pediu para que prestasse uma consulta ao filho. O médico tirou a camisa do garoto e deu o diagnóstico:

– Hepatite! Mas o menino vai sarar.

O doutor passou o remédio indicado. Mas a mãe tomou suas precauções caseiras, pedindo a Mário que se deitasse na grama. Ela mediu o comprimento do filho no chão e, na área em que o menino se deitara, cavoucou com a enxada e virou as raízes dos tufos de grama para cima. Com as doses do remédio e o chá de erva de pi- cão, base do tratamento "caseiro" de Laurinda, o menino se curou.

NOVOS RUMOS

O certo mesmo é que em Mandaguaçu os Gazin nunca conseguiram fazer uma boa colheita de café. Isso porque a geada sempre chegava antes e destruía boa parte da plantação. Tanto que Alfredo ainda não havia conseguido comprar outra propriedade e se mudar, conforme os planos.

Em 1958, três anos depois de chegarem a Mandaguaçu, o patrono dos Gazin, José, faleceu. O menino Mário mantinha uma forte relação com o avô. Quando José ia fazer compras, geralmente trazia um mimo para o neto. Não era bala, doce ou sorvete, mas um delicioso sanduíche de mortadela. Ao ver o avô chegar, Mário saía em disparada e corria para abraçá-lo.

Às vezes, José dizia que não havia comprado nada, pois não sobrara dinheiro. Mas isso não abalava a alegria do garoto em ver o avô chegar. Ele era um homem muito bom e íntegro. Já a esposa, Julia, que nascera na Sicília, Itália, era uma mulher brava, difícil de se relacionar; intrometia-se em tudo e participava ativamente da organização da casa.

Após o falecimento de José Gazin, Alfredo decidiu terminar o poço de água que o pai estava construindo. Para isso, contou com a ajuda de Laurinda e de Mário. Eles trabalhavam até tarde da noite. A maior dificuldade era quebrar as pedras que tanto atrasaram a obra de José Gazin. Isso só foi possível mediante explosão com dinamite. Tomaram aquilo como questão de honra e só sossegaram após a conclusão do poço. Era como agir em nome da memória de José Gazin.

Na partilha de bens, coube a Alfredo uma parte em dinheiro. Cada irmão seguiu um caminho, como Salvador, que foi ser corretor de imóveis para vender terras na região de Umuarama, noroeste do Paraná. O tio adorava ouvir o desejo do sobrinho Mário: "Quando eu crescer, quero ser patrão". E Alfredo costumava dizer ao irmão: "Salvador, esse meu filho Mário é um menino diferente, gosta de perguntar e de aprender". Tempos depois, Salvador deixou de vender imóveis e passou a comprar café e a ser criador de gado, tornando-se um bem-sucedido agropecuarista e cafeicultor.

O plano de Alfredo foi consolidado. Após o falecimento do patriarca, ele, a mulher e os filhos se mudaram. Dessa vez, para uma propriedade que ficava relativamente perto dali, comprada com parte do dinheiro da herança. A terra estava localizada em Guadiana, mas era bem mais produtiva do que a de Mandaguaçu. Lá, havia água de poço bem farta, que era puxada no balde através de uma corda. Alfredo comprou ainda um jipe, pois idealizava trabalhar como taxista em Cidade Gaúcha, que ficava perto dali.

Na nova propriedade, Alfredo conseguiu vender algumas colheitas e fez dinheiro para comprar uma chácara, onde se alojou com a família. Quando acabava a colheita de café do próprio sítio, Alfredo trabalhava nas terras dos vizinhos e ganhava por saco colhido; apanhava o café, embalava e entregava a quem o contratava.

Por aquelas redondezas, apareciam mascates libaneses. Eles traziam consigo roupas prontas e tecidos para preparar as vestimentas em casa. Laurinda costurava as peças, que depois passavam do filho mais velho para o mais novo.

Essa vida durou até que a família se mudasse para Cidade Gaúcha. O município, na época com uns vinte mil habitantes, era mais bem situado e rodeado por outros vilarejos. No local, moravam muitos descendentes de italianos e alemães. Foi a primeira cidade a ter energia elétrica, proveniente de uma usina do norte de Paraná. Ali, imperava o plantio de café.

Quem praticamente comprava todo o café da região era Gentil Geraldo, vizinho da Família Gazin que tinha título de comendador. Era um homem muito direito e que trabalhava com recibos de crédito e débito. A cada saco de café ou safra vendida, ele emitia o recibo de crédito; e toda vez que o vendedor precisava de dinheiro, Gentil entregava a quantia solicitada e passava também um recibo de débito; era como se fosse uma conta de banco da qual se podia sacar e depositar. A contabilidade sempre batia, e o homem nunca prejudicou ninguém.

E quanto à família de Alfredo, ela cresceu. Laurinda deu à luz Maria Aparecida (Cidinha) e Antonio. Este logo ganhou o apelido de "Dóia". Isso aconteceu porque o menino sempre reclamava que tudo doía: os braços, as pernas, as costas... Ele falava "Dói aqui, dói aqui..." e logo passou a ser divertidamente chamado de "Dóia".

UM "PEQUENO-GRANDE" TRABALHADOR

O menino Mário Valério Gazin dedicava-se com afinco ao sítio da família. Era trabalho pesado. Rastelava o café e abanava na peneira para tirar as impurezas; chegava a produzir cinco sacas de café por dia.

Quando caía chuva forte na época da colheita, o café do sítio da família e de outras terras corria para as enxurradas; Mário e outros trabalhadores que ajudavam na colheita iam garimpar depois que a chuva parava. Para Mário, mais do que trabalho, aquilo era diversão. Era café sem dono que ele "salvava" e conseguia transformar em dinheiro para gastar com aquilo que gostava: doce, bala... Certa vez, o dinheiro juntado deu até para o menino comprar uma bola de futebol e seu primeiro par de tênis: um modelo Conga, calçado de baixo custo da Alpargatas que, de tanto sucesso, foi adotado como parte do uniforme nas escolas públicas. Assim, nas suas orações, Mário sempre pedia: "Meu Deus, traga chuva para nossa terra na época da colheita!".

O pedido trazia a certeza de que haveria café na erosão. Mas o garoto Mário já tinha suas "fontes fixas de renda". Ele colhia laranja, manga e mexerica na propriedade da família, ou mesmo na dos vizinhos, e ia vender na beira da estrada que passava próximo ao sítio. O dinheiro Mário entregava em casa para ajudar nas despesas. Mas sempre sobrava uns trocadinhos no bolso, que permitiam que ele fosse até a venda para comprar duas ou três pedras de gelo que viravam "sorvete". Além do futebol, que conseguia jogar de vez em quando, só lhe restava uma "brincadeira": o trabalho!

Tempos depois, Mário já não ia com frequência à roça. Isso porque começou a trabalhar em alguns estabelecimentos da cidade. O modelo de homem trabalhador fora herdado do pai, sempre bastante enérgico e grande exemplo de caráter. Até aos sábados Alfredo ia trabalhar na roça e só voltava quando o Sol se punha; Laurinda acompanhava o marido.

Só aos domingos é que se reservava para a missa, o descanso, o lazer e o almoço em família, quando o prato era sempre o tão esperado macarrão com colorau e alho frito; a massa era caseira, cortada na faca. Depois do almoço dominical, as crianças iam jogar futebol, enquanto os adultos jogavam cartas ou visitavam algum parente ou amigo. Mário adorava curtir os domingos e torcia para chover, pois quando isso acontecia a família ficava em casa, reunida com amigos, e a mãe preparava canjica, pipoca e amendoim. Era realmente divertido, e cada família levava um prato de comida salgada ou doce.

Um dos motivos para Mário ter abandonado a lavoura foi, quando estava com nove para dez anos, ter arrumado emprego numa sapataria, que ficava em Cidade Gaúcha. O dono, seu Quirino, gostava bastante do menino. Em média, no estabelecimento, produziam-se quatro pares de sapatos por dia e consertavam-se de oito a dez. Além de Mário, havia mais dois funcionários. No começo, ele não ganhava quase nada, mas depois Quirino passou a pagar-lhe um salário, mesmo não sendo elevado.

Ali, Mário aprendeu a confeccionar sapato, mas era um trabalho que não lhe apetecia. Ficava também a cargo dele fazer consertos, como colocar meia-sola de couro e salto de borracha nos sapatos; feitas à base de couro e prego, as meias-solas gastavam demais.

Mário desenvolveu uma técnica para agilizar a produção: colocava de quarenta a cinquenta pregos na boca. Assim, era pegar o prego na boca, encaixar na nova sola e martelar. Ele então se tornou o funcionário que mais produzia na sapataria, com a marca de quatro pares de botinas ou sapatos por dia, além de colocar dezenas de meias-solas.

O movimento aumentava bastante no início da manhã e no fim da tarde, quando o pessoal estava indo ou voltando da roça. Em função do volume de trabalho – em média, mais de doze horas por dia, que sempre avançava após o horário de fechamento da sapataria, em torno das 18h –, Mário dificilmente conseguia ir à aula. Por isso, ele costumeiramente recebia advertência da professora: "Mário, você é uma criança. E lugar de criança é na escola!". O menino ouvia aquilo encabulado, tentando esconder as mãos machucadas ou a graxa nas unhas.

Na sapataria do seu Quirino, o jovenzinho aprendeu a... beber vinho! Os adultos tinham por hábito tomar um copo de vinho no almoço; para render, misturavam com água. Vez por outra, Mário, que para ganhar tempo sempre almoçava um sanduíche, também dava uns goles na bebida.

Nesse meio-tempo, Alfredo, que já tinha um jipe, comprou um carro. Logo depois, trocou o carro por um pequeno caminhão, que ele usava para puxar café para a Família Hirota, de Paranavaí.

Mário ajudava o pai a carregar o caminhão à noite, pois, de dia, tinha de trabalhar com os sapatos. Mas o pai de Mário não gostava que o filho trabalhasse na sapataria. Assim, a passagem dele por lá foi relativamente rápida; depois de uns dez meses, Mário trocou de emprego.

TRABALHO NOVO

O menino quer mesmo ganhar uns trocados fazendo pão? Então, você começa hoje mesmo, à noite!

Essas foram as palavras de Nicha Pereira, dona da padaria de Cidade Gaúcha. A mulher tinha um coração enorme, era do tipo "mãezona". Mas o reconhecimento veio também em função da esperteza do menino, que logo se meteu na cozinha e aprendeu a preparar pão salgado, pão doce, quindim, pudim de leite de pão velho etc.

O garoto ganhou tanta moral que logo virou chefe. Era Mário quem determinava a quantidade diária de pães que seria produzida. De sexta para sábado, e de sábado para domingo, a produção aumentava; eles viravam a madrugada preparando e assando pães. Não havia máquinas, tudo era feito à mão. Mário colocava os ingredientes numa caixa de madeira, chamada "coxo", em que eram misturados e se transformavam em massa. Feito isso, Mário cobria e deixava descansar até de manhã, para que a massa pudesse crescer. Depois, ele cortava a massa em pedaços, moldava com cilindro e colocava para assar.

Sensibilizada, Nicha deu ao garoto um bom aumento de salário, que ele entregava diretamente ao pai. Às vezes, contudo, Mário retirava um pouquinho para pagar a entrada no único cinema da cidade, o Cine Horizonte. Para esse fim, também colaborava Alfredo, que dava um dinheiro para o filho logo após a colheita de café.

Satisfazer a vontade de assistir aos filmes não era nada fácil. Mário precisava andar alguns poucos quilômetros para ir e voltar do cinema. Mas o esforço valia a pena. Ele e alguns amigos percorriam o caminho brincando de estilingue e bolinha de gude. E quando chegavam ao cinema, assistiam a dois filmes; geralmente, as salas exibiam filmes de guerra e faroestes. Para não passar fome, levavam de casa um bom pedaço de pão caseiro com manteiga de garrafa.

• • •

No inverno, trabalhar na cozinha era agradável, pois o forno deixava o ambiente aquecido. Mas, em contrapartida, a temperatura ficava insuportável no verão. A própria Nicha, valorizando o talento de Mário, logo apresentou-o para seu filho, Celi Antonio Pereira. Dono da Casas União, composta por uma fábrica de móveis e uma rede de lojas nas redondezas de Cidade Gaúcha, Celi era considerado um forte empresário local, embora pecasse em certos pontos na administração do negócio.

E não é que o homem afeiçoou-se ao garoto? Afinal, quando o assunto era trabalho, Mário estava sempre pronto. Assim, ele começou a trabalhar também com Celi, mantendo as atividades na padaria de Nicha à noite. Às 7h, as portas da loja do Celi já estavam abertas. Lá, ninguém escolhia trabalho, fazia-se de tudo: carregar e descarregar caminhões, vender, fazer cobrança, entre outras atividades. Como Celi também fabricava móveis, era comum ter de produzir, lixar e envernizar as peças.

Certa vez, Celi conseguiu vender uma máquina de lavar, a primeira que apareceu na região. O produto vinha embalado em caixa de madeira e o motor ficava do lado de fora da máquina. O comprador era um policial graduado e a entrega deveria ser feita na casa do cliente. A máquina pesava uns setenta quilos. E não é que Mário descarregou sozinho a mercadoria? Ele, inclusive, sempre que via um caminhão descarregando ou carregando produtos, propunha-se a ajudar em troca de uma pequena compensação financeira.

O garoto foi atendido por um moça que, mesmo surpresa com a entrega, recebeu a mercadoria. Duas horas depois, apareceu na loja o policial que havia comprado a máquina. O homem, todo bravo, "soltou os cachorros" no Celi. Por engano, Mário havia entregado a máquina no endereço de cobrança, que era onde vivia a amante, e não na casa em que o policial morava com a esposa.

Depois das broncas, Celi, hábil nas vendas, foi acalmando o policial, serviu-lhe um chimarrão, bebida habitual da região, bateu papo, descontraiu-o e até deram algumas risadas juntos. O desfecho? Celi conseguiu convencer o homem a comprar uma segunda máquina para deixar agora na casa da esposa.

Ao ver aquilo, Mário pensou no seu íntimo: "Esse é o melhor ramo para se trabalhar no mundo! O sujeito chegou aqui bravo, foi bem tratado e ainda comprou de novo na loja". Ele ainda concluiu: "Foi a maior lição de atendimento ao cliente que eu aprendi na vida!". Mesmo sem que ele soubesse, aquele aprendizado seria de enorme valia no futuro.

TRABALHAR MAIS E MAIS

Por cumprir bem as responsabilidades, fosse na padaria de Nicha ou na loja de Celi, os patrões sempre lhe abriam novas oportunidades. Em função delas, com onze para doze anos, Mário quase não aparecia em casa; às vezes, pegava no sono na própria padaria, onde já tomava o café da manhã para poder estar em pé cedo e ir à loja do Celi.

Aos domingos, Mário trabalhava até as 17h, fosse na padaria ou na loja. Ao final da tarde, ele lotava a carroça de pães e saía entregando pelas vendas da zona rural da região. Às vezes, o trabalho ia até as 23h. Naqueles tempos, vendia-se pães em latas, nas quais cabiam vinte unidades em cada. Assim, ele deixava duas latas numa venda, três em outra, cinco ou seis em mais uma...

O dinheiro era escasso, de modo que as pessoas economizavam na hora das compras. Havia quem adquirisse meio sanduíche nos bares. Em alguns fins de semana, Mário ainda trabalhava no clube de Cidade Gaúcha, onde amigos se reuniam para beber algo, jogar conversa fora e se divertir. Ali, havia uma pista e disputava-se um tipo de jogo chamado "bolão", modelo primitivo do boliche praticado com nove pinos, que teriam de ser derrubados por meio dos arremessos das bolas. Como não havia os sofisticados equipamentos de hoje, que erguem automaticamente os pinos derrubados, ficava a cargo de Mário levantá-los e organizá-los a cada jogada.

O garoto divertia-se pois, de tanto servir bebida alcoólica, alguns dos sócios exageravam literalmente na dose. Assim, lá pelas tantas, estavam bêbados. Uns ficavam divertidos; outros, violentos. Como aconteceu certa vez com dois associados, um chamado Irio e o outro com o nome de Fiorêncio. Ambos eram muito fortes. A conversa "animada" virou uma discussão acalorada que logo se tornou uma luta corporal, com socos e pontapés. Ambos bateram e apanharam bastante. A luta, na avaliação de quem assistiu, terminou empatada, mas foi um assunto recorrente em Cidade Gaúcha por um longo tempo.

Como garçom, Mário não recebia salário, mas gorjetas. Era outra forma de reforçar o ganho mensal. E quando havia bailes, ele trabalhava até de madrugada. Nessas situações, o jovem precisava pagar o dia de quem o cobrisse na padaria; mesmo assim, com as gorjetas que ganhava, ainda sobrava dinheiro. Ah, e se aparecesse instalação de telefone, ponto de luz, limpeza de motor... ele ainda topava o desafio.

Com tamanha carga de trabalho, acordar não era nada fácil. Mário andava com um despertador, mas às vezes não conseguia ouvi-lo tocar. Até que um conhecido deu a dica: "Coloque o despertador dentro de um balde; na hora em que começar a tocar, o barulho vai acordar até defunto...". A estratégia deu certo. O barulho era realmente ensurdecedor.

Outra vez, Alfredo começou a incomodar-se com a situação; Laurinda também. Nas poucas vezes em que conseguia voltar para casa, ouvia dos pais: "Você é um menino ainda e fica dormindo fora de casa! Chega dessa vida! Está na idade é de estudar!". Bastante encabulado, Mário tentava fazer Laurinda e Alfredo entenderem que, se ele não voltava para casa, é porque estava trabalhando; o garoto não ficava de vagabundagem pelas ruas.

Mas num ponto o pai tinha razão: Mário devia dedicar-se mais à escola e aos estudos. Acontece que ele não gostava daquilo e ia por obrigação. Tanto que frequentou a escola por, no máximo, três anos. A professora chamava-se Ana Maria, uma moça bastante brava com a garotada. Graças a ela, Mário aprendeu bem a matemática e a fazer contas de cabeça. No último ano, contudo, a situação das notas era terrível. Ele estava com uns onze anos e a diretora da escola de Cidade Gaúcha, que por coincidência era Nicha, a dona da padaria, chamou-lhe e disse:

– Mário, suas notas estão péssimas! Você vai repetir de ano.

– Dona Nicha, me ajude! Eu vou apanhar do meu pai. Ele não vai aceitar que eu repita de ano...

Ao ver o desespero do garoto em receber a notícia, a mulher prometeu ajudar. E realmente o fez, por meio de manobras nas notas que lhe permitiram passar de ano. Era do que Mário precisava. Ele contou a "boa novidade" aos pais. Mas, no ano seguinte, não voltou mais à escola e parou de estudar. A decisão dele levou em conta o fato de que Mário sentia-se muito mais feliz e realizado trabalhando do que numa sala de aula. Seu irmão Rubens também estudava e trabalhava meio período.

O resultado de tanto esforço no trabalho e das faltas nas aulas era o salário recebido de Celi, do qual Mário nem via a cor. O pai, Alfredo, o recebia e usava para pagar as contas da casa; praticamente, deixava tudo na loja de secos e molhados. Como já dito, Alfredo só dava ao filho uns trocados para ir ao cinema, isso quando conseguia folga aos domingos. Com o salário que recebia na padaria de Nicha acontecia o mesmo: ia para pagar as despesas de casa. Mas o garoto "escondia" um pouquinho e usava o dinheiro para comprar uma coisa ou outra que era do seu agrado.

UM VERDADEIRO PAI PROFISSIONAL

Foram dois anos nessa vida. Até que, em 1961, Alfredo arrumou um novo emprego para o filho com o amigo Sebastião Rubira, dono de um armazém onde se vendia de tudo. A loja se chamava “Secos e Molhados”.

Digamos que Mário tenha trocado de emprego na hora certa. Celi era um empresário que sabia vender, mas, desorganizado, costumava atrasar o pagamento dos salários mensais. Às vezes, ele pagava com vales a serem utilizados em alguns estabelecimentos, os quais o pessoal costumava chamar de “orelha de jegue”, ou com cheques pré-datados.

O certo era que o novo patrão, Sebastião Rubira, ensinaria certas regras ao garoto. O homem era muito sério, exigente, organizado, bom gestor e não deixava que nada saísse do normal. As contas sempre batiam, não faltava nem um centavo. Tudo o que entrava ou saía era fielmente anotado na contabilidade, feita em papel almaço. Sebastião Rubira era um homem justo e muito respeitado na cidade. Na sua loja, ele não admitia que o cliente fosse lesado. Se visse algum funcionário errando no peso da compra, ele intercedia na hora.

Com o novo patrão, Mário efetivamente aprendeu a ser um bom profissional, a administrar o negócio e a real importância da honestidade. Logo, ele passou a ser o gerente e a comandar o grupo de onze funcionários que trabalhava no armazém. Além disso, o salário praticamente triplicou, o que ajudou a folgar um pouco o orçamento familiar. Alfredo continuava a receber o salário do filho e utilizava o dinheiro também para pagar as prestações do consórcio de uma perua Kombi; sua cota foi uma das últimas a ser contemplada.

Dessa época vem outro grande aprendizado: o da leitura, iniciada com as revistas *Seleções*, que tinha umas 150 páginas e nenhuma foto, e *O Cruzeiro*, que já explorava mais as fotos, além do *Jornal do Brasil*. Sebastião costumava ler bastante e emprestava as revistas e jornais para Mário. Posteriormente, o rapaz também adquiriu esse hábito e passou a comprá-los. Se Mário não havia se interessado por continuar os estudos, ao menos, fazia questão de investir para adquirir conhecimento através dos jornais, revistas e depois também dos livros.

Mas também o fato de ter abandonado a escola fazia com que Mário tivesse bastante dificuldade com a fluência da leitura, tanto que, apesar de entender o contexto, não respeitava a pontuação. Atropelava pontos e vírgulas. Isso perdurou até que, certa vez, ao ler um texto em voz alta na igreja, o padre o repreendeu e o ensinou a como proceder na pontuação. Não precisou de uma segunda vez! Dali em diante, Mário se exercitou bastante até que, com dedicação, conseguiu alcançar seu objetivo: o de ler com perfeição.

Na empresa de Sebastião Rubira também se trabalhava demais: carregar e descarregar cargas, arrumar as mercadorias, vender, limpar, manusear a máquina de café, a de arroz, a serraria... Aos sábados, em função do aumento do movimento, havia o reforço de dois ajudantes, o Jucá e o Alceu. Todos faziam de tudo um pouco. Tempos depois, Sebastião Rubira mudou o armazém para a fazenda. E o volume de trabalho aumentou ainda mais. Difícil era o dia em que Mário conseguia sair antes das 22h.

Desde cedo, Mário ouvia as pessoas o elogiarem: “Você é um grande trabalhador! Você faz a diferença!”. Era como dizer, nos dias de hoje: “Você é um grande empreendedor!”.

Um daqueles que mais repetia isso era José Mendes, um senhor de origem portuguesa, dono da Casa Mendes, outro armazém de secos e molhados. O homem era concorrente de Sebastião Rubira e por três vezes chegou a convidar Mário para trabalhar com ele. O rapaz gostou do convite, mas ficou encabulado em aceitar. O motivo? José e toda a família Mendes andavam sempre bem-arrumados e Mário sentia-se desconfortável ao lado deles, pois se vestia de forma simples; habitualmente, calçava botina e vestia uma roupa qualquer para cobrir o corpo que muitas vezes não combinava.

Uma passagem desagradável Mário viveu depois de ter cometido um erro. Mas são com eles que se aprendem as grandes lições! Garotão, apaixonado por doces e pronto para fazer uma estripulia, pegou e escondeu uma lata de leite condensado Moça, produzido pela Nestlé. Mário furou a lata com um prego e todos os dias tomava um pouquinho daquele creme delicioso.

Até que, certo dia, o próprio Sebastião Rubira pegou-o literalmente com a “boca no botija”. Foi uma situação bastante desconfortável para Mário. O maior temor, além de perder o emprego, era que o patrão contasse ao pai dele. Daí em diante, Mário mal conseguia encarar o patrão, que tinha tanta confiança nele que o deixava entrar na própria casa para utilizar o banheiro; Mário era o único funcionário a ter tal “privilégio”. O comerciante não demitiu Mário, nem contou a Alfredo. Mas passou-lhe um grande sermão e ficou de olho nas atitudes dele dali em diante. Com o tempo, tudo foi ajustado.

O único senão em relação a Sebastião Rubira é que ele não contava para ninguém quanto vendia, comprava ou recebia de lucro. O comerciante escondia as informações dos funcionários. Aquilo incomodava Mário, pois ele sempre ouvia: "Nossa situação está difícil. Não estamos tendo lucro!". Ele sabia que aquela era uma inverdade. Mário trabalhou com Sebastião Rubira até o fim de 1963, totalizando dois anos no emprego.

O AMIGO ANTONIO CIRÍACO

Uns dos bons amigos de Mário na época da pré-adolescência era Antonio Ciríaco. Ambos trabalhavam juntos no armazém de secos e molhados de Sebastião Rubira. Ali, vendia-se de tudo, do fumo de corda ao sabonete. Mário, como motorista, e Ciríaco, de ajudante, saíam pelas fazendas para entregar mercadorias com o carro da loja. Mário tinha apenas treze anos, mas havia um delegado que lhe dera autorização para dirigir; e o menino o fazia direitinho, sem cometer loucuras. O delegado, bastante respeitado na cidade e que serviu de modelo de caráter ético para Mário, vez por outra levava o jovem para fazer consertos em sua residência.

Algum tempo depois, Ciríaco foi trabalhar na Casas União, de Celi Antonio Pereira, que já possuía cinco lojas e uma fábrica, sendo que o comércio de Douradina era o que mais vendia. Ciríaco gostava de ver a vontade com que Mário trabalhava, chamando-o sempre de obstinado e comprometido com o trabalho. E divertia-se quando Mário falava: "Vamos lá, pessoal, precisamos fazer render o serviço. Produzir mais e aproveitar melhor o tempo".

Ainda naquele período, Mário, Ciríaco e alguns outros amigos viveram situações divertidas. Como quando foram ao cinema, em Nova Olímpia. Quando chegaram, a sessão estava lotada, de modo que eles foram acomodados num banco de madeira. A turminha sentou-se ali. Mas como era um banco velho, a cada movimentação de um deles, fazia aquele barulho chato: "nhec... nhec... nhec... nhec". Claro, eles não perderam a chance de aprontar. E ficaram movimentando-se em boa parte do filme, o que deixou os demais espectadores bastante irritados. Até que, num determinado momento, o banco quebrou, e eles espatifaram-se no chão, para riso geral. Com isso, evidentemente, a tensão se dissipou.

Em outra ocasião, quando Mário e Ciríaco circulavam de carro pela fazenda do patrão, Mário passou por um lamaçal; o carro deslizou e foi parar na traseira de um cavalo, machucando um pouco o animal. Assustados, Mário e Ciríaco foram falar com Sebastião Rubira, que, além da bronca, ainda deu o "castigo":

– Mário, para você aprender a ter mais cuidado, vai ter que ir todos os dias fazer curativo no cavalo até o animal ficar bom.

Assim foi feito! Foram quinze dias de "assistência veterinária".

CUIDADOS COM A SAÚDE

Naqueles tempos, não havia planos de saúde. O jeito, então, era fazer uma reserva financeira para os momentos de dificuldades e doenças na família. Quem era acometido por algum mal-estar precisava colocar a mão no bolso e pagar por médico e hospital. Além disso, a medicina ainda era bastante arcaica. Muitos morriam estupidamente, em especial crianças e gestantes. Existia um médico, por aqueles lados do Paraná, chamado Moacir, que virava e mexia convocava o pessoal para doar sangue. Mário chegava a doar três vezes por mês. A situação era tão crítica que Mário se deitava numa maca e o sangue dele retirado ia direto para o paciente já em cirurgia!

Aos domingos à tarde, único período em que Mário se permitia um pouco de descanso, o garoto saía com os amigos para caçar pombinhas – ou rolinhas, como eram conhecidas – no meio do cafezal. Eles caçavam com arapuca, um tipo de bote para pegar a presa, ou com estilingue, pois tinham mira certeira. Depois de abatidas, eles limpavam, preparavam, assavam e faziam um "banquete" com as pequenas aves. Como não havia geladeira para guardar as carnes, eles salgavam e aproveitavam o final de tarde da segunda-feira para assar o restante.

Como já dito, domingo era também o dia de ir à missa. Os católicos predominavam na região, mas havia bastante fiéis da Assembleia de Deus e da Igreja Batista. Mário nascera em berço católico, mas às vezes acompanhava um ou outro amigo ao culto. Ele queria mesmo era receber a palavra de Deus.

O DESEJO DE TORNAR-SE COMUNISTA

"O povo vai ser o dono de tudo!", dizia-se discretamente pelas ruas.

Política era assunto proibido pelos lados do interior do Paraná. Mas os jovens começavam a ser fisgados por grupos que se apresentavam como comunistas. Era um grupo de ideias inovadoras e que, de certa forma, contrastavam com o modelo de governo que imperava nos últimos anos. Havia até invasões em algumas terras da região, como aconteceu com os Gazin; os invasores tomavam o que viam pela frente, e não havia a quem reclamar.

Mas as palavras "socialismo" e "comunismo" começavam mesmo a rondar o país e a conquistar a mente dos mais jovens. Isso porque, dois anos antes, em 1961, com a renúncia de Jânio Quadros, o vice, João Goulart, o Jango, era tachado de ter ideais comunistas e de ser uma ameaça ao país. Travou-se então uma luta de braço de ferro entre Jango e seus simpatizantes contra os militares, levando à criação do regime parlamentarista no Brasil e colocando João Goulart como chefe de Estado.

Naquele ano de 1963, após realização de plebiscito, o povo brasileiro votou pelo retorno do regime presidencialista. Assim, João Goulart foi empossado na Presidência da República com plenos poderes. Mas certos desarranjos na economia do país, além do discurso praticado por Jango, com medidas avaliadas naqueles tempos como esquerdistas, levaram a fortalecer e a unir aqueles considerados anti-Goulart.

Em contrapartida, lideranças, algumas de esquerda, começaram a disseminar seus ideais e a agrupar adeptos no cenário político brasileiro e também por aquelas bandas do Paraná. Havia o grande líder Che Guevara, revolucionário socialista argentino que viria a ser executado em 1967, na Bolívia. Também se falava bastante do ex-presidente Jânio Quadros, cuja renúncia ajudara a desencadear o movimento da esquerda no Brasil.

Mário Gazin foi um dos seguidores do movimento esquerdista. O jovem, mesmo sem ter total noção dos seus atos, participava de ações em prol da causa. Às vezes, ele ia às reuniões dos militantes do partido, onde se ouvia maravilhas sobre Cuba e sobre a União Soviética. Mário, assim como outros jovens, sonhava em conhecer esses países.

Por determinação dos integrantes, ele também obedecia a certas diretrizes, que tinham por objetivo registrar ideias do movimento comunista. Por exemplo? Soltar bombas, como fogos de artifício, em cinemas e locais públicos, assim como praticar outros tipos de atos de baderna.

O pai dele, Alfredo, não sabia bem em que situação o filho se metera, mas imaginava haver algo de errado; chegou até a pensar que o filho pudesse estar consumindo bebida ou droga, mesmo que fosse algo pouco usual na época. Inclusive, um desses episódios aconteceu no cinema, onde estava passando um filme sobre guerra. Durante a exibição, para desespero dos que assistiam, Mário soltou uma bomba dentro de uma lata no cinema; aquilo potencializou o barulho. Alfredo descobriu ter sido o filho o autor da travessura e deu-lhe uma grande surra. Enquanto batia no garoto, ele gritava:

– Isso é *pra* tu aprender a não fazer nada de errado!

De tanto apanhar, Mário ficou bastante dolorido e roxo nos dias seguintes. Ao menos a surra serviu como um divisor de águas e pôs fim ao desejo de Mário tornar-se comunista e defensor desse ideal. A intervenção de Alfredo, embora um tanto excessiva, salvou o filho de, talvez no futuro, ter o mesmo destino de alguns amigos que Mário nunca mais viu. Certamente, sumiram como muitos outros após a entrada dos militares no poder. Um desses amigos, filho de um militante da esquerda, era mais velho, bastante radical e, inclusive, influenciara Mário a ser comunista.

Esse panorama político permaneceu até 1964, quando ocorreu o golpe de Estado constituído pelo governo militar, que destituiu Jango do poder e permitiu ao militares tomar o controle do país – o período de Ditadura Militar perdurou por 21 anos, de 1964 a 1985.

Os moradores daquelas regiões do Paraná queriam informações sobre a situação política do país. Nem todos possuíam rádio. Então, quem tinha um aparelho abria as portas de casa ou do trabalho para receber a vizinhança. Todos ficavam quietos e concentrados para ouvir as informações. A partir dali, começou uma grande sequência de movimentos dos militares, em especial para abrir estradas e interligar o Brasil.

Naquele período, o sítio de Alfredo Gazin foi invadido. Começaram também as prisões dos líderes sindicais. Com a força militar nas ruas, aos poucos a vida voltou ao normal. Inclusive, não tardou para que Alfredo retornasse a ocupar seu sítio.

Mário até dizia aos mais próximos: "Eu queria ser comunista. Mas esse sonho acabou! E como os militares assumiram o país, só nos resta torcer para que façam do Brasil um país ainda melhor".

A SEGUNDA SURRA

As dores nas costas faziam Alfredo sofrer bastante. Às vezes, o homem tinha de ajoelhar-se num buraco para tentar aliviá-las. Naquele dia, o trabalho havia sido excessivo. Ajudado pelo filho Mário, Alfredo carregou um caminhão de sacos de café. Ao todo, cabiam 110 sacos. Lá pelas tantas, depois de toda a carga ter sido colocada no caminhão, Alfredo, bastante exausto, decidiu descansar e foi estimulado pelo filho, que disse:

– Pai, vá dormir, já é madrugada... Pode deixar que eu amarro a carga.

O pai não hesitou e resolveu ir para a cama. Mário havia aprendido com Alfredo a dar um nó chamado de "carioca". Sozinho, ele tentou... tentou... tentou... e nada de dar certo! O garoto, que estava lá com seus treze anos, começou a ficar preocupado e nervoso. Quanto mais tentava, menos conseguia. Chegou a pedir ajuda a algumas poucas pessoas que passaram pelo local, mas sem êxito. Um homem até disse que sabia dar um tipo de nó, mas que era usado para amarrar porco. Aquele nó de caminhão deveria ser mais firme e seguro.

Três horas depois, lá pelas 3h30 da manhã, Mário decidiu acordar o pai, para ajudá-lo a dar o nó "carioca". O homem levantou-se, lavou o rosto e foi até o caminhão. Quando Alfredo chegou e viu a carga desamarrada, ficou irritado com o filho e passou a mão na primeira coisa que encontrou, um rolo de barbante de uns setenta centímetros, e saiu batendo no rapaz.

O garoto levou uma surra de dar dó. Depois de muito apanhar, Mário, chorando bastante, ainda ajudou o pai a amarrar o caminhão. Já eram lá pelas 6h quando terminaram. Depois disso, Mário recolheu algumas roupas e saiu de casa; foi para Tapira, onde pretendia morar. Laurinda, contudo, chorava muito e mandava recados. Sensibilizado pelos apelos da mãe, Mário decidiu voltar.

NOVO EMPREGO VELHO

Ainda em 1963, o convite de Celi Antonio Pereira para que Mário voltasse a trabalhar na Casas União, e com móveis, convenceu-o.

O bom salário proposto também. Celi já havia aberto mais algumas filias, além da fábrica. Mário era acostumado a trabalhar bastante; nem é preciso dizer que a carga da nova rotina era pesada.

Mesmo tão jovem, com catorze anos, Mário era o "braço direito" e de extrema confiança de Celi, além de seu confidente. O patrão adorava-o e divertia-se ao ouvir aquele jovem inteligente, perspicaz e tão confiante dizer "Vamos quebrar tudo", numa alusão ao fato de que iriam vender cada vez mais.

Aos sábados, eles trabalhavam até as 20h. Depois disso, Mário pegava a lambreta azul que Celi deixava à sua disposição e ia de loja em loja, ou de casa em casa dos gerentes, para recolher o dinheiro do faturamento da semana. Mário saia de Cidade Gaúcha e percorria vários outros municípios em que havia lojas da rede de Celi, como Jussara e Douradina.

Nos trajetos, não havia asfalto; o percurso era feito em estrada de terra, o que exigia bastante atenção. Mário cruzava fazendas, abrindo e fechando as porteiras das propriedades privadas. Eram tempos mais seguros, quando não se falava em assalto e em falta de segurança, embora seu grande receio fosse o de deparar-se com alguma onça, principalmente quando precisava pernoitar pela estrada. Por vezes, Mário dormia em cima das árvores. Em algumas oportunidades, passava a noite na casa de algum conhecido. O jovem só conseguia voltar para casa no dia seguinte, trazendo aquele monte de dinheiro. Lá pelas 13h, chegava em Cidade Gaúcha. Muitas vezes, vinha faminto, pois não conseguira jantar ou almoçar.

Ele ainda viajava bastante com o patrão. Celi levava Mário consigo para rodar algumas cidades do Paraná e de São Paulo em busca de mercadorias nas fábricas e nos atacadistas. O comerciante tocava firme a caminhonete por quilômetros enquanto Mário cuidava de entreter Celi para que ele não pegasse no sono. Às vezes, os dois viajavam por vários dias.

Na primeira vez em que esteve em São Paulo, Mário ficou encantado com a força econômica da cidade. Circulava por ruas famosas, como a Augusta e a Santa Ifigênia, lotadas de prédios, e por lojas atacadistas espalhadas pelo centro da cidade, como na Rua 25 de Março e no Largo São Bento. Os dois aproveitavam para visitar as muitas igrejas que havia na cidade, onde geralmente rezavam e assistiam à missa. Ao lado de Celi, Mário conheceu inúmeros fornecedores: Semp (que na década de 1970 viria a tornar-se Semp Toshiba), Monark, entre outros. Ainda não havia a Rodovia Castelo Branco, portanto, o trajeto era longo e demorado: levava-se em torno de três dias para ir de Cidade Gaúcha a São Paulo e o mesmo tempo para retornar ao Paraná.

Hotel? Que nada! Eles dormiam no carro. Na ida, com o carro vazio, deitavam na carroceria e na cabine. Como voltavam carregados, geralmente dormiam no chão, ao lado do veículo. Quanto à alimentação, na ida levavam comida de casa: pão, linguiça e polenta. Em São Paulo e no retorno, alimentavam-se em restaurantes.

Todas as mercadorias adquiridas tinham nota fiscal. Quem sonegava poderia até ser preso. Havia filas para comprar os selos que determinavam os valores dos impostos. Nas notas fiscais, eram colocados os números de selos correspondentes ao valor do imposto; sempre carimbados, para não serem reutilizados.

As viagens aconteceram entre 1963 e 1965, ano em que nasceu o Imposto sobre Circulação de Mercadorias (ICM) – que em 1989 deu origem ao Imposto sobre Circulação de Mercadorias e

Serviços (ICMS). Até as escolas começaram a educar a população mais jovem, ensinando aos alunos que era importante exigir a nota fiscal na compra dos produtos.

FAZER CAIXA

A vida é uma escola. Todo dia, hora ou minuto temos a oportunidade de aprender.

Alfredo costumava dizer isso ao filho. Apesar da simplicidade, ele carregava consigo muita sabedoria. Por isso, Mário, que naturalmente era um menino arisco, esperto e atento, procurava não perder a chance de aprender. Era um grande observador. As pessoas sabiam disso. Tanto que sempre que havia algum serviço ou complicação a ser resolvida, ele era indicado: "Fala com o Mário. O garoto é bom!".

Assim aconteceu certa vez na cidade de Tapira, onde o patrão de Mário, Celi Antonio Pereira, dono da Casas União, tinha uma loja. Mário passou a cuidar do estabelecimento, que também se tornou o seu local de moradia. Ele então se alimentava no hotel da cidade, aonde ia buscar as refeições na hora do almoço e jantar. Basicamente, arroz, feijão e carne, que popularmente se chama de mistura.

Quem também ia buscar as refeições era o gerente do único banco da cidade, o Banco do Estado do Rio Grande do Sul. Certa vez, enquanto aguardava, Mário ouviu as lamentações do gerente ao dono do hotel:

– Não sei o que fazer. O motor do poço de água não funciona. As pessoas estão reclamando pois estão sem água.

Foi quando o dono do hotel disse:

– Esse aí resolve tudo! – E apontou para Mário.

– E resolvo mesmo! – antecipou-se o rapaz, não querendo perder a oportunidade de faturar um dinheiro extra.

O homem topou:

– Então, depois que você almoçar, me procure no banco!

A certeza de Mário de que resolveria o problema deu-se porque ele já havia aprendido com Celi a como realizar o processo de reativar motor de bomba d'água.

Pouco depois, Mário foi ao banco e conversou com o gerente. Ficou de tentar fazer o motor pegar depois do expediente, à noite. Na hora combinada, eles foram ao local, que ficava a quase um quilômetro da cidade. Mário apareceu acompanhado de um senhor que tinha uma carroça e um cavalo, pois sabia que seria necessária a força de um animal como aquele para fazer a máquina funcionar.

Logo, Mário acendeu a fogueira, esquentou umas latas d'água, tirou a tampa do pistão e, com pano encharcado de gasolina, começou a limpar as peças. Depois, jogou água quente na engrenagem e montou o motor. Assim que amarrou a corda no cavalo e na alavanca do motor, Mário pediu que o homem saísse montado no animal. Na primeira tentativa, o motor ligou! Mário fez o teste: desligou e religou o motor. Deu certo de novo. Antes de sair de lá, deixou o motor funcionando. Ao despedir-se do gerente do banco, o homem entregou-lhe um bolo de notas:

– Isto é pelo serviço. Você é bom mesmo, garoto! Prometeu e cumpriu!

Mário apenas agradeceu e saiu de carona com o dono do cavalo. Enquanto se dirigia para a moradia, aproveitou para contar o dinheiro. Ele mexia nas notas e não conseguia terminar de contar: "É o maior dinheiro que já vi na minha vida", pensou. Mário tirou algumas notas do bolo e deu ao homem que o acompanhava.

A partir daquele dia, o gerente do banco tornou-se seu amigo e, diariamente, passava na loja para bater papo. Depois de algum tempo, o motor pifou outra vez; Mário foi chamado de novo. Assim como no primeiro conserto, ele deu conta do recado e recebeu outro montante de dinheiro. Guardou aquele capital pensando que poderia ser útil no futuro, caso aparecesse alguma oportunidade. E isso realmente aconteceu!

PASSAGENS DIVERTIDAS

Bastante brincalhão, Mário não perdia a chance de aprontar das suas. Uma das lojas ficava em Douradina, a sessenta quilômetros de Cidade Gaúcha, percurso que, pelas péssimas condições da estrada, levava em média umas cinco horas para ser percorrido. Ali, o gerente era o Zalmiro. Numa dessas idas para receber o dinheiro do faturamento da semana, ele chegou tarde na casa do homem. A esposa do gerente recebeu-o e disse que o esposo já estava dormindo na loja com os filhos.

A loja ficava bem em frente a um posto de gasolina. Era uma porta de madeira com uma tranca. Pois não é que Mário foi até lá e, com a ajuda do guarda do posto, retirou a tranca da porta e viu o Zalmiro num sono profundo, roncando para valer? O homem dormia ao lado de sua espingarda, ou garrucha, como gostam de chamar por lá. Mário silenciosamente pegou a arma e descarregou-a. Feito isso, voltou para onde Zalmiro dormia e deu-lhe o maior susto. O homem pulou do colchão e saiu em disparada, gritando:

– Não me matem! Não me matem! Deixem-me viver!

Ambos, Mário e o guarda, morreram de tanto rir. E quando Zalmiro percebeu que a peça fora pregada por Mário, correu na direção dele. O jovem ainda teve tempo de subir na lambreta e se mandar antes mesmo de ter de prestar contas ao gerente. Ao narrar o caso para Celi, que também gostava de pregar peças, ambos se divertiram. Mário até disse a Celi que no sábado seguinte não voltaria para pegar o dinheiro com Zalmiro. Mas a semana passou e esfriou a cabeça do homem, que estava mais calmo e perdoou o jovem.

Outra que ele e Celi aprontaram aconteceu justamente com o cunhado do patrão, de nome Breno. O rapaz era gente da melhor espécie, mas havia fracassado como cerealista e fora contratado para trabalhar com Celi, irmão da esposa dele. Breno costumava andar armado, com revólver na cintura.

Certa vez, Celi foi transportar um caixão de defunto. Mas, antes de entregá-lo, decidiu passar na empresa. Ao chegar, teve a ideia de assustar o cunhado e contou para Mário. Ambos arquitetaram o plano: colocar o caixão num corredor estreito, ao lado de um balaústre, que tirava um pouco da visão do objeto. Mário ficou com a missão de chamar Breno enquanto Celi escondia-se atrás do caixão. Assim que Mário e Breno passaram em frente ao caixão, Celi começou a fazer barulho e a balbuciar palavras desconexas. Foi o bastante para Breno sair em disparada, gritando, como se tivesse visto um fantasma. Depois de tudo "esclarecido", Breno ficou tão incomodado que pediu demissão. Coube a Mário a incumbência de demovê-lo da ideia e fazê-lo voltar a trabalhar para o cunhado.

Outra que Mário aprendeu com Celi: soltar bombas quando os negócios iam bem. Celi acendia daquelas bombas grossas e deixava estourar, fazendo barulhos enormes, o que assustava os mais distraídos.

• • •

Além de brincalhão, Mário estava também sempre disponível para ajudar e principalmente para atender aos chamados da parteira da cidade, que era sogra de Celi. Bastava ela dizer "Tem mulher parindo..." que Mário montava na charrete e a acompanhava até a casa da gestante. Às vezes, o garoto ia fazer seu trabalho e depois passava para buscar a parteira, que voltava para casa carregando o "dinheiro" que ganhava da família da nova mamãe, representado por algum "presente", como galinha, porco, banha, arroz ou outros mantimentos. Era a recompensa que ela recebia por ter dado à luz uma criança da casa.

UM RELÓGIO DE PRESENTE

Cadê o dono? Ele precisa abrir esse cofre para conferirmos se a empresa não pratica nada de errado.

Apesar de falarem de forma truculenta, Mário tentou contemporizar e explicar aos fiscais da então Fazenda Nacional, que veio a se tornar em 1968 a Receita Federal, que o dono, Celi, demoraria a chegar. Os homens queriam vasculhar o cofre a fim de encontrar documentos que pudessem comprometer a empresa, como anotações de vendas sem a emissão de notas fiscais. Depois de muita conversa, eles aceitaram ir embora, mas com uma ressalva:

– Nós vamos colar esse papel no cofre para evitar que ele possa ser aberto. Como já é sexta-feira, avise ao seu patrão que na segunda pela manhã estaremos de volta. E que ele esteja aqui para nos receber e abrir o cofre!

Enquanto passavam a cola e grudavam o papel no cofre, eles ainda ameaçaram:

– E nada de quebrar esse lacre improvisado. Se isso acontecer, vai todo mundo preso!

Em torno de uma hora depois, Celi chegou ao escritório. Ofegante, Mário contou tudo o que havia ocorrido. Celi entrou em desespero:

– Eu preciso abrir esse cofre sem falta! Preciso recolher alguns papéis que estão aí dentro!

Ao ver a aflição de Celi, Mário arriscou:

– Eu consigo abrir esse lacre!

Celi duvidou, mas não havia outra saída: era arriscar ou deixar que os fiscais abrissem o cofre.

– Vá lá, garoto! Faça a sua parte!

Mário pediu então um maçarico e uma chaleira com água. Quando acendeu o fogo e aproximou da lateral do cofre, Celi gritou:

– Você vai queimar o papel!

Mário apenas abriu a mão e fez sinal para que ele esperasse sua ação. O jovem aqueceu de longe as laterais do cofre e depois colocou o maçarico debaixo da chaleira. Após alguns minutos, a água entrou em ebulição, o que provocou a saída de bastante vapor pelo bico. Aquilo fez com que a cola fosse amolecendo aos poucos, até que todo o papel pôde ser retirado sem causar danos.

Impressionado com a esperteza, Celi agradeceu bastante a Mário e vibrou com o resultado. Ele abriu o cofre e retirou o que precisava. Na sequência, trancou o cofre e, quando a peça esfriou, voltou a passar cola no papel e a prendê-lo sobre a porta e as laterais, exatamente como anteriormente.

Na segunda-feira bem cedo, chegaram os fiscais. Celi estava lá para recebê-los. Depois de rápida conversa, eles próprios rasgaram o papel. Celi abriu o cofre, e os homens nada constataram de errado. Não tardou e eles foram embora. A comemoração foi grande. Depois disso, Celi disse que iria até uma cidade próxima para fazer umas compras. De lá voltou no final da tarde com um pequeno embrulho que deu a Mário. Quando ele abriu, ali estava um lindo e imponente relógio! Agora, era a vez de Mário agradecer a Celi. Aquilo era coisa para rico. Mas Mário não se importou e logo colocou o relógio e saiu pela cidade "desfilando" com o presente no pulso. Até que encontrou o amigo Antonio Ciríaco, que arregalou os olhos e disse:

– Mário! Você é doido! Esse relógio não é *pra* nós! Onde foi que você arrumou essa "belezura"? Você o roubou?

O rapaz gargalhava com as falas de Ciríaco, que logo soube como ele havia ganhado aquela "belezura"...

BOLA FORA

Mário, preciso que você me faça um favor: lavar o jipe. Andei por umas estradas de terra e o carro está imundo.

Era fim da tarde de sábado. Mário prontificou-se a atender o pedido de Celi. Ele pegou o carro e disse que iria levá-lo até o posto onde o lavaria. Nesse meio-tempo, já havia escurecido. Mário molhou o carro, que era da cor bege, e jogou o líquido que estava numa lata, colocada no canto, para lavar carro; o garoto imaginava ser o sabão. Com um pano na mão, esfregou com vontade, esperando que aquilo criasse espuma, mas então percebeu algo estranho. Ao enxaguá-lo, Mário entrou em pânico! O carro, que antes era bege, estava agora com uma cor estranha, escura. O que havia acontecido? O tal "sabão" que Mário pensara estar naquela lata, era, na verdade, soda cáustica, utilizada para lavar chassis de caminhões. A tinta saiu toda!

E como falar com o Celi? Como contar a ele o desastre? Era um carro relativamente caro. Mário não sabia como iniciar, como introduzir a conversa. Mesmo assim, ele esperou Celi ir buscar o veículo. Quando o comerciante chegou, arregalou os olhos e disse perplexo:

– O que aconteceu com meu carro?

– Pintei de cinza... – tentou amenizar Mário.

Demonstrando irritação, Celi perguntou:

– Como foi que você trocou a cor do meu carro?

Mário deu sua explicação, contando sobre o equívoco. Na hora, Celi ficou bravo, resmungou, mas depois entendeu o ocorrido e aceitou o pedido de desculpa. Tanto que nem descontou o conserto do salário de Mário. Mas ali o rapaz aprendeu que nunca devemos agir antes de termos certeza daquilo que estamos fazendo!

CAPÍTULO 2

A PRIMEIRA LOJA

Mário, quero que você faça uma contagem do estoque da loja de Douradina. Eu vou ter que fechá-la. Os negócios não andam nada bem e não tenho como tocar essa loja. Além disso, o gerente pediu as contas e não consegui arrumar um novo funcionário.

A notícia dada por Celi pegou Mário duplamente de surpresa. Primeiro, porque não imaginava que isso pudesse acontecer. Depois, ele pensou rápido: "Acho que vou me candidatar a comprar essa loja!". Claro, para não "espantar a presa", Mário deixou que Celi, dono ainda de outras quatro lojas, desabafasse. Assim, saberia de todos os problemas do comércio de Douradina e onde e como teria de intervir. Até procurou sondar quanto valia o negócio. Esta era uma característica importante de Mário: pensar rápido, na velocidade que o comércio exige!

Dias antes daquela conversa, Celi convidara Mário para gerenciar a loja de Douradina. Alfredo, entretanto, não o deixou ir, alegando que o filho ainda era muito novo para viver aquela experiência que o obrigaria a morar longe de casa. Como Mário bem conhecia Celi, sabia que muitas das dificuldades haviam sido provocadas pela própria desorganização e falta de foco do patrão. Mário ainda tinha consciência de que a posição geográfica de Douradina não permitia acesso a muitas outras cidades vizinhas e que as geadas destruíam as plantações de café e traziam insegurança aos agricultores.

Mário sonhava em ter, no futuro, uma loja de secos e molhados, um pequeno armazém. Era algo mais fácil de administrar. Mas... saber que Celi iria desfazer-se da loja de Douradina mexeu com seu íntimo e aguçou seu lado empreendedor. Talvez, realmente, aquela não fosse a melhor das lojas da pequena rede de Celi, mas algo em seu coração dizia: "Compre essa loja! Compre essa loja!". Até que, num dos momentos da conversa, quando Celi parou para respirar mais profundamente, como que tentando encontrar outra solução que não o fechamento da unidade, Mário disse firmemente:

– Celi, eu compro essa loja! Mas deixo um aviso: não tenho todo o dinheiro que você quer pelo negócio.

Os segundos de silêncio foram seguidos pela alegre fala de Celi:

– Mas que notícia maravilhosa, meu rapaz! Pode escrever aí: vou facilitar ao máximo para que isso possa acontecer! Até aceito o jipe do seu pai como parte de pagamento.

Ao ouvir isso, Mário vibrou em seu íntimo. Significava que Celi já o imaginava como novo dono da loja e vislumbrava formas de realizar o negócio. Eles ainda conversaram mais alguns minutos sobre os passos seguintes. Mas, claro, era preciso definir o preço e, principalmente, como e onde arrumar dinheiro para pagar, algo que Mário e a família não possuíam. Além disso, Alfredo utilizava o jipe para trabalhar no sítio e também como taxista, ou seja, o veículo era sua fonte de renda.

Como o assunto estava quente, Mário foi correndo encontrar-se com o pai, na tentativa de achar uma solução. Então explicou toda a conversa que tivera com Celi, até que teve uma luz:

– Pai, vamos juntos conversar com o Celi! Assim, talvez, surja um caminho para que a gente possa comprar a loja dele! Ele até aceita o carro no negócio.

Diferentemente daquilo que Mário imaginava, Alfredo deu sinal verde. Ele já vinha pensando em ter um negócio próprio. O homem, contudo, ainda fez cara de preocupado e perguntou ao filho:

– Será que vai dar certo?

O jovem respondeu de bate-pronto:

– Pai, nós estamos comprando essa loja praticamente fiada. Nós vamos fazer dar certo! – exclamou Mário, para alegria e confiança do pai, que em momento algum se preocupou em abrir mão do jipe, seu instrumento de trabalho.

A firmeza de Mário foi decisiva. Qualquer insegurança na resposta poderia colocar tudo por água abaixo. O rapaz até chegou a pensar: "Eu já apanhei duas vezes do meu pai. Se der errado, vou levar outra surra...".

No caminho para fazer o negócio, Mário contou que, apesar de entregar mensalmente ao pai todo o salário que ganhava, ainda tinha algumas economias, acumuladas com base no que ganhava fazendo bicos, como as caronas que dava quando circulava pelas cidades onde Celi tinha loja. Durante o trajeto, Alfredo parou em alguns estabelecimentos de amigos; queria compartilhar a ideia com comerciantes conhecidos para saber a opinião deles sobre investir num comércio de móveis. O primeiro com quem conversou foi um português chamado Abílio Dias, dono da Casa Dias, em cuja loja os Gazin faziam suas compras. Alfredo contou qual era o destino depois dali: comprar a loja de Celi. Do homem, ouviu:

– Mas você está louco? Loja de móveis não dá futuro *pra* ninguém! O que dá dinheiro é trabalhar com secos e molhados, ou com roupas e tecidos...

Mário não via a hora de sair dali. Claro, mesmo sem deixar transparecer, o pai ficara preocupado com o que acabara de ouvir.

Eles se despediram e seguiram em frente. Mais adiante, encontraram outra pessoa próxima, Antonio Barbeiro, que, ao ouvir sobre os planos dos Gazin, disse:

– Em Douradina? Naquele fim de mundo? Pulem fora! A cidade não é próspera. Se fosse em Cidade Gaúcha, valeria correr o risco...

Outra opinião contrária, outro banho de água fria! Numa atitude que expressasse talvez desespero, preocupado com a possibilidade de que o pai pudesse desistir de falar com Celi, Mário segurou-o pelos braços, encarou-o firmemente e disse ainda mais convicto do que na primeira vez:

– Pai, nós estamos comprando essa loja sem colocar dinheiro, praticamente fiada. Seremos muito organizados e cuidadosos na administração. – Demonstrando grande segurança, Mário repetiu a frase dita antes. – Pai, nós vamos fazer dar certo!

Feito isso, os dois dirigiram-se até a loja em que Celi ficava. A conversa iniciou-se meio fria. Mário tratou de aquecê-la: dava ideias, fazia brincadeiras, até falava em como seria a loja sob o comando dele e do pai no futuro, na tentativa de incentivar e esquentar a negociação. Até que... a negociação foi aberta. Celi deu o preço; Alfredo contestou. Bom sinal: se havia oferta e contraoferta, era real a chance de fechar a compra. O "embate" não foi longo. Em troca do jipe de Alfredo e das economias de Mário, além de mais algumas parcelas futuras, em 8 de dezembro de 1966 o martelo foi batido:

– Desejo que vocês sejam muito felizes com a loja. Gosto muito do Mário e torço pelo seu sucesso.

A alegria no rosto de Mário podia ser medida pelo tamanho de seu sorriso. Logo, a chave foi entregue e Alfredo cumpriu o que era devido. Feito o negócio, pai e filho voltaram radiantes e abraçados para casa. Era perto das 16h. Essa talvez tenha sido a primeira expressão de carinho entre eles; ali nasceu uma relação mais estreita, afetiva e vibrante entre Mário e Alfredo. Assim que entraram na residência e contaram a novidade, a alegria foi geral. O aroma de café fresco e dos pães assados por Laurinda fizeram a família reunir-se ao redor da mesa e saborear aquelas delícias. Mário pouco conseguira até então aproveitar um momento como aquele, tão familiar.

Enquanto se alimentavam, Mário, o pai e o irmão Rubens aproveitaram para falar do futuro. Entre fechar e assumir o negócio passaram-se cinco dias. Mário sabia que, apesar de ter aumentado a responsabilidade, tocar a loja não seria novidade. O rapaz participava das compras e conhecia os fornecedores: tinha o seu Livotti, a rede de lojas Hermes Macedo (HM), a Prosdócimo, a Móveis Leão, a Monark, algumas fábricas de móveis em Maringá, entre outros. E Mário também sabia da luta que seria para arrumar mercadorias e, principalmente, crédito. Uma luta que Celi também enfrentava, talvez, em menor escala.

Claro, não havia como voltar atrás. Mário também avaliara os perfis dos ex-patrões a fim de tirar deles o que havia de melhor: Dona Nicha era uma mulher empreendedora, que cuidava dos funcionários como se fossem seus próprios filhos; vender igual ou ainda melhor do que Celi, que sabia ganhar dinheiro, e não ser tão desorganizado como ele; superar o bom administrador Sebastião Rubira, que não entendia tanto assim de vendas, mas era rígido com as regras para que nada saísse do controle.

• • •

Havia alguns amigos com os quais Mário caçava andorinhas e, quando podia, pescava aos domingos. Um deles era José Rossi, a quem disse:

– Eu agora não conseguirei mais encontrar vocês aos fins de semana. Vou concentrar-me na loja. Estou começando um negócio próprio e quero destinar todo o meu tempo para dedicar-me à loja.

Tempos depois, José Rossi começou a trabalhar como taxista e a prestar serviços para Mário. E quando Rossi casou-se com Iolanda Taglieri, passaram a estar juntos em algumas oportunidades; quando Mário ia ver a família em Cidade Gaúcha, sua mãe encomendava os deliciosos pastéis que Iolanda fazia.

O INÍCIO DA TRAJETÓRIA NO VAREJO

As decisões foram rápidas! Ficou definido que Mário, aos dezessete anos, iria sozinho para Douradina. Nas conversas com Alfredo, o pai confidenciou o que sentia:

– Filho, sempre trabalhamos muito na roça. Uma vida muito dura... E também sou motorista de táxi. Agora, somos caixeiros--viajantes. Estamos ricos!

Essa era realmente a impressão das pessoas naquela época. Quem era dono de empresa tinha enormes chances de melhorar de vida.

Mário sorriu e disse ao pai:

– Não sei se vamos ficar ricos, mas vamos crescer muito!

Dito isso, ele juntou algumas roupas e partiu para Douradina. Lá, alugou um quarto no hotel da cidade, onde só aparecia na hora das refeições e tarde da noite para dormir. Ali, Mário ficou por um mês, mudando-se depois para a própria loja, onde passou a morar; era ali que ele dormia, cozinhava e fazia as refeições.

Treze de dezembro de 1966! O primeiro dia de Mário Gazin como lojista foi inesquecível! Havia muito trabalho a ser feito, tanto para acertar quanto para melhorar o estoque da loja. Mário rodava na companhia de Celi por várias cidades do Brasil atrás de mercadorias. A saga teria de continuar em busca de novidades.

A intenção de Mário era a de logo mudar a razão social da loja para chamá-la "Gazin" – na verdade, seria "Gazim" (com "m"), mesma forma de escrita do sobrenome de Alfredo. Mas ele teve de trabalhar por seis meses com o mesmo nome da rede de Celi, "Casas União", até que quitasse o pagamento do negócio.

Às 7h Mário já estava com as portas da loja levantadas! Ele até pensou em abrir antes, tal a ansiedade. O que se passava por sua mente? Apenas a necessidade de vencer no comércio: "Preciso fazer essa loja dar dinheiro!". Mário preocupava-se com a certa desconfiança de Alfredo em relação ao negócio. Não que ele assumisse isso, mas o pai continuava aconselhando-se com os amigos Abílio Dias e Antonio Barbeiro; o primeiro não acreditava no ramo de móveis e o segundo desconfiava do potencial da cidade de Douradina.

Mostrar ao pai que a loja poderia ter sucesso foi mais um fator de estímulo para Mário. Ele sabia que nos seis primeiros meses os fornecedores lhe dariam crédito, mesmo que ainda restrito. Mas, depois disso, o comportamento dele e da loja garantiriam o aumento e a continuidade do fornecimento de produtos. Inclusive, em alguns casos, em função de atrasos nos pagamentos cometidos por Celi, que nada mais tinha a ver com a loja, o crédito havia sido cortado ou reduzido.

O primeiro cliente demorou a chegar. Isso trouxe certa apreensão. Mário até se lembrou de que o salário que recebia quando trabalhava para Celi era relativamente bom. No entanto, tinha um único pensamento em mente: "Prefiro ganhar um para mim do que dois para o Celi, ou mesmo para qualquer patrão". Mas, enfim, o primeiro cliente entrou na loja. E comprou! Pouco a pouco, as pessoas ficavam sabendo da troca de dono e aprovavam a mudança. Com o tempo, Mário percebeu o peso da transformação em sua vida. Antes de ter a loja, se algo saísse errado, ou se Celi se equivocasse na gestão do negócio, era ele próprio que se prejudicava, que se apertava. Agora, todas as consequências recaíam sobre Mário e o pai. Deixar de ser empregado para tornar-se patrão representava uma drástica, mas também maravilhosa, mudança!

O fato de ter aberto a loja em dezembro foi bastante positivo: Mário ainda aproveitou o movimento maior do Natal. Vendeu tudo o que podia! No dia 24 de dezembro, trabalhou até tarde. Depois de fechar a loja, saiu de Douradina e foi para Cidade Gaúcha. Chovia bastante, e ele levou algumas horas de viagem, chegando durante a madrugada. Ao menos, queria estar com a família no almoço de Natal.

• • •

Agora era preciso dar tudo de si e ter comprometimento, amor ao negócio e garra para continuar. Tanto que Alfredo vendeu uma parte do seu sítio para comprar um caminhão, um Chevrolet 1954, para ser utilizado no dia a dia da loja. Seria impossível sair em busca de mercadorias e entregá-las depois de vendidas aos clientes sem ter o veículo. Nele, cabiam dezesseis guarda-roupas e mais algumas peças. Já era um caminhão de uns catorze anos.

Às vezes, quando Alfredo ia com Mário comprar mercadorias e voltava dirigindo, perdia o controle do volante. Nunca aconteceu, mas houve situações em que o homem quase provocara acidente, o que danificaria a carga. Mário ficava chateado e dizia: "Pai, precisamos ter cuidado. Primeiro, com as nossas vidas; e, depois, com a mercadoria...". Alfredo apenas olhava com atenção. Quando aconteciam essas viagens, o irmão de Mário, Rubens, ficava no comando da loja. Rubens era mais calmo, tranquilo. Por isso, mesmo sendo ambos tão jovens, era uma espécie de conselheiro do irmão mais velho.

Mário era também muito religioso, assim como todos na família. Aos domingos, ele não abria mão de ir à missa. Claro, além da devoção e do convívio social, era uma ótima oportunidade para vender algum produto nas conversas descontraídas que aconteciam após o encontro com os outros fiéis.

Em 1967, Mário Gazin foi apresentado por um amigo e funcionário de uma fazenda da redondeza ao patrão dele. Era o banqueiro Amador Aguiar, do então Banco Brasileiro de Descontos (que veio a tornar-se Bradesco), um respeitado empresário e proprietário de muitas terras no Paraná. Eles chegaram a conversar por diversas vezes. O banqueiro mostrava-se sempre animado, extrovertido. Mesmo com tanta diferença de idade, e de nível econômico, Amador Aguiar afeiçoou-se a Mário. Ele gostava do jeito despojado e inocente do rapaz, e ria com as piadas que o jovem contava, inclusive, algumas sobre banqueiros.

No mesmo ano, em Douradina foi aberta uma loja da Casas Pernambucanas, como era conhecida a rede na época. A Pernambucanas era uma forte concorrente e vinha para tomar importante fatia do mercado. Da linha que a Gazin comercializava, a Pernambucanas só não trabalhava com móveis.

ESCAPAR DO EXÉRCITO

Mário Gazin, você está dispensado!

"Ufa!". Essa foi a palavra que Mário Gazin soltou e que expressou a reação dele ao ouvir a frase dita pelo oficial. Estávamos em 1967. O rapaz se alistara em Cidade Gaúcha. Se fosse para servir ao exército, não haveria problema. Mário até queria viver aquela experiência. Mas para um jovem já empresário... aquilo não era tão inspirador. Além disso, ainda naquele início, Mário fazia de tudo na loja. Se tivesse de cumprir o serviço militar, provavelmente Alfredo seria obrigado a mudar-se para Douradina e a assumir a loja. Com a dispensa, contudo, não houve mudança estrutural.

No mesmo ano, Mário conheceu Francisco Ontivero, que logo virou o "seu Chiquinho". Ele era sócio da Móveis Brasília (após ajudar a expandi-la, comprou a outra parte do negócio). Houve grande empatia e amizade entre eles, que se tornaram importantes parceiros comerciais. Mário passou a tê-lo como um conselheiro. Sempre que tinha dúvidas, ou quando a situação apertava, recorria aos conselhos do "seu Chiquinho".

FURO N'ÁGUA

Em 1968, quando surgiu o fogão a gás por aquelas redondezas, Mário apostou fortemente no produto. Nem tanto por sua vontade, mas pela percepção do pai. Eles sempre compravam de dez a doze fogões a lenha. Mas a novidade, que tornava o produto bem mais prático, merecia crédito. Mário, então, investiu naquela mercadoria. Apareceu em Douradina um representante da fábrica Valec Nordeste. Durante a negociação, as condições de compra foram melhorando... melhorando... até que o vendedor fez uma oferta irrecusável:

– Se vocês comprarem 25 unidades, eu entrego 50 botijões de gás sem nenhum custo extra e ainda pago o frete!

O negócio foi fechado! Os fogões entupiram o estoque. Algumas peças ficavam expostas, e Mário, com toda a sua habilidade de vendedor convincente, gastava argumentações para conquistar os clientes. Alguns dias se passaram... e nada de vender os fogões. Alguns meses se passaram... e nada de vender os fogões.

Mário deu um fogão para a mãe; talvez o fato de ela ter um fogão em casa ajudasse a vender os outros. Não surtiu o efeito esperado. Mais alguns dias se passaram. Alfredo e Laurinda foram convidados para padrinhos de casamento do filho de um casal de amigos de Douradina. Sabe qual foi o presente? Um fogão a gás! A notícia correu. Apesar de não ter feito sucesso com a clientela, o fogão a gás era um produto inovador, moderno. As 23 peças restantes continuavam ali. Mas veio um segundo convite para ele e a mãe serem padrinhos de outro casamento. O presente? Bingo! Um fogão a gás!

Pois bem, lá se foram seis anos até que Mário conseguisse desfazer-se de todos os fogões. Alguns foram comprados pelos moradores de Douradina, mas a grande maioria foi embalada e entregue como presente de casamento.

Claro, depois de alguns anos, a moda do fogão a gás pegou! Mas se Mário não teve sucesso vendendo os fogões entre o fim da década de 1960 e a primeira metade dos anos 1970, pelo menos ele faturava vendendo botijões de gás aos afilhados de casamento da família Gazin.

LEI DE MERCADO

Quem "brigava" com Mário para conquistar clientes era Pascual Garcia, vendedor de uma empresa concorrente, a Casa Vigorelli, com sede em Umuarama e maior do que a Gazin. Pascual viajava em busca de clientes e, vez por outra, encontrava Mário. Os produtos que mais se vendiam naquele tempo eram máquinas de costura, rádios Semp, camas de arame, colchões de palha e de mola, guarda-roupas e fogões a lenha. Às vezes, para "quebrar" uma venda de Mário, Pascual dizia ao cliente: "Cuidado com esse guri... Ele é mentiroso!".

Quando lhe contavam, Mário ficava bravo. Mas ao encontrar-se com Pascual, tudo ficava bem. As conversas entre eles nunca abordavam o mercado e a clientela. Falavam amistosamente sobre futebol, política, economia e tudo mais, menos sobre o mercado local. Muitas vezes, eles se encontravam nos próprios clientes, que moravam em chácaras ou sítios na região; geralmente, enquanto um saía da residência, o outro chegava.

Tempos depois, Pascual passou a fazer pronta-entrega de máquinas de costura e rádios, produtos que Mário também vendia. Como Mário tinha um caminhão, vez por outra Pascual o via com o veículo carregado de mudança para levar até o Mato Grosso; em outras oportunidades, eles se cruzavam no retorno, e Mário voltava carregado de madeira. A relação seguiu assim, até que anos depois nasceu uma importante parceria, conforme veremos adiante.

• • •

Passados alguns meses, Mário recebeu a informação de que Celi, seu antigo patrão, estava passando por uma situação financeira complicada. Como se dizia popularmente, "Celi quebrou", perdeu tudo. Deixou, inclusive, de pagar alguns fornecedores. Sensibilizado com a situação, Mário foi falar com ele e comprometeu-se a ajudá-lo. Até quitou o pagamento do restante da compra da loja antecipadamente. Mas o homem estava desnorteado, sem motivação para reerguer-se. Infelizmente, Celi não soube lidar com a situação e ficou bastante doente. Anos depois, veio a falecer de câncer.

Apesar de Mário Gazin não ter nada a ver com as dificuldades financeiras enfrentadas por Celi, a situação difícil do ex-patrão respingou fortemente nele. Isso porque as empresas fornecedoras, inclusive de fora do Paraná, sabiam da estreita relação deles e, assim, restringiram o crédito de Mário; alguns até continuaram a vender, mas com a condição de que ele pagasse as compras à vista. Mário não tinha capital de giro para isso; tal fato complicou-lhe a situação.

Assim como acontecia no passado, quando trabalhava para Celi, Mário passou a viajar para comprar mercadorias. Praticamente, fazia o mesmo trajeto, passando por cidades do Paraná e de São Paulo. Ele teve algumas portas fechadas. Até mesmo um empresário paranaense, chamado Livotti, que produzia guarda-roupas e sempre atendeu Mário com muita atenção e carinho, passou a exigir que o pagamento fosse feito à vista. Ele era um dos fornecedores em quem Celi dera o cano. O homem ainda limitava as vendas a uma ou no máximo duas peças de cada produto que ele fabricava, como camas e guarda-roupas.

A limitação do crédito atrapalhou bastante aquele início como varejista, principalmente porque as vendas eram basicamente feitas a prazo e, muitas vezes, para serem recebidas só depois da colheita de café, geralmente em setembro. Era quando todos colocavam dinheiro no bolso, fossem os donos das fazendas ou os trabalhadores fixos e diaristas.

Esse período poderia levar trinta, sessenta dias ou até mais; costumeiramente, quem trabalhava na lavoura recebia o dinheiro da safra em setembro. Isso obrigou Mário a se virar, oferecendo serviços de transporte de mudança e de cargas, ou mesmo fazendo bicos de eletricista. Tempos depois, Alfredo vendeu o sítio de dez alqueires que tinha em Cidade Gaúcha e comprou uma casa e uma chácara de quatro alqueires em Douradina, onde passou a morar e a ajudar na loja da família. Laurinda e os filhos acompanharam Alfredo. O outro filho, Rubens, estava com o irmão Mário e era um importante reforço para tocar a loja.

O pai de Mário também comprou um caminhãozinho e passou a transportar mercadorias. Ele ia buscar móveis em Birigui, Araçatuba, Londrina e Apucarana. Outras mercadorias que eles passaram a vender eram tijolos e materiais de construção em geral. Alfredo viajava, comprava os produtos e levava para Douradina, onde Mário e Rubens vendiam para os moradores que queriam construir ou reformar suas casas.

A partir do momento em que Mário e o pai passaram a trabalhar juntos na loja, a relação deles ficou mais próxima. Eles conversavam e trocavam ideias diariamente, empenhavam-se para que os negócios e as vendas fluíssem bem. Enfim, viviam o mesmo mundo e tinham objetivos similares. Digamos que a relação era assim: Mário respeitava o pai, mas era Alfredo quem obedecia ao filho, pois era Mário quem dava as diretrizes. A partir daquele dia, nunca mais aconteceram discussões e brigas entre eles.

CORAÇÃO CONQUISTADO

Que moça linda...

Ano de 1967. Poucas palavras, muitas emoções... Assim, tudo aconteceu. A jovem Cecília Domingues conquistou Mário Valério Gazin. Ela estava com apenas dezessete anos de idade; Mário, também.

O rapaz já tinha tido umas namoradinhas, mas nada sério. Até que, andando pelas ruas de Douradina, deparou-se com Cecília. A jovem de cabelos longos, castanhos, estava na varanda de casa, na companhia da mãe. Nos dias seguintes, Mário repetiu o mesmo trajeto, na esperança de rever a moça. Algumas vezes, a estratégia dava certo; em outras, não. Ele quis conhecer mais sobre a família dela e conseguiu. Conversando com amigos, soube que o pai de Cecília tinha uma oficina mecânica, mas era agricultor.

Nessas idas e vindas, Mário começou a passar ao lado da casa e, como a moça também já o havia notado, a cumprimentá-la. Era um "bom-dia" ou "boa-tarde" tímido de lado a lado. Até que, certa vez, Mário parou defronte ao portão e arriscou:

– Olá! Eu me chamo Mário. Qual é o seu nome?

Encabulada, e com sorriso acanhado, ela respondeu:

– Eu me chamo Cecília.

Cecília... Cecília... O rapaz estava apaixonado... E logo teve início o namoro. A única informação que faltou, e que quando Mário recebeu já era "tarde", era a de que o pai de Cecília, José Domingues, era também o delegado da cidade... e dos bravos!

Os pais de Mário apoiaram o namoro. Mas, diferentemente da mãe, o pai da moça não ia muito com a cara dele! Esse era realmente um enorme problema, principalmente porque em pouco tempo de namoro os dois resolveram se casar. Uma escolha que contou com apoio dividido. Então, eles decidiram por si só! E tiveram uma conversa curta, direta:

– Cecília, você me ama?

– Eu te amo, Mário. E você?

– Eu também te amo! Vamos nos casar?

– Mas meu pai não vai deixar...

– A gente foge, casa e ninguém mais terá como nos impedir!

Sem hesitação, ela respondeu:

– É uma loucura, mas eu topo!

– Eu também! Vamos fugir hoje à noite! – disse ele, enquanto Cecília concordava, movimentando de forma afirmativa a cabeça.

Mário ainda relembrou as palavras do pai, que dizia aos filhos: "Se fizerem mal a alguma moça, eu mato vocês! E se casarem, não podem devolver a moça para a família!". Ambos gargalharam das palavras de Alfredo. Assim, apaixonados e comprometidos, os jovens protagonizaram uma reprodução dos mais emocionantes clássicos românticos da história do cinema.

CONTRA TUDO E CONTRA TODOS

No horário combinado, Mário apareceu com a Kombi da loja na casa de Cecília. A moça havia arrumado uma muda de roupa. Ela estava à espera do namorado de quem desejava tornar-se esposa. O rapaz estacionou a alguns metros da casa. Quando viu que Cecília saiu pela porta, avançou com o carro, desceu, guardou a bagagem e acomodou a moça ao lado dele, no banco da frente. Com olhar decidido e feliz, olhou para ela e disse:

– Nós vamos ser muito, muito felizes! Nesse nosso começo de vida, enfrentaremos um período duro, difícil. Seja com seus pais ou mesmo financeiro. Mas vamos vencer!

De Douradina, Mário seguiu para Maringá, cidades separadas por uns duzentos quilômetros. Assim que lá chegaram, Mário comprou algumas roupas para Cecília. Eles ficaram em Maringá por três dias; nesse ínterim, Mário adquiriu um par de alianças. Passados três dias, eles retornaram a Douradina e foram amparados pelos pais de Mário.

Dias depois, o casal recebeu uma visita "inesperada", mas previsível: a família de Cecília foi ao encontro dos namorados "rebeldes". E, claro, depois da fuga, era óbvio que eles, mesmo sem aceitar, consentissem com o casamento. Naqueles tempos, os jovens apaixonados tinham por hábito agir dessa forma: fugir e, praticamente, decretar o casamento.

A conversa de Mário com o pai de Cecília foi dura, tensa. O rapaz, um comerciante que tentava construir carreira e realizar seus sonhos, ainda morava nos fundos da loja. Mas, digamos que, se a família de Cecília não aceitou, ao menos teve de "engolir" aquela situação. Antes de saírem, o sogro-desafeto disse a Mário:

– Você aprontou feio, rapaz!

Mário, apesar de franzino, pesava uns cinquenta quilos, devolveu:

– Quero que o senhor saiba que estaremos aqui dispostos a recebê-los, e o nosso canto estará sempre aberto a vocês. Se não quiser falar mais comigo, não tem problema... Mas saiba que na sua velhice quem irá cuidar do senhor serei eu!

O homem saiu de lá fulo da vida! Entretanto o futuro faria com que a previsão de Mário fosse cumprida. Poucos dias depois, todos foram ao cartório e oficializaram o casamento. O escrivão e dono do cartório, de nome Manoel Ribeiro de Oliveira, sempre chamado de "Manezinho", ainda perguntou:

– Vocês são muito jovens! Mário, você ama a Cecília?

O rapaz olhou fixamente para a moça e respondeu "convicto":

– Não, eu amo a mãe e o pai dela... – Fez-se silêncio no ambiente, pois aquilo poderia ser uma provocação ao sogro. Mário continuou. – Obviamente que amo a Cecília! Ela é a mulher da minha vida!

De alianças no dedo, o casal mudou-se para uma antiga e pequena casa.

OS NEGÓCIOS MELHORAM

As vendas foram excelentes em 1968! Mário, o pai e o irmão Rubens venderam muitos produtos financiados. E quando chegou a colheita, entrou um bom dinheiro no caixa. Deu até para trocar o caminhão Chevrolet 1954 e comprar um melhor e mais novo, além de uma caminhonete.

O carro-chefe das vendas eram os móveis; entre os principais fornecedores estavam, além da Livotti, a Trivelato, uma fábrica enorme em Araçatuba, estado de São Paulo, e a Sakai, que produzia cozinhas. Mas havia também geladeira a gás, rádios, fios de antena e televisores, cuja instalação custava muito dinheiro e era um privilégio para poucos; os produtos para instalação Mário comprava na Rua Santa Ifigênia, região central de São Paulo. Outro produto que girava bem eram as máquinas de costura Vigorelli, que ele ia buscar em Jundiaí, interior de São Paulo. Havia ainda outros bons fornecedores em Maringá, Apucarana e Arapongas, cidades paranaenses.

Nesse período, a cota do consórcio da perua Kombi que Alfredo pagava havia alguns anos, com a ajuda do salário do filho Mário, foi contemplada. Não haveria momento melhor para isso acontecer.

A Kombi foi utilizada para entregas; algumas delas ainda eram feitas em carroça.

Apesar de a loja começar a vender bem, ainda eram muitas as dificuldades para tocar o negócio. A maior delas era o crédito para aquisição de mercadorias. O aperto de dinheiro era muito grande. Tanto que, certa vez, para poder comprar móveis na fábrica de um dos seus fornecedores, Mário teve de empenhar o caminhão. Era preciso usar de todas as armas para poder vencer as dificuldades e, principalmente, a concorrência.

Enquanto Mário e Rubens trabalhavam na loja, Jair, o irmão do meio, seguia o caminho trilhado pelos irmãos, o de ser um grande trabalhador. Ele saía pelas casas de Cidade Gaúcha vendendo limão e alguns outros produtos. O limão não era tão farto na região. Jair, então, ficava a rezar no pé que havia plantado no quintal da casa em que moravam. E, quando frutificava, ele ia oferecer nas casas aquele limão "abençoado". Beber pinga era um hábito comum naquelas redondezas e o limão servia de acompanhamento para a bebida.

Quando havia festa em Cidade Gaúcha, Laurinda fazia um panelão de pipoca e dividia em porções que servia em saquinhos de papel. Jair ia vender a guloseima. O dinheiro arrecadado era entregue para a mãe, que usava nas despesas da casa.

ESTRATÉGIA DE VENDA

Podemos dizer que em fins da década de 1960 os televisores eram o grande sonho de consumo da população de Douradina e região. Nem todos podiam investir tanto dinheiro para adquirir um aparelho. Mas Mário tinha lá suas artimanhas para realizar os sonhos dos consumidores.

Além de vender televisores, Mário garantia a instalação; era um dos poucos que sabia instalar TV por aqueles lados. Esse era outro aprendizado dos tempos em que trabalhou com Celi. Assim, além de instalar os aparelhos que vendia, ainda era contratado para fazer o serviço com peças adquiridas dos concorrentes. Aliás, foi o próprio Mário, acompanhado de alguns ajudantes, que montou uma enorme torre de mais de 45 metros para que os televisores pudessem receber sinal e transmitir a programação com mais qualidade de imagem.

Outra tática de vendas: Mário costumava "emprestar" um televisor para deixá-lo funcionando por alguns dias na casa de um possível comprador. Claro, a "cortesia" era vista de forma simpática pelas famílias, que passavam a criar o hábito de reunir-se e assistir à programação que era transmitida. Depois de alguns dias, Mário fazia uma "visita" para saber se a família havia gostado de apreciar o aparelho e marcar a data de retirada. Obviamente, na grande maioria dos casos, o televisor tornava-se quase um "membro da família" e não era retirado; Mário então acertava uma forma de parcelar a compra do aparelho.

Quanto mais televisores ele vendia, mais aquilo atraía novos compradores da região, que ficavam encantados com os relatos de quem já havia adquirido. As vendas de televisores ficaram ainda mais intensas com a proximidade da Copa do Mundo de futebol, que seria disputada em 1970, no México. Mário, evidentemente, estava atento e pronto para satisfazer a clientela.

Naquele período, aconteceu uma fatalidade na cidade de Umuarama, situada a pouco menos de sessenta quilômetros de

Douradina. Os eletricistas que instalavam o sistema de iluminação do estádio de futebol Lúcio Pipino caíram de uma grande altura e morreram. A causa da fatalidade foi a quebra do andaime. Depois disso, não havia quem se prontificasse a fazer o serviço. Quando soube do ocorrido, Mário foi visitar o prefeito da cidade e ofereceu os seus serviços. O rapaz deu o preço e o homem o contratou.

NO RUMO CERTO

Em fins da década de 1960, a Gazin estava indo muito bem. Alguns fornecedores já haviam adquirido maior confiança em Mário. Apesar de ainda serem os primeiros anos do negócio, e às vezes apertar-se com o capital de giro, Mário teve a certeza de que dali em diante ele e os irmãos percorreriam com a Gazin uma trajetória linda, vencedora e de sucesso. O trem, chamado "Gazin", estava no trilho!

Digamos que Mário passou a entender melhor do negócio e a ter segurança para criar iniciativas que pudessem ampliar os horizontes da empresa. Mas "economia" era a palavra de ordem! Mário era jovem, casado e quase não tinha onde gastar dinheiro. As únicas despesas eram com a casa em que morava com a esposa Cecília. Ele também destinava ao pai um dinheiro para as despesas do mês. No mais, tudo o que sobrava era investido no próprio negócio. Basicamente, Mário e Rubens ficavam na loja, enquanto o pai, Alfredo, cuidava dos quatro alqueires de terra que havia adquirido; o campo era o "hábitat" dele.

Naquela época, os Gazin decidiram investir mais na lavoura e compraram outros cinco alqueires. Meses depois, Mário arrependeu-se de ter investido no sítio. A economia do país apertou e o dinheiro colocado para comprar a propriedade fez falta. Mais do que se arrepender, Mário aprendeu com tudo aquilo. Tanto que falou para o pai e o irmão:

– Muitos por aqui sonham em comprar um pedaço de terra. Não somos diferentes, mas nosso negócio é o comércio. E todos os nossos esforços e recursos devem ser investidos na loja Gazin. – E definiu: – Em tempos de crise, quem tem dinheiro na mão sai na frente!

"GINÁSTICA" PARA PAGAR EM DIA

Nos primeiros anos de Gazin, manter as contas em dia não era nada fácil! Para isso, não bastava apenas ter dinheiro para pagar as duplicatas. O mais difícil era, justamente, ter as duplicatas... Curiosamente, havia outra cidade chamada Douradina, situada na microrregião de Dourados. Anos depois, essa área veio a ser desmembrada do Mato Grosso e, em 11 de outubro de 1977, por meio da Lei Complementar nº 31, assinada pelo então presidente Ernesto Geisel, deu origem ao estado do Mato Grosso do Sul.

Naqueles tempos, ainda não havia sido criado o Código de Endereçamento Postal (CEP), fato que veio a consumar-se apenas em 1972 (inicialmente, o CEP surgiu com cinco dígitos, mas em função do aumento significativo do número de correspondências, em 1992, passou a ter oito dígitos). Por isso, as correspondências, inclusive as duplicatas, iam parar na Douradina sul-mato-grossense, situada a trezentos quilômetros da Douradina paranaense.

Então, não restava outra solução: Mário tinha de viajar até lá para pegar o documento e pagar em dia o que era devido. Ele sabia que, apesar de todo o esforço, aquilo era mesmo importante. Para o comércio, a pontualidade é a maior referência e o melhor cartão de visitas que existe. Essas viagens, no entanto, valeram por outro motivo. Anos depois, quando começou a expansão de lojas da Gazin, conforme veremos adiante, tanto o Mato Grosso quanto o Mato Grosso do Sul ganharam filiais da rede!

• • •

A fama de grande trabalhador de Mário corria pelas ruas de Douradina. Seu profissionalismo e sua credibilidade eram bastante respeitados na cidade. Mário circulava pelas ruas com seu sempre carregado caminhão. Os serviços de oficina ficavam a cargo de Luiz David Neto. Mas eles já se conheciam desde Cidade Gaúcha. O homem sempre exaltava a força de trabalho de Mário, dizendo: “Se a gente dorme de sete a oito horas por noite, você dorme umas cinco ou seis horas. Começa a trabalhar antes e termina depois da maioria”. E concluía: “Você é arrojado, atirado!”.

Chamava também a atenção de Luiz o fato de que, quando ele estava fechando sua oficina, Mário passava pelas ruas de Douradina com o carro cheio de antenas de TV para instalar nas casas dos moradores. Também era comum encontrá-lo carregando ou descarregando o caminhão de mercadorias durante a madrugada. Era mesmo de admirar a vontade e a crença de Mário Gazin. Se uma oportunidade passasse na frente dele, o jovem agarrava!

A COPA DE 1970 E SUAS OPORTUNIDADES

Noventa milhões em ação
Pra frente, Brasil
Do meu coração

Todos juntos vamos
Pra frente, Brasil
Salve a seleção!

De repente é aquela corrente pra frente
Parece que todo o Brasil deu a mão
Todos ligados na mesma emoção
Tudo é um só coração!

Todos juntos vamos
Pra frente Brasil, Brasil
Salve a seleção!

Todos juntos vamos
Pra frente Brasil, Brasil
Salve a seleção!

Essa era a letra da música composta por Miguel Gustavo Werneck de Sousa Martins e que o Brasil cantou de norte a sul, de leste a oeste, na Copa do Mundo de 1970, disputada no México. Mário havia conseguido vender e instalar um bom número de televisores. Todos, mais do que ouvir, queriam assistir à competição. O Brasil, que na época era presidido pelo general Emílio Garrastazu Médici, o 28° a ocupar o posto na história do país, mostrou em terras mexicanas um futebol que encantou o mundo, com um luxuoso elenco que tinha como destaques Pelé, Jairzinho, Carlos Alberto Torres, Tostão, Gérson, Rivellino, entre outros, comandados por Mário Jorge Lobo Zagallo. Na final, o Brasil, mesmo saindo atrás no placar, virou o jogo e venceu a Itália por 4 a 1, tornando-se tricampeão mundial!

Para atrair o povo de Douradina que ainda não tinha condições de comprar um televisor, Mário colocou um aparelho de 24 polegadas no cinema da cidade para transmitir os jogos. O pessoal podia assistir às partidas mediante o pagamento de ingresso. A entrada custava o dobro do preço do cinema e a bilheteria era rachada com o dono do estabelecimento.

O futebol foi a grande ferramenta de *marketing* utilizada pelo governo Médici, que disseminava com o título mundial a força daquilo que se convencionou chamar de "Milagre Econômico", iniciado em 1969. O período em questão propiciou o aumento do Produto Interno Bruto (PIB), que atingiu um impressionante crescimento médio anual de 11,2%, ao passo que a média anual de outros países era 5,4%, além de estabilizar a inflação em 18%. A indústria, em especial a automobilística, aumentou sua produção e, em consequência, gerou muitos empregos. Ademais, os juros baixos no mercado internacional incentivavam o investimento de capital em países emergentes como o Brasil.

Em meio a tanto desenvolvimento, houve elevação de impostos, "mascarada" com a conquista da Copa do Mundo e as campanhas nacionalistas de propaganda que mexiam com o brio dos brasileiros por meio das seguintes frases: "Brasil, ame-o ou deixe-o"; "Ninguém segura este país"; ou "Pra frente Brasil". Com a contratação de empréstimos internacionais, que elevaram absurdamente o grau de endividamento do Brasil, foram construídas a Rodovia Transamazônica, a Ponte Rio-Niterói, a usina nuclear de Angra dos Reis, entre outras obras.

O Milagre Econômico durou até 1973, quando estourou a crise mundial do petróleo. O Brasil sofreu bastante, pois importava 80% do que era consumido internamente.

Se, por um lado, o *Milagre* significou inúmeros benefícios para a economia do país, por outro, representou uma época de desperdícios que deixou fortes sequelas: a dívida externa, que em 1967 era de 40 bilhões de dólares, chegava, em 1972, a 97 bilhões de dólares.

• • •

Voltando à Douradina e à Gazin, depois da euforia da Copa do Mundo de 1970, tanto no que se refere ao interesse pela aquisição de televisores quanto à conquista do título em si, era importante resolver o problema da falta de qualidade da imagem. O péssimo sinal transmitido de Londrina exigia a utilização de muitos recursos técnicos para melhorar a visualização. Mário investiu fortemente para levar qualidade de exibição aos seus clientes, adquirindo, inclusive, apostilas de um curso técnico do Instituto Universal Brasileiro. Havia ainda pouca geração de energia, em média duas horas por dia, feita por motor ou bateria, produto que ele também vendia bastante.

Assim, a cada investimento que Mário fazia para melhorar a recepção e a qualidade da transmissão pelos televisores, mais aparelhos ele vendia. Mas era uma luta diária, pois qualquer vento já deslocava a antena de lugar e atrapalhava a imagem. Quando isso acontecia, lá ia Mário e um dos seus funcionários, de nome Pedro Paulo, correndo até as casas dos clientes para solucionar o problema.

Outro produto que também vendia bastante eram os rádios da Semp, considerados entre os mais caros e melhores da época. Mas o custo elevado compensava pela qualidade. Evidentemente, em função do preço, os rádios da Semp eram adquiridos pelos mais abastados, que eram também os que tinham condições de comprar os melhores televisores, às vezes apenas por *status*. Aqueles com menos recursos adquiriam marcas e produtos pelos quais o bolso podia pagar.

E quem comercializava bem os rádios também deveria vender uma boa quantidade de pilhas. Mário comprava caixas e mais caixas na Rua Santa Ifigênia, na região central de São Paulo, já um conhecido centro atacadista de eletrônicos.

Outra estratégia inteligente: diariamente, Mário colocava alguém para correr os cartórios das cidades próximas para saber se haveria casamentos. Ou mesmo os hospitais para saber das mulheres grávidas e que haviam dado à luz; nesses casos, ele comprava maçãs e mandava entregar nos quartos em nome da Gazin. Com a checagem feita, ele percorria as casas dos pais dos noivos e também das gestantes para vender suas mercadorias: berços, televisores, geladeiras e móveis em geral.

CAMINHÃO NOVO

Com parte do dinheiro que sobrou das vendas impulsionadas pela Copa do Mundo, Mário trocou outra vez o caminhão por um mais novo, ano 1966. Com um carro melhor, os Gazin começaram a vender materiais de construção: telha, tijolo, pedra, areia etc. O pai, Alfredo, ajudou depois na troca desse caminhão por outro, da marca Mercedes-Benz, um pouco mais antigo, mas a diesel, o que representava grande economia. O caminhão foi apelidado de "Cascudo", pois suportava bastante peso; era possível colocar na carroceria cerca de 160 sacos de café, 9 toneladas de madeira, materiais de construção, móveis e eletrodomésticos.

Nessas andanças, Mário descobriu uma fábrica de fogões a lenha em Pato Branco, no Paraná. Era um produto de grande saída. Cada fogão pesava entre 120 e 130 quilos. Mesmo bastante magro, Mário carregava os fogões nas costas para colocá-los no Cascudo. Ele transportava setenta peças, ou seja, em torno de oito toneladas.

Mário e o pai, Alfredo, vinham vendendo e descarregando os fogões pela estrada, geralmente no crediário. Mas Alfredo estimulava o filho a carregar ainda mais peças: oitenta, noventa, cem fogões! Aquilo era realmente excessivo! Com mais de dez toneladas seria difícil segurar o caminhão numa descida. Até mesmo no piso plano o carro percorria com bastante lentidão. Isso sem contar as subidas que havia no trajeto.

CAPÍTULO 3

PENSAR EM CRESCER

A partir de 1970, houve grande migração de pessoas para outros estados, como Mato Grosso e Rondônia, com o objetivo de plantar café; alguns instalaram-se ainda no Paraguai. Com o dinheiro que arrecadavam na venda dos imóveis que possuíam em Douradina, eles conseguiam multiplicar o capital nesses outros locais. E, assim, fugiam das geadas.

Esse foi também o grande fator que impulsionou a ideia do crescimento da Gazin. As pessoas que se mudavam, quando encontravam alguém da Gazin, ou o próprio Mário, comentavam sobre a cidade para a qual estavam indo e também da importância de haver uma loja Gazin no local. Além disso, a Gazin era contratada para fazer muitas das mudanças desses ex-moradores de Douradina que, a partir dali, gradativamente, teve uma redução significativa de seus 30 mil habitantes. O preço e o caminhão de Mário não eram dos melhores, mas ele era o mais procurado. Isso porque conseguia ajeitar os objetos na carroceria de tal modo que, caso contrário, seriam necessários três caminhões para carregar a mesma quantidade de mudança. Isso sem contar que na carroceria ainda iam a família e, muitas vezes, um ou dois animais.

O caminhão ficava bastante pesado e, em determinados trechos, era preciso passar com bastante jeito. Pelo menos, naqueles tempos, não havia pesagem nos postos policiais nas estradas. Antes de começar as viagens, sabedor das dificuldades que enfrentaria, Mário rezava e pedia a Deus para protegê-lo e guiá-lo. Era de praxe Mário dormir na cabine do caminhão ou mesmo no chão, sobre a terra batida. Se o colchão era improvisado, o travesseiro também era: Mário invertia e sobrepunha os pés do sapato, que eram colocados debaixo da cabeça. Mesmo dormindo nessas condições, de tão cansado, não dava nem tempo de sonhar... Era deitar e cair num sono profundo.

IMAGEM DA CIDADE "ARRANHADA"

Na década de 1970, na relação entre as indústrias e os varejistas prevaleciam as primeiras. As fábricas determinavam preços, prazos e volume de vendas para o comércio. Um exemplo aconteceu quando Mário foi até a Vigorelli, em Jundiaí, para buscar 24 máquinas de costura. Ele chegou numa quinta-feira. Depois de muito "chorar", saiu de lá na segunda-feira com metade do que pretendia carregar no caminhão: apenas doze peças. Assim, automaticamente, os consumidores também sofriam. Muitas vezes, faltavam produtos e era preciso pagar o preço determinado pela alta demanda.

Outra dificuldade que Mário tinha era o fato de a Gazin estar situada em Douradina. Naqueles tempos, justamente em função de as pessoas só terem dinheiro depois da colheita do café, frequentemente os compradores passavam cheques que voltavam sem fundos. Era comum que os comerciantes, quando faziam compras de aparelhos eletrônicos e confecções em regiões atacadistas como o bairro do Brás e a Rua 25 de Março, em São Paulo, repassassem cheques pré-datados para pagar as mercadorias. Só que, depois de depositados, mesmo nas datas previstas alguns voltavam. Como a incidência de cheques sem fundos de Douradina era grande, a cidade ganhou um apelido nas áreas atacadistas. Quando perguntavam:

– De que cidade você é?

– Sou de Douradina, no Paraná – respondia Mário.

A resposta vinha em tom de sátira:

– Ah... nós conhecemos bem essa cidade. Ela se chama "Durandina", né? – diziam os vendedores com cinismo, numa referência à "dureza" que era receber do pessoal da cidade.

O SEGREDO PARA VENDER

Se Maomé não vai à montanha,
a montanha vai a Maomé...

Era assim que Mário explicava a ausência de visitas dos representantes das boas indústrias de móveis e eletroeletrônicos em Douradina. Então, ele tinha de viajar pelo Brasil em busca de mercadorias. Mário subia no caminhão e passava pelas mais diversas cidades. Mas era um viagem muito agradável e divertida, afinal, os fornecedores tornavam-se amigos. Como acontecia em Bento Gonçalves, onde ele chegava, fazia o pedido e esperava dois dias para poder carregar a mercadoria. O dono da fábrica fazia questão de que Mário fosse jantar na casa dele, onde o cardápio era sempre carne assada com vinho de fabricação caseira.

Era dessa forma que tudo acontecia. Não havia programação de compras ou de pedidos. Era carregar o que conseguisse comprar e vender o que tivesse em cima do caminhão. Mário também levava certas encomendas quando os clientes faziam previamente seus pedidos.

• • •

A boa relação com os moradores da cidade também ajudava nas vendas da loja. Em Douradina, as pessoas não tinham por hábito comer carne em excesso. Esse era um alimento bastante caro. Na grande maioria das vezes, em todas as festas e encontros que aconteciam na cidade, comemorava-se com macarronada. O cozinheiro mais famoso de Douradina, que preparava as refeições das festas, era conhecido como "Gonzagão", um homem alto, negro, muito estimado por todos e que morava numa chácara. Não havia casamento no qual Gonzagão não fosse o cozinheiro oficial.

Até que, certa vez, de tanto falar que sabia assar costela na brasa, Mário e uns amigos organizaram um almoço para quinze pessoas. O encontro ficou marcado para um domingo à tarde. Claro, o prato principal seria preparado por Mário Gazin. Na base da "vaquinha", eles compraram um bom pedaço de costela. Como era começo de março, o Sol se punha perto das 21h. Mário acendeu o carvão num tacho e colocou a costela para assar lá pelas 16h. A carne ficou no fogo de chão por um bom tempo. Perto das 20h, Mário retirou da brasa e começou a fatiar. A costela estava suculenta, deslizava no fio do corte da faca.

O pessoal não desgrudava o olho da carne. Até porque o aroma estava irresistível. Comeram até empanturrarem-se. No dia seguinte, não havia outro papo entre as pessoas da cidade que não fosse o "churrasco do Mário Gazin". Ele aprendera a assar carnes em Cidade Gaúcha, com os alemães que lá moravam. Até o tal Gonzagão foi à loja de Mário para saber detalhes de como preparar um bom churrasco. Depois de algum tempo de conversa, ele disse:

– Mário, vou comprar um pedaço de costela e você vai assá-lo lá em casa.

Isso realmente aconteceu e foi um sucesso tão grande que, por indicação do Gonzagão, Mário também começou a cozinhar para as festas e casamentos da cidade. O primeiro deles foi o matrimônio do filho de João Rodrigues, um dos homens mais ricos de Douradina. Ali, pela primeira vez, Mário fez um churrasco na vala e, por isso, ficou famoso na região. Tal fama ajudou a impulsionar a loja de varejo. Mário começou então a ser muito saudado pelos donos dos quatro açougues da cidade, já que o consumo de carne, que antes acontecia só depois que entrava o dinheiro da colheita de café, aumentou bastante.

CRESCE A FAMÍLIA

Mário, é uma menina! A nossa pequena, a nossa filha!

Vinte e oito de dezembro de 1971. Dia em que nasceu Valéria Gazin. Olhando firmemente para a filha, no colo de Cecília, que a amamentava, Mário passou a mão no rosto da menina e disse:

– Minha filha, pode ter a certeza de que você não vai sofrer como o seu pai!

Nesse momento, Mário ficou bastante emocionado, tanto pelas palavras quanto pelas lembranças da vida dura que tivera.

Com criança em casa, sobretudo após ter desmamado, era preciso ter leite para alimentá-la. Mas esse era um produto difícil de encontrar. Além disso, Valéria virava e mexia tinha algum problema de saúde. Mário não teve dúvidas: comprou uma vaca leiteira e colocou no quintal de casa. Depois disso, a pequena Valéria teve leite fresco a toda hora.

A saúde da menina era bastante frágil e sempre os pais a levavam na benzedeira. Certa vez, quando tinha menos de um ano, Valéria precisou ser levada a um médico em Umuarama. Ela não se sentia nada bem. Mário estava sem carro e pediu a caminhonete do amigo Pedro Tanaka emprestada. Com a filha no banco de trás, seguiu viagem. Chovia muito havia uns três dias. Nos primeiros quilômetros da estrada, numa subida, o carro encalhou. Ainda era início de viagem e eles estavam muito longe de Umuarama.

A menina, incomodada, começou a chorar. Mário não teve dúvidas: tomou a filha no colo e andou até Umuarama. Ele percorreu dezenas de quilômetros debaixo de chuva. Depois de umas quatro horas, ele chegou ao consultório do doutor e a filha pôde ser atendida e medicada. Atitudes que só um pai em desespero pode tomar!

• • •

Em 1972, Mário conheceu um rapaz, Nivaldo Soares. Ele havia vindo de uma experiência frustrada de morar em São Paulo. Nivaldo

1. CECÍLIA E MÁRIO GAZIN, NO INÍCIO DA VIDA A DOIS

2. MÁRIO E A FILHA VALÉRIA

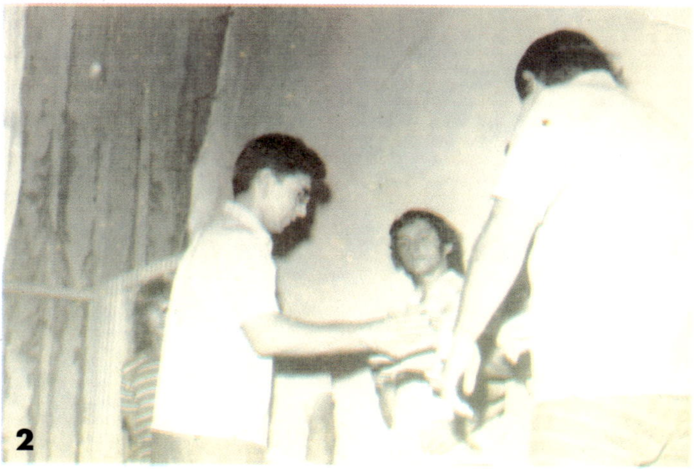

1. MÁRIO E A ESPOSA, NO ALTO, À DIREITA, COMO PADRINHOS DE CASAMENTO

2. MÁRIO GAZIN NOS PRIMEIROS ANOS COMO VAREJISTA

3. MÁRIO E AMIGOS CURTINDO UM CHURRASCO À MODA GAÚCHA

4. O CASAL GAZIN COM OS FILHOS ADRIANO (ESQ) E MARCELO, NO COLO, E A FILHA VALÉRIA

5. MÁRIO COM OS FILHOS VALÉRIA E MARCELO

1

2

1. MÁRIO AO LADO DE UM DOS PRIMEIROS CAMINHÕES DA EMPRESA

2. O FAMOSO CAMINHÃO CASCUDO

3. MÁRIO GAZIN TRANSPORTANDO SACAS DE CAFÉ DO PARANÁ PARA SÃO PAULO

4. MÁRIO COM A TURMA DO CURSILHO DA IGREJA

3

4

5. MÁRIO E A FILHA VALÉRIA GAZIN, COM AMIGOS

6. FAMÍLIA GAZIN REUNIDA PARA COMEMORAR O ANIVERSÁRIO DE MÁRIO

7. CECÍLIA E MÁRIO GAZIN EM VIAGEM DE LAZER

8. MÁRIO RECEBE O TÍTULO DE "CIDADÃO HONORÁRIO DO PARANÁ"

1. MÁRIO EM SEU ESCRITÓRIO, LUGAR ONDE FAZIA AS COMPRAS E ADMINISTRAVA A GAZIN

2. RUBENS, LAURINDA, MÁRIO, ALFREDO, JAIR, CIDINHA E ANTONIO GAZIN

3. MÁRIO GAZIN RECEBE UM CARRO DE PRESENTE DOS IRMÃOS

4. OS IRMÃOS ANTONIO, JAIR E MÁRIO GAZIN

5. MÁRIO E O PAI ALFREDO

6. MÁRIO COM A LAMBRETA QUE GANHOU DO PESSOAL DA GAZIN. UMA RÉPLICA DAQUELA QUE UTILIZAVA PARA FAZER COBRANÇAS QUANDO TRABALHAVA COMO FUNCIONÁRIO

7

8

9

10

11

7. RUBENS, MÁRIO, JAIR, ALFREDO E ANTONIO GAZIN

8. MÁRIO E O FILHO ADRIANO

9. MÁRIO E O FILHO MARCELO NOS ESTADOS UNIDOS

10. VALÉRIA COM O PAI MÁRIO GAZIN

11. O CASAL CECÍLIA E MÁRIO GAZIN

1. MÁRIO COM GERENTES QUE FIZERAM CARREIRA NA GAZIN

2. O EMPRESÁRIO COM BRINDES PARA SEREM DISTRIBUÍDOS AOS FUNCIONÁRIOS DA GAZIN

3. DISCURSO DE MÁRIO NA COMEMORAÇÃO DOS 35 ANOS DE ATIVIDADES DA GAZIN

4. MÁRIO ENTRE ANTONIO GAZIN (ESQ) E OSMAR DELLA VALENTINA

5. MÁRIO PARTICIPANDO DAS ATIVIDADES SOCIAIS E EMPRESARIAIS DE DOURADINA

6. QUATRO GERAÇÕES GAZIN: O PATRONO, ALFREDO, SEGURANDO O BISNETO, MÁRIO ADRIANO, AO LADO DO NETO, ADRIANO, E DO FILHO, MÁRIO

fora trabalhar numa farmácia de Douradina para cobrir férias do gerente. O rapaz gostou do povo e da cidade e acabou ficando por lá. A inquietude de Mário, muito elétrico e trabalhador, chamava a atenção de Nivaldo. Aos poucos, eles passaram a ter mais contato e se tornaram amigos. Anos depois, Mário foi decisivo na vida de Nivaldo, conforme veremos adiante.

CHEGAM AS FILIAIS DA GAZIN

Nas viagens, os Gazin conheciam as cidades e de lá voltavam com a ideia de abrir uma filial. Assim foi inaugurada a segunda loja em Ivaté, em 1972, a oito quilômetros de Douradina; a terceira foi em Eldorado, no ano de 1974, situada a 150 quilômetros de Douradina.

O café fez com que gradativamente o povo de Douradina se mudasse para Rondônia, Mato Grosso e Paraguai, onde as terras eram relativamente baratas. As pessoas iam para onde não geava. A população de Douradina diminuía a cada dia, mas Mário e a Gazin cada vez mais tinham trabalho com as mudanças que levavam. Eram trajetos difíceis de serem percorridos. Em determinadas regiões, levava oito dias para completar uma rota de trezentos quilômetros. Em muitas áreas não havia onde pernoitar e o jeito era se alimentar e dormir na estrada mesmo.

Dessa vida de sacrifícios nasceram as oportunidades. Nessas idas e vindas dos carretos de mudanças, Mário começou a perceber que as cidades apresentavam boas possibilidades para a abertura de novas lojas. Era comum ele encontrar velhos conhecidos de Douradina em outras localidades e ouvir deles: "Abra uma loja lá onde a gente mora, compadre!". O termo "compadre" merece uma explicação. Além de apadrinhar noivos, era comum que Mário e o pai, além de suas esposas, recebessem convites para serem também padrinhos dos filhos de casais amigos. À medida que essas pessoas migravam para outras áreas, elas traziam informações e dicas de como era o movimento econômico dessas regiões.

Mário transportava as mudanças pelas mais diversas cidades. Onde havia um compadre, ele recebia convite para jantar na casa dele. Assim, durante o jantar eram feitas indicações de bons lugares para montar as lojas. Daí então ter surgido essa expressão que Mário, o pai e os irmãos ouviram tantas vezes: "Abra uma loja lá onde a gente mora, compadre!". Desse modo, pelas sugestões e o faro, a Gazin foi transformando-se numa rede de lojas de varejo.

De tanto batizar crianças recém-nascidas, Mário Gazin chegou a contabilizar quatrocentos compadres. Eles ajudaram a Gazin com informações valiosas, indicando caminhos importantes para a formação e crescimento da rede de lojas, como aconteceu em Mundo Novo, Sete Quedas, São José do Rio Claro, entre outras cidades. Mário aceitou convites para ser padrinho de crianças até completar 45 anos de idade. O último casamento do qual foi padrinho aconteceu quando ele tinha cinquenta anos.

Após a abertura da primeira das filiais, em Ivaté, no Paraná, Mário ficou em Douradina e Rubens foi ser gerente na nova loja. Mas, naquele período, a situação estava bastante complicada. O dinheiro andava curto. Algumas geadas atrapalhavam a economia local, e no período de entressafra, de dezembro a maio, parava tudo; nem casamento saía. Só aos sábados é que acontecia uma ou outra venda. Na tentativa de levantar um bom dinheiro para investir no negócio, Mário chegou até a jogar na loteria. No entanto a "esperança" acabou na hora de conferir o bilhete:

– Nada feito! – gritou ele.

Não havia outro jeito para sair daquele enrosco a não ser trabalhando. Mário então passou a prestar serviços diversos de instalação de energia. Havia uma serraria em Douradina que começou a fornecer energia para as casas da cidade. Era tarifado por ponto de luz. Mário aprendeu a fazer as instalações e cobrava por isso. Apesar de arriscado, pois era necessário subir nos postes de madeira, dava um bom dinheiro.

Ao menos nos primeiros anos da década de 1970 os televisores continuavam a impulsionar as vendas; eram os aparelhos em preto e branco, ligados na base da bateria. Mas os televisores coloridos já haviam sido lançados no Brasil, com a primeira transmissão tendo acontecido em 1972, e estavam à caminho da Gazin.

Se já havia muito trabalho para montar estoque para uma loja, certamente a carga agora, com a segunda unidade, no mínimo dobraria. Seria preciso criar um novo estoque. Mas, claro, o de uma loja poderia socorrer o da outra. As montagens das futuras lojas aconteceriam por instinto. Algumas foram abertas até mesmo sem energia elétrica, pela precariedade da cidade, e eram iluminadas por lampiões.

Em 1974, os Gazin atravessaram o Mato Grosso. Mário recebeu boas informações sobre Eldorado, situada onde viria a ser o Mato Grosso do Sul. E lá foi ele próprio montar a terceira loja; Jair, o irmão do meio, tornou-se gerente e alcançou resultados expressivos. Daí em diante, era certo que outras lojas surgiriam e contariam com a direção de gerentes que fossem promovidos, em especial da área de vendas.

Dois anos depois, em 1976, foi a vez da loja de Mundo Novo, também no Mato Grosso do Sul, ser inaugurada. Jair Gazin passou a loja de Eldorado para um gerente e assumiu a nova unidade. O desempenho dele à frente do comércio foi excelente.

Em 1979 nasceu a loja de Sete Quedas, no Mato Grosso do Sul. Ali o funcionário Pedro Paulo foi promovido a gerente; o ato de confiar na equipe tornar-se-ia uma importante ferramenta de crescimento da empresa no futuro. A expansão continuou a acontecer pelo *feeling* dos irmãos Mário, Rubens e Jair, e pelas dicas dos compadres.

Loja em Douradina, no Paraná, loja no Mato Grosso, loja no Mato Grosso do Sul... Algumas cidades estavam separadas por um bom trecho de estrada sem asfalto. Estratégia? Isso não havia. As filiais eram abertas por instinto e emoção. Muitos podem avaliar isso como um erro estratégico. Mas, no futuro, justamente para "consertar" esse "erro", a Gazin acabou consolidando-se no segmento varejista. O tempo comprovou isso!

A SEPARAÇÃO DE ALFREDO E LAURINDA

Mário, a mãe e o pai vão se separar.
Espero que você entenda e me perdoe,
filho! E peço que você desempenhe o
papel de pai para os seus irmãos.

Perdoar? Não havia o que perdoar. Alfredo sempre fora um pai dedicado e na hora em que Mário mais precisou, no momento de comprar a loja de Celi, esteve ao seu lado. Entender? Claro, Mário era adulto o suficiente para entender que um casal, quando deixa de se amar, pode se separar. Concordar? A relação entre os pais era tensa, difícil; eles não viviam bem já havia um bom tempo.

Talvez Alfredo não tenha usado a palavra que mais incomodava Mário com a separação dele e de Laurinda: aceitar! Isso sim estava sendo difícil para Mário. Aceitar que a mãe e o pai não viveriam mais sob o mesmo teto. Que a vida do casal sofreria uma ruptura.

Desempenhar papel de pai... Isso Mário já fazia. Ele cuidava dos irmãos desde que os Gazin chegaram a Mandaguaçu. Mário sempre demonstrou aos irmãos a importância do trabalho. Os mais velhos, Rubens e Jair, trabalharam desde cedo e acompanharam seu forte ritmo. Apenas os mais novos, Cidinha e Antonio, tiveram a oportunidade de viver a infância digna de uma criança, ou seja, com tempo para brincar e divertir-se. Quando o casal Gazin se separou, a filha Cidinha tinha 4 anos e Antonio, apenas 2. Cidinha, inclusive, quando via o irmão mais velho, gritava: “Nego!”.

Assim nasceu o apelido de Mário, que passou a ser chamado dessa forma carinhosa. A “autora” da peripécia nem sabia falar direito ainda. E do nada ela soltou “Nego” ao referir-se ao irmão. Todos passaram a adotar aquela forma de chamar Mário. Mas o apelido foi perdendo-se com o tempo, menos para a irmã e a mãe dele, que quando o viam chegar à casa da família soltavam: “Oi, Nego!”.

Já o outro irmão, Rubens, ganhou o apelido de “Perigoso”. E Jair, mesmo muito pequeno, passou a ser chamado carinhosamente de “Neguinho”. Como já dito, Antonio era chamado de “Dóia”, e “Cidinha” já era uma forma carinhosa de chamar a menina, de nome Maria Aparecida Gazin.

• • •

Ainda nos primeiros anos da década de 1970, quando Mário conheceu João Perez Herrero, representante de uma fábrica de estofados, a Gazin tinha três lojas. Logo, João Perez percebeu a amabilidade, simpatia e capacidade de empreender do jovem varejista. Como é do seu perfil, Mário sempre deu oportunidade para que todos pudessem trabalhar e oferecer seus produtos. Ele até poderia não comprar nas primeiras visitas, mas recebia a todos e garantia que uma hora, desde que a negociação satisfizesse às partes, sairia negócio. Mário sempre foi defensor da trilogia do mercado de vendas que vale tanto para os fornecedores quanto para a Lojas Gazin: "Boa venda, boa entrega e bom recebimento!".

Desde as primeiras visitas, Mário hospedou João Perez em sua casa, acolhendo-o no seio de sua família. Logo pela manhã, eles tomavam um reforçado café da manhã e depois saíam para trabalhar. João Perez apresentava os produtos, fechava o pedido e seguia viagem. Como retribuir tanta amabilidade? Colocando-se à disposição, independentemente de qual fosse a necessidade, como aconteceu certa vez. João Perez acabara de chegar a Douradina e desceu do carro carregando seu mostruário. Mas ele deparou-se com Mário e o motorista descarregando um caminhão de mercadorias. Ao ver aquilo, o representante não teve dúvidas: voltou ao carro, guardou o material, arregaçou as mangas e ajudou a descarregar até a última mercadoria. Antes disso, outro caminhão havia chegado e eles também descarregaram. Depois de colocarem os produtos no estoque, todos foram etiquetar as peças.

Já era tarde, e Mário convidou João Perez para jantar e dormir em sua casa. Ali, nada se falou sobre trabalho. No dia seguinte, às 6h30, eles já estavam no escritório. Mário pediu ao rapaz que pegasse seu catálogo de mercadorias e o talão de pedidos:

– Anota aí, João: mande vinte dormitórios, quarenta guarda-roupas, vinte jogos de estofados e trinta *kits* de armários. Pago à vista, mas quero receber com urgência.

Enquanto preenchia, João Perez não acreditava no tamanho do pedido! Eram muitas peças, muito dinheiro, muita comissão!

BUSCAR CONHECIMENTO

O ano de 1973 foi excelente para a colheita do café. Com isso, as vendas aumentaram bastante. Empolgado durante conversa com o gerente da Lojas Pernambucanas local, Mário soube que no início do ano seguinte aconteceria um seminário numa das cidades próximas a Douradina e que seria organizado por um instituto da região. Mário fez a inscrição, participou e voltou muito transformado para a empresa. Ele havia tirado enorme proveito dos conhecimentos que adquirira. Assim, traçou uma linha de muitas mudanças na forma de gestão da empresa. E deixou uma ordem a todos os que trabalhavam na Gazin:

– Quando eu era funcionário, ninguém me contava quanto vendia, quanto comprava, quanto dava de lucro... Todo mundo escondia as informações. Até mesmo conversando com outros empresários, eles escondem os números.

E determinou o que queria:

– Então, farei exatamente o contrário. Abrirei para vocês os nossos números. Eu não posso crescer e atingir as metas se vocês não estiverem cientes de quais são elas, se não estiverem comprometidos com a causa!

Mário estava mesmo certo! Prova disso foi o envolvimento ainda maior das pessoas que trabalhavam na Gazin a partir daquele momento! Ele passou também a participar de cursos e eventos organizados pelo Centro Brasileiro de Apoio à Pequena e Média Empresa (CEBRAE), que veio a tornar-se o Serviço Brasileiro de Apoio às Micro e Pequenas Empresas (SEBRAE).

Logo depois, surgiu outro curso; dessa vez, na Argentina. Mas a cidade-sede estava situada a uma longa distância de Buenos Aires; Mário, que não se atentou a isso, teve de usar o pouco dinheiro que tinha levado para alimentar-se e pagar as passagens extras de ônibus. O percurso era muito ruim, todo de terra. Por isso, era prudente sair uns cinco dias antes do curso para não ser pego de surpresa. Enfim, ele chegou! E como havia gasto um dinheiro extra no deslocamento, Mário, em vez de hospedar-se no hotel, ficou numa pensão ao lado da rodoviária.

Em 1974, Mário já estava repleto de responsabilidades. Era casado, tinha uma filha e estava bastante focado no desenvolvimento da Gazin. Mas ele não se esquecia nem um minuto de cuidar dos irmãos, principalmente dos mais novos, Cidinha e Antonio. Mais do que o papel de irmão mais velho, depois da separação dos pais, Mário assumiu literalmente a responsabilidade sobre eles. Até porque, depois da separação, Alfredo mudou-se de Douradina. Aquele foi outro baque, em especial para as crianças.

Dessa forma, as posturas ética e profissional, assim como os valores da vida, já começaram a ser incutidos nas formas de ser, pensar e agir dos irmãos. Antonio, mesmo com apenas dez anos, já ajudava na loja. Não havia trégua. Às vezes, ele ficava refletindo os motivos que faziam o irmão se comportar daquela maneira, pois seus amiguinhos estavam brincando enquanto ele tinha de trabalhar firme e estudar.

ENTRAR PARA A FAMÍLIA E PARA A GAZIN

Em 1975, Cidinha Gazin começou a namorar João José da Silva. Na época, João trabalhava no cartório da cidade, mas, em 1977, transferiu-se para o Banco Bamerindus, onde a Gazin tinha conta.

O namoro durou cinco anos, até que, em 1980, Cidinha e João se casaram. O consentimento foi dado pelo pai da moça, Alfredo, a quem João pediu a mão da noiva em casamento. Logo depois, Mário convidou o cunhado, especializado na área administrativa, para trabalhar na Gazin. João aceitou, principalmente, por confiar no empreendedorismo do cunhado e da família Gazin, na vontade deles de expandir com a empresa; João iniciou tomando conta de um depósito de materiais de construção que a família viria a montar na época do casamento dele.

Mas o emprego durou pouco tempo, pois Mário decidiu vender o depósito e João aceitou convite para retornar ao Bamerindus. Meses depois, Mário fez nova proposta a João, para que retornasse à Gazin, agora, para atuar na administração central das lojas. Como era comum para quem trabalhava na Gazin, João tinha que fazer um pouco de tudo. Atuava nas áreas de departamento pessoal e escrita fiscal, bem como ajudava a carregar e a descarregar caminhões, a arrumar o estoque, entre outras coisas.

• • •

No ano de 1975, mesmo fora do tempo em que isso poderia acontecer, uma forte geada acometeu Douradina e outras regiões do Paraná. Aquilo levou o povo da cidade, e também do Paraná, a se desanimar. Grande parte da plantação, em especial do café, foi perdida. Em Douradina, novamente, parte da população começou a arrumar as malas e a migrar para Mato Grosso e Rondônia; havia forte presença de japoneses na região. Aí aconteceu a grande depressão. Em cinco anos, até 1980, a população do município despencou. Depois, na virada da década, nova debandada; dessa vez, em busca de trabalho nas indústrias localizadas em regiões do interior de São Paulo, como Americana, Suzano e Hortolândia.

Isso tornou a situação do comércio bem difícil para a Gazin. Tanto que Mário precisou pedir ajuda e negociar com alguns fornecedores. Alguns não se sensibilizaram, como o pessoal da Lojas Arapuã; além de não ajudarem em nada, ainda protestaram os títulos em aberto. Mas houve quem entendesse a situação e desse voto de confiança e crédito para a Gazin. Mário foi conversar com o próprio Hermes Macedo, da empresa com sede em Curitiba e que levava o seu nome. O representante que o atendia fez a apresentação:

– Seu Hermes, o Mário está passando por uma fase difícil em função da geada que acometeu o estado. Mas é uma pessoa séria e um empresário de grande futuro, e que vai crescer muito.

No encontro, Mário prometeu pagar o que era devido em seis

parcelas. HM, como era conhecido o dono da Hermes Macedo, aceitou e ainda deu a garantia de que eles continuariam fornecendo para a Gazin. Muito embora em algumas ocasiões eles reduzissem as quantidades: se Mário quisesse comprar dez bicicletas, levava cinco; e assim por diante.

Mário ficou muito grato à postura que adotou HM. Aquilo ajudou a Gazin a passar ilesa por um momento complicado, onde às vezes havia produto, mas não tinha cliente; em outro, sobravam clientes, mas faltavam produtos.

Aliás, aqui vale contar uma curiosidade ocorrida anos mais tarde. Mário foi consultar HM, que vendia computadores, sobre a intenção de comprá-los para instalá-los na Gazin. O homem foi contrário:

– Mário, isso é loucura. Você nem sabe mexer nesse troço. Compre outras mercadorias: bicicletas, móveis, fogões... e multiplique o dinheiro. Computador não dá futuro a ninguém.

Mário chegou com dinheiro no bolso para comprar os computadores. Mas ao ouvir o "conselho" de HM, deu meia-volta e retornou a Douradina. Dias depois, de tão convicto, Mário voltou a Curitiba e, mesmo sem provocar nova conversa com HM, foi na empresa dele e comprou computadores.

Não demorou para que ele e outros funcionários da Gazin aprendessem a mexer nas máquinas. Nem é preciso dizer do acerto que foi não seguir o conselho de HM... Tanto que, tempos depois, nos primeiros anos da década de 1980, a Gazin já estava informatizada. A internet ainda era discada.

FAZER HISTÓRIA

Ei, rapaz, você não quer deixar de vender pão para trabalhar comigo?

Ano de 1976! De forma direta, Mário Gazin convidou Adauto Nicoletti Bovolante, com 21 anos na época, para deixar o trabalho de entregador de pães nas casas e começar a trabalhar na Gazin. Em função de uma grande geada ocorrida no ano anterior, Adauto mudara-se com a família para Douradina.

Em pouco tempo no novo emprego, Adauto já percebeu que a Gazin não era lugar para brincadeiras! Mas ele também era um rapaz trabalhador. Já nos primeiros dias, Mário começou a aparecer na casa de Adauto às 4h, para que ele ajudasse a carregar ou descarregar caminhões de mercadorias. Para não acordar todos na casa da Família Nicoletti Bovolante, Mário chegava de mansinho com a caminhonete e jogava algumas pedras na janela do quarto de Adauto. O rapaz, de sono leve, logo se levantava e ia para a labuta. E se o dia começava às 4h, não tinha hora para terminar. Era carregar e descarregar mercadorias dia e noite. Às vezes, ainda era preciso passar nas casas dos clientes "caloteiros" e retirar a mercadoria vendida. Essa era a regra da época aplicada aos maus pagadores.

Aos domingos, eles ainda iam puxar tijolo no forno para comercializar. Certa vez, Mário, Adauto e mais duas pessoas chegaram a descarregar um caminhão com 1.200 sacos de areia. Era um trabalho duro, pesado. E, depois, tinha ainda as carretas com milhares de quilos de pedra, vidro etc. Havia quem aceitasse o emprego e, antes mesmo de terminar o dia, por não suportar o intenso ritmo, já pedia demissão.

Realmente, Adauto era, como se diz popularmente, "pau pra toda obra". Como aconteceu em 1979, quando ele conseguiu tirar uns dias de férias. Mário o chamou para uma conversa e disse:

– Comprei uma propriedade rural no Mato Grosso e preciso de alguém para levar uma manada de animais. Você topa? Veja aí o que precisa para fazer o serviço.

Sem pestanejar, Adauto respondeu:

– Topo, sim, patrão! Eu levo a manada e o senhor me dá uma máquina de costura da Vigorelli como pagamento.

Mário aceitou!

Pois Adauto foi, resolveu e em cinco dias estava de volta. Ele realmente entrou para escrever seu nome na história da Gazin!

• • •

E havia mais gente ajudando a escrever a história da vida de Cecília e Mário Gazin. Em dezembro de 1976, eles estavam de braços abertos para receber outro filho.

Em meio a muita alegria e comemoração, no dia 21 de dezembro nasceu Adriano Gazin, o segundo filho do casal, que não pararia por aí...

ALGUNS GURUS E UMA PASSAGEM DESCONTRAÍDA

Desde que montara a primeira loja, Mário Gazin sempre gostou de aconselhar-se com pessoas mais experientes. O primeiro deles foi

José Livotti, dono da maior fábrica de móveis do Paraná, localizada em Apucarana. Depois, veio Alcides Romeiro, de Maringá, que na época era vendedor da Vigorelli para a região; Alcides montou um atacado em Maringá, e Mário ia visitá-lo em busca de orientação.

Outro grande conselheiro era Geraldo Felipe, da Casas Felipe, de Paranavaí, que depois foi incorporada por outra rede varejista. Ele era um homem muito justo e direito, e costumava chamar Mário de um jeito especial. Quando dizia: "Seu Geraldo, estou com um problema". O homem respondia: "Mas, Mário, você ainda é *fiotão*", em alusão ao fato de ele ser muito jovem para falar em problemas.

Quem também estava sempre a postos para ouvi-lo era Wanderlei Berlanda, de Chapecó, que chegou a ser sócio de Mário. Havia ainda Geraldo Gonçalves, da Consul, outro confidente. Mais um bom ouvinte das dificuldades que Mário enfrentava: Antonio Koerich, da rede de Lojas Koerich, também de estilo bastante seguro e justo. Como o próprio Antonio dizia: "Se você tem um problema, tem que trocar ideia. Qualquer palavra de alguém que tenha boa cabeça ajuda a abrir a mente, a encontrar uma saída."

Da mesma forma que Mário sempre buscou ter bons conselheiros, também inverteu os papéis quando solicitado. Por vezes, é consultado por amigos lojistas ou que empreendem em outras áreas. E Mário é sempre solícito aos pedidos.

• • •

Foram muitas as situações divertidas vividas por Mário. Numa delas, ele estava em Rondonópolis com um funcionário carregando madeira quando furou um dos pneus do caminhão. Eles trocaram e seguiram viagem. Como os parafusos estavam mal apertados, aquilo causou problema na roda. Os dois tiveram de parar num posto de gasolina onde havia borracheiro. O rapaz que fazia o conserto avisou que levaria algum tempo.

O motorista e Mário andaram alguns metros até um pequeno centro comercial. Eles almoçaram e, como não havia outro jeito a não ser esperar, Mário decidiu tirar uma soneca. Como de hábito, ele pegou os sapatos, colocou-os de forma invertida, um sobre o outro, e transformou o par num "travesseiro". Colocou os sapatos no chão e deitou-se perto de uma porta. Horas depois, começaram a sair várias pessoas por ali. Mário tentou continuar dormindo, mas conseguiu ouvir uma senhora dizer:

– Esse bêbado aí no chão até que está bem-vestido... Tem roupas e sapatos de boa qualidade.

Mário, que já era um empresário com algumas lojas, apenas riu do comentário da mulher.

OUTRO "LEÃO" INICIA A TRAJETÓRIA NA GAZIN

Luiz Custódio, eu vou sair da Gazin.
Se você quiser trabalhar na empresa, pode
entrar no meu lugar. Fale com o seu Mário.

A conversa aconteceu em 3 de maio de 1978. Luiz Aparecido Custódio estava com dezesseis anos. O objetivo era trabalhar com café; tornar-se um comprador do produto era algo bastante promissor. Mas a sugestão do amigo, de nome Oscar Barbosa, o fez mudar de ideia. No dia seguinte, logo cedo, o rapaz foi encontrar o dono da empresa:

– Seu Mário, o Oscar me disse que vai sair da empresa. Eu quero me candidatar a trabalhar no lugar dele.

– Você quer se candidatar ou quer trabalhar? – brincou Mário.

Antes mesmo que o rapaz respondesse, ele o contratou:

– Pode começar agora! Vá lá conversar com o Oscar, saber o que ele faz, e já pode assumir o posto.

Na verdade, "assumir o posto" queria dizer arregaçar as mangas, transpirar e trabalhar! Antes de ir falar com o funcionário que se desligava da empresa naquele momento, Luiz Custódio contou uma curiosidade que envolvia as famílias deles:

– Seu Mário, eu nasci em Cidade Gaúcha, onde o senhor morou. No dia em que minha mãe deu à luz, quem buscou a parteira na cidade vizinha foi o pai do senhor, o seu Alfredo, que era taxista. Mudei para Douradina há uns três anos e o destino nos uniu outra vez. Então, agradeço duplamente à Família Gazin.

Na época, a Gazin tinha ainda poucas lojas, e Luiz Custódio era o encarregado pelo controle do estoque e de contas a receber. Ele também era acordado por Mário às 4h para carregar e descarregar caminhões. E não havia sábado, domingo ou feriado. Tanto que, no Natal de 1978, Custódio teve de viajar com Mário para a loja Sete Quedas, onde fizeram a comemoração.

Quando a Gazin abriu uma filial no Mato Grosso, que ficava a 1.700 quilômetros de Douradina, Luiz Custódio acompanhava Mário nas entregas das mercadorias. A viagem levava quatro dias, e eles ainda precisavam arrumar uma carga para compensar a volta. Isso quando o caminhão não atolava. Ambos dormiam na carroceria ou em cima da carga do caminhão. As refeições era o próprio Mário quem preparava.

Nos fechamentos dos balanços, Mário ajudava Custódio, que logo começou a organizar a contabilidade da empresa, criando códigos para os produtos. O rapaz até passou a visitar outras empresas para conhecer métodos distintos de controles das entradas e saídas de mercadorias.

Nas horas de "lazer", Mário arrastava Custódio para cortar cana na roça, ajudar nas reformas e construções ou para qualquer outro trabalho que aparecesse. Mesmo recém-casado e estudando, Custódio ainda saía da faculdade e voltava para o escritório para preencher as notas fiscais. As famílias deles também conviviam bastante.

Quando a Gazin estava prestes a abrir a oitava loja, Luiz Custódio buscava uma oportunidade como gerente. Estava tudo certo para ele assumir o posto numa das filiais, contudo, Mário pediu para conversar com ele reservadamente:

– Luiz, preciso de você em Douradina, para me ajudar a fazer nossa empresa crescer.

Aquilo pegou Luiz de surpresa. Mário mostrou-lhe um horizonte ainda maior! Luiz não imaginava que Mário pudesse falar com ele quase em tom de apelo. Então Custódio fez um pacto consigo mesmo: "Eu nunca mais vou pensar em sair ou montar meu próprio negócio. De agora em diante, eu sou Gazin e ponto final".

UM ERRO QUE DEIXOU APRENDIZADO

Em fins dos anos 1970, começou um forte movimento no mercado de construção civil em Douradina. Muitos passaram a construir suas casas. A Gazin já vendia alguns produtos, como pedra, cimento e cal, entre outros. Mas Mário enxergou uma oportunidade, apresentou a ideia aos irmãos e definiu:

– Vamos montar uma loja de materiais de construção.

Dias depois, estava tudo pronto e já em funcionamento. Como era um setor diferente daquele em que a Gazin atuava, com loja de móveis e eletroeletrônicos, foi preciso criar uma rede de fornecedores, selecionar empresas fabricantes e atacadistas, contratar gente especializada etc. Esse fato, somado à necessidade de montar nova estrutura física, que ficava fora da Gazin, fez com que Mário não se dedicasse à loja de materiais de construção da mesma forma que fazia em relação à rede Gazin. Conclusão: o novo negócio nunca deslanchou. Mário ainda resistiu por três anos, mas, por fim, decidiu encerrar as atividades.

Ali ficaram importantes lições que o próprio Mário compartilhou e carregou consigo na sequência de sua trajetória empreendedora: "Tenho total consciência de que não me empenhei na loja de materiais de construção com a mesma intensidade que ela merecia. O comércio ficou à deriva. Negócio não aceita desaforo! Errei, aprendi com o erro e levo comigo esse duro e rico aprendizado". O insucesso da experiência não abalou o lado empreendedor de Mário Gazin:

> Você pode entrar num novo negócio; mas também, caso não surta o resultado esperado, tem que saber a hora certa de sair. E, depois disso, faça uma autoanálise para encontrar os reais motivos que fizeram o negócio não dar certo e em quais pontos você errou! Daí, então, esteja pronto para novos investimentos, em especial, na área que você domina!

• • •

Deixando um pouco de lado a vida profissional de Mário, no início de 1980 a esposa Cecília traz-lhe uma bela novidade: "Mário, estou grávida!".

O terceiro filho estava a caminho. Na casa dos Gazin havia a menina Valéria, o garoto Adriano e... em 22 de dezembro daquele ano, nasceu Marcelo Gazin.

A vinda do terceiro filho trouxe bastante alegria para aquela casa. A família estava cada vez mais consolidada. Mário tinha a certeza de que permanecia realmente no caminho certo e de que todos os esforços feitos até então tinham valido a pena!

E Mário Gazin ainda tinha muito a realizar pela frente!

EMPRESAS E RISCOS

Nas décadas de 1960, 1970 e 1980, as indústrias viviam situação bastante vulnerável e corriam muitos riscos. Havia diversas concordatas e falências. Inclusive, as fraudulentas ou autofalências. Era um mundo complicado, e os que passaram por aqueles tempos não sonham em revivê-los. Tempos em que faltavam produtos: farinha de trigo, querosene etc. Era difícil conseguir adquiri-los. Isso era fruto e, talvez, também o efeito colateral do *boom* de crescimento desses mesmos períodos.

A população estava aglomerada em poucas regiões: São Paulo, Rio de Janeiro, Minas Gerais e Rio Grande do Sul eram algumas delas. Estados como Paraná, Mato Grosso, entre outros, tinham também concentrações de pessoas em algumas áreas. Com a interligação das estradas e a ampliação das redes de abastecimentos de energia elétrica e água, por exemplo, houve a expansão interna da população pelo Brasil e, automaticamente, o crescimento do consumo. Alguns empresários fortes de determinadas regiões também tiravam dinheiro do bolso para investir em melhorias das condições locais, como abrir estradas e colonizar essas áreas. Tanto que era comum, quando Mário levava mudanças, ter de pedir autorização para entrar e passar por terras privadas. Aquilo, praticamente, respeitava ainda o modelo de um feudo.

Com a chegada da energia elétrica às regiões distantes, todos precisavam de tudo. Muitos compraram suas primeiras geladeiras, televisores, entre outros produtos. Foi no meio dessa euforia de consumo que nascera a Gazin. O poder de compra da população ainda era pequeno. Mas nascia ali o sonho de consumo, além de um grande crescimento populacional que estava por vir.

> Em 1970, 470 anos depois da sua descoberta, o Brasil tinha 90 milhões de habitantes. Para confirmar o crescimento desordenado que aconteceu daí em diante, constatamos que, em 2021, o país ultrapassou a marca dos 213 milhões de habitantes. Assim, dos 521 anos de nossa história (comemorados em 2021), em 470 anos atingimos 90 milhões; e apenas nos últimos 51 anos surgiram mais 123 milhões, completando os mais de 213 milhões de habitantes.

"AVENTURA..."

Certa vez, por volta de 1983, Mário estava na cidade de Juara, no Mato Grosso. Antes de retornar a Douradina, ele orientou o motorista, Vanildo, para que passasse por São José do Rio Claro. No trajeto, ele resolveu percorrer um trecho pelo meio da mata para "economizar" alguns bons quilômetros de estrada. No caminho, começou a chuviscar, o que fez o caminhão-baú derrapar e bater numa árvore, onde ficou preso. Já começava a anoitecer.

Havia o perigo de a árvore cair sobre o caminhão e danificar a mudança que eles carregavam na carroceria. Tentaram até desprendê-lo da árvore com uma machado, mas como a luminosidade era mínima e dificultava a ação, eles resolveram jantar e dormir por ali mesmo. Para ocasiões como aquela, eles sempre carregavam carne seca e batatas, além de um litro de aguardente para ajudar a esquentar nas noites frias.

Assim, Mário arrumou suas coisas na carroceria, enquanto o motorista dormiria na cabine. Conforme preparavam o jantar, perceberam um movimento forte na mata. Ficaram preocupados e assustados, pois poderia ser uma onça; os movimentos ficaram mais intensos. Notaram também um vulto perto do veículo, depois outro e mais outro. Começaram então uns barulhos de gente se aproximando, e foram aumentando:

– É assombração, Mário! – disse Vanildo bastante assustado.

De repente, surgiram índios vindos da mata. Eram talvez uns dez ou doze, muitos deles carregando arco com flechas nas costas. Mário empunhava uma faca e cortava alho e cebola naquele momento. Preocupado com a reação dos índios, que começaram a falar uma língua estranha, ele largou a faca. Sem nada entender, Mário pegou o copo de pinga e ofereceu aos índios, que também não compreenderam as palavras dele.

Os novos "convidados" do jantar beberam, gostaram e pediram mais pinga. Logo acabaram com a garrafa. Mário reforçou o jantar e utilizou toda a carne e as batatas que tinha. Minutos depois, o jantar estava pronto. Mário e o motorista fizeram o prato e repassaram o restante da comida para os índios. Com as mãos, eles saboreavam e aprovavam o prato. Comeram tudo! O que ainda havia de tempero eles experimentavam, aprovando ou reprovando. Pegaram o sal e o óleo, mas deixaram o vinagre.

Mário e Vanildo foram se deitar. Os índios não arredaram o pé. Era possível ouvi-los andando ao redor do caminhão. Bem cedinho, Mário acordou e fez café. Serviu a todos. Eles não gostaram do café, mas aprovaram o açúcar e o levaram consigo.

Depois disso, por meio de gestos, Mário explicou qual era a situação do caminhão. Eles começaram a ajudar, e essa participação foi decisiva para que conseguissem retirar o carro dali; ajudaram a cavoucar e a empurrar o caminhão. Ao final, eles se despediram; Mário e Vanildo seguiram caminho. Ainda deram muitas risadas da aventura, que começou com a ideia de que poderiam ser atacados por uma onça, que virou assombração e que se transformou num grupo de índios!

• • •

Depois da "aventura", eles finalmente chegaram a São José do Rio Claro, onde foram levar a mudança. Lá, como de hábito, Mário encontrou gente conhecida de Douradina que falou maravilhas da cidade. Mário registrou a informação. Ele também havia adorado o clima festivo do pessoal, que realmente era bastante amistoso. Atento, quis então conhecer mais da cidade e foi andar por algumas ruas e bairros. Gostou ainda mais do que viu.

E não é que se deparou com uma loja fechada e com a placa de aluga-se? Rápido como ele só, Mário acionou o dono da loja, acertou o valor do aluguel e fechou contrato! Restava agora correr e transformar aquele galpão numa loja Gazin. Com o negócio garantido, ele voltou para Douradina e, ao encontrar Adauto Nicoletti Bovolante, disse:

– "Dautão" – apelido carinhoso do rapaz –, você vai ser o meu gerente no Mato Grosso.

Que alegria sentiu Adauto. A reação foi a de agradecer e abraçar o patrão. Era a sua primeira gerência. A nova loja veio a calhar. Mesmo Mário sendo contrário à política, naquele momento o estoque estava alto. Então, a unidade de São José do Rio Claro poderia absorver parte dele. Em pouco tempo Adauto arrumou a mudança e partiu com a família. Foram três meses até ajeitar tudo e deixar a loja pronta para ser inaugurada.

Adauto ia de casa em casa, apresentava-se, falava que em breve a loja Gazin estaria aberta e escrevia num caderno os dados dos futuros clientes para já criar um cadastro. Uns 25 dias depois, chegou o tão esperado momento: a loja foi inaugurada! Foi um sucesso de vendas! O pessoal saía carregando as mercadorias e passava no caixa para pagar.

A cada venda, os funcionários registravam no livro de contabilidade. A comunicação com Douradina era difícil, pois não havia telefone na loja, e mesmo a energia elétrica funcionava apenas por cinco horas diárias. O ímpeto de consumo era tão grande que se formavam grandes filas. Quando os clientes viam Adauto, começavam a exigir providências.

Logo, Mário soube disso e, além de visitar a loja, providenciou um telefone e um aparelho de telex para facilitar a comunicação. Passada a euforia da abertura, o sucesso da loja continuou. Tanto que "Dautão" precisava ir três vezes ao dia fazer depósitos no Banco da Amazônia.

Poucos dias depois, nova loja: Arenápolis! Rubens Gazin foi ser o gerente. Ali também não havia água encanada nem energia elétrica. Mas havia uma loja Gazin! E que também fez enorme sucesso. Ainda no período de montagem, Adauto foi convocado por Rubens para ajudar. De tantas prateleiras para parafusar, eles ficaram com as mãos cheias de calos. Mas valeu a pena: assim que foi inaugurada, a loja começou a vender bastante!

A sequência de aberturas de lojas continuou: Diamantina, Nobres, Tangará da Serra... Num piscar de olhos, a Gazin chegou a sete lojas. Os gerentes trocavam telefonemas entre si, bem como ligavam para Mário e comentavam os resultados alcançados, mas também pediam orientações. Naquele período, "Dautão", que geralmente batia os recordes de vendas entre as lojas, mandou costurar uma calça com sete bolsos. Como a relação dele com os Gazin e os outros gerentes era excelente, e ninguém perdia a chance de aprontar uma "peça" para divertir a turma, "Dautão" colocava em seis dos bolsos as fotos dos outros gerentes que não conseguiam vender como a loja dele. No bolso mais alto da calça, claro, estava a fotografia dele.

Quem se divertia com a brincadeira e incentivava a disputa sadia era Mário. A cada quinze dias, ele visitava a loja de São José do Rio Claro e ficava hospedado na casa de "Dautão", de quem era padrinho de casamento. Esta era a regra: os gerentes sempre abriam suas casas para hospedar o pessoal da Gazin, assim como vendedores e até clientes.

Um fator decisivo para o sucesso da Lojas Gazin é que essas cidades, como muitas outras onde a rede veio estabelecer-se depois, apresentavam novas perspectivas de vida para o pessoal que morava em outras regiões. Em especial no Paraná. Antes de saírem da terra em que moravam, eles vendiam todo o patrimônio: casa, carro, móveis, aparelhos eletrônicos etc. Assim, ao chegarem na nova cidade, carregavam dinheiro, mas quase nenhuma mudança; geralmente, apenas roupas. Por isso, precisavam comprar tudo para recomeçar a vida! Mário Gazin anteviu os fatos e montou lojas em áreas onde poucos acreditavam que ele teria grandes resultados. E realmente os teve!

CAPÍTULO 4

ANOS 1980: A BASE DO CRESCIMENTO

No início dos anos 1980, Mário Gazin já tinha algumas lojas no Mato Grosso. Foi quando reencontrou Pascual Garcia, o mesmo que na década de 1960 era vendedor da Vigorelli. O homem agora havia montado uma pequena transportadora de cargas e mudanças, e o reencontro foi providencial. Desde então, Pascual passou a ser contratado para buscar e levar mercadorias nos fornecedores e clientes da Gazin.

A partir da parceria, Pascual estreitou o relacionamento com Mário. Ele já conhecia e ouvira falar da simplicidade e inteligência do homem. Mas ficou surpreso quando, certa vez, após carregarem mercadorias até tarde da noite, Mário convidou-o para dormir na própria casa. Pascual mostrou-se impressionado com tanta hospitalidade. O homem ficou ainda mais sensibilizado com o passar do tempo, quando percebeu que aquele tipo de atitude era uma regra e não exceção!

• • •

Mesmo muito jovem, Antonio Gazin, o Dóia, já era gerente de uma das lojas da rede. Mário não descuidava do rapaz e, muitas vezes, ia bem cedo na casa dele para acordá-lo. Em dada ocasião, numa conversa reservada, para mostrar a importância do irmão na história que a Gazin e a família buscavam escrever, Mário disse a Antonio:

– Eu preciso de você sempre muito atento! Sinto que você é um grande empreendedor. Precisamos da sua força de trabalho para projetos maiores no futuro!

Ali, o caçula sentiu a importância de ter Mário como líder dos irmãos e, principalmente, que essa sociedade familiar não tinha como dar errado! Sobrava respeito na relação entre eles.

• • •

No ano de 1981, Mário convidou Alvino Cardoso Netto para trabalhar na empresa como vendedor e, se precisasse, entregador e montador. Claro, às vezes lá estava ele às 4h, ajudando a carregar caminhões que despachariam mercadorias nas lojas do Mato Grosso e do Mato Grosso do Sul.

Dois anos depois, em 1983, Alvino contraiu matrimônio, e Mário foi seu padrinho de casamento. Daí em diante, Alvino começou uma sequência de atividades como gerente das lojas da Gazin: Nobres e Arenápolis (1989), Poconé (1991), Cáceres (1992), Cuiabá (1995), Rio Brilhante (1996), Colíder (1997). Onde havia a necessidade de um novo gerente, lá ia Alvino Cardoso Netto. E a saga continuou nos anos 2000, em Rondônia. Em 2002, Alvino pediu para voltar para o Mato Grosso e passou a gerenciar a loja de Alta Floresta. Em 2004, ele retornou para Colíder, indo depois para Coxim, em 2006, e no mesmo ano foi ainda para Lucas do Rio Verde.

Certo dia, entretanto, Alvino resolveu montar a própria loja. Mário sabe que os "pássaros" devem mesmo "voar" e deu todo o apoio para o gerente. Afinal, ele perdia um funcionário e ganhava um cliente para o atacado. Foram 25 anos de dedicação à Gazin. Um período que tanto Mário quanto Alvino sabem valorizar. Mário tem gratidão por tudo o que Alvino fez pela Gazin; Alvino tem em Mário um pai profissional, que o ensinou a trabalhar e deu condições de ele estabelecer-se na vida! Depois de alguns convites, Mário conseguiu visitar a loja de Alvino. Quando lá chegou, fez suas observações:

– Gostei bastante da loja. Está muito bem montada! Mas tenha muito cuidado com o volume de compras e o estoque!

O rapaz agradeceu:

– Eu procuro trabalhar da mesma forma que aprendi, ou seja, repetindo o modelo da Gazin. Eu me envolvo e faço de tudo que precisa na loja: carregar caminhão, descarregar, entregar... Aprendi com o senhor a ficar em cima do negócio.

E Mário não desgrudava mesmo da empresa, fazia todos os esforços para que a Gazin pudesse destacar-se. Por exemplo, em função da dificuldade de fazer com que alguns representantes de outros estados fossem até Douradina para apresentar os seus produtos, Mário ia até Maringá, onde marcava com os vendedores. Ali ele hospedava-se por alguns dias no hotel e arrumava uma sala para receber o pessoal. Era uma forma de facilitar a vida deles e de ter mercadorias de qualidade e com bom preço nas Lojas Gazin.

CURTIR A FAMÍLIA A SEU MODO

O que mais a filha Valéria sentia era a ausência do pai. Sim, o "vilão" era o trabalho! Mário chegava em casa para almoçar, comia rapidamente e já saía para retomar o batente. Quando Valéria chegava da escola, ainda pegava o pai terminando o almoço. Mário sempre convidada funcionários, clientes ou fornecedores para almoçar na casa dele. A filha até lhe pedia: "Pai, fique mais um pouco...", mas a resposta era sempre a mesma: "Ô, meu amor, o pai precisa trabalhar. À noite a gente 'janta' junto!".

Uma promessa que ele nem sempre conseguia cumprir. Muitas vezes, chegavam fornecedores ou clientes na cidade e Mário tinha de se tornar o anfitrião. Mas ele fazia isso com grande alegria. O almoço era praticamente o único horário em que via os filhos. No mais, ele saía cedo e, quando voltava, geralmente os filhos estavam deitados ou dormindo. Pelo menos, aos fins de semana e feriados, Mário conseguia estar mais em casa com a esposa e os filhos. Era nesses momentos em que ele ensinava a filha a andar de bicicleta. Às vezes, Mário levava os filhos na Gazin, mas fazia o alerta: "Vocês precisam respeitar e tratar bem os funcionários!".

Nos anos 1980, Mário começou a abrir Lojas Gazin no Mato Grosso. O carro dele era uma perua Belina, e o rádio estava sempre ligado. Por vezes, Mário ia conhecer cidades para abrir lojas e levava Cecília e os filhos para viajar com ele; aquilo tinha um "toque" de férias. Como Mário gostava de conhecer os locais, parava em várias cidades. Ele adorava tomar banhos nas cachoeiras que encontrava pelas estradas. Os filhos, ainda crianças, curtiam a ideia. Uma viagem familiar inesquecível aconteceu quando Mário levou a família para a praia, no Paraná. Ele, que gosta muito do contato com a água, aproveitava para brincar com os filhos nas ondas e na areia.

Essas viagens aconteciam geralmente entre o fim de janeiro e fevereiro, em períodos de uma semana no máximo. Mário esperava os irmãos saírem primeiro de férias. E quando perguntavam: "Por que você não fica mais tempo viajando?", ele respondia: "Eu não posso estar ausente da empresa por muito tempo".

Apesar de todo o *glamour* e charme que envolve a ceia de Natal, Mário nunca curtiu a comemoração. Como grande religioso, ia à missa e jantava em horário normal. A festa acontecia no almoço do dia 25. Mário adora cozinhar, e, nessas ocasiões de casa cheia, era comum reunir os convidados ao redor dele na cozinha enquanto preparava saborosas refeições.

SABER IMPOR-SE NO MERCADO

Seu Muzi, quero dizer que não comprarei mais da Hermes Macedo. Se o limite de crédito que a empresa pode me oferecer é tão baixo, eu não preciso dela para comprar mercadorias...

Em 1982, essas foram as palavras de Mário Gazin para Ademocracino Lourenço Muzi. Ele era gerente da Hermes Macedo, de quem Mário comprava eletrodomésticos no atacado. Ali, Mário também começou a estreitar as relações com as grandes fábricas, passando a comprar diretamente e a ter melhores condições. A Hermes Macedo segurava demais os créditos, cujo montante era definido pelo comitê da diretoria. A Gazin tinha potencial para ter ao menos um limite 20 vezes maior do que aquele estipulado pelo comitê. Mas essa era a política de vendas da companhia.

Apesar disso, por entender que Mário estava certo em sua reivindicação, tanto que tentava argumentar com o comitê em favor da Gazin, Muzi continuou a visitar o cliente. Mário sempre o recebia cordialmente, tomava café e às vezes almoçava com ele, mas realmente nunca mais comprou da empresa. Em 1990, no entanto, Muzi já se desligara da Hermes Macedo e representava uma fábrica de carrinhos de bebê, da marca Galzerano. Na primeira visita que ele fez a Douradina, apresentando a novidade, Mário ordenou:

– Seu Muzi, puxe aí o talão de pedidos! – E fechou uma boa compra.

Muzi não se aguentava de tanta emoção. Em oito anos de relacionamento, era o primeiro pedido que ele fechava com Mário. Mas ele entendia os motivos do empresário. Até 2007, Muzi representou a Galzerano, que jamais deixou de ser fornecedora da Gazin. Em toda visita que ele fazia, Mário – e depois o irmão Antonio – dizia: "Seu Muzi, puxe aí o talão de pedidos!". Gradativamente, as compras foram ficando cada vez maiores. Começaram com duzentas peças por mês e, quando Muzi se aposentou, chegaram a mil unidades mensais. Mário não se esquivava de reduzir a quantidade ou mesmo ficar sem comprar por uns tempos quando as vendas caíam.

A relação entre eles sempre foi muito respeitosa. Um fato marcante aconteceu quando, em 1996, Muzi foi acometido por um tumor no nariz e precisou fazer tratamento de radioterapia. Foi uma luta de quatro meses. Em função disso, o rosto do representante ficava marcado, o que o impedia de fazer as visitas habituais.

Ele, então, pedia para que alguns colegas da empresa pudessem dar assistência aos seus clientes, fazendo as visitas. Muzi também tirava pedidos por telefone e quando retornou ao trabalho, Mário foi um dos primeiros a serem visitados. Eles conversaram bastante e Muzi contou em detalhes todo o ocorrido. Ao final, como de hábito, Mário ordenou:

– Seu Muzi, puxe aí o talão de pedidos!

– Vamos repetir o pedido do mês passado? – perguntou o homem.

Sem demonstrar o verdadeiro motivo daquela compra elevada, Mário falou de forma direta:

– Neste mês, vamos trabalhar mais forte. Pode dobrar o pedido.

Muzi, sensibilizado por perceber que aquela era uma atitude para ajudá-lo, preencheu o pedido conforme sugerido pelo empresário. Na hora das despedidas, além do aperto de mãos, Muzi abraçou calorosamente o empresário. Ambos estavam emocionados:

– Vamos em frente, meu amigo! Que Deus o proteja! – desejou Mário.

FORTALECIMENTO DA REDE

Todos os irmãos Gazin casaram-se novos. Inclusive o caçula, Antonio, que com dezoito para dezenove anos já era gerente da loja de Eldorado, no Mato Grosso do Sul. Mesmo ainda inexperiente, ele assumiu com garra a gerência e fez, ao lado da equipe, a loja alcançar excelentes resultados. Bastante comprometido, ele ficava na filial preenchendo duplicatas até as 22h. De Eldorado, Antonio foi para Diamantino, no Mato Grosso, que era ainda mais longe de Douradina.

Depois de dois anos de matrimônio, a esposa de Antonio engravidou, mas o casal não sabia. Mário conversou com o irmão, que determinou a ida dele e da mulher para o Mato Grosso. Claro, o caçula aceitou; carregou a mudança numa caminhonete e partiu. As estradas eram péssimas, e o casal levou um dia de viagem. Assim que os dois chegaram em Diamantino e instalaram-se num hotel, Antonio foi em busca de uma casa para alugar. Mas, pasmem, não havia residência vaga! Sem alternativa, Antonio descarregou a mudança dentro do salão da loja, que ainda estava em reforma – e na qual ele trabalhou fortemente –, pois ali havia sido uma boate. Antonio e a mulher moraram por dois meses na loja. Depois desse período, surgiu uma casa para alugar. Mário, que estava de passagem por Diamantino para conhecer a loja, sensibilizou-se e propôs a Antonio que comprasse uma moradia.

Naquele momento, já em 1987, os Gazin chegaram a questionar se valia a pena continuar a crescer. A rede estava com pouco mais de dez lojas, algumas em regiões bem distantes. Mas pesou o empreendedorismo da família, que, mesmo com a conturbada situação econômica e política do país, optou por seguir em frente e multiplicar o número de lojas. Além disso, as melhorias feitas em estradas do Paraná e do Mato Grosso permitiram que novas cidades com potencial para receber lojas da rede fossem descobertas. Então nasceu o sonho de chegar a cem lojas. Foi um árduo caminho até o início dos anos 2000, quando a marca foi alcançada, conforme veremos adiante. Mas nem deu tempo de comemorar a loja centenária. Logo vieram a 101, 102, 103...

Mário dizia: "Só vamos abrir loja quando tivermos dinheiro sobrando!". Se havia algum segredo para explicar os bons resultados alcançados? Sim, muito trabalho, enfrentar e vencer as dificuldades e muita união da família. E o grande líder era Mário Gazin. Ele dava as diretrizes, e os irmãos comprometiam-se com a equipe para colocar em prática as ideias do mano mais velho.

BEM-VINDO AO TIME

Olá, meu nome é Amilton Cândido.
Eu sonho em trabalhar na Gazin.
Tem vaga de emprego em aberto?

Era agosto de 1984. Amilton repetiu o que havia feito no ano anterior, embora sem sucesso. Mas dessa vez a sorte lhe sorriu:

– Tenho, sim! De montador de móveis. Você começa amanhã! – disse o gerente comercial da empresa.

No dia seguinte, às sete horas, lá estava Amilton Cândido para realizar o desejo de tornar-se vendedor na Gazin, embora começasse na montagem dos móveis. Ele tinha amigos que trabalhavam na empresa e falavam maravilhas.

Assim que chegou, deu de cara com um caminhão lotado de bujões de gás para descarregar. Ele meteu a mão na massa. Mário Gazin, mesmo sem nada dizer, estava por ali e gostou do que viu. O novo funcionário já incorporara o "estilo Gazin" de trabalhar. Três meses depois, surgiu uma oportunidade nas vendas. O gerente testou Amilton e outro rapaz, dizendo:

– Aquele que se destacar mais vai ficar em vendas.

Amilton agarrou a oportunidade. Em dezembro, foi oficializado como vendedor. Apenas em junho de 1985, contudo, é que conheceu Mário, com sua motivação e espírito de garra e de vencedor. Anos depois, em 1992, Amilton foi transferido para a loja de Mundo Novo, onde logo se tornou o gerente. De lá, ele rodou, como acontece geralmente, pelas gerências de algumas lojas.

Em 1994, com o Plano Real, a luta para conseguir mercadorias era grande. O que chegava na loja, vendia. Na de Sete Quedas, que Amilton gerenciava, saía até briga para comprar os produtos. Até a entrada do plano, o Brasil lutava fortemente contra a inflação. Para se ter ideia, a inflação de fevereiro havia alcançado 40,3% e a acumulada em 12 meses já estava em 3.025%. Nesse período, Mário foi decisivo. Usou de seu prestígio para conseguir crédito com os fornecedores e receber as mercadorias. E sempre visitava a loja de Amilton, que, quando via o patrão, dizia: "O senhor é muito humilde! É o esteio da família Gazin!".

CUIDANDO DOS AMIGOS

Você quer morrer, meu amigo? É o que vai acontecer se você não sair dessa e se cuidar!

A conversa aconteceu entre Mário Gazin e Nivaldo Soares no escritório da farmácia em que ele trabalhava. O farmacêutico, antigo amigo de Mário, tinha sérios problemas com a bebida e havia fugido de uma clínica de reabilitação em Umuarama, na qual o próprio Mário o havia instalado. Outro amigo, Luíz Paes, também estava na sala e tentava demover Nivaldo da decisão de não retornar à clínica.

O homem, de boa estatura, estava um trapo: pesava 57 quilos e estava à beira da morte. Por isso, Mário e Luíz foram incansáveis. A conversa levou cinco horas. Nivaldo citou todos os problemas e dificuldades; Mário e Luíz contra-argumentavam, apresentando todas as soluções e caminhos. Mário ainda bateu firme na necessidade de ele ser forte para enfrentar e vencer a dependência da bebida. Depois de longo debate, Mário deu o cheque-mate:

– Nivaldo, eu lhe peço uma última chance! Eu o colocarei numa outra clínica. Confie em mim. Eu quero esse voto de confiança e você verá que tudo dará certo!

Sem relutar, Nivaldo concordou. Até passou pela mente dele o fato de Mário, um empresário tão importante, estar ali havia cinco horas, em clara demonstração de carinho e amizade. No dia seguinte, Mário e Luíz foram buscar Nivaldo e o levaram a uma clínica em Presidente Prudente. Nivaldo aguentou firme! Passados quinze dias, em 7 de novembro de 1984, o farmacêutico recebeu alta!

Após o retorno dele a Douradina, Mário foi visitá-lo para parabenizar o amigo pela vitória alcançada. Nivaldo demonstrou toda a sua gratidão. Superado o problema, ele nunca mais se deixou derrotar pela bebida. Nivaldo encontrou na profissão e no trabalho os seus alicerces, de tal modo que Mário sempre recorria a ele quando precisava de qualquer remédio corriqueiro. E muitas vezes, o "remédio" necessário era uma boa e franca conversa com um amigo, para abrir o coração.

Geralmente, quando Mário vai viajar, ele passa na farmácia ou na casa de Nivaldo e conversa descontraidamente com o amigo. Fala do trajeto e conta piadas. A participação efetiva de Mário na vida de Nivaldo repetiu-se em várias outras ocasiões, quando levou outras pessoas da cidade para Umuarama, também na tentativa de fazê-los recuperar o prazer de viver e participar das reuniões do Alcoólatras Anônimos (AA). Como o próprio Nivaldo Soares costuma dizer: "Mário é uma pessoa sem limite de bondade".

• • •

Em 1984, mesmo com treze anos apenas, a filha Valéria foi morar com a tia Cidinha. Ali, ela ficou por um ano e meio. Depois desse período, a moça voltou a morar com os pais. Valéria tinha realmente esse lado mais independente, o que nem sempre era bem recebido em casa. Assim, ela foi matriculada no oitavo ano de um internato em Londrina. Dois anos depois, a jovem retornou e passou a morar com Laurinda, a avó paterna.

OUTRO REFORÇO PARA A GAZIN

Quando Geronimo Borges começou a trabalhar na Gazin, ele era mais um profissional que vinha do Banco Bamerindus. A Gazin estava no início de uma expansão da qual não se tinha ideia sobre o caminho a ser percorrido e o tamanho que a empresa alcançaria no futuro. Mas Mário Gazin contratou Geronimo porque gostou da persistência do rapaz. No entanto, foi uma negociação difícil!

Na primeira vez que foi à empresa visitar Mário, Geronimo ofereceu-lhe um título de capitalização. Como Mário estava envolvido com uma sequência de reuniões, Geronimo ficou de retornar em outra hora. E voltou mesmo! Regressou e ofereceu o produto. Mário disse que não tinha interesse. Geronimo, estrategicamente, cortou a conversa da venda; ele começou a falar de outros assuntos e prometeu, nas despedidas, que tornaria a visitá-lo em outra hora. E realmente o fez! E, novamente, foi tanta ênfase para vender o seu produto que Mário disse:

– Rapaz, se você está com essa garra toda para vender um título de capitalização, imagina o que não vai fazer com os móveis e produtos das nossas lojas... Quanto você ganha?

Assim que Geronimo respondeu, Mário fez a oferta:

– Eu pago o dobro do seu salário!

Geronimo, mesmo gostando do trabalho no banco, ficou animado com a proposta recebida e aceitou o convite. Só que o gerente geral da agência não liberou o rapaz, que teve de desculpar-se com Mário. Um ano depois, em outubro de 1986, o banco entrou em crise. As pessoas começaram a sacar todo o dinheiro da poupança em decorrência da baixa rentabilidade. Geronimo, então, foi procurar Mário novamente na tentativa de retomar a conversa tida um ano antes. Mas o que ouviu dele não foi nada animador:

– Eu quero pessoas que estejam em busca de trabalho, mas acredito que você esteja mais preocupado em ter um emprego...

Eles ainda conversaram mais um pouco, mas parecia que a tentativa de Geronimo em trabalhar na Gazin era em vão. Dois dias depois, logo pela manhã, o rapaz recebeu um recado de que Mário queria falar com ele. Na mesma hora, ele foi ao encontro do empresário, que lhe perguntou:

– Quanto você ganha?

– Eu ganho... – E falou o salário.

Mário fez cara de espanto. Achou muito! Mas pediu até as 15h para responder. Às 15h em ponto, Mário ligou para ele no banco:

– Pensei bem e quero contratá-lo! Venha na Gazin amanhã cedo. Pago o mesmo salário!

Agora, era para valer! Geronimo aceitou a proposta e rechaçou aos seus superiores qualquer possibilidade de continuar no banco. No dia seguinte, lá estava ele bem cedo no novo emprego. Dias depois, ele aprendeu uma grande lição de Mário. O salário que ele havia aceitado, e que Mário achara "tão caro", era muito menor do que o que os outros funcionários da Lojas Gazin do Mato Grosso ganhavam. Na função para a qual fora contratado, Geronimo tinha de fazer tudo: cobrança, resolver assuntos do escritório, limpeza do sítio etc. Como Mário adiantara, na Gazin não havia emprego, e sim trabalho. O próprio Mário e seus irmãos demonstravam isso.

Aliás, Geronimo se divertia porque algumas lojas se chamavam "Gazin" e outras "Gazim", com "m" no letreiro. Era um ponto a ser mexido, num processo de padronização que viria a acontecer.

Claro, naquele início, Geronimo precisava submeter-se a algumas lições e testes do patrão, que realmente admirava a capacidade de trabalho dele. Mas se Mário aplicava certos "castigos", também sabia reconhecer e recompensar o bom desempenho dos funcionários. Como prova disso, meses depois, em maio de 1987, Mário fez-lhe uma oferta:

– Geronimo, quer gerenciar uma loja no Mato Grosso?

Como já conhecia os métodos de Mário, ele respondeu convicto:

– SIM! Nada me fará voltar atrás!

Geronimo levou boas ideias da experiência do trabalho no banco para serem adaptadas na filial da Lojas Gazin. Principalmente, na criação e confecção de um cadastro para as pessoas que faziam crediário. Até então, a única exigência era o nome completo, endereço, número do documento e profissão do cliente. Depois,

Geronimo assumiu outra unidade, em Tangará da Serra, loja que se tornou a líder em vendas. De duas a três vezes por ano, Mário visitava a loja gerenciada por Geronimo.

Era incrível como o empresário conhecia o próprio negócio e tinha todos os números na mente, além de antever momentos da economia e do mercado. Também era perceptível como Mário sabia fazer o grupo de trabalho comprometer-se. Ele sempre dizia nas passagens pelas filiais: "Esta equipe vai construir uma loja para outros funcionários. E um de vocês pode ser o novo gerente!". E isso realmente acontecia, pelo *feeling* de Mário e por uma grande característica de todo grande empreendedor: saber escolher pessoas!

Anos adiante, surgiram as reuniões e convenções para treinar a equipe, inclusive, com a participação de palestrantes. Nesses encontros, ele sempre orientava o seu pessoal: "Vocês têm que guardar pelo menos 20% daquilo que ganham. Comprem terreno, imóvel, carro, consórcio... cuidem de construir um bom patrimônio".

E seguindo esse e outros conselhos, Geronimo construiu seu patrimônio e criou sua família, graças ao trabalho na Gazin, onde um dos filhos passou a trabalhar.

MAIS GENTE DO BEM NA GAZIN

Seu Sebastião, venha trabalhar comigo na empresa!

A conversa aconteceu entre Mário Gazin e Sebastião Gomes na casa dele, em Umuarama. O homem era dono de uma indústria de refrigerantes, mas os negócios não andavam bem, de modo que ele perdeu a empresa. Assim, em 1985, Sebastião aceitou ir para a Gazin – onde ficou até 1998, quando se aposentou. Ele trabalhou na contabilidade e ajudou a implantar alguns sistemas novos, principalmente no controle de faturamento.

O ex-fabricante de bebidas admirava a forma como Mário tratava a todos, em especial os representantes das fábricas. O empresário até construiu uma casa de veraneio, onde organizava almoços, jantares e hospedava muitos deles. Mais do que patrão, Mário era amigo e companheiro de Sebastião. Eles fizeram várias viagens juntos, sendo que Mário cozinhava para eles na beira da estrada. Vez por outra, quando passava um caminhoneiro que ainda não se alimentara, Mário reforçava a porção e fazia mais um ou quantos pratos fossem necessários.

• • •

Outro amigo, Francisco Ontivero, o "seu Chiquinho", foi visitar Mário em Douradina. Eles estavam andando no pátio da sede da Gazin quando decidiram tomar café da manhã. Devia ser lá pelas 9h. Depois disso, continuaram reunidos, trabalhando. Perto das 13h, Mário olhou o relógio e disse:

– "Seu Chiquinho", o tempo voou! Vamos almoçar? O senhor está com fome?

Com seu tradicional jeito calmo, Chiquinho colocou a mão no ombro do amigo e respondeu:

– Mário, há quase cinquenta anos que eu não tenho mais fome...

Mesmo assim, eles foram ao restaurante. Mário ficou encafifado com aquilo. Até porque, no almoço, Chiquinho alimentou-se muito bem. Pelo menos, para quem havia dito que não sentia fome havia quase cinquenta anos. Claro, Mário não se esquivou de fazer a pergunta que o incomodava ao amigo:

– O senhor falou que há cinquenta anos não sente fome. Mas nós, o senhor e eu, almoçamos muito bem. Conte-me, então, "seu Chiquinho", que história é essa...

– Sabe, Mário, eu digo isso para expressar um período que vivi na minha infância e adolescência. E sei que você também é de origem humilde. Lá atrás, eu tinha fome e não tinha dinheiro para comprar comida. Era um sofrimento muito grande. Mas, de cinquenta anos para cá, com o meu trabalho, e depois de tornar-me empresário, tenho o privilégio de poder ter um dinheiro no bolso para alimentar-me a qualquer hora.

Mário acompanhava com atenção para saber do desfecho.

– Então, meu amigo, a partir do momento em que a condição financeira melhorou, eu nunca mais tive fome. Isso porque sempre que ela aparece, eu entro num restaurante, numa lanchonete, num bar e como alguma coisa. Diferentemente do que acontecia no passado, quando eu não podia pagar pelo alimento.

"Essa é uma bela história para compartilhar com os jovens", imaginou Mário.

FILHO DE AMIGO, AMIGO É!

Muitos filhos dos amigos de Mário Gazin cresceram, tornaram-se bons profissionais e, claro, poderiam muito bem trabalhar na Gazin. Um entre tantos exemplos é o da Família Bergamaschi, do amigo

Walter, cujo filho, Edmilson, escreveu sua história na empresa. Tudo começou em 1985. Walter tinha uma farmácia, e Mário foi comprar um remédio. Edmilson, que trabalhava com o pai, fez algumas recomendações na receita. Observador, Mário percebeu a linda letra do rapaz e emendou:

– Que letra bonita, Edmilson! Você não quer trabalhar comigo?

Dias depois, lá estava ele fazendo lançamentos no controle do estoque. Diariamente, o pessoal das lojas fazia os apontamentos do caixa e mandava o movimento pelo correio, para ser lançado por Edmilson na matriz.

Em 1986, Mário levou Edmilson para viajar e conhecer as lojas, além de ajudar a preparar o balanço e conferir o estoque. Mas, depois, Edmilson resolveu ganhar experiência fora de Douradina e foi trabalhar em São Paulo. Dez anos depois, em 1996, Mário até tentou trazê-lo de volta. Numa ida a Douradina, Mário chamou-o para uma conversa:

– Edmilson, gostaria que você voltasse para a Gazin. Quero que você trabalhe na minha fábrica de móveis. Quanto você ganha?

Quando ele contou qual era o salário, Mário respondeu:

– Rapaz, isso é quatro vezes mais do que aquilo que eu posso oferecer-lhe. Então, é melhor você continuar onde está.

Dois anos depois, em 1998, Edmilson resolveu voltar a Douradina. Mário soube que ele estava morando na cidade e mandou chamá-lo novamente. Como ele estava desempregado, dessa vez, a conversa, e também o acerto, foram mais fáceis.

Alguns meses se passaram. Edmilson estava em viagem com os filhos de Mário, Adriano e Marcelo, em Mirassol, interior de São Paulo, onde foram cobrar um cliente. De lá, os três iriam viajar para Balneário Camboriú, em Santa Catarina. Mas uma ligação de Mário mudou os planos:

– Edmilson, preciso que você volte a Douradina!

Evidentemente, ordens do patrão devem ser cumpridas! Edmilson até pensou que poderia ser uma teste. Talvez, para avaliar qual seria a reação dele: se seguiria viagem ou cumpriria o dever profissional! No dia seguinte, Edmilson estava em Douradina e foi direto à matriz, ao encontro de Mário. Lá chegando, constatou que não era realmente nenhum teste:

– Edmilson, sempre achei que você tinha veia comercial. Então, abriu uma chance no quadro de vendas!

Ele topou, logicamente! Edmilson também queria uma nova oportunidade de ganhar mais na empresa. E a área comercial oferecia essa possibilidade. Mas a trajetória de Edmilson ao lado de Mário na Gazin teve seus altos e baixos. Depois ele foi gerenciar algumas lojas e, em 1999, num encontro de gerentes, Mário disse a ele:

– Eu tenho uma oportunidade para alguém que aguenta pressão; um cargo para quem tem saco roxo!

A proposta para gerenciar uma fábrica de móveis que Mário havia montado foi apresentada. Edmilson aceitou o desafio! Mário pediu para que ele estivesse no dia seguinte às 5h30, de *short*, tênis e camiseta. Assim que se encontraram, eles foram praticar exercícios. Mário e Edmilson andaram até as 7h. No trajeto, Mário conversou bastante com o novo gerente, posto para o qual ele havia sido promovido, dizendo que havia colocado outros gestores e que não havia dado certo e que o sucesso dele no cargo significava também a certeza de continuidade da empresa; Mário pensava até em fechar a fábrica. Edmilson perguntou:

– Será que eu vou enterrar minha carreira na fábrica?

Mário garantiu que não! E ainda o desafiou a exportar os móveis. Isso realmente aconteceu. Em 2003, quando voltou do Chile, Mário chamou Edmilson e, enquanto o abraçava, disse:

– Fiquei muito orgulhoso. Eu estava no Chile e vi nossos móveis em várias lojas.

E, realmente, Mário havia dito a verdade! Era preciso mesmo ter saco roxo! Tanto que Edmilson trabalhou ali até 2006. Depois, pediu para sair:

– Seu Mário, eu vou embora justamente porque eu gosto muito de você. Se eu continuar, há uma grande chance de entramos em atrito. A pressão é muito grande.

Essa conversa aconteceu em outubro. Em dezembro de 2006, ele desligou-se da Gazin. Na sequência, Edmilson montou uma fábrica de móveis. Prova de que Mário continuou ajudando Edmilson é que 80% da produção dele era vendida para a própria Gazin. As coisas, contudo, não seguiram tão bem. Em 2009, Edmilson teve de fechar a fábrica. Em dezembro daquele ano, ele voltou a trabalhar na Gazin; outra vez, na área comercial.

Apesar da relação de amizade entre eles, nunca faltou respeito profissional. Edmilson sempre valorizou a garra e a vontade de Mário em aprender, qualificar-se, ler e estudar. Mário sempre confiou nas pessoas. E quando Edmilson questionava isso, o empresário dizia:

– Para quem quer empreender, uma regra básica é ter que confiar nas pessoas. Se não for assim, o empresário não cresce.

A amizade entre Mário e Walter Bergamaschi, pai de Edmilson, nunca interferiu na relação profissional entre eles. Mário sente grande estima por Walter. Inclusive, quando Edmilson contou que o pai havia sofrido um derrame, em Fortaleza, Mário só sossegou depois de falar com Walter. Eles estavam sempre reunidos. Mário e Walter passaram vários Natais juntos, nas companhias das respectivas famílias. Numa dessas ocasiões, em 1976, por brincadeira, Mário pulou nas costas de Walter e, com o impacto e o susto, a dentadura do homem pulou longe, ou melhor, caiu no rio. Eles começaram a procurar, mas nada de encontrar. Moral da história: à noite, enquanto todos comiam churrasco, Walter, sem a dentadura, teve de contentar-se com um bom prato de sopa...

UM GRANDE PARCEIRO COMERCIAL

Em 1985, por intermédio do profissional que o atendia pela empresa, Mário Gazin agendou uma visita ao pessoal de vendas da Brinquedos Bandeirante. O encontro aconteceria em Douradina. A Gazin ainda não era cliente da fabricante de brinquedos. Um dos integrantes da equipe do fornecedor era Daniel Trevisan, diretor comercial. Já nos primeiros minutos de conversa, como se diz, os "santos deles bateram". Daniel até chegou a dizer:

– Mário, você tem uma expressão de simplicidade que passa lealdade e caráter. Isso vem ao encontro de tudo aquilo que acreditamos e praticamos na Bandeirante!

Nasceu então uma relação de confiabilidade que se desenvolveu com o tempo. Naquele primeiro encontro, o pessoal da Bandeirante saiu de Douradina sem pedido nas mãos. O objetivo era realmente o de se conhecerem e iniciarem uma relação comercial de lealdade, cuja estreia se deu cerca de vinte dias depois da visita, quando saiu o primeiro pedido de compras.

Na época, a Gazin tinha em torno de quinze lojas. Era comum que Mário confiasse nas sugestões do representante e, principalmente, de Daniel Trevisan, que, baseado no mercado e na sinceridade, sempre orientava: “Pode apostar nesse produto porque ele tem feito sucesso em outras redes do país”. Ou mesmo dizia: “Esse produto, apesar de excelente, talvez não faça tanto sucesso nas suas lojas”.

A partir dali, ao menos de duas a três vezes por ano, Mário Gazin e Daniel Trevisan passaram a encontrar-se. Algumas vezes, estavam juntos em Douradina; em outras ocasiões, as reuniões, almoços ou jantares aconteciam em São Paulo. Dois anos após o início da parceria, o Brasil entrou num momento econômico difícil, período em que o país foi presidido por José Sarney. Naquela época, a parceria ganhou fortes laços justamente pela fidelidade de ambas as partes. Daniel Trevisan disse a Mário:

– Nossas empresas pensam de forma similar. Buscamos crescer nas crises. Para isso, é preciso desenvolver a criatividade e apostar no talento.

Mário, de fato, nunca foi de especular ou mesmo de fazer compras descabidas. Até porque brinquedo é uma mercadoria sazonal. Assim, Mário fazia o planejamento fundamentado na previsão de vendas, com base na necessidade de mercado. Geralmente, o volume dos pedidos suportava dois meses de demanda da rede Gazin. As entregas sempre foram distribuídas de forma organizada, por depósito.

• • •

Em meados da década de 1980, Mário e alguns executivos da empresa fizeram um curso de seis meses denominado "De olho na qualidade". A partir de então, ele passou a tomar maior contato com a palavra "sustentabilidade". Muitos conceitos para uma vida sustentável foram transmitidos: não deixar a torneira aberta desnecessariamente, não desperdiçar água no banho, evitar as sobras de comida etc. Eram ensinamentos para serem aplicados em casa e na empresa. Digamos que esse foi o marco que despertou na Gazin o interesse em ser uma empresa modelo, para posicionar-se entre as melhores do Brasil. Mário chegou a dizer aos seus pares:

– Queremos crescer, mas temos que saber que ser grande é uma coisa e ser bom é outra bem diferente! Dentro da nossa realidade, é melhor ser uma empresa boa, ajustada, do que uma grande e mal estruturada.

TEMPOS ECONÔMICOS DIFÍCEIS PÓS-REDEMOCRATIZAÇÃO

Em 1984, a Emenda Constitucional que propunha eleições diretas para presidente da República do Brasil foi rejeitada pelo Congresso Nacional. Assim, o novo líder político do Brasil seria definido pelo Colégio Eleitoral. Ao posto, concorreram Paulo Salim Maluf, pelo Partido Democrático Social (PDS), e Tancredo Neves, como candidato representante da Aliança Democrática, composta pela coligação de políticos de vários partidos que, unidos, buscavam derrotar o candidato da considerada situação. Em 15 de janeiro de 1985, data que simbolizava o fim de mais de vinte anos de Ditadura Militar, Tancredo Neves foi eleito presidente do Brasil, tendo José Sarney como vice.

Um problema de saúde fez com que Tancredo fosse operado às pressas no Hospital de Base, em Brasília. Começava ali uma sequência de cirurgias em vão: Tancredo Neves faleceu em 21 de abril do mesmo ano em que foi eleito. A tragédia que o tirou da Presidência da República fez com que seu vice, José Sarney, assumisse. Para muitos, essa foi outra tragédia! A Era Sarney ficou conhecida como "governo da década perdida", em decorrência do baixo crescimento econômico no período.

As consequências foram terríveis! Sarney assumiu um país com inflação que alcançava 235% ao ano. Em fevereiro de 1986, foi anunciado o Plano Cruzado, que, entre suas medidas, trocava a moeda que de "cruzeiro" passou a chamar-se "cruzado". Num primeiro momento, o plano aqueceu a economia e levou o PMDB, partido de Sarney, com exceção de Sergipe, a vencer as eleições para governador em 22 dos estados brasileiros, além de fazer 54% da bancada da Câmara dos Deputados e 62,5% do Senado.

Depois das eleições, entretanto, o Plano Cruzado começou a ruir. Vieram então o Plano Cruzado II e outros planos mais, como o Plano Bresser e o Plano Verão. Uma crise econômica arrastou-se até a saída de José Sarney. Ao fim de seu governo, em 1990, a inflação estava em torno de 1.765% ao ano. Bem acima dos já elevados 235% ao ano quando ele assumira em 1986.

Mas enquanto as medidas do primeiro Plano Cruzado iam sendo anunciadas, Mário reunia-se com Luiz Custódio e o cunhado

João José da Silva. Os irmãos, Rubens, Jair e Antonio, estavam cada qual gerenciando uma loja. Eles acompanharam toda a divulgação e, na mesma hora, começaram a esboçar um plano de ação. No ano de 1986, assim como a grande maioria das redes de varejo, a Gazin prosperou, vendeu bastante. O mercado estava bem aquecido. Preços congelados e empréstimos bancários com taxas interessantes, entre outras coisas. Logo, os efeitos positivos e o aquecimento da economia começaram a despontar.

Por isso, 1986 foi um ano ótimo e entrou para a história da rede. No entanto, era uma luta para arrumar mercadorias. Mário comprava o que via pela frente para reforçar o estoque e abastecer as lojas, que vendiam o que havia. Mário teve de viajar bastante para visitar fornecedores. A agricultura era uma grande fonte de renda no Paraná e no Mato Grosso do Sul. Assim, Mário amanhecia em Maringá, onde havia vários fornecedores, e no primeiro horário já começava a visitar as empresas, indústrias e atacados.

Em função das mudanças econômicas, chegou-se a criar na empresa uma moeda própria, chamada "Gazin", cujo valor mudava todos os dias por conta da inflação. Pela manhã, a matriz já passava o coeficiente e então era só calcular o valor das parcelas. Tudo fora esquematizado internamente, com base na forma de pensar de Mário e equipe.

Apesar de haver várias lojas, a concorrência também não era tão acirrada como se mostrou anos depois, com empresas pequenas, médias, grandes, lojas de *shopping*, *sites*, entre outros, a disputar a preferência do cliente. Foi uma temporada para ganhar dinheiro farto. Havia até dificuldade em conseguir um bom ponto comercial, porque os aluguéis estavam inflacionados. Mesmo assim, a Gazin abriu algumas lojas, como as de Sorriso, Sinop e Juína, onde não existia concorrência. Outro segredo para o excelente desempenho no período: agilidade. Mário sempre gostou que tudo fosse planejado e executado com rapidez.

A direção da Gazin chamou 1986 como o "ano da virada". A empresa capitalizou-se fortemente e, com isso, criou sustentação para o que viria pela frente. Esse capital tornou-se "combustível" no financiamento direto que a Gazin fazia para seus clientes. Na época, não havia consultas ao Serasa e ao Serviço de Proteção ao Crédito (SPC). Por isso, a atuação dos gerentes, que conheciam a população local, era decisiva para não financiar cliente mau pagador. A Gazin trabalhava pouco com cartão de crédito. As vendas eram basicamente feitas com cheques pré-datados e no carnê, sempre com entrada de geralmente em torno de 20% a 30% do valor da compra.

A empresa aproveitou todas as oportunidades de mercado que se apresentaram. Por opção, diferentemente da postura de outros empresários e grupos, Mário não quis levantar dinheiro nos bancos; havia bastante oferta na época. Tal posição contou com o aval dos irmãos. Parecia que os Gazin estavam antevendo o duro período que se aproximava. No ano seguinte, em 1987, o mercado virou. O dinheiro ficou muito caro, as vendas caíram, aumentou o desemprego e a inadimplência: veio a quebradeira geral.

Se foi o período mais duro do varejo? Sim! Não escapou ninguém: clientes, indústria ou comércio. Um período de alta da inflação e dos juros. Mário o compara aos complicados momentos da agricultura, impulsionador do comércio da região:

> Foi proporcional aos períodos de geada no Paraná, quando toda a plantação de café se perdia antes da colheita e os

> cafeicultores ficavam sem dinheiro. A saída que tínhamos para receber era permutar... Trocávamos vacas, feijão, café e mamonas por móveis, alimentos, ferramentas... Na Gazin não perdíamos negócio! Eram outros tempos.

Como regra na Gazin, havia um bom dinheiro em caixa. Foi o que deu sustentação à empresa. Inclusive, Mário até socorreu alguns amigos empresários que precisavam de "oxigênio", ou seja, ajuda.

Apesar de o país viver um crítico período político e econômico, a família continuou a acreditar no Brasil e na expansão da Gazin. Eles abriram mais sete lojas no Mato Grosso durante a Gestão Sarney: Diamantino, Nobres, Tangará da Serra, São José dos Quatro Marcos, Pontes e Lacerda, Barra do Bugres e Poconé. Os imóveis, que antes estavam em alta, tiverem seus preços reduzidos.

Naquele complicado período da década de 1980, o disparo da inflação levou o varejo a remarcar diariamente as mercadorias. O risco de perder dinheiro era enorme. Ao menos, algumas redes buscaram trabalhar em sintonia, como aconteceu, por exemplo, com a Gazin e a Brasília, do empresário Francisco Ontivero.

O mercado também sofreu grande transformação. O fim da década de 1980 levou muitas empresas a passarem por sérias dificuldades. Algumas, vítimas dos próprios erros administrativos, ou mesmo da ganância, fecharam as portas: "Teve gente que quis crescer mais do que a próprias pernas suportavam. Em outros casos, não houve um processo de sucessão definido. Os filhos não conseguiram tocar as empresas ou suceder os pais", ponderou Mário.

Em função disso, houve uma reorganização do mercado. Na avaliação de Mário, criou-se espaço para outras rede:

> Cada empresa que saiu do mercado deixou um vácuo. E quem ficou teve que ter inteligência para preencher os espaços vagos. Saía um gigante e entrava outro para fazer a diferença. Havia redes como Pena, Trivelato, Buri, Ponto Certo, Brasimac e Marcas, entre outras, que fecharam suas lojas. Em contrapartida, outras redes, como a própria Gazin, absorveram as fatias de mercado. Inclusive, a rede Pernambucanas fechou todas a lojas no Mato Grosso, região em que a Gazin atua fortemente.

No ano de 1988, as discussões políticas centraram as atenções na formatação da nova Constituição brasileira. No ano seguinte, a política começou a movimentar-se justamente para definir os nomes que concorreriam à Presidência do Brasil e também quais eram os favoritos nas pesquisas. Um deles, Fernando Collor de Mello, então governador de Alagoas, trazia entre os pontos defendidos acabar com os corruptos do país. O outro, Luiz Inácio Lula da Silva, ex-sindicalista e ex-metalúrgico, de discurso popular inflamado, defendia ideais socialistas.

COMPRAR DO CONCORRENTE

Em 1986, com o Plano Cruzado, houve congelamento de preços. O povo foi às ruas comprar tudo o que via pela frente. Mário corria o Brasil em busca de mercadorias que estavam nas lojas dos gigantes da época: Casas Bahia, Arapuã, Casa Centro, G. Aronson, entre outras. Mário ficava na porta dessas lojas à espera da chegada dos caminhões dos fornecedores. Depois que descarregavam as mercadorias, Mário ia às compras. Conversava com pessoas que estavam próximas às entradas das lojas e dava-lhes dinheiro e uma gorjeta para que fossem até o comércio como clientes e comprassem mercadorias.

Por que ele fazia isso? Pela dificuldade de adquirir produtos em quantidade da concorrência. Nem todos trabalhavam com preço de atacado. Assim, ele arrematava pelo preço da etiqueta, mesmo que por meio da sua "rede de relacionamento", e já colocava as peças no caminhão. Em Maringá, Mário era conhecido dos engraxates, que "interpretavam" o papel de clientes, mas, na verdade, eram "compradores" para a Gazin.

Um dos concorrentes com quem Mário fez boa amizade foi Girz Aronson, das lojas G. Aronson. Ele sempre passava na loja do empresário quando ia comprar produtos eletrônicos na Santa Ifigênia, conhecida rua de comércio no centro de São Paulo. No início, Girz não vendia muitas peças do mesmo produto. Mas após Mário ter sido referendado por um amigo em comum, a situação mudou. Depois de algum tempo de boa e agradável conversa, ele saía da G. Aronson com três ou quatro televisores, geladeiras ou fogões, o que já era uma enorme evolução no relacionamento comercial.

Dali em diante, a Gazin começou a crescer bastante e passou a comprar cargas fechadas das fábricas. A primeira empresa que lhe vendeu uma carga fechada de televisores foi a Philco, no valor de 160 mil dólares. Era uma atitude ousada que deslocou os olhares de outras fábricas para Douradina, na busca por saber quem era o tal Mário Gazin que puxara tanta mercadoria da Philco.

A empresa teve três nomes diferentes em sua trajetória. Primeiro, nasceu "Gazim", forma de grafia do nome de Alfredo Gazim, pai de Mário. Depois, virou "Gazin", seguindo a tradição da forma como a maioria dos nomes da família é escrita, inclusive, do próprio Mário. Mas, no fim da década de 1980, em função de problemas fiscais, os contadores sugeriram que fosse criada nova razão social para algumas lojas. Assim, nasceu, além da Gazin, a Sumoveis. Nas cidades, a rede passou a ser representada pela Lojas Gazin ou Sumoveis. Dificilmente uma rede tinha duas lojas numa mesma cidade. A rede chegou até a ter mais lojas Sumoveis do que propriamente Gazin. Após ter sido resolvida a situação fiscal da empresa, todas as lojas voltaram a ser unificadas e ligadas à matriz, passando a chamar-se Gazin.

COMPANHEIROS DE VIAGENS

A vida corrida de Mário fazia com que ele precisasse viajar para fazer compras com frequência. Isso o obrigava a estar ausente da família. Uma forma de estar mais próximo, ao menos de um dos filhos, Adriano, era levá-lo junto nas viagens. Geralmente, estas duravam três dias, pois Mário não tinha como ausentar-se por longo tempo de Douradina.

Para poder acompanhar o pai, o menino, com seus dez anos, faltava às aulas. Claro, por algumas razões, Adriano fazia aquilo com a maior alegria. A principal delas era poder curtir o pai só para ele. Por alguns dias, ele era o grande companheiro de Mário.

Mas Adriano também “ajudava”, ao seu modo, o pai a carregar os caminhões de madrugada.

As viagens, normalmente de caminhonete ou caminhão, eram para São Paulo. Mário comprava e carregava as mercadorias. Depois, João, cunhado de Mário, passou a acompanhá-los. Eles também iam a feiras do setor de varejo. Adriano prestava bastante atenção no jeito de Mário apresentar-se e conversar com as pessoas. Aquilo lhe dava orgulho por ver como o pai era desinibido. Talvez ele quisesse dizer “empreendedor”.

Nessas feiras, a cada aparição, Mário marcava mais e mais a sua presença. Assim, começou a ficar conhecido no meio e a receber convites para visitar as fábricas dos fornecedores, bem como para almoços e jantares. Era um forte sinal de que passava a ser reconhecido como um varejista de potencial.

Uma das passagens mais marcantes entre pai e filho aconteceu durante um almoço em São Paulo. Eles estavam num restaurante simples, parecido com um bar, e pediram um prato feito, popularmente conhecido como “PF”: arroz, feijão, carne, batata frita e salada. Mário sempre pedia para acrescentar ovos fritos. O prato, bastante saboroso para a rotina alimentar do brasileiro, é conhecido por ser também o mais popular. Enquanto comiam, Mário olhou para Adriano e, bastante emocionado, disse:

– Filho, hoje nós estamos comendo um PF. É o que a nossa condição permite. Mas tenha a certeza de que daqui a um tempo nós vamos poder comer no melhor restaurante de São Paulo.

Adriano sorriu. E respondeu:

– Pai, eu sei do esforço que o senhor faz para dar um futuro melhor para nossa família. E quem sabe a gente também não consegue dormir em hotel? – Fala que arrancou gargalhadas do pai.

O menino disse isso porque eles dormiam na própria caminhonete ou caminhão, onde também muitas vezes era preparada a refeição. Nem colchão para dar mais conforto havia. Mesmo sem perceber, aquela passagem marcou muito Adriano, que nunca mais se esqueceu da fala do pai.

Outras passagens também aconteceram, algumas nem tão agradáveis. Como na primeira vez em que foram juntos a Maringá. Mário acertou a compra de alguns produtos num forte atacadista da época chamado "Monalisa". Na hora de passar o cheque, o homem disse:

– Eu não aceito!

Pego de surpresa, Mário tentou argumentar. Mas o dono do estabelecimento estava irredutível. Foi realmente preciso muito poder de convencimento para fazer o atacadista mudar de postura, mesmo que com algumas restrições.

Nas férias, Adriano ia com o pai à casa do avô; Alfredo Gazim morava no Mato Grosso, em Sete Quedas, cidade em que havia uma loja Gazin. Naquele época, Antonio Gazin era gerente da loja de Eldorado; Jair cuidava da unidade de Mundo Novo; e Rubens, do sítio dos Gazin. Mário ficava com o restante: administração e gerenciamento da rede, compras e também era o responsável por algumas terras da família no Paraguai, onde Alfredo passou a morar anos depois.

Quando Adriano entrou na adolescência, com quinze para dezesseis anos, Mário colocou-o para trabalhar em várias áreas. Ele foi montador de móveis, fazia entregas, dirigiu trator na fazenda, entre outras atividades. Até instalou a primeira antena parabólica que apareceu em Douradina. Aos dezesseis anos, Adriano foi matriculado por Mário num curso em São Paulo, onde ele aprendeu as técnicas de instalação. Adriano chegou a dar treinamento de instalação de parabólica para um grupo de Cuiabá.

• • •

OUTRO "SOLDADO" DO "EXÉRCITO" GAZIN

Gabira, você não quer trabalhar na Gazin? Se topar, eu falo com o Mário. Ele está precisando de gente na empresa.

A pergunta foi feita por João José da Silva. Ele e José Roberto Corsine, o Gabira, apelido que nasceu dos campos de futebol, jogavam bola juntos. Ao final da partida, surgiu o convite. Natural de Douradina, Gabira chegou a trabalhar no Bamerindus com João, que se desligou do banco para iniciar na Gazin.

Com o aval de Gabira, João fez a aproximação. Mário aprovou o rapaz e ofereceu a ele o mesmo salário que ganhava no banco. Gabira titubeou e chegou a pensar: "Como ele, mesmo tendo algumas lojas, pode pagar pela Gazin o mesmo que o Bamerindus me paga?", dúvida criada em função da diferença do tamanho e da história das empresas. Mas justamente nessas horas de incerteza é que nos devemos deixar levar pelo coração. E o de Gabira o fez responder "aceito"!

No dia seguinte, Gabira começou na Gazin. Um mês depois, jogando futebol, ele quebrou a clavícula. Preocupado em não perder o emprego, ele foi trabalhar assim mesmo, fazendo tudo o que a rotina da atividade exigia; além de relacionar os produtos para a emissão das notas ficais, quando preciso, ele ajudava a carregar e a descarregar as cargas.

Em 1988, com 23 anos, Gabira foi convidado por Mário para assumir a gerência da loja de São José do Rio Claro, localizada no Mato Grosso. Ele, que era solteiro e morava com os pais, foi uma aposta de Mário Gazin:

– Eu sempre coloco na gerência gente mais experiente e casada, pela responsabilidade assumida. Mas vou lhe dar essa oportunidade.

O rapaz até demonstrou insegurança:

– Seu Mário, será que estou preparado para isso?

– Eu estou certo que sim. Mas lhe deixo alguns alertas: não torre o seu salário com festas, noitadas e outras besteiras que podem tirar o seu foco! Aproveite e agarre esta chance!

Dito isso, Gabira aceitou o desafio. Por um ano e meio ele morou nos fundos da própria loja. Quando Mário ia visitá-lo, também dormia no beliche que havia no quarto improvisado. Na época, a loja de São José do Rio Claro tinha um volume de vendas estabilizado. Mas, depois, com as novidades introduzidas e o gerenciamento de Gabira, o faturamento aumentou. Quando Mário visitava a loja, dizia ao gerente: "E você estava receoso em aceitar o convite...".

O salário de Gabira era muito bom. Ele até comprou um carro zero. Aliás, no dia da aquisição do veículo, ele presenciou algo que serviu de lição, para nunca deixar que se repetisse numa loja Gazin. Ele estava com o dinheiro do pagamento do carro no bolso. Entrou na loja, olhou o carro, sentou no banco... e ninguém veio atendê-lo. Ou seja, um cliente capitalizado, disposto a comprar um carro zero à vista e ninguém lhe deu atenção. Apesar disso, o negócio foi fechado. No entanto, depois, com o carro estacionado na garagem, Gabira começou a pensar: "Vão achar que estou roubando a loja...". E o homem não saía de carro de jeito nenhum. Essa história chegou aos ouvidos de Mário, que disse a ele:

– Deixe de bobagem, rapaz! Você gerencia muito bem a loja, tem um belo salário e condições de ter um carro desses! Quero que você saia por aí com o seu merecido carro!

Tempos depois, nova transferência: agora, para Cuiabá. Gabira foi substituir um gerente que havia feito uma grande venda para um golpista e, por esse motivo, fora demitido. Era o maior prejuízo já sofrido pela Gazin; proporcional a umas duas carretas de mercadorias ou a dois meses de faturamento. Quando Gabira chegou ao local, a loja ainda estava sendo investigada pela polícia local. Mas ele conseguiu contornar a situação. Passados dois anos, Mário decidiu fechar a loja de Cuiabá e Gabira foi transferido para Sorriso, cidade promissora, com 12 mil habitantes na época; prova disso é que havia vários concorrentes.

Em 1996, com a crise da filial em Sorriso, Gabira foi gerenciar a loja de Pontes e Lacerda, cidade violenta, de garimpo. Ali, ele ficou uns dez meses, até Mário transferi-lo para Primavera do Leste, onde foi inaugurada uma filial. Gabira ficou lá por dez anos, e o comércio sempre teve muito sucesso. Em 2006, por indicação do próprio Mário, Gabira e outros dois amigos compraram uma boa fábrica de móveis, a Fabone. A empresa continuou a fornecer móveis para a Gazin, e Gabira manteve-se como gerente da rede. Pela linda história construída na empresa, Gabira costumava dizer ao patrão: "Seu Mário, eu o considero como um querido amigo, um irmão. Eu admiro muito o seu carisma e a sua visão diferenciada". Ao falar com Mário, ele até se lembrou de uma passagem vivida na época do Plano Collor:

– Eu liguei para você e disse que estava preocupado, pois tinha um dinheiro aplicado no banco. Você me orientou a tirar parte do dinheiro e dividir o resto em três ou quatro CPFs diferentes. Foi a minha sorte! Três dias depois teve o anúncio do plano econômico, e eu consegui resgatar quase tudo o que tinha economizado.

PLANO DE EXPANSÃO DA REDE

Em 1986, os preços dos imóveis explodiram. Mesmo muito caro, Mário Gazin acertou o aluguel de um prédio para abrir loja em Alta Floresta. A área da propriedade não era muito grande, mas tinha o movimento local do garimpo. Quando foi colocar as mercadorias na loja, o proprietário cancelou a locação. A alegação foi de que ele havia fechado contrato com um concorrente, uma forte rede nacional de lojas. Sem alternativa, Mário entregou a chave e vendeu a mercadoria por lá mesmo. Dois anos depois, em 1988, ele conseguiu abrir uma loja na cidade em que o garimpo imperava.

Outro município em que a Gazin abriu filial foi Tangará da Serra, no Mato Grosso. Muitos que moravam no Paraná migraram para lá em função da plantação de café. Os pontos comerciais estavam tão escassos que Mário teve de comprar uma empresa beneficiadora de arroz. Para montar a filial no espaço físico, uns 130 metros, precisou desfazer-se das máquinas utilizadas na produção. Depois foi a vez de outra loja, a de Arenápolis, também no Mato Grosso.

Assim, até a décima unidade, as escolhas pelas cidades deram-se por indicação do pessoal de Douradina e pelas mudanças que eram entregues. Daí em diante, as montagens das filiais respeitaram a estratégia de criar uma rota, tornando a logística de entrega de mercadorias mais planejada e menos custosa. Muitas vezes, Mário instalava-se numa cidade e de moto visitava localidades vizinhas para abrir novas lojas. Vieram então a filial doze, de Barra do Bugres; a treze em Poconé, a catorze em Juína e a quinze em Cuiabá. Nessa época, Mário cuidava também das aberturas de lojas.

SEMENTE QUE FRUTIFICOU

Ainda em 1986, Mário Gazin contratou Nelson Aparecido para trabalhar numa chácara de plantação de café da família. Inicialmente, ele veio participar da colheita de café, mas em seguida recebeu proposta para ser caseiro. Por ser sobrinho do gerente de loja Adauto Nicoletti, o "Dautão", ele sabia que uma proposta para trabalhar com Mário Gazin era irrecusável. E, já nessa primeira conversa, Nelson percebeu o jeito diferente de ser e pensar de Mário, e como o empresário era bastante próximo de sua equipe.

Na chácara, ele ficou por pouco tempo, pois o tio assumiu a gerência da filial de São José do Rio Claro, no Mato Grosso, e convidou-o para trabalhar com ele. Como o prédio era próprio e passaria por reformas, Nelson trabalhou inicialmente como pedreiro e depois foi então contratado como vendedor na mesma loja que ajudou a reformar. Na área comercial, Nelson construiu uma importante carreira na Gazin. Em função dos bons resultados e metas batidas, ele ganhou vários prêmios, alguns pela disputa criada por Mário, a Viagem dos Campeões. Em 1997, por excelente desempenho, Nelson e outros membros da equipe ganharam da Colchões

Castor uma viagem para a Europa, onde ele pôde conhecer França, Áustria, Alemanha e Espanha; Mário acompanhou o grupo.

Da Semp Toshiba, ele ganhou um carro zero quilômetro. Mário pregou uma peça em Nelson. Foi até a loja que ele gerenciava e convidou-o para ir à lanchonete. Quando ele perguntou ao patrão onde estava o carro dele, Mário respondeu que seria entregue em outra data. Assim que saíram da loja, no entanto, eles depararam-se com um Golf com o pisca-alerta ligado. Foi uma grade festa! Outros prêmios vieram, como viagens para o Caribe, Natal e Fernando de Noronha, além de mais um carro e uma moto, dividida com a equipe. Nelson também participou algumas vezes da Viagem do Patrão, premiação oferecida aos que alcançam e superam as metas estabelecidas e que ganham de presente viagens na companhia de Mário.

Assim como fez em tantos outros casos, quando Nelson precisou de uma aporte financeiro, Mário e a Gazin sempre estiveram a postos. Outro aspecto importante: Nelson, com o tempo, tornou-se gerente de loja, situando-se como um dos mais expressivos da rede.

Sempre que Mário visita uma filial, está pronto a investir no negócio quando solicitado. Numa das visitas, Nelson disse a Mário que o pessoal da prefeitura havia proibido a colocação de painéis que avançassem para a calçada. Com isso, a frente da loja ficou exposta ao sol e à chuva. Nelson, então, solicitou a colocação de um toldo, pedido que foi prontamente atendido.

Por essas e outras, quando Mário e Nelson se encontram, ele sempre trata o patrão de forma carinhosa e que expressa o sentimento da importância que o empresário tem em sua vida: "Olá, mestre!".

"CONSERTANDO" UM GRANDE PROBLEMA

Está aqui a sua multa! Assine-a por favor! Veja como pode pagar!

Pagar? Impossível! Se ele vendesse todos os bens da Gazin, o montante arrecadado cobriria uns 80% do valor. O caso aconteceu em janeiro de 1987. Mário foi autuado por um fiscal. Para a surpresa dele e de muita gente com quem conversou, o valor era absurdo, abusivo! Aquilo incomodou demais o empresário. Principalmente, porque até ali ele não havia sonegado nem um tostão sequer. Mário sabia que a multa estabelecida havia sido exagerada. Era um despropósito. Até o próprio contador que trabalhava para a Gazin, ainda conhecido como guarda-livros, dizia: "Mário, você paga muito imposto! Vai chamar a atenção dos fiscais!".

Ele tentou de tudo. Consultou muita gente, mas nada de encontrar a solução. Aliás, a melhor "saída", conforme orientação das pessoas, era: "Venda tudo e saia do país". Os contadores que trabalhavam para a Gazin deram o mesmo conselho. Até de um padre, por incrível que possa parecer, ele ouviu:

– Fuja, Mário!

A primeira medida foi travar qualquer investimento. Mário havia comprado um imóvel em Tangará da Serra, no Mato Grosso. O cunhado, João José da Silva, acompanhava a preparação. Mas o próprio Mário foi até o local para conversar com o pessoal que trabalhava na obra e contar a triste notícia. Ao expor e explicar a situação à pessoa contratada para fazer e instalar o painel, Mário desculpou-se e disse que não abriria mais a loja. Depois de ouvir tudo, o homem falou:

– Procure essa pessoa em Várzea Grande, em Cuiabá! É um guarda-livros. Ele resolverá o seu problema! – disse-lhe penalizado o homem, enquanto lhe entregava um papel com o nome e o telefone da pessoa.

Não demorou e Mário fez a ligação. Do outro lado, o tal "salvador da pátria" marcou um encontro para dali a dois dias, logo pela manhã. Ansioso, Mário chegou ao local na noite anterior à reunião marcada. Ele estava acompanhado do irmão Jair, que saiu de Mundo Novo e foi encontrá-lo, e do cunhado, João. Eles foram até a residência do guarda-livros. Pensavam em pedir hospedagem a ele. Assim que chegaram, a imagem da frente da casa, que era enorme porém inacabada, assustou-os. Ali, havia vários tambores enormes:

– Será que ele é traficante? – perguntou Mário.

Incomodados, e talvez amedrontados, optaram por dormir no carro mesmo, em frente à igreja. No dia seguinte, na hora marcada, lá estavam os três novamente na porta da casa do guarda-livros. O homem, baixo e forte, veio recebê-los.

Curioso, Mário comentou:

– Nossa, quantos tambores!

– Eu faço e vendo sabão para postos de gasolina.

Ufa! Estava tudo esclarecido! Mais tranquilo, Mário começou a explicar todo o ocorrido. Logo que viu o papel da autuação, ele exclamou:

– Essa multa não se paga!

Claro que Mário gostou do que ouviu. Na sequência, fez uma porção de perguntas. Depois de quase duas horas de conversa, o homem falou:

– Eu vou resolver isso para vocês! A sua empresa é grande? Vocês faturam bem?

– Não somos grandes, mas trabalhamos direitinho! Não sonegamos nada! Tudo o que compramos e vendemos lançamos de forma legal – respondeu Mário.

Eles tiveram ainda outros encontros. Num deles, definiram os honorários. Um fato era concreto: o guarda-livros entendia muito bem sobre a forma de atuar dos fiscais. Inclusive, conhecia aquele que havia multado a Gazin. Alguns dias se passaram. O homem marcou novas conversas com o fiscal que penalizou a Gazin. Feito isso, teve um encontro decisivo com Mário:

– Vamos entrar com um processo. Não paguem a multa. Peguem 2% do valor da multa e apliquem o resto num banco. Daqui a cinco anos, eles devem ganhar a ação, mas o valor vai despencar. Com o rendimento do capital aplicado, vocês pagam a multa e ainda sobra dinheiro! Ao final, ainda orientou:

– Como vocês não sonegam, o faturamento é muito alto! Então, daqui pra frente vocês devem pagar menos impostos!

Depois de cinco anos, em 1992, conforme o especialista havia alertado, realmente a Gazin perdeu a causa e teve de pagar os impostos. Mas o homem era mesmo sábio: com o dinheiro aplicado, deu para pagar a dívida e ainda comprar uma bela propriedade rural de 29 alqueires em Douradina. Quanto a passar a sonegar, o recado estava dado. Não era bem o que Mário queria fazer, mas ele seguiu o conselho. Digamos que a um alto custo. Mário passou a viver um conflito interno: "Essa é uma mudança trágica e infernal. Eu não sonegava e agora passarei a fazê-lo". Mas, também, ele sentia-se injustiçado: "Eu sempre fiz tudo certo e tomei uma paulada! É difícil, mas vou mudar o modelo do negócio".

A partir dali, em 1987, a Gazin deixou de lançar todas as operações. Realmente, depois daquele dia, o pagamento do valor mensal dos impostos caiu substancialmente. Mas um novo e grave problema aconteceria anos depois, conforme veremos adiante.

PARCERIA JAPONESA

Você já visitou a Gazin? Fica em Douradina. É uma rede de oito ou nove lojas. E tem um grande diferencial de mercado: o Mário Gazin, um dos donos. Ele trata a gente como verdadeiros reis!

Mesmo sem participar diretamente da conversa entre outros dois vendedores, Roberley Ronaldo Trolezi, representante comercial da Panasonic, absorveu a informação. Na região em que ele atuava, o grande cliente era a Casa Felipe. Dias depois, Roberley decidiu investir na dica e programou uma visita à Gazin. No caminho, perdeu-se na estrada. Alguns, pessimistas, poderiam pensar: "É um sinal para que eu não vá até Douradina". Mas esse tipo de "pessimismo" não passa na mente de um representante comercial sempre pronto a fechar o melhor negócio da vida.

"Tratar a gente como verdadeiros reis...". Roberley queria desvendar esse mistério. Aquela frase ficou guardada na memória. E ele finalmente chegou ao escritório central da Gazin. Ali, soube que Mário receberia e conversaria individualmente com os representantes. Além disso, todos estavam convidados para um churrasco no sítio do empresário no fim da tarde. Ah, com direito a hospedagem aos que preferissem dormir em Douradina.

"Tratar a gente como verdadeiros reis...". A frase começou a ganhar sentido. Roberley reuniu-se com Mário e apresentou os produtos da Panasonic. O empresário foi sincero:

– Eu nunca trabalhei com os produtos da Panasonic. É uma linha mais alta, sofisticada. Compro bastante da National. Mas vamos abrir esse contato e você passa a me visitar. Acredito que em breve poderemos iniciar uma parceria comercial.

O representante gostou do que ouviu. Claro, preferia vender na primeira visita, mas entendeu que sem pressa poderia construir uma relação duradoura. Avaliou Mário como uma pessoa simples e surpreendente. Simples nas atitudes e surpreendente para enxergar oportunidades de bons negócios. Ao menos, Roberley ficou para o churrasco. Assim que chegaram ao sítio, Mário fez a divisão de tarefas. Para Roberley, Mário entregou a vassoura para ele limpar a área do churrasco. Naquele momento, o representante sentiu-se parte integrante do grupo.

A partir daquele primeiro contato, as visitas passaram a ser constantes. A cada encontro, a relação pessoal e comercial ficava mais fortalecida. Mas a primeira compra aconteceu somente seis meses depois. Foi realmente a primeira de muitas. Algumas vezes, a negociação fazia-se logo depois do churrasco. E quando, por ventura, acabava a energia, eles montavam o pedido à luz de velas. Mário dizia: "Vamos preencher agora! Nada de deixar pra depois!".

Ainda naquele início de contato, uma passagem marcou Roberley. Ele entendeu que o empresário, embora afável e sempre disponível a atender os representantes, tinha lá os seus limites.

Numa das visitas, ele estava na sala com outros colegas. Mário atendia um vendedor de móveis. Eles já haviam se despedido, e Mário foi acompanhá-lo até a recepção. Provavelmente, não dera negócio. Inconformado, o rapaz continuou a argumentar para forçar uma venda. Mário rejeitou as investidas. Mas o rapaz insistia, sem respeitar os limites. Até que, bastante vermelho e irritado, Mário expulsou-o do escritório. Como se costuma dizer: "Ninguém é de ferro".

Logo, surgiu uma oportunidade de fidelizar ainda mais o cliente. Em 1989, a Panasonic promoveu uma convenção em Curitiba. Roberley chegou à Gazin com a passagem aérea em nome da Mário e um convite, cortesias da Panasonic. Mário não gostava de viajar de avião, mas aceitou participar do congresso. Lá, ele integrou-se com alguns executivos importantes da multinacional japonesa. Aos poucos, ele firmou-se como um dos principais clientes da Panasonic. Mais de 50% das vendas de Roberley eram feitas para a Gazin.

Ainda em 1989, Roberley propôs uma campanha de mídia em parceria com a Gazin para vender produtos Panasonic. Era uma campanha ousada, com números expressivos tanto de compra quanto de venda. Por sugestão de Mário, fizeram-se alguns ajustes, como a introdução de carros de som personalizados, algo que sempre funciona como divulgação para as lojas da rede. Nesse caso, os carros estampavam as marcas Gazin e Panasonic. A campanha realmente comprovou o sucesso esperado e abriu espaço para novas ações no futuro.

Também à convite da empresa fornecedora, Mário viajou por duas vezes ao Japão, na companhia de outros importantes empresários do setor varejista. Nas viagens, ele conheceu ou estreitou amizade com alguns donos de empresas, como Samuel Klein, da Casas Bahia, Adelino Colombo, da Colombo, Luiza Trajano Donato e Luiza Helena Trajano, do Magazine Luiza, entre outros. Trouxe muitos conceitos do modelo de trabalho da Panasonic para a Gazin. Por exemplo, a ideia de bonificar os funcionários de cinco em cinco anos, partindo de uma década de casa: dez, quinze, vinte anos... Outra iniciativa adotada foi reunir-se diariamente, pela manhã, com o grupo de trabalho; na Panasonic, essa regra chama-se *Syuukai*. Em alguns minutos, Mário pronuncia palavras de otimismo e confiança; além disso, comanda uma oração.

A partir do momento em que a Panasonic entrou na linha de produtos da Gazin, Mário passou a fazer planos anuais de compras, reforçando a quantidade em determinadas épocas. A Panasonic, por sua vez, investiu fortemente na fidelização da Gazin. Mas há um detalhe: as negociações entre Roberley e Mário eram respeitosas, mas por vezes duras. O empresário sabia o que queria, porém, dava espaço para ideias e sugestões. O certo é que Roberley não saía da Gazin sem pedido nas mãos. E na grande maioria das vezes, o representante idealizava um tamanho de pedido e era pego de surpresa, pois Mário superava em muito sua expectativa; mas, se a negociação não agradasse, ele poderia reduzir o pedido inicial. Outro detalhe importante: Mário levava em consideração a opinião dos gerentes na hora de negociar um pedido.

De todo modo, independentemente da parceria entre Gazin e Panasonic, Mário e Roberley tornaram-se grandes e queridos amigos. Os estilos são diferentes e complementares: Mário é intenso, falante e de ritmo acelerado; Roberley é comedido, de fala calma, ponderada. Da mesma forma que Roberley passou a noite várias vezes em Douradina, Mário também foi recebido na casa do representante, que mora em Maringá. Certa vez, assim que retornou da Austrália, Mário ligou para Roberley e disse:

– Meu amigo, acabo de chegar de viagem! Estou com vontade de comer ovo frito! Tem jantar na sua casa? – Enquanto foi buscar Mário no aeroporto, Roberley coordenou tudo na casa dele para que a família pudesse receber Mário com um belo jantar.

O único "projeto" entre eles que ainda não deu certo foi em relação aos convites que Mário fez ao representante para que este trabalhasse na Gazin. Foram três convites ao todo: o primeiro para gerenciar uma das principais lojas da rede; depois, para gerenciar o atacado; e, por último, para gerenciar a fábrica de colchões. Em todos eles, a resposta de Roberley foi idêntica: "Mário, não posso aceitar. Vamos continuar assim, como queridos e fraternos amigos". Logo o empresário desconversava.

SEM "MEDO" DE FAZER NEGÓCIO

– Olá, eu sou o Mário Gazin! Por que você não me visita lá em Douradina? Quero comprar da Philco.
– Olá, eu sou o Robson Melara. E onde fica Douradina?

Assim começou a conversa entre Mário Gazin e Robson Melara, representante da Philco. Naquele dia, Mário foi visitar a Brastemp, em São Paulo. Como o escritório da Philco ficava no mesmo prédio, ele foi até lá, entrou e apresentou-se a Robson. Claro, pela abordagem simples e direta, Mário "quebrou todo o gelo" ou protocolo que ali poderia haver. Melara ainda não tinha contatado a Gazin, mas sabia da existência de uma boa rede de varejo no Paraná que chamava a atenção do mercado. Pelo arrojo do empresário, Melara pensou: "A empresa deste homem vai crescer muito!". A conversa teve sequência:

– Sente-se, senhor Mário. Mas de que tipo de produto o senhor precisa?

Mário acomodou-se e fez a solicitação:

– Inicialmente, de televisores. Podemos abrir uma ficha de crédito para a Gazin?

Dito isso, Robson Melara, ainda impressionado com a simplicidade do empresário, e divertindo-se com a forma da abordagem, apostou suas fichas no cliente. Ambos acordaram a entrega de um pedido de televisores. Os aparelhos eram de tubo na época. A relação comercial seguiu de forma crescente. Alguns meses depois, Melara foi conhecer a sede da empresa. Assim que chegou, como forma de descontrair, reviveu a entrada "triunfal" de Mário na Philco meses antes:

– Olá, eu sou Robson Melara e vim visitar o senhor em Douradina. – Ambos gargalharam com a brincadeira.

Ali, o representante da Philco pôde conhecer um pouco mais sobre a empresa e seu presidente, bem como a respeito da história dos irmãos Gazin. E ficou encantado com o jeito do empresário, que às 4h já estava de pé e ainda tinha disposição para preparar churrascos e jantares que iam até tarde da noite.

GENTE DE CONFIANÇA

"Mandioca", como você está parado, eu te contrato por diária. Você me ajuda na obra, no sítio, no depósito...

Ambos, Mário Gazin e José Bussola, o "Mandioca", conheciam-se das missas e dos encontros sociais da igreja. O apelido foi uma "conquista" dos tempos de futebol, quando morava em Cianorte e era um grande goleador. Morador de Douradina desde 1988, fora demitido da empresa em que trabalhava. Por isso, Mário ofereceu-lhe uma oportunidade para que não ficasse parado. Diariamente, no horário combinado, lá estava o rapaz. Se precisasse chegar antes ou sair depois do expediente, ele não se importava. Tinha dia que às 3h ou 4h, Mário, Luiz Custódio, Mandioca e mais uns dois ou três funcionários já estavam carregando caminhões. Eles iam até às 7h; depois, tomavam banho e voltavam para o escritório; Mandioca seguia trabalhando onde Mário determinava. Com o passar dos dias, depois de "testá-lo", Mário decidiu empregar o rapaz:

– Mandioca, você é trabalhador! A Gazin precisa de gente assim! Vou contratá-lo!

Claro, ele aceitou na hora. Os funcionários antigos diziam que Mário fazia questão de que eles tivessem carro e casa própria. Para isso, orientava e ajudava quando preciso. O próprio Mandioca presenciou isso quando disse para Mário que venderia a moto para comprar um terreno. O patrão respondeu:

– Você precisa bastante dessa moto. Eu te ajudo a comprar o terreno e depois você vai construindo a casa.

Assim foi feito: em 1993, Mandioca já tinha a tão sonhada casa própria! Outra forma de o empresário ajudar as pessoas a juntarem um dinheiro extra: aos fins de semana, Mário pagava para quem ajudasse a carregar e a descarregar caminhões. Depois do expediente, o pessoal que havia pegado no pesado fazia uma festa: compravam cerveja e carne e preparavam um delicioso churrasco. Mandioca estava entre eles. Ao saber disso, Mário interveio:

– Pessoal, não é para "beber" o dinheiro. Guardem para fazer um caixa e investir em bens, em estudo etc.

Valeu o alerta. Aos sábados, no fim do expediente, eles escreviam individualmente o nome de todos em pequenos papéis e colocavam numa lata. Eram oito ao todo. Depois, faziam o sorteio. Assim, todo sábado, um deles era sorteado e saía com um bom dinheiro no bolso; o nome do "sortudo" era retirado dos sorteios seguintes e só voltava a participar depois que todos ganhassem o montante. Era como se fosse um consórcio. Por essas e tantas outras, Mandioca costuma dizer ao patrão: "Mário, você hoje é um milionário de dinheiro e de espírito!".

O QUERIDO PROFESSOR MARINS

Em fins da década de 1980, Mário Gazin aproximou-se de Luiz Marins, sempre chamado de "professor Marins". Conheceram-se num evento voltado ao mundo corporativo. Para Marins, a principal marca da primeira conversa foi a simplicidade, a humildade do empresário. Mário contou sobre a trajetória dele, pautada no *feeling* de abrir lojas em cidades onde outras redes pouco apostavam. Falou ainda que, no início, o planejamento não havia sido o forte da empresa, mas que, com o crescimento, houve um acerto de rota.

A partir do primeiro encontro, eles passaram a reunir-se com certa frequência. Quando ia a São Paulo, Mário e um grupo de empresários convidavam o professor Marins para almoçar ou jantar e aproveitavam para "sugar" dele o conhecimento. O professor Marins, por sua vez, passou a acompanhar mais de perto a Gazin. Impressionava-lhe como Mário, mesmo não tendo formação acadêmica, era um entusiasta e incentivador dos estudos. Inclusive, a empresa custeava várias bolsas de estudos aos funcionários. O empresário costumava dizer a Marins: "Com determinação, somada à formação acadêmica, não há como deixar de atingir os objetivos e ter sucesso".

A humildade permite que Mário teste suas ideias sem medo de errar. Ele coloca-as em prática e, caso não deem certo, não teme voltar atrás para redirecionar o caminho. Outro aspecto que agradava Marins era o fato de Mário ter criado uma empresa de tanto sucesso no interior do Paraná. O consultor sempre falava ao amigo: "Tem empresário que diz não conseguir encontrar gente boa para trabalhar em São Paulo. E você, Mário, consegue achar excelentes profissionais em Douradina".

O professor Marins ofereceu vários treinamentos para as equipes da Gazin, em especial as de vendas. Alguns deles, ministrados à distância, chegaram a ter mais de duzentos participantes, incluindo as equipes de vendas do atacado, varejo e da fábrica de colchões. Por isso, Marins admira não só as características profissionais de Mário, mas, principalmente, as pessoais:

– Ele é uma grande pessoa. Quando precisa de algo, não tem vergonha de pedir ajuda. Como ele mesmo diz: "Ninguém chega ao topo sozinho". – E Marins ainda brinca: – Ah... registro outro detalhe: O Mário também não tem vergonha de pedir descontos na hora de contratar a minha palestra...

Nas vezes em que esteve em Douradina, Marins divertiu-se demais. Sobretudo com as fortes bombas que Mário soltava no meio do enorme escritório. Assustados ou não, todos riam do lado espirituoso do empresário. Conhecedor ao extremo dos perfis de empreendedores, profissionais e empresas, Marins destaca ainda alguns diferenciais:

– O fato de Mário cozinhar para as pessoas faz toda a diferença, humaniza a relação. A Gazin é uma empresa com alma. Mário fala em dinheiro, em meta, mas as pessoas não se sentem trabalhando apenas por isso. – E emenda, como se tivesse desvendado o mistério: – O segredo do sucesso do Mário? Ah... eu descobri! O segredo dele é justamente não ter segredo!

DESCOBRIR UM INVENTOR

O rapaz, Joaquim Martins, era empacotador na Pernambucanas de Douradina e foi pedir emprego para Mário Gazin. O empresário sabia que o jovem era inteligente, um inventor e desenhista nato. Chegou até a fazer um curso de cartazista em São Paulo. O empresário ofereceu-lhe trabalho, mas numa das lojas do Mato Grosso. A condição familiar de Joaquim, filho único que morava e cuidava dos pais, não permitia que ele morasse fora de Douradina. Assim, ele agradeceu, mas declinou do convite.

Não tardou e o rapaz desligou-se do antigo emprego. A Gazin tinha uma serraria e sempre aconteciam alguns problemas com as máquinas. Em especial com a lixadeira. Mário lembrou-se de Joaquim e chamou-o para solucionar o problema. E realmente ele conseguiu resolver. Tempos depois, Mário decidiu montar a fábrica de colchões. Novo convite a Joaquim; dessa vez, para que instalasse a fábrica e montasse as máquinas. Na época, Joaquim, que aceitou o desafio, fazia curso de elétrica e prestava serviços de topografia para a prefeitura. Certo dia, Mário apareceu na fábrica com um monte de catálogos e mostrou a Joaquim, fazendo-lhe o pedido:

– Essa máquina alemã apresentada nesses materiais é utilizada para colar madeira. Quero que você desenvolva um produto similar.

Dias depois, Joaquim entregou o produto. Certamente, isso aumentou ainda mais a confiança de Mário nele, tanto que o empresário convidou-o a montar uma empresa que seria prestadora de serviços para a Gazin. O rapaz seguiu o conselho. E não se arrependeu. Cada vez mais, a demanda de serviços aumentava. A Gazin era o cliente mais expressivo, mas Joaquim passou a atender empresas de todo o Brasil.

Com o passar do tempo, Mário foi construindo mais fábricas de colchões espalhadas pelo Brasil. E Joaquim Martins acompanhava o crescimento, também produzindo mais máquinas e realizando ajustes nas já existentes. Máquinas de corte, de espuma, de bordar etc. Tudo era feito sob encomenda. Entretanto, Joaquim sabe que atender às exigências de qualidade, preço e prazo de Mário não é nada fácil. Alguns contratempos aconteceram, mas toda vez que Mário precisou falar algo para Joaquim, não mandou recado; ele o fez diretamente. Em determinadas ocasiões, até colocou a capacidade do rapaz em prova para desafiá-lo.

Certa vez, eles estavam na fábrica falando sobre o processo de automação que, na avaliação de Mário, estava aquém do que ele esperava. Os funcionários também acompanhavam o diálogo. Então, Joaquim disse:

– Bem, isso é complicado...

Demonstrando irritação, Mário devolveu:

– Não deveria ser, pois eu lhe pago para resolver as complicações!

Minutos depois, Mário despediu-se e saiu. Joaquim ficou numa situação desconfortável, porque havia mais gente acompanhando o ocorrido. Ele então se concentrou no problema e horas depois estava tudo resolvido. Naquele mesmo dia, estava programado um jantar na sede da Gazin para receber os gerentes de todas as lojas, que estavam reunidos em Douradina. Joaquim compareceu. Mário fez seu pronunciamento, dizendo em determinado momento:

– Existem três pessoas em Douradina para quem eu tiro o chapéu. Dois deles são o Paulo Melancia [Paulo José da Silva] e o Cafu [Aparecido Benedito], que trabalham na Paranatec e estão na empresa há muitos anos. O terceiro é o Joaquinzinho. Ele ainda não trabalha comigo, mas um dia eu vou contratá-lo só para a Gazin. O Joaquim não sossega enquanto não resolve um problema e alcança o objetivo. Eu admiro a inteligência e o empreendedorismo dele.

Essa passagem aconteceu por volta de 2006.

A estratégia de desafiá-lo sempre mexia com os brios de Joaquim. Esta também é uma das missões dos grandes líderes: saber "provocar" e também elogiar seus liderados. Um ponto que impressiona Joaquim em relação à postura pessoal e profissional de Mário é a de não esconder seus "segredos". Mário fala abertamente das ideias, metas e estratégias, bem como recebe todo aquele que quiser conhecer suas fábricas e sua empresa. Como ele costuma dizer:

> Para que guardar segredos? Hoje todo mundo descobre o que quer. Pobre daquele que é "gordo" de conhecimento. Ele recebe tanta informação e guarda tudo consigo. Informação e conhecimento têm a mesma importância do exercício físico para o organismo: precisa ter troca e renovação.

Prova disso é que certa vez um concorrente estabelecido em São Paulo, também cliente de Joaquim Martins, pediu a ele para falar com Mário para que o deixasse conhecer a fábrica. Joaquim fez o contato e Mário autorizou. Assim que chegaram ao local, o gerente da indústria não permitiu a entrada. Novo contato foi feito, e Mário deu autorização ao seu gerente para que mostrasse toda a fábrica.

Esse é um dos exemplos da confiança que Mário sente em Joaquim. Existem inúmeras outras situações que comprovam isso. Na grande maioria delas, Mário adiantou o dinheiro integral do contrato para que Joaquim pudesse trabalhar capitalizado e tranquilo. Mário nunca cobrou ou duvidou de que tudo seria cumprido conforme acordado; Joaquim nunca lhe deu motivos para duvidar disso!

TRABALHADOR BOM SEMPRE TEM ESPAÇO NA GAZIN

Gilberto, surgiu uma vaga na Gazin. O Mário pediu para contratá-lo. Ele disse que sempre que te encontra você está trabalhando firme. O Mário gosta disso, falou que você é um lutador.

O convite para trabalhar foi feito por João José da Silva, cunhado de Mário Gazin e amigo e companheiro de futebol de Gilberto Ribeiro. Se aceitasse, Gilberto, que trabalhava na roça antes de começar na prefeitura de Douradina, deveria ir até a Gazin depois do expediente. Ele agendou a visita e conversou com seu superior na prefeitura, para avisar sobre a possibilidade de sair. Recebeu sinal verde; trabalhar na Gazin era um objetivo de muitos moradores de Douradina e região.

No encontro, Mário, João e Gilberto trocaram ideias e ficou acertado que ele iniciaria às 5h da manhã seguinte. Na hora marcada, lá estava Gilberto. Logo estacionou uma caminhonete com placa de Mundo Novo (MS). Gilberto conversou com o motorista, que disse:

– Trabalhar na Gazin é bom, mas não é fácil. A gente se doa mesmo.

Na sequência, Mário chegou à empresa. Ele cumprimentou Gilberto e juntos entraram no galpão de depósito da empresa. O local estava repleto de mercadorias. Logo eles começaram a carregar os produtos. Depois de uns três dias, Gilberto estava com dores de estômago. Era gastrite nervosa. O trabalho na Gazin era mesmo intenso. Mercadorias chegando e saindo a toda hora. Por isso, Mário saía pela cidade com sua caminhonete contratando gente para ajudar no trabalho do depósito.

Mas a família Gazin dava o exemplo de dedicação ao trabalho. Certa vez, Gilberto e outros funcionários estavam descarregando um caminhão cheio de lavadoras. O motorista falou para ele:

– O dono não deve nem pisar aqui. Deve morar longe, talvez fora do país.

Gilberto começou a rir. Apontou na direção de Mário e disse:

– Você está vendo aquele homem ali, com a lavadora na cabeça? Pois bem, ele é o meu patrão. E já deve ter carregado um monte delas. Ele é o seu Mário, o nosso herói! É ele quem nos motiva a estarmos todos os dias aqui, trabalhando firmes. O homem não para...

Foram cinco anos na mesma atividade. De um trabalho duro e feliz. Gilberto sempre pensava: "Se a Gazin crescer, a gente cresce junto!". Essa era também a promessa de Mário e dos irmãos. Depois do expediente, Gilberto era sempre convidado para as "jantas do seu Mário", como se costuma dizer nos corredores da Gazin. Em 1994, pela primeira vez, Gilberto tirou férias. Naquela época, era comum que o funcionário, como se diz, "vendesse as férias". O próprio Mário sugeriu o período de descanso:

– Gilberto, tire umas férias. Só quero vê-lo daqui a trinta dias!

Ele, então, acertou tudo com o então Departamento Pessoal da empresa. À noite, ainda esteve com Mário e outros amigos da Gazin num jantar que tinha sido organizado. Lá pelas 22h30, Gilberto foi para casa. De tão cansado, tomou banho e não demorou a dormir. Perto das 2h30, ele escutou o barulho de um motor parecido com o da caminhonete de Mário. Assustado, abriu a janela e deu de cara com Mário no portão.

– Bora trabalhar! – disse o patrão.

Como que quisesse lembrá-lo, Gilberto disse:

– Mas, Mário, entrei de férias hoje!

– Pois, então, suas férias acabaram! Não demore, homem! – falou Mário, já entrando na caminhonete.

Não havia como negar um pedido de Mário. E lá se foi mais um ano sem férias... Logo Gilberto foi promovido para o cargo de conferente e depois para o de gerente do depósito. Gilberto sabia o estoque de cabeça: quantas peças havia de lavadora, espremedor, *freezer*, batedeira etc. Ele assumiu também o setor de recebimento de matéria-prima no complexo de colchões. Era um cargo de confiança. Mário tentou incentivar Gilberto para que estudasse. Ele chegou até a fazer o primeiro ano de faculdade, mas desistiu. Mário buscou demovê-lo, mostrando que o estudo seria um diferencial para crescer na empresa.

Em algumas das viagens que Mário promoveu, Gilberto foi convidado. Uma das mais marcantes foi para Fernando de Noronha, onde Mário levou e acompanhou um grupo de mais de duzentos funcionários.

• • •

As atividades na igreja propiciavam grande convívio social. Assim, outro amigo foi feito naqueles encontros: Natal Angelo Pazin, companheiro de Mário na preparação dos churrascos. O filho de Natal, Antonio Sergio, apelidado de "Totó", trabalhava na prefeitura. Mário disse que lhe faria um proposta. Realmente, isso aconteceu; e Antonio Sergio aceitou. Em 1989, ele começou a trabalhar na Gazin. Inicialmente, Antonio trabalhou na madeireira. Depois, passou a fazer entregas de caminhão. Daí em diante, Antonio Sergio, que logo passou a ser chamado de "Pazin", construiu sua carreira na empresa. Além disso, herdando a tradição do pai, passou a ajudar Mário nos churrascos e jantares organizados na empresa.

Quanto a Natal, sempre viajava com Mário nas inaugurações de lojas ou mesmo para visitar o patriarca dos Gazin, Alfredo. Por intermédio de Natal, aliás, o empresário construiu um importante ciclo de amigos na Itália. Numa das primeiras vezes em que o primo de Natal, Aldo Lorijola, veio com a família ao Brasil, Mário fez uma grande recepção; chegou, inclusive, a hospedá-los na casa dele por alguns dias. A partir daí, sempre que Mário ia à Itália, ou que Aldo vinha ao Brasil, havia troca de hospitalidade.

A amizade de Mário e Natal desafiou o tempo. Vez por outra, Mário aparece de supetão na casa do amigo para "filar um café". Inclusive, numa dessas ocasiões, ele levou um lindo presente: um televisor grande, dos modernos, para que a esposa de Natal, que estava adoentada e só se movimentava por meio de cadeira de rodas, pudesse ter dias mais alegres.

"JAIMÃO", O FIEL ESCUDEIRO

Numa conversa despretensiosa no posto de gasolina de Douradina, Jaime de Souza, que admirava o jeito sempre agitado de Mário Gazin, fez o pedido:

– Seu Mário, tem trabalho pra mim na sua empresa?

O irmão dele, Jeconias, já trabalhava na Gazin. Jaime era funcionário de uma empresa cerealista e sabia que a Gazin pagava melhor. Depois de uns quinze dias, Mário conversou com Jaime e ofereceu-lhe uma oportunidade como motorista. Ele aceitou. Passados uns seis meses, Mário estava viajando e, ao chegar na empresa, recebeu a notícia de que havia um caminhão quebrado, parado havia dois dias por falta de peças. A frota devia ter uns vinte caminhões. Esse era um fato que se havia tornado meio recorrente. Por isso, Mário deu uma bronca na turma:

– Eu saio pra viajar e ninguém faz nada... Tem caminhão parado e vocês ficam aí assistindo...

O silêncio do pessoal foi quebrado por Jaime:

– Mas, também, seu Mário, o senhor não colocou ninguém para comandar nossa área. Como é que as coisas podem se resolver sem comando?

Com cara de poucos amigos, Mário encarou Jaime e saiu andando para o escritório. Quem acompanhou a conversa se mostrou pessimista: "Você vai pra rua, Jaime", disseram os outros motoristas. Dias depois, um dos motoristas foi escalado para gerenciar a área, tomar conta da manutenção dos caminhões e resolver todos os problemas com peças mediante parceria com uma empresa de Maringá. Os problemas foram sanados! Mário nunca retomou a conversa com Jaime, mas sua atitude demonstrou que a "sugestão" havia sido levada em consideração e aceita.

Em decorrência do bom desempenho do motorista-gerente, Mário decidiu promovê-lo a gerente de loja. Mais um exemplo de funcionário que veio de outro setor e foi deslocado para um posto de confiança na área comercial. A partir daí, as responsabilidades referentes à manutenção dos caminhões foram gradativamente sendo transferidas para Jaime. Mário, inclusive, chegou a ir com ele a Maringá, Londrina e Apucarana.

Na segunda metade dos anos 1990, Mário destinou a Jaime outra missão, acumulada com a de responsável pela manutenção do transporte: trabalhar em obras da empresa, cuidando da construção do novo escritório e de alguns outros investimentos da família Gazin. A situação manteve-se assim até perto do ano 2000, quando Jaime voltou a comandar exclusivamente a área de transporte. Naquele momento, a frota já era superior a cem caminhões.

Digamos que Jaime tornou-se um funcionário fiel, de extrema confiança. A relação ficou até meio paternal. Mário gosta que seus funcionários tenham meio de transporte e casa próprios. Jaime comprou com suas economias a primeira moto. Na hora de investir no primeiro carro, um Escort, Mário ajudou-o. Passados uns três anos, como João José da Silva iria trocar de carro, Mário passou o Monza do cunhado para Jaime e deu o Escort que era dele para outro trabalhador da Gazin, que também buscava realizar o sonho do primeiro carro. Esta é uma das preocupações e das missões dos empresários: gerar oportunidades de emprego, riqueza, crescimento pessoal e profissional.

OUTRA MARCA GIGANTE NA LOJAS GAZIN

Prazer, Mário! Nós viemos até aqui
para conhecê-lo e para colocar a
nossa empresa à sua disposição!

Assim começou a conversa entre Luis Freitas, então gerente comercial da Semp Toshiba e que depois assumiu o posto de diretor, e

Mário Gazin. O diálogo aconteceu no fim dos anos 1980. O representante da fabricante de aparelhos eletrônicos havia apresentado e cadastrado a Gazin como cliente. Luis, então, quis conhecer Mário e pediu para que ele o recebesse em Douradina.

Foi uma viagem e tanto de São Paulo a Douradina. O avião ia até Maringá. Dali em diante, a estrada era ruim. A Gazin era uma pequena rede de varejo, mas com potencial de crescimento; o *feeling* de Luis Freitas apostou nisso. O escritório era pequeno. Mal tinha sala de espera. Era uma sala apertada com uma cortina que dava acesso à sala de Mário. Basicamente, havia vendedores e representantes de pequenas e médias fábricas. Quanto às grandes, ou não conheciam ou estavam iniciando contato com a Gazin.

Ter a Semp Toshiba como fornecedora era importante para a empresa varejista. A *joint venture* nipo-brasileira era uma grande referência no mercado. Assim, se a Semp Toshiba vendia para determinado cliente, qualquer grande fornecedor também poderia fazê-lo. Nas primeiras negociações, a Gazin teve de pagar à vista. Era hábito de Mário fixar o olhar no representante e pedir a ele que preenchesse o valor do cheque; uma forma de demonstrar confiança nas pessoas. Depois, gradativamente, a Semp Toshiba liberou e ampliou o prazo de pagamento. E, claro, a partir da visita de um executivo importante da área de vendas, a relação comercial ficaria mais estreita.

A primeira negociação mais expressiva envolveu uma condição especial para adquirir aparelhos de som. O lote foi oferecido a Mário, que foi arrojado na compra. Ele comprou mais do que podia, umas 25 peças. Inicialmente, o pedido era de cinquenta peças. Luis conversou com Mário e ficou definido que o primeiro pedido seria de 25 aparelhos e que, se a venda fosse rápida, poderia haver um repique na compra. Isso realmente aconteceu; Mário arrematou as outras setenta peças que a Semp Toshiba tinha em estoque. Pouco dias depois, Mário ligou para Luis:

– Meu amigo, vendi todos os aparelhos de som. Preciso de mais!

– Infelizmente, não temos no estoque! Você acabou com tudo – disse gargalhando Luis.

Cada vez mais, o respeito e a admiração mútuos entre Mário e Luis crescia. Principalmente em relação à segurança do varejista nos negócios. Exceto em épocas de promoções e campanhas especiais de vendas, Mário sempre comprava um pouco a mais daquilo que idealizava vender. Muitas vezes, os encontros e reuniões de negócios entre os dois davam-se em restaurantes. Ao final, eles acordavam o pedido, e Mário escrevia o que havia sido definido num guardanapo e entregava a Luis, dizendo: "Taí o pedido! Os modelos, as quantidades de peças e o prazo de pagamento!".

Ano a ano Luis acompanhou o crescimento de Mário no mercado varejista brasileiro; o mesmo aconteceu em relação ao executivo na Semp Toshiba. Quanto mais a Gazin crescia, mais Mário relacionava-se com outros empresários e especialistas importantes com o intuito de aprender e trocar ideias. As informações recebidas eram inteligentemente adaptadas à realidade da Gazin e de seu mercado de atuação. Ele queria saber como pensavam os gigantes, afinal, caminhava para ser um deles!

Na avaliação de Luis, o olhar certeiro de Mário para as compras era um diferencial importante. Além de ser atento ao estoque, o empresário sabia comprar aquilo que o cliente da Gazin apreciava. Mário investia nos produtos de linha, mas era ousado ao apostar nos lançamentos. Muitas vezes, quando eram novidades muito sofisticadas e caras, daquelas que ainda precisavam de um estímulo em seu consumo, o varejista comprava apenas uma ou duas peças por loja. Era o suficiente para "plantar a semente" na mente do consumidor. E aí bastava vender a primeira peça que o produto virava febre na cidade.

O executivo também admirava a seriedade e a alegria com que Mário desempenhava suas atividades. Para ele, trabalho era oxigênio. A equipe da Gazin era outra riqueza da empresa. A localização das filiais da Lojas Gazin fazia com que a rede fugisse das crises ou que, ao menos, estas chegassem mais tardiamente em relação aos grandes centros, que eram os primeiros a sentir as dificuldades. Como as lojas estão em cidades menores, é comum que todos se conheçam, o que também ajuda a controlar a inadimplência. Assim, a honra é um grande patrimônio para os moradores; muitas vezes, o próprio gerente interferia ao visitar o cliente para encontrar uma solução de pagamento.

Ademais, acreditar e enxergar oportunidades de abrir o atacado para fornecer a outros lobistas fez com que a Gazin ampliasse sua área de atuação em nível nacional, sem contar a iniciativa da indústria de colchões. E na Gazin, a primeira opção é sempre promover um funcionário para estimular o grupo a construir carreira na empresa. Muitos profissionais que iniciaram em posições humildes cresceram e tornaram-se líderes importantes. São funcionários e gestores que acreditam no líder maior, o qual está presente no dia a dia daquele que trabalha na Gazin, seja na sua vida pessoal ou profissional.

A cautela em relação ao mercado também faz com que Mário não tenha receio de recuar nem se amedronte com a concorrência, a quem respeita, mas não teme. Por vezes, Mário ligava para Luis Freitas em busca de ajustar parcerias em algumas campanhas fortes de vendas. Numa delas, no dia 7 de setembro, ele abriu as lojas às 7h e fechou às 19h ("sete da noite"); além disso, parcelou as vendas em sete pagamentos.

Em Douradina, as conquistas e metas eram compartilhadas com todos. Quando alguém batia uma meta, tocava o sino, que ficava no meio do escritório, e a pessoa era cumprimentada pelos outros profissionais. Esse era o sinal de que se havia alcançado um grande feito. Sem contar o fato curioso de Mário mandar colocar as metas em todos os lugares da empresa e distribuir roupas íntimas com os números estampados. E para mexer com a turma, ele passava e dizia, divertindo-se: "Olha lá, não vai estragar o resultado do mês...". Essa situação mexia com os brios da turma. Outra inovação: uniformizar o grupo de trabalho para padronizar a forma de apresentação pessoal.

O empresário tem seu jeito peculiar de tocar os negócios. Gosta de viajar de carro e circular pelas cidades e lojas para ver a realidade e encontrar boas oportunidades de crescimento. Ainda sobre a relação com Luis Freitas, na primeira convenção que a Gazin organizou, foram convidados vários representantes, gerentes e diretores das principais empresas fornecedoras. O encontro aconteceu na casa de veraneio, que eles chamam de "Casa do Porto". Luis Freitas relembra uma passagem inusitada:

– Dentro do estilo Mário Gazin de ser, em determinado momento, ele fez todo mundo entrar no rio de roupa e tudo. E, depois, todos seguiram para o churrasco, com as roupas molhadas. Certamente, essa é uma situação inédita e que ninguém no varejo voltará a repetir.

O executivo ainda avalia o grande motivo que faz da Gazin uma empresa diferente e destacada no varejo:

– O verdadeiro sucesso acontece quando conseguimos fazer com que as pessoas acreditem, trabalhem e torçam por nós. Mário Gazin atingiu esse estágio!

• • •

Ainda na sequência do tema "fornecedores", no fim da década de 1980, Mário recebeu a visita de Ricardo Sirigalia Batista, representante da Colchões Castor. A Gazin logo passou a ser um dos principais clientes de Ricardo. Como em muitos outros casos, a simplicidade e a humildade, assim como o amor pelo trabalho, marcaram o primeiro contato. As conversas com Mário eram inspiradoras, dinâmicas e cheias de metas e sonhos a serem cumpridos.

Muitas foram as negociações entre eles, sempre pautadas pela seriedade e integridade. Mário também deixava claro que preza a parceria comercial; como responsável por compras, ele não era de trocar de fornecedor. Assim, se nada saísse do "roteiro", Mário tinha como conduta comprar com frequência das empresas que o atendiam.

• • •

No mesmo período, Mário esteve, em duas oportunidades, na capital do país, Brasília. Mesmo não atuando na agricultura, o empresário foi na comitiva para acompanhar um grupo de cafeicultores. A missão era reivindicar uma resposta em relação ao baixo preço do café e solicitar ajuda do governo nos períodos de geada, quando a safra era quase toda perdida.

Aconteceram conquistas importantes naquele encontro. Tempos depois, Mário adquiriu um sítio de 25 alqueires, onde também plantou café. Ele sempre agregava um novo pedaço de terra ao sítio, que chegou a ter quinhentos alqueires.

CAPÍTULO 5

NOVOS RUMOS PARA O PAÍS

A CURTA ERA COLLOR

Não temos alternativas. O Brasil não aceita mais derrotas. Agora é vencer ou vencer! Que Deus nos ajude!

Dessa forma, o novo presidente do Brasil, Fernando Collor de Mello, que vencera Luiz Inácio Lula da Silva no segundo turno das primeiras eleições com voto direto ocorridas após a redemocratização, encerrou sua fala de posse em 15 de março de 1990. O presidente Collor, conhecido como "caçador de marajás", falou ainda sobre algumas medidas, entre as quais a troca da moeda, que de "cruzado novo" passou a chamar-se "cruzeiro". Também falou sobre uma de suas metas, que denominou "saneamento moral".

No dia seguinte, em 16 de março, a ministra da Economia, Zélia Cardoso de Mello, apresentou algumas das medidas de impacto do Plano Brasil Novo, ou Plano Collor 1. Entre elas: congelamento de salários e preços, extinção de autarquias, demissão de funcionários públicos, abertura da economia e confisco de contas bancárias (até mesmo poupanças) por dezoito meses, que seriam corrigidos com juros de 6% ao ano. Os saques na caderneta ou conta-corrente foram limitados ao valor de NCZ$ 50 mil (Cruzados Novos).

O susto maior era ter a resposta para a seguinte pergunta: como receber as parcelas dos clientes se a poupança fora confiscada? Havia um banco em Douradina que disponibilizou um bom crédito para a Gazin. Mas, como era de hábito, Mário Gazin não quis levantar o dinheiro do banco. O povo reagiu com perplexidade às medidas apresentadas no Plano. Apesar disso, em função do nacionalismo do povo brasileiro, era comum ouvir das pessoas de mais idade: "Aceito passar pelo desafio de ajudar a construir um Brasil melhor para os meus filhos e netos".

Inclusive, Mário viveu uma passagem que deixava transparecer que o novo presidente realmente colocaria o Brasil nos trilhos. Umas das filiais da Gazin fora autuada em Cuiabá. Mário dirigiu-se ao órgão responsável para fazer a defesa da empresa. Assim que entrou no prédio, deparou-se com os funcionários segurando toalhas, para enxugar o suor. O ar-condicionado não estava funcionando. Incomodado, e transpirando bastante, Mário perguntou ao funcionário que o atendia:

– O que aconteceu com os aparelhos de ar-condicionado? Quebraram?

A resposta foi inesperada:

– Que nada, senhor... O presidente Collor deu ordem de economia extrema! Estamos proibidos de ligar o ar-condicionado nas salas.

Mário franziu a testa e apertou os lábios, enquanto pensava: "Esse Collor veio mesmo para consertar o Brasil!". Essa era, infelizmente, mais uma aposta errada de milhões de brasileiros! Durante a maior parte do período em que Collor esteve à frente do país, a economia sofreu bastante. Tanto que foi lançado o Plano Collor 2. Mesmo nas regiões em que a Gazin tinha lojas sustentadas pelo agronegócio e garimpo, a crise logo chegou e atrapalhou o varejo. A estratégia interna de vendas adotada pela Gazin foi a criação do "papel dólar". As mercadorias eram vendidas nas lojas em cruzeiros, mas corrigidas pela oscilação do dólar.

No conturbado período que compreendeu de 1990 a 1992, Mário precisou desfazer-se de alguns caminhões, gado e até imóveis para não permitir que a empresa saísse do eixo. Mas abriu mão de alguns bens sem remorso, dizendo:

> Eu vendi tudo sem medo. Tem gente que rejeita diminuir um pouco o patrimônio para colocar na empresa. Se nós ganhamos dinheiro e compramos bens com o resultado da Gazin, é justo nos desfazermos de algo quando a empresa precisa. Eu sabia que era momentâneo e que tudo seria recuperado e ampliado.

Embora Mário não tivesse medo de enfrentar momentos difíceis, parte dos funcionários ficou abalada com a situação; alguns gerentes chegaram às lágrimas. Nesse momento, Mário começou a pensar em formas de fazer algo para blindar e preservar a Gazin no futuro. Assim, ele passou a conversar com outros empresários ligados a empresas familiares e a buscar consultores e especialistas no mercado, como Renato Bernhoeft, com o qual os filhos de Mário e executivos da Gazin também participaram de atividades. Mário também programou uma ida à Itália, onde foi visitar a Parmalat para entender o modelo de administração da empresa, também familiar. Outra companhia visitada foi a Cargill, indústria norte-americana do setor alimentício.

Naquela ocasião, Mário não tomou nenhuma atitude e nem mesmo convocou os irmãos para tratar do tema, que, conforme veremos adiante, teve um inteligente desfecho apenas ao final daquela década de 1990.

Quanto ao quadro político, Collor não conseguiu cumprir o mandato de quatro anos. Denúncias de corrupção levaram ao processo de impugnação de mandato (*impeachment*). Mesmo antes de aprovado o processo, Fernando Collor de Mello renunciou à presidência em 29 de dezembro de 1992; Collor ficou inelegível durante oito anos. Com a saída do então presidente, o vice, Itamar Franco, que assumidamente divergia em diversos pontos da política econômica adotada por Collor, assumiu o posto. Aos poucos, a situação foi sendo normalizada. Pode-se dizer que a Gazin saiu fortalecida do governo Collor.

ANOS MÁGICOS PARA A GAZIN

O que esperar da gestão de Itamar Franco?

Essa era a pergunta que os brasileiros se faziam uns aos outros. A inflação acumulada em doze meses estava na ordem dos 1.120%.

Com o objetivo de estabilizar a economia, outra vez conturbada pela alta inflação, e de aplicar reformas, o então ministro das Relações Exteriores, Fernando Henrique Cardoso (FHC), assumiu o Ministério da Fazenda. FHC colocou em prática o Plano Real. Esse era também o nome da nova moeda do país: real.

O Plano Real, por meio da desindexação da economia, surtiu os efeitos esperados: promoveu estabilização econômica ao reduzir a inflação, atuou para zerar o déficit público, abriu a economia mediante redução das tarifas de importação, solidificou setores produtivos e propiciou à população maior poder de compra. Tal foi o sucesso dessas medidas que FHC foi eleito presidente da República para o mandato compreendido entre 1994 e 1998 (e depois reeleito com novo mandato até 2002).

Outra vez, a Gazin soube beneficiar-se das mudanças no cenário econômico brasileiro. Algumas estratégias comerciais foram criadas, como a ampliação dos prazos de pagamentos aos clientes. Outra mudança importante que estimulou o varejo foi explicada pelo próprio Mário Gazin na época:

– O povo brasileiro tinha por hábito colocar dinheiro em caderneta de poupança. Com a queda da rentabilidade, o povo decidiu investir em compras, reforma da casa, troca de carro, viagens...

Parecia que o período marcado pelas crises estava chegando ao fim. O Brasil começava a deixar para trás as complicações dos planos econômicos dos governos de Sarney e Collor.

Para aproveitar e atrair ainda mais os consumidores para a Gazin, Mário implantou uma iniciativa que o mercado varejista já utilizava: oferecer premiações – produtos, viagens e muitos outros chamarizes eram apresentados aos consumidores como forma de incentivá-los às compras.

1. VIAGEM DE MÁRIO EM 1982, QUANDO NASCEU A PRIMEIRA LOJA NO MT

2. LOJA DA REDE SUMOVEIS, PERTENCENTE À FAMÍLIA GAZIN

3. INAUGURAÇÃO DA LOJA GAZIN DE PONTES E LACERDA

1

2

3

4

1. MÁRIO GAZIN EM SP COM EXECUTIVOS DA PANASONIC

2. LOJA DE ELDORADO (MS), QUANDO A REDE AINDA UTILIZAVA O NOME GAZIM (COMO "M" NO FINAL)

3 E 4. IMAGENS INTERNA E EXTERNA DA LOJA DE MUNDO NOVO (MS)

5. MÁRIO NA ESPANHA, APRECIANDO OS SABOROSOS VINHOS DO PAÍS

6. MÁRIO NA BAHIA, VISITANDO A HOMENAGEM AO ESCRITOR JORGE AMADO

7. MÁRIO DURANTE ESTADIA NA ESPANHA

8. MÁRIO GAZIN EM VIAGEM À COLÔMBIA

1. PASSAGEM DO EMPRESÁRIO POR LOS ANGELES – ESTADOS UNIDOS

2. MÁRIO GAZIN NA ÁFRICA DO SUL, EM 2010, ONDE ACOMPANHOU VÁRIOS JOGOS DA COPA DO MUNDO DE FUTEBOL

3. MÁRIO GAZIN E BRUNO SOSSAI NO CHILE, DURANTE EXPEDIÇÃO PELA AMÉRICA DO SUL

4. NAS FESTAS JUNINAS OS FUNCIONÁRIOS ASSUMEM O COMPROMISSO DE SE VESTIR A CARÁTER AO MENOS UM DIA

5. MÁRIO GAZIN EM SEUS BONS TEMPOS DE MOTOQUEIRO

6. O EMPRESÁRIO EM MOMENTO DE LAZER NO CANADÁ

7. MÁRIO E EXECUTIVOS DA GAZIN NA FEIRA DE HANNOVER – ALEMANHA

1. MÁRIO EM VIAGEM A MAIPÚ – ARGENTINA

2. O EMPRESÁRIO CURTINDO O FRIO DE BARILOCHE – ARGENTINA

3. MÁRIO COM SEUS EXECUTIVOS NA UNIVERSIDADE HARVARD – ESTADOS UNIDOS

4. MÁRIO GAZIN NA COREIA DO SUL, EM VISITA A EMPRESA LG

5

6

7

8

5, 6, 7 E 8.
IMAGENS DE LOJAS GAZIN NA DÉCADA DE 1990

1. FILIAL DE ALTAMIRA (PA)

2. FILIAL DE SINOP (MT)

3. INAUGURAÇÃO DA FILIAL DE PRIMAVERA DO LESTE (MT)

4. LUIZ MARINS COM OS IRMÃOS ANTONIO E MÁRIO EM UMA DE SUAS PRIMEIRAS VISITAS À GAZIN

5. MÁRIO E ANTONIO GAZIN ATUANDO NA ÁREA DE COMPRAS

6. MÁRIO RECEBENDO HOMENAGEM DE EXECUTIVOS DA PHILCO NA AUSTRÁLIA

5

6

5. MÁRIO COM EXECUTIVOS NA MOVELPAR EM 2010

6. BUSTO DE MÁRIO GAZIN. HOMENAGEM PRESTADA E FINANCIADA PELOS FUNCIONÁRIOS DA EMPRESA

7. O PATRIOTISMO DA GAZIN E DO SEU FUNDADOR REPRESENTA UMA FORTE MARCA NA HISTÓRIA DA MARCA

8. ORAÇÃO MATINAL QUE ACONTECE NA MATRIZ E EM TODAS AS FILIAIS DA GAZIN

7

8

1. CELEBRAÇÃO DO RESULTADO MENSAL DA GAZIN QUE REÚNE OS COLABORADORES DA MATRIZ

2. ÔNIBUS DA FROTA DA GAZIN PARA TRANSPORTE DE FUNCIONÁRIOS EM TREINAMENTOS E VIAGENS EM GERAL

3. FROTA DE CAMINHÕES DA GAZIN NO PÁTIO DA MATRIZ

4. IMAGEM AÉREA DA INDÚSTRIA DE COLCHÕES EM DOURADINA (PR)

5. IMAGEM AÉREA DO ESCRITÓRIO ADMINISTRATIVO DA MATRIZ EM DOURADINA (PR)

5. MÁRIO EM AÇÃO SOCIAL DA EMPRESA COM O PRIMEIRO TRATOR ADQUIRIDO PELA GAZIN

6. O EMPRESÁRIO EM LENÇÓIS MARANHENSES

7. MÁRIO EM VIAGEM À ÁFRICA DO SUL

8. UM DOS PRIMEIROS PRÊMIOS RECEBIDOS PELA GAZIN, OFERECIDO PELO GREAT PLACE TO WORK

1. UMA DAS INÚMERAS HOMENAGENS RECEBIDAS PELO EMPRESÁRIO

2. A FAMOSA E CONCORRIDA "VIAGEM COM O PATRÃO", DESTA VEZ, PARA FOZ DO IGUAÇU

3. TORNEIO INTERNO DE FUTEBOL DA GAZIN. QUE CONTOU COM O PONTAPÉ INICIAL DO FUNDADOR DA EMPRESA

4. A GAZIN E O REGISTRO DA PARCERIA COM O TELETON

5. MÁRIO COM O FILHO MARCELO NOS ESTADOS UNIDOS

5 E 6. MÁRIO COM O FILHO MARCELO GAZIN EM NOVA IORQUE – ESTADOS UNIDOS

7. MÁRIO APRECIA ANDAR PELAS RUAS DA METRÓPOLE DE NOVA IORQUE

8. VIAGEM DO EMPRESÁRIO AO MÉXICO

9. MÁRIO GAZIN NA HUNGRIA, TENDO AO FUNDO O RIO DANÚBIO AZUL

1. MÁRIO COM EXECUTIVOS DA GAZIN EM EVENTO NOS ESTADOS UNIDOS

2. O EMPRESÁRIO DURANTE SAFARI NA ÁFRICA

3. O CASAL CECÍLIA E MÁRIO GAZIN DURANTE GIRO PELA EUROPA

4. O EMPRESÁRIO PARTICIPANDO DA FEIRA DE AGROPECUÁRIA EM CANDELÁRIA – RS

6. IMAGEM AÉREA DO GAZIN ATACADO EM DOURADINA

7. REUNIÃO ANUAL DE GERENTES DA GAZIN REALIZADA NA SEDE DA EMPRESA

8. ÁREA DE HOSPEDAGEM NA AFUNGAZ PARA RECEBER CLIENTES, FORNECEDORES E FUNCIONÁRIOS

9. O CANTOR DANIEL EM UMA DAS AÇÕES DE MARKETING DA GAZIN

1. MÁRIO GAZIN CANTA EM CONFRATERNIZAÇÃO COM DANIEL E SEU PAI, JOSÉ CAMILO

2. INVESTIMENTO DE PARTE DA VERBA DE MARKETING DA GAZIN EM EVENTOS ESPORTIVOS

3 E 4. MÁRIO EM EVENTO ORGANIZADO PELO GREAT PLACE TO WORK, INSTITUIÇÃO QUE ELEGEU A GAZIN COMO A TERCEIRA MELHOR EMPRESA PARA SE TRABALHAR NA AMÉRICA LATINA EM 2016

5. MÁRIO GAZIN AO LADO DE LUIZ CUSTÓDIO (ESQ.), EXECUTIVO QUE TRABALHA NA GAZIN DESDE 1978, E PARTE DO GRUPO DE FUNCIONÁRIOS EM UMA DAS COMEMORAÇÕES DOS 50 ANOS DA GAZIN

A cada evento ou palestra de que ele participava, trazia novidades para serem implantadas ou adaptadas na Gazin. Além disso, Mário passou a fazer viagens internacionais, onde seu olhar observador detectou muitas outras oportunidades de inovar. Para Mário, o período que teve Itamar Franco na presidência foi especial:

> O Brasil cresceu bastante com o Itamar Franco na presidência. Ele e a equipe de ministros colocaram o Brasil no trilho certo. O Itamar acertou na nomeação dos seus ministros. Do Collor, o ponto positivo foi a abertura de mercado brasileiro para o mundo, mas o Itamar soube dar sequência ao processo com inteligência. O embate da concorrência externa com as empresas nacionais ajudou a baixar os preços e a melhorar a qualidade dos produtos.

Naquele momento da história da Gazin, a liderança natural de Mário perante a família, iniciada desde que o pai saíra de casa e fora viver a própria vida no Mato Grosso e depois no Paraguai, começou a definir na empresa os papéis dele e dos irmãos.

VALORIZAR O DINHEIRO

Seu Mário, como todo bom descendente de libanês, eu sou bem econômico. Então, se eu cuido bem do meu dinheiro, imagine do seu!

A fala de Rauf Kadri, da equipe de vendas da loja Gazin de Mundo Novo, além de divertir, agradou o patrão. Mário Gazin sempre disse aos funcionários: "Pessoal, é para investir e não para gastar". Kadri iniciou na Gazin em 1992. Ele foi contratado na loja de Mundo Novo como montador de móveis, tendo sido depois cobrador e motorista. Rauf chegou a conhecer a estrutura de Douradina. Lá, assim como os outros da equipe, foi recebido por Mário, que preparou um churrasco no sítio da família, onde o grupo dormiu; como não havia quarto e cama para todos, colchões foram colocados no chão, para que as pessoas pudessem descansar. Mas eles preferiram ficar até tarde ouvindo as histórias e piadas de Mário.

Três anos depois, em 1995, surgiu a oportunidade em vendas. Também como bom descendente de árabe, que tem o comércio e as vendas no sangue, ele não a desperdiçou. Chegou até a ser gerente de loja. Em 2013, Rauf saiu da empresa e foi trabalhar na funerária do pai. Mário tentou puxá-lo para Douradina, oferecendo-lhe um cargo na gerência, em vendas, no atacado ou como terceirizado. Mas Rauf preferiu ficar em Mundo Novo.

Cerca de cinco meses depois da saída, no entanto, Rauf recebeu uma ligação da Gazin convidando-o a retornar. Ele aceitou e logo começou a trabalhar na filial de Mundo Novo. Assim que estava tudo certo, Rauf ligou para Mário e contou a novidade. Eles sempre tiveram uma excelente relação. Rauf era mais um que admirava a humildade e o empreendedorismo de Mário, que tem por hábito dar atenção às pessoas e tomar atitudes para resolver os problemas.

Às vezes, Mário aparecia de surpresa na loja, já com as sacolas de mantimentos para fazer o jantar da turma. Em certa ocasião, a loja na qual Rauf trabalhava ganhou um Corolla pela meta de vendas alcançada. Em vez de sortearem entre os funcionários, todos optaram por dividir o prêmio. Coube a cada um o valor de

R$ 6.100 reais. Foi o próprio Mário quem, demonstrando grande satisfação no rosto, encarregou-se de entregar um a um os cheques.

MAIS PARCEIRO DO QUE VENDEDOR

Cinquenta tapetes eu não consigo comprar. Digo isso porque eu preciso de quinhentos tapetes!

Assim, em 1993, Mário Gazin brincou com Julio Kobren, representante que o visitava pela primeira vez para tentar vender a coleção da fábrica que representava. Daquele contato inicial, nasceu uma excelente parceria, que se estendeu depois para o fornecimento de tecidos personalizados e estampados utilizados na confecção da linha de colchões Gazin. As negociações eram sempre em bom-tom. Naquela época, Antonio Gazin começava a trabalhar com Mário em compras e acompanhava as conversas. Mário, cauteloso nas compras, costumava dizer aos representantes: "Você é responsável por aquilo que está nos oferecendo e vendendo".

Para Mário, parceria, honestidade e sinceridade são "estratégias" nas vendas. Ao fim de cada temporada, em dezembro, Mário reunia todos os fornecedores e oferecia um farto churrasco, com muita diversão. Era a recompensa aos que ajudavam a tornar o ano da Gazin melhor e mais produtivo.

O representante em uma ocasião falou ao empresário:

– Seu Mário, a Gazin cresceu tanto e, apesar disso, o senhor não mudou o seu estilo, continua sendo uma pessoa humilde.

Lembro-me de que certa vez estávamos juntos e um rapaz lhe disse: "O senhor precisa colocar uma guarita na entrada da fábrica, por causa da segurança". E a sua resposta foi: "No dia em que eu puser um guarda na entrada, eu não me chamo mais Mário Gazin".

Em outra passagem, Julio Kobren levou o seu diretor a Douradina, para conhecer Mário e sua empresa. O executivo soube que seria recebido na casa do empresário, onde haveria um almoço. Na mente dele, o cardápio seria algo bastante rebuscado. Quando chegou meio-dia, os três foram para a residência de Mário. Ao chegarem na casa, o almoço foi colocado na mesa. O cardápio era mais do que conhecido: arroz, feijão, bife, batata frita, farofa, salada... Comida mais do que caseira. Todos almoçaram muito bem, a comida estava saborosa. E o executivo pôde conhecer um pouco mais da essência de Mário Gazin.

PASSAGENS CURIOSAS...

Loja de Poconé, no Mato Grosso! Essa foi a 13ª unidade da Gazin a ser aberta. Bem em frente à loja, no pé de uma subida, havia um quebra-molas, ou lombada. Alguns metros acima, estava a área de garimpo. A rua era toda asfaltada; quando chovia bastante, a força da água trazia consigo boa parte do terreno onde se garimpava. Assim, era possível haver alguma riqueza em meio a tanto barro. Era comum, portanto, depois da chuva, reunirem-se ali mais de cem pessoas, que com suas peneiras garimpavam em meio ao lamaçal que cobria o asfalto. Inclusive, o gerente da época, Alvino Cardoso Netto, colocou algumas torneiras na parte externa da loja, para facilitar a vida dos garimpeiros. Claro que a atitude foi muito bem-vinda por eles. A loja de Poconé vendia bastante! Muitos compravam com dinheiro vivo. Houve meses em que o faturamento ultrapassou os 500 mil dólares.

Outra história curiosa aconteceu em Arenápolis, também região de garimpo no Mato Grosso. Mário comprou um terreno para construir uma loja. A área tinha frente estreita, mas com bastante profundidade. Na fase dos alicerces, quando toda a terra retirada era colocada de lado, descobriu-se que havia diamantes na área. Aquilo originou um alvoroço. Em frente à loja, havia um rio, e as pessoas corriam para pegar aquela terra e lavar, na tentativa de encontrar diamantes. Havia muitas pedras preciosas no terreno adquirido pelos Gazin. Era inacreditável ver todo aquele movimento no meio da rua em busca dos diamantes.

A loja de Arenápolis era outra que vendia bastante. Havia pessoas de posse na região. Tanto que certa vez um garimpeiro comprou um jogo de quarto enorme, sofisticado e de último tipo. Quando foram fazer a entrega na casa do homem, os móveis não cabiam no quarto. O garimpeiro não teve dúvidas: pediu para que guardassem o jogo por mais algum tempo e, poucos dias depois, apareceu na loja e passou um novo endereço, dizendo:

– Pessoal, comprei uma casa nova com um quarto bem grande, só para poder receber os móveis. Pode entregar agora que cabe!

A PRIMEIRA GRANDE VIAGEM

Ano de 1993! Mês de outubro! Um marco na vida de Mário Gazin: ele viajou pela primeira vez à Itália. Apesar da descendência, o empresário falava uma ou outra palavra em italiano. No passado, ele havia estado na Argentina e no Chile, mas aquela era a sua primeira viagem internacional para fora da América do Sul. Vários foram os motivos que o fizeram decidir pela viagem: turismo, conhecer um pedaço da Europa, resgatar as origens italianas da Família Gazin, trocar experiências empreendedoras e, claro, conhecer o comércio varejista italiano.

O empresário ficou instalado na casa de parentes do amigo Natal Pazin, a quem também hospedava quando vinham para o Brasil. Eles moravam em Campodoro, perto de Pádua. Aquele era um mundo diferente. Estávamos vivendo os primeiros meses do governo de Itamar Franco. O país passava por um período de abertura para o mundo. A Gazin também percorreu esse caminho. Durante sua estada, Mário foi convidado pelo amigo e ex-padre Aldo "Velho", tio de Aldo Lorijola, para ir à Universidade de Pádua, onde era reitor. Na sala de aula, Mário foi apresentado como empresário brasileiro, oriundo de Douradina, Paraná. Curiosamente, todos queriam saber dele como era o modo de vida brasileiro e sobre uma tal de "inflação":

– Administrar um empresa sob forte inflação exige que você imprima uma velocidade diferente aos seus negócios. Se você descuidar, a inflação come o seu lucro e quebra a sua empresa. Vivemos situações semelhantes no passado e, quando acabou a inflação, muita gente quebrou, porque sobrevivia de forma enganosa do "lucro" da inflação – explicou Mário.

Entre os alunos, um deles levantou a mão e perguntou:

– É verdade que os índios do Brasil comem gente?

Mário gargalhou e explicou que aquilo não passava de uma suposição errônea. Depois da aula, Aldo levou Mário para visitar museus e igrejas, tão tradicionais na Itália. Também por indicação de Aldo, Mário agendou uma visita à Parmalat. O objetivo principal era saber sobre a criação da *holding* daquela multinacional que ainda tinha traços de empresa familiar.

Estar na Itália tornou-se uma grande alegria para Mário. Além de resgatar suas raízes, e de todo o enriquecimento cultural que o país propiciava, o empresário fez grandes e queridos amigos, como Luciano Mezzaro, Carlos Campesatto e família, Pedro e Luzia Lorijola, além dos já citados Aldo "Velho" e Aldo Lorijola, entre outros.

PORTAS ABERTAS

Profissional dedicado sempre tem espaço na Gazin. Dessa forma, Leandro Camilo da Silva foi descoberto por Rubens Gazin em Mundo Novo, no Mato Grosso, em 1993, onde ambos moravam. Rubens, que gerenciava a filial da Gazin na cidade, comprou material esportivo para ser entregue num torneio local, patrocinado pela loja. A exigência para o vendedor, o próprio Leandro Camilo, era que os troféus fossem entregues com algumas palavras gravadas.

Para satisfazer ao cliente, Leandro Camilo levou a informação ao dono da loja esportiva, que não se mostrou muito interessado em cumprir o pedido. O vendedor, então, prontificou-se a ficar na empresa após o expediente, para gravar os troféus. Depois de prontos, Leandro levou-os até a casa de Rubens. Os troféus ficaram ótimos. Assim, Leandro foi convidado para trabalhar na Gazin. Era o primeiro emprego com carteira assinada dele.

Vez por outra, ele encontrava Mário Gazin, que visitava as lojas. Era impressionante como, assim que pisava na loja, o empresário já detectava pontos a serem melhorados no ambiente. Às vezes, circulava pela loja com papel e caneta nas mãos anotando algumas falhas, para depois travar uma conversa com o gerente. Como ele costuma dizer: "Temos por hábito nos acostumarmos com tudo, inclusive com os defeitos!".

Depois de três anos, Leandro foi deslocado para Primavera do Leste. Na sequência, foi transferido para São José do Rio Claro. Durante as férias, em 2001, ele recebeu uma ligação do próprio Mário:

– Leandro, quero que você assuma a gerência da loja de Rolim de Moura, em Rondônia.

Passados alguns meses, nova troca: para a filial que seria inaugurada em Machadinho D'Oeste, também em Rondônia. A loja foi um sucesso. Até palestra de Mário na cidade Leandro conseguiu agendar. Um sucesso que o fez ser transferido para inaugurar a loja de Barra do Garças, no Mato Grosso. Em 2007, Leandro decidiu montar a própria loja. Sempre que pode, Mário vai visitá-lo. Como ele sempre diz para Mário: "O senhor é o meu eterno patrão. Sessenta por cento do que eu vendo nas minhas lojas [ele montou outra anos depois] eu compro do atacado e da fábrica de colchões da Gazin".

Entre tantos, vale registrar um dos mais importantes aprendizados que Leandro recebeu de Mário, e que foi fundamental para ele ao montar o próprio negócio:

> Você precisa prestar atenção ao ponto de equilíbrio do seu negócio. Entender que se você vender um produto por cem reais, nem tudo é lucro.

É preciso descontar do preço de venda o valor pago na mercadoria e os custos fixos, como aluguel, salários, conta de luz... Enfim, dos cem reais, sobra pouco. Por isso, calcule e encontre os números ideais de faturamento e de lucratividade da empresa. Se não tiver lucro, a empresa até sobrevive, mas não cresce!

PASSAR O BASTÃO

Coloquem uma mesa e uma cadeira aqui ao lado da minha. O Dóia vai me ajudar a partir de agora nas compras.

Estávamos nos primeiros meses de 1993. A Gazin tinha em torno de vinte lojas. Além de Mário Gazin, Jair Gazin, responsável pela expansão da rede, foi outro que estimulou o irmão Antonio (Dóia) a retornar para Douradina e a trabalhar nas compras com Mário. A Gazin estava crescendo e o seu fundador precisava concentrar-se cada vez mais nas estratégias da empresa.

Antonio, contudo, esperava que Mário fosse transmitir o passo a passo das compras. Impossível! Não havia tempo para ensinar. Entrava e saía gente vendendo mercadorias o tempo todo. Às vezes, ele pensava: "O que eu vim fazer aqui?". Passados alguns dias, Antonio teve de ser proativo. No fim do expediente, ele conversou com Mário:

– Meu irmão, sei que você não tem tempo para me orientar. Prestei atenção nas negociações e pude aprender bastante. Assim, eu me proponho a passar a comprar a parte de móveis.

– É sua! – respondeu Mário, em poucas e diretas palavras.

Logo Antonio dominou a área. Em decorrência, recebeu a missão de comprar eletrodomésticos, uma parte mais pesada do varejo. Outra etapa vencida com sucesso e cuja base de trabalho foi mantida: a de que a Gazin é uma empresa parceira, que tem por hábito fazer em média doze pedidos no ano a cada um de seus fornecedores e que não vai apenas se aproveitar das oportunidades oferecidas no mercado. A partir daí, Mário passou todo o setor de compras para o irmão. Foi um desafogo importante. Mas a doação dele ao trabalho continuava integral.

Chegou o ano de 1994! Uma revolução econômica aconteceu no Brasil! O varejo multiplicou seus negócios, e a Gazin "surfou na onda" do crescimento. Nesse período, Antonio foi gradativamente absorvendo algumas atividades que ainda se mantinham na mãos de Mário. Além das compras, o irmão caçula assumiu áreas interligadas, como as vendas e o controle de estoque e do depósito. Assim, a agenda de Mário direcionou-se integralmente para a alta gestão e para as estratégias, atuando efetivamente como presidente da rede. O volume aumentou significativamente: lojas, compras, vendas, produção, contratação e número de funcionários.

A partir de então passou a ser formada um equipe de guerreiros muito bem treinada pela empresa. Uma equipe que não tinha hora para começar e muito menos para terminar de trabalhar. Até porque, quase que diariamente, o expediente encerrava-se, mas o convívio invadia o período noturno por conta das "jantas do seu Mário", momento em que as pessoas se divertiam bastante, mas também falavam de negócios.

PARA FAZER CARREIRA

No ano de 1993, iniciou na Gazin outro jovem cuja base familiar Mário conhecia de longa data: era Paulo Rogério Ramos, o "Paulo Lambari", que estava com dezesseis para dezessete anos. O apelido, "Lambari", o acompanha desde a infância, por ser muito magro e correr com grande velocidade. Mário Gazin gostava de contratar jovens cujas famílias ele conhecia e com as quais convivia. Sabedor do berço do rapaz, tudo ficava mais seguro. Mário e o pai de Paulo Lambari, Benedito Ramos, conheciam-se desde Cidade Gaúcha.

Os jovens de Douradina cultivam dois sonhos: cursar faculdade e entrar na Gazin. Paulo Lambari foi um dos que ambicionou ambas as conquistas. Era natural passar a trabalhar na Gazin e elevar o padrão de vida, pois a empresa remunera muito bem. O jovem Paulo Lambari fazia cobrança terceirizada para um amigo de João José da Silva, diretor e cunhado de Mário. O rapaz mostrou desejo de trabalhar na Gazin e logo surgiu uma oportunidade na área administrativa, na equipe comandada por Luiz Custódio.

De olho na vaga de gerente, Paulo Lambari conseguiu ser promovido em dezembro de 1995, aos dezenove anos. Mário apostou em seu *feeling*, pois Paulo nunca havia trabalhado com vendas nem sabia fechar o caixa ou administrar uma loja. Mas aprendeu rápido. Começou na filial de Toledo, sendo depois deslocado para Tapejara e Goioerê, onde ficou por quatro anos, tempo de cursar a faculdade. Entre 2001 e 2002, Paulo Lambari voltou para Douradina onde gerenciou um departamento do atacado. Logo, ele virou o braço direito do gerente geral do atacado, que na época era Osmar Della

Valentina. Em 2011, com a ascensão de Osmar, Paulo Lambari assumiu a direção do atacado.

Da relação de tantos anos com Mário, ficaram lições de empreendedorismo. Acreditar no potencial de Paulo Lambari foi uma delas, apesar da inexperiência na época. Por isso, Paulo costuma dizer às pessoas: "O senhor Mário é um mito na trajetória de muita gente. Um homem que sacrificou a própria vida em prol de uma causa!".

O "CAFU" DA GAZIN

O menino tinha apenas catorze anos. Em 1994, Aparecido Benedito começou a trabalhar na Gazin, no Departamento de Auditoria, cujo responsável era Luiz Custódio. Logo, ele ganhou o apelido de "Cafu" por conta da semelhança com o antigo lateral direito da seleção brasileira campeã de futebol no mesmo ano de 1994 – e também em 2002. Naquele período, adotou-se na Gazin o uso de uniforme e gravata. Cafu morria de vergonha de ter que usar gravata. E Mário Gazin, que já o conhecia, disse ao rapaz:

– Cafu, capriche que você vai ter futuro na empresa!

Depois de um ano e meio, Cafu foi promovido para a área financeira da matriz. Mais um ano e ele foi trabalhar no faturamento. Apesar de ser bastante jovem, ele já tinha um posto de liderança no departamento. Em 1996, a Gazin iniciou o atacado. Assim, o volume de notas emitidas pelo faturamento aumentou absurdamente. Nesse período, contudo, a qualidade do trabalho de Cafu deixou a desejar. Foi quando Mário Gazin chamou o rapaz e disse:

– Cafu, você ainda não tem demonstrado estar pronto para ser um líder.

Na sequência, Cafu passou a trabalhar no Departamento Fiscal. Meses depois, o gerente da área saiu e Cafu teve nova chance. Mas, antes, o garoto teve uma conversa com Mário:

– Cafu, vou lhe dar nova chance num posto de liderança. Espero que você tenha aprendido com os erros do passado!

A partir dali, a Gazin começou a investir cada vez mais na automatização da empresa. Isso ajudou o Departamento de Análise de Crédito, onde Cafu passou a atuar. Até que, em 2000, Mário convidou-o para trabalhar no lançamento do Cartão Fidelidade Gazin; era um arrojado projeto da empresa. Nesse ínterim, Cafu formou-se em Administração de Empresas. Entre 2000 e 2002, ele atuou nessa função. Foi quando Mário deu-lhe a missão de gerenciar a loja de Jaru, em Rondônia. Mas Mário alertou-o das complicações:

– Cafu, sempre que aparece uma grande oportunidade, ela vem acompanhada de desafios e dificuldades. Portanto, esteja preparado para enfrentar certas tempestades!

Lá, ele ficou apenas 35 dias, pois surgiu novo convite. Dessa vez, Mário e Paulo José da Silva, o Paulo Melancia, que havia conhecido o projeto do cartão num outro tipo de loja de comércio e apresentado para a Gazin, colocaram-no no Departamento de Vendas de Garantia Estendida. Era uma grande novidade. Mesmo sem saber direito do que se tratava, Cafu enxergou naquela atuação uma grande oportunidade profissional. E realmente era! Para isso, no entanto, ele deveria abrir mão de estar com a família, e com a filha de apenas 1 ano, para viajar bastante pelas diversas lojas da rede.

Assim, teve início a Paranatec, empresa da Gazin que atuava como prestadora de serviços. Ao lado de Paulo Melancia, Cafu caiu na estrada. E na primeira vez que dirigiu durante a viagem, ele quase subiu um morro com o carro. Claro, depois do susto, não faltaram risadas. Em 4 de novembro de 2002, em Rondonópolis, veio a primeira venda de Garantia Estendida. O trabalho foi muito elaborado e surtiu resultados expressivos. Em 2006, novo desafio: a Paranatec passou a administrar o Consórcio Gazin. As vendas aconteceram de vento em popa e em alguns anos eles já lideravam uma equipe de cinquenta integrantes, além de participar com significativos 25% do lucro do Grupo Gazin.

Aproveitando um grande benefício do Grupo, a oferta de bolsas de estudos, Cafu cursou pós-graduação em Master of Business Administration (MBA). Uma trajetória que é motivo de orgulho. Certa vez, quando encontrou Mário, Cafu agradeceu:

– Seu Mário, o senhor sempre apostou em mim desde que entrei na empresa, aos catorze anos. Tenho grande orgulho e honra de trabalhar na Gazin. – E relembrou a história da infância: – Não sei se recorda, mas quando eu era pequeno e tinha uns dez anos, o senhor ia nas comunidades representando a igreja. Sempre tive grande carinho pelo senhor. – Cafu estava bastante emocionado, mas concluiu a fala: – Mesmo criança, lembro que eu me sentava no seu colo, alisava com a ponta dos dedos os seus cabelos grisalhos e dizia: "Gazin, quando eu crescer, vou querer trabalhar com você". E o senhor dava risada... – Palavras que também emocionaram Mário.

CAUSOS DE MÁRIO GAZIN

Em 1994, Pascual Garcia, amigo de longa data, encerrou a sociedade que tinha numa transportadora e iniciou outra empresa do mesmo segmento. Para começar, Pascual comprou apenas um caminhão e passou a trabalhar exclusivamente para Mário Gazin. Havia muitas entregas a serem feitas. Por isso, Mário precisava de pelo menos três caminhões terceirizados, trabalhando com exclusividade. Um deles era o de Pascual, que apostou no projeto e comprou mais dois caminhões. Na hora de negociar o preço, Pascual perguntou:

– Quanto você me paga pelos carretos?

Usando-se da sinceridade habitual, Mário respondeu:

– Pascual, eu não roubo de ninguém e também não quero que me roubem. Vou fazer os cálculos e lhe apresento o que acho justo!

O valor proposto agradou. E em vários anos de parceria nunca houve discussão para acertar o preço do transporte. E a estreita parceria com a Gazin foi fundamental para que Pascual chegasse a ter uma frota de mais de sessenta caminhões. Além do trabalho, a amizade deles seguia firme e forte. Às vezes, Mário convidava Pascual para viajar com ele ou mesmo para curtir momentos de lazer, em que a diversão era certa.

Como numa vez em que eles foram até Maringá, onde Mário iria ao médico e depois faria uma palestra para alunos de uma universidade. Mas, no consultório, Mário detestou o tratamento recebido; o médico foi bastante relapso. À noite, na hora da palestra, Mário "desceu a lenha" no tal médico. Ele só não sabia que o doutor que o atendera era professor da mesma universidade. Nem é preciso contar sobre o clima constrangedor que se instaurou. E quanto se divertiram no retorno a Douradina falando do assunto.

Nas festas, Mário costumava aprontar com o amigo. Como num aniversário de Pascual, comemorado na casa dele. Chovia bastante e Pascual cobriu a área externa com lona. Mário então pegou uma faca e furou em vários locais o tecido, fazendo com que a chuva "participasse da festa".

Mário, ainda, deixava uma missão a Pascual:

– Meu amigo, por onde você passar e encontrar um bom ponto para montar loja ou para abrir um depósito, avise-me.

Pascual presenciou ainda situações emocionantes e que comprovam o tamanho do coração de Mário. Numa delas, Pascual e outras pessoas aguardavam Mário chegar ao escritório. Havia também um senhor de idade, franzino, aguardando o empresário. Assim que Mário chegou, foi na direção do homem, que se apresentou e fez o pedido:

– Seu Mário, minha neta está internada em Curitiba, e eu não tenho condições de ir vê-la. O senhor pode me ajudar?

Sensibilizado, Mário perguntou de quanto o homem precisava:

– São 120 reais para pagar a ida e a volta.

– E você trouxe roupa extra? Vai precisar ficar em Curitiba por alguns dias – disse Mário.

– Não trouxe... – falou encabulado o homem.

Ao ouvir aquilo, Mário pediu um tempo. Saiu e foi até a casa dele, de onde voltou com duas sacolas com roupas e sapatos:

– Meu senhor, leve essas duas sacolas. Acho que tudo que está aí vai servir-lhe. E tome também este dinheiro – Mário deu ao homem trezentos reais – para as passagens e para se alimentar. Espero que sua neta se recupere logo.

Chorando bastante, o homem agradeceu muito. Em posse do dinheiro, das roupas e dos sapatos, ele foi encontrar a neta. Em outra oportunidade, Mário acabara de chegar à empresa; era meio da tarde de sábado. Quando passava pela entrada, ouviu o motorista de um caminhão falar para o porteiro:

– Por favor, deixe-me descarregar essas nove geladeiras. Se eu fizer isso, consigo pegar estrada e ainda chego amanhã em tempo de almoçar com a família. Faz duas semanas que estou fora de casa.

Intrigado, Mário foi falar com o motorista:

– Eu te ajudo a descarregar. Você me dá cem reais pelo serviço?

– Mas tá muito caro... – emendou o motorista.

– Achou muito? Rapaz, se você me pagar cem reais vai poder jantar, tomar café da manhã, almoçar e curtir bastante a família. Por tudo isso, não é tanto assim.

O homem pensou... pensou... e resolveu pagar o valor pedido. Mário falou para o homem encostar o caminhão em uma plataforma. Depois, chamou um ajudante do depósito e, juntos, descarregaram as geladeiras. Conforme acordado, o motorista tirou do bolso os cem reais e deu para Mário, perguntando na sequência:

– Você trabalha aqui?

Sorrindo, o empresário respondeu:

– Trabalho, sim... Tudo o que você está vendo aqui é meu. Eu sou o presidente.

Depois disso, Mário retirou algumas notas da carteira e juntou aos cem reais. Enquanto colocava o dinheiro no bolso da camisa do rapaz, Mário ordenou:

– Tome aqui o seu dinheiro e mais algum. Compre uns brinquedos para os filhos. Amanhã, leve a família para almoçar numa churrascaria e diga a todos: "Quem está pagando nossa conta hoje é o Mário Gazin".

Mário realmente sabe como mudar vidas e transformar pessoas.

PROVOCANDO EMOÇÃO

Abril de 1995. Com apenas dezessete anos, Adriana Regina da Silva foi convidada por Antonio Gazin para trabalhar, ou melhor, iniciar o Departamento de Marketing da empresa. Ela havia terminado o segundo grau, o atual ensino médio. Após um mês no cargo, período em que tentou ambientar-se à Gazin, Adriana começou a organizar as ações. Nesse ínterim, Mário Gazin, que estava em viagem para fora do país, retornou. Ao ver a moça, ele advertiu:

– Ela não tem experiência para desenvolver o Departamento de Marketing. Não vamos mandá-la embora, mas será realocada em outro posto.

Essa sempre foi uma característica de Mário: a transparência, falar o que pensa. Antes mesmo de achar o novo cargo para Adriana, Luiz Custódio transferiu a moça para a sua área, o Departamento de Auditoria. Uma semana depois, Roberley Ronaldo Trolezi, representante comercial da Panasonic e pessoa bastante querida de Mário, foi visitá-lo e perguntou da moça. Ela havia ensinado a Roberley como fazer as notas de débito. Ao saber que a jovem saíra do Marketing, Roberley demoveu Mário da ideia e convenceu-o a dar outra oportunidade para Adriana. Foi o próprio Mário quem conversou com ela:

– Adriana, quero que você retorne para o Marketing. Recebi as melhores referências suas e quero lhe dar nova chance.

Assim foi feito. Adriana ficou no departamento por um ano e meio, desenvolvendo vários projetos de divulgação. Um deles foi a criação da *Revista Gazin*, iniciativa de grande sucesso. A cada edição, uma cidade em que a Gazin tinha loja era o destaque de capa. Quando Adriana entrou na faculdade de Ciências Contábeis, ela pediu para sair do Marketing e ingressou no Departamento Contábil da Gazin. Ali, foram doze anos de dedicação, trabalhando diretamente com Mário. Ele cobrava bastante, tinha até umas frases célebres que costumava soltar quando as coisas não andavam conforme queria: "Filha, eu vou te pegar de cinta"; "Hoje vamos começar tudo de novo porque vocês esqueceram o que eu falei"; e "Vocês estão me roubando tempo".

Entretanto Mário sabia como retribuir o empenho dos funcionários. O empresário assumia o papel de pai. Adriana entrou na faculdade e, apesar da vida dura e intensa para tocar o trabalho com os estudos, o patrão era o seu grande incentivador: "Vai dar tudo certo, minha filha", estimulava ele. Para cutucar a moça, e também mandar o seu recado, Mário "presenteou-a" com um despertador, na tentativa de eliminar alguns atrasos pela manhã. Mário até pediu para que Armelinda Michelan, psicóloga e na época responsável pela área de Recursos Humanos, orientasse Adriana. Assim também era feito com outros da equipe que passavam por momentos mais conturbados, fossem profissionais ou pessoais.

Às vezes, Adriana e outros colegas do setor tinham de trabalhar até tarde. Mário ficava ao lado deles e, ao final, levava todos para jantar. Em outras oportunidades, ele ligava para Jaime de Souza, gerente de transportes, e pedia para que levasse sanduíches para a turma ou que deixasse tudo preparado para festejar aquele intenso dia de trabalho com um churrasco. Mas as experiências não pararam por aí. Adriana trabalhou ainda nos departamentos de vendas e compras, onde se manteve até desligar-se da Gazin. Saiu da empresa levando consigo lembranças de seu maior ídolo, Mário Gazin.

Sempre que relembra algumas passagens dessa época, Adriana emociona-se. Os gritos que o patrão dava no escritório: "Hoje tem janta!"; as bombinhas barulhentas que estouravam entre as mesas dos funcionários; o seu jeito transparente, fosse para elogiar ou dar bronca; o seu enorme e bondoso coração. Ela se recorda do Mário Gazin divertido, que quando via uma funcionária grávida, dizia sorrindo: "Parabéns, minha filha! Que Deus dê uma boa hora para o seu parto! Vamos comemorar! Vem aí mais um consumidor da Gazin...". Ou quando ele costumava dizer, brincando: "Quem entra na Gazin tem que raspar a cabeça e passar pelo trote. Conseguir trabalhar na Gazin é mais difícil do que entrar na faculdade!", divertia-se.

Assim como outros que deixaram a Gazin, Adriana ainda sente saudades do patrão e do ambiente de trabalho. Mário sempre dizia que sua família era imensa, referindo-se, além da mulher, filhos, pais, irmãos e sobrinhos, aos muitos profissionais que trabalham na Gazin.

A moça também entendia Mário como poucos. Houve época em que ele oscilava bastante de humor por estar sobrecarregado de tantas responsabilidades. Assim, o empresário andava com três crachás no bolso. Quando ele estava bravo, colocava o vermelho. Em dias de normalidade, ostentava no peito o amarelo. E se estivesse tudo bem, Mário aparecia com o crachá verde. Era justamente quando Mário estava incomodado e de crachá vermelho que Adriana se dispunha a conversar com o patrão, na tentativa de reverter seu humor. Ela sempre alcançava seu objetivo.

Com o tempo, Mário procurou mudar a postura e passou a "deixar" os problemas pelo "caminho" ou em "determinados lugares". O seu local preferido para "descarregar" as energias pesadas era um pé de jabuticabas que havia no quintal de sua casa. Mário parava ali, rezava e muitas vezes encontrava uma solução para resolver determinada situação. Este é um ritual que ele nunca abandonou.

MANTER A ESTRUTURA EM DOURADINA

Por volta de 1996, cogitou-se mudar a sede da Gazin de cidade. O objetivo era melhorar a logística. Também existia uma preocupação: em Douradina, a Gazin chamava muito mais atenção do que numa cidade maior, onde ficaria num "emaranhado" de grandes empresas. Havia até um bom dinheiro guardado para investir na mudança, caso isso realmente acontecesse. A Família Gazin avaliou a possibilidade. Algumas foram as opções: Presidente Prudente, no interior paulista, ou Guarulhos, na Grande São Paulo, perto do aeroporto internacional, onde havia um espaço em que funcionava um dos bons fornecedores de móveis da época. Mário chegou até a circular por lá na intenção de comprar um terreno. Andou também por Maringá, Campo Grande e Cuiabá.

Como Mário também participava de vários seminários e conversava com muitas pessoas, ele procurava fazer suas pesquisas, trocando ideias e ouvindo opiniões. O empresário analisou e contabilizou tudo sobre a possibilidade de alteração da sede da empresa. Mas, depois de muito avaliar os pontos positivos e negativos de uma mudança tão drástica, optou por, em vez de tirar a sede de Douradina, desenvolver outro trabalho de distribuição, criando diversas fábricas e Centros de Distribuição (CDs). No fim, prevaleceu a manutenção da matriz da Gazin em Douradina. Na verdade, essa era vontade de Mário e dos irmãos.

No mesmo dia em que chegou à decisão, Mário dirigiu-se a Umuarama e investiu na compra de dez caminhões e doze caminhonetes da marca Ford, todos novos. Para isso, utilizou o dinheiro guardado e que seria investido na mudança de sede. Também adotou outras iniciativas, como montar um atacado e, tempos depois, uma fábrica de móveis em Douradina para confeccionar mesas e cadeiras.

"*TEST DRIVE*" PARA O ATACADO

Filho, vamos viajar e visitar clientes.
Estou com algumas ideias e quero ver
se isso se torna um negócio promissor.

Foi assim que Mário Gazin convocou Hitther Delatore, que trabalhava como vendedor na loja de Douradina. O que Mário tinha em mente era visitar pequenos varejistas e oferecer a eles mercadorias que a Gazin vendia em suas lojas. Da mesma forma que acontecera no passado, quando era um pequeno varejista, Mário tinha dificuldade de comprar diretamente das indústrias e supria-se de outros lojistas ou atacadistas.

Sim, a iniciativa poderia transformar-se, no futuro, num atacado. Foi isso que Mário vislumbrou ao imaginar as visitas a outros comerciantes. E não é que deu certo? A cada cliente que visitavam, sempre saía algum pedido. Mais do que isso, Mário conseguia entender como tudo funcionava na relação dos lojistas com os fornecedores. Havia realmente um enorme espaço a ser preenchido. O rapaz que o acompanhava estava na Gazin desde 1991. Era mais um dos que Mário redirecionou internamente a carreira. Ele havia iniciado na empresa na área de transporte, dirigindo caminhão.

O fato curioso é que numa das suas primeiras viagens, Hitther precisou ir para o Rio de Janeiro. Até então, o rapaz não havia saído das redondezas de Douradina. Hitther então foi conversar com Mário, e perguntou:

– Seu Mário, como faço para chegar ao Rio de Janeiro?

O patrão olhou bem sério e respondeu:

– Você não tem boca? Pois... quem tem boca vai a Roma! – finalizou, sorrindo e demonstrando que dali em diante ele deveria aprender a se virar sozinho.

CARREIRA DE GESTOR

Em meados dos anos 1990, quando Mário Gazin era presidente da Associação Pró-Adolescente de Douradina (APROD), a fábrica de móveis ligada à rede varejista absorvia os jovens que se formavam em marcenaria. Para isso, eles deveriam cumprir a seguinte regra: estudar pela manhã e ir para o curso à tarde. Naquele período, um dos jovens admitidos foi Rui de Oliveira Dias. Aos dezesseis anos, ele iniciou lixando cadeiras e mesas. Assim como em muitos outros casos, as famílias já se conheciam havia tempos, e Rui tinha amizade com os filhos de Mário. O próprio empresário foi quem o admitiu e falou palavras que o marcaram:

– Rui, eu preciso de você aqui na Gazin. Vamos crescer juntos!

Alguns anos depois, Rui começou a faculdade de Contabilidade e, em 2002, foi transferido para o escritório da rede varejista. Ele foi trabalhar na área administrativa do Consórcio Gazin. Ali, ficou por cinco anos; depois, migrou para a área de vendas. Assim, formou-se e construiu carreira na Gazin. Em 2011, foi deslocado para a área de vendas da Gazin Colchões. Rui, que cuidava dos relatórios, trabalhava diretamente com Adriano Gazin, então diretor da empresa. Até que, em 2012, veio a promoção para ser gerente na fábrica de Candelária, assumindo depois a gerência comercial de colchões.

Durante sua trajetória, Rui sempre conversou bastante com Mário, considerado por ele como seu mentor. O empresário apontava, na visão dele, os acertos e pontos a serem melhorados no seu desempenho como gestor, buscando fazer com que ele se desenvolvesse ainda mais na empresa. A tese de "mentor" foi reforçada em 2006, quando a mãe de Rui faleceu. Mário deu todo o suporte necessário, financeiro e emocional, para ele e para a sua família.

MOMENTOS DE LAZER

Não que fosse uma regra, mas às vezes Mário Gazin conseguia conciliar viagens na companhia da família. Como uma vez em que percorreu parte do Mato Grosso, passando por Tangará,

Arenápolis, São José do Rio Preto, entre outras cidades, na companhia da esposa, Cecília, e da filha, Valéria, durante o período de férias da menina. Eles paravam em pontos pitorescos pela estrada, como cachoeiras e rios.

Em outra oportunidade, no ano de 1996, Mário levou Valéria e o pai para a Itália. Estavam ainda na companhia de duas pessoas. Eles visitaram muitos amigos que Mário fez no país e divertiram-se bastante. Além de percorrerem um roteiro gastronômico, Mário contava histórias de sua vida para a filha. Mário e Valéria caminharam a pé pelas ruas das cidades que visitavam, entre elas, Roma. Mário adora caminhar e conhecer o modo de vida local.

Mário e a família viajaram depois para Espanha e Portugal, onde moravam parentes do casal que os acompanhava. Valéria adorava essas viagens, pois podia curtir o pai por inteiro. Ele brincava, dançava e divertia-se muito com a família. Duro mesmo era ter pique para acompanhar Mário em suas andanças pelas cidades.

UM GESTOR PARA O ATACADO

Mais uma vez, o convívio social da igreja trouxe para a Gazin um profissional de destaque. Como acontecera em outras oportunidades, Mário Gazin e Osmar Della Valentina faziam parte da comissão de membros da igreja, onde cuidavam da organização das festas. A proximidade tornou-os amigos, assim como fez com a relação entre Mário e o cunhado, João José da Silva, responsável pela área financeira da Gazin. Mário e Osmar conheciam-se desde 1990. Foi nessa época que Osmar, funcionário do Banco Bamerindus, foi transferido para Douradina, onde assumiu a gerência da agência da cidade.

Ao final de 1995, Mário começou a sondar Osmar sobre a possibilidade de ele ir trabalhar na Gazin. Para o início do ano, estava programada a abertura do Gazin Atacado; Osmar recebeu convite para assumir a gerência da empresa. A iniciativa aconteceu porque Mário começou a avaliar o mercado. Em primeiro lugar, a Gazin comprava de atacadistas. Também pesou o fato de Maringá, além de Goiânia, ser um forte polo atacadista do Brasil. A principal empresa atacadista, chamada Monalisa, era de Maringá. Outro fator: as fábricas não atendiam diretamente os pequenos lojistas.

Osmar pesou as projeções, tanto de continuar no banco quanto de iniciar na Gazin, e entendeu que na empresa de Mário haveria mais chances de crescer e de construir uma sólida carreira. Além disso, Osmar cuidava da conta da Gazin no banco e sabia da solidez financeira da empresa e dos sócios. Outro fator favorável: o salário oferecido por Mário era duas vezes e meia maior do que o do banco. O gerente regional do Bamerindus não queria liberá-lo. Mário intercedeu, foi firme e disse:

– Se você não liberar o Osmar, eu encerro a conta no banco!

Sem opção, o executivo do banco liberou Osmar. Empolgado, ele desligou-se do banco e aceitou o desafio. Em 4 de janeiro de 1996, Osmar iniciou na empresa. De imediato, Mário exigiu que ele retomasse os estudos. Osmar, na companhia de João José da Silva, fez faculdade de Administração de Empresas em Umuarama. Depois, ainda cursou MBA pela Fundação Getúlio Vargas (FGV) e pós-graduação pela Fundação Dom Cabral, curso direcionado às empresas familiares.

Quanto ao atacado, o próprio Osmar abriu o primeiro cliente: Móveis Itamarati, localizada em Pitanga, no Paraná. Osmar e mais um vendedor ficavam ao telefone contatando clientes e apresentando a linha de produtos para fecharem as vendas. Inicialmente, os contatos eram feitos apenas com empresas do Paraná. Depois, foram acionados lojistas de Santa Catarina e São Paulo. Havia também poucos itens na linha: ferros de passar, tapetes, bujões de gás, equipamentos portáteis, liquidificadores, estantes etc. Produtos de valor elevado, como geladeira, fogão, entre outros, eram oferecidos em menores quantidades.

Nem todos acreditavam no sucesso do Gazin Atacado. Outras empresas haviam iniciado no atacado, mas ficaram no meio do caminho. Um dos segredos do bom resultado do Gazin Atacado, e da confiança adquirida no mercado, era manter a tradição de não vender a lojistas que atuassem fora do segmento de lojas de móveis. Comerciantes donos de farmácias, materiais de construção, entre outros, queriam adquirir produtos, mas os pedidos não eram aceitos. Em relação ao faturamento, mês a mês ia aumentando. Do primeiro para o segundo mês, quase dobrou. No fim do primeiro ano, o faturamento mensal do Gazin Atacado, estava seis vezes maior do que o alcançado nos trinta dias iniciais. Só depois de dez anos, em 2006, é que o Gazin Atacado "invadiu" o Nordeste. No mesmo ano foi aberto o segundo depósito da empresa.

Aos poucos, o Gazin Atacado foi posicionando-se de forma representativa no faturamento geral do Grupo. Até que os números mostrassem que quase metade do faturamento vinha do Gazin Atacado, que, inclusive, ganhava cada vez mais mercado, principalmente absorvendo as fatias de outros atacadistas de Maringá, que fecharam as portas. Entre eles, Monalisa. O Gazin Atacado comprou todo o estoque da empresa em seu encerramento.

Conforme veremos adiante, depois de quinze anos à frente do atacado, Osmar Della Valentina foi alçado a um posto de enorme destaque na empresa. Um dos segredos do sucesso do Gazin Atacado foi ter acreditado no potencial de crescimento dos clientes. Aqueles pequenos varejistas ampliaram suas lojas e abriram outras unidades. Isso tornou-se um grande diferencial. E mesmo com todo o sucesso conquistado pelo Gazin Atacado, os pequenos lojistas continuaram a ter o seu espaço e valor. Tanto que a Gazin entrega mercadorias com agilidade, pois a maioria desses lojistas não tem espaço na loja para guardar estoque. Aliás, muitos desses pequenos lojistas perguntam a Mário: "Como o senhor chegou a ter tantas lojas?". Com a simplicidade convencional, ele costuma responder: "Acreditando nas pessoas! Até a quarta loja, cada irmão tomava conta de uma filial. Daí em diante, foi preciso confiar na equipe, criar gerentes e gestores. Quanto mais lojas eu abria, mais eu confiava nas pessoas. Quanto mais eu apostava nelas, mais eu crescia... Faça isso você também!".

• • •

Depois que montou o Atacado, sempre que podia, Mário Gazin visitava um dos seus clientes, o seu Ismael Sounailli. Era um comerciante de origem libanesa que tinha duas lojas de móveis e outros produtos em Paranavaí. Por opção, ele preferiu investir em terras do que ampliar a rede de lojas. Quando Mário passava por Paranavaí, era certo ouvir de Ismael: "Hoje você vai jantar lá em casa!". E Mário não resistia ao convite. A comida típica libanesa, a boa companhia e a diversão eram componentes certos. Isso porque Ismael ficava numa loja e a esposa dele, Adelma, em outra. Assim, Mário ia às duas lojas e falava com ambos.

Mas o lado divertido ficava na "disputa" que havia entre eles, marido e mulher, para saber quem vendia e faturava mais. Ismael não admitia perder venda para a esposa e, muitas vezes, dava descontos excessivos para fechar o negócio. Durante o jantar, era comum cada um defender o "seu lado", que na verdade era o mesmo... Mas Mário não se aguentava de tanto rir e ajudava a apimentar a discussão, dando sempre razão para a mulher, para "desespero" de Ismael.

Outra que o comerciante árabe aprontava: costumeiramente, as duplicatas emitidas contra a empresa de Ismael atrasavam. Mário não se preocupava, pois o homem era bem-sucedido e tinha muitas posses. Mas, certo dia, Mário perguntou a ele:

– Seu Ismael, por que o senhor sempre atrasa o pagamento das duplicatas?

Com cara de matreiro, ele respondeu:

– Mário, eu faço isso porque, se eu não atrasar, como é que eles vão me chamar de "turco"?

Gargalhando bastante, Mário emendou:

– Pois eu chamarei o senhor de turco pelo resto de sua vida! Então, não precisa mais atrasar as duplicatas da Gazin.

REFORÇO NO ATACADO

A partir do momento em que o Atacado foi criado, em março de 1996, uma equipe de vendas foi montada. Um dos que veio a integrá-la, em junho daquele ano, foi Marcio Ricardo Fabril, o "Berola" (apelido de infância), que desde 1991 trabalhava na Gazin. Quando entrou na companhia, Berola era funcionário da equipe de Luiz Custódio na área administrativa. Seu irmão mais velho também trabalhava na empresa. O fato curioso é que havia dois pretendentes à vaga de vendas no Atacado. Assim, Mário Gazin determinou:

– Quem estiver melhor na escola será transferido!

O desempenho de Berola era superior, e ele ficou com a vaga. Mário chegou a dizer a Berola e ao grupo de comandados:

– Vamos vender o equivalente ao faturamento de várias lojas!

E isso realmente não tardou a acontecer. Bastante atuante, Berola construiu carreira e chegou a liderar equipes no Atacado. Também ganhou vários prêmios. O primeiro deles foi uma viagem à Europa. Ele soube que a viagem custava perto de 3 mil dólares. Em decorrência da imaturidade, pois tinha apenas dezoito anos, fez um pedido ao patrão:

– Seu Mário, em vez da viagem, o senhor não pode me dar o dinheiro? Quero comprar um carro.

Incomodado, já que o objetivo das viagens era justamente proporcionar enriquecimento cultural àqueles que recebiam o prêmio, Mário disse:

– Meu filho, se falar isso de novo, você não vai ganhar a viagem! Esse é o tipo de situação que só perde quem não participa. Um carro você pode comprar em qualquer momento da sua vida; você é novo. Mas conhecer a Europa tão jovem será um aprendizado para o resto da sua vida!

Obediente, Berola seguiu o conselho de Mário. Eles viajaram e realmente tudo o que ele viveu foi marcante. Na campanha seguinte, o vencedor ganharia uma moto. E o premiado foi... Berola! Em outras oportunidades, Berola voltou a ganhar viagens e prêmios, fruto dos resultados alcançados nas vendas do Atacado.

A carreira dele na Gazin encerrou-se em 2014, depois de 21 anos de empresa, aos 35 anos de idade. Berola tornara-se sócio, com outros amigos e parentes, de uma fábrica de móveis que vendia para a Gazin. Ele entendeu que era hora de seguir os próprios passos e pediu demissão. Berola é um dos exemplos de profissionais que trabalharam na Gazin, fizeram carreira, construíram patrimônio e sentem saudades da empresa. É natural que, quando Berola fala da Gazin e de Mário, algumas lágrimas escorram dos seus olhos.

GENTE PARA CUIDAR DE GENTE

Filha, você quer trabalhar na Gazin? Há uma vaga no Departamento Pessoal.

Ano de 1996! A moça, de nome Viviane Thomaz, aceitou. Ela trabalhava havia cinco anos no colégio estadual de Douradina e fora indicada por uma professora que era amiga de Mário Gazin. A adaptação de Viviane à empresa foi rápida. Logo, ela já dominava as atividades, de modo que, em dois anos, assumiu a gerência do Departamento Pessoal (DP). Mesmo com a importante passagem da psicóloga Armelinda Michelan pelo DP, a reestruturação do setor só aconteceu em 2003, quando ganhou *status* de Área de Recursos Humanos.

A mudança teve interferência de Mário, que procurava participar de cursos, palestras e eventos para aumentar seu conhecimento.

Quando chegava a Douradina, ele reunia todos numa sala e contava o que havia aprendido. Assim, ele percebeu que, além dele, era preciso trabalhar com pessoas que tivessem conhecimento e capacidade de inovação. Foi com esse intuito que ele colocou parte do grupo de trabalho para cursar o primeiro MBA em gestão empresarial que fora lançado em Umuarama.

Além disso, outros profissionais da Gazin acompanhavam-no nessa busca e passaram a participar dos cursos ministrados na própria empresa por professores, consultores e palestrantes contratados por Mário para preparar o seu pessoal. Certo dia, ele estava num evento corporativo em São Paulo. Ali, conversou com várias pessoas que atuam em recursos humanos. De lá mesmo, ele ligou para Viviane e disse:

– Minha filha, a partir de agora você é a gerente de RH. Você não precisa mais ficar sentada na sua mesa. Quero que fique andando pela empresa, conversando com as pessoas e ajustando o que precisa ser melhorado! Indique outra pessoa para o DP.

Assim foi feito! No mesmo ano, a então psicóloga desligou-se da empresa e foi contratada para seu lugar Sonia Rossi, que começou na Gazin em janeiro de 2004. Sonia fora professora universitária em Maringá por quase vinte anos, onde ministrava a disciplina Psicologia do Trabalho. Além disso, ela possuía uma clínica e, como consultora do SEBRAE, chegou a prestar serviços para a Gazin. Inicialmente, a psicóloga dava expediente na empresa duas vezes por semana, mas, depois, gradativamente, passou a cumprir carga horária integral.

As duas, Viviane e Sonia, tiveram muito trabalho para estruturar a área e, como se costuma dizer, "colocar os pingos nos is". Elas receberam carta-branca de Mário para administrar com liberdade;

o empresário não interferia nas ações do RH, fosse em demissões ou contratações. Mas, quando surgisse algo interessante, ele dava suas sugestões. Como em certa ocasião, quando um grupo de profissionais da Gazin, inclusive Mário, estiveram na Siemens e viram um sino no escritório. Cada vez que alguém da empresa alcançava uma conquista, segurava a pequena corda e batia o sino, fazendo a maior arruaça, sendo ovacionado e recebido por palmas pelos demais colegas. No outro dia, Mário já havia encomendado vários sinos, de todos os tamanhos, para colocar nas lojas, na fábrica, no Atacado e no escritório, e deu a ordem:

– Alcancem muitas conquistas e façam bastante barulho!

Por essas e outras iniciativas, ficou definida a seguinte ideologia da empresa: oferecer sempre os melhores serviços aos clientes. Para tanto, claro, deveria haver um grupo motivado e disposto a crescer na organização. Mário passou a palestrar com frequência para seu pessoal. Ademais, percebeu que era importante ressaltar a história da Gazin e o papel de todos nos resultados. Tanto que muitas das salas espalhadas pela Gazin foram "batizadas" com nomes de pessoas que fizeram carreira na organização. Também foram criadas as bonificações por tempo de serviço, outra forma de motivar a construção de carreiras sólidas. Isso estimula aqueles que ainda não completaram os ciclos e estão como expectadores.

Mário também levou para a Gazin a cultura do simbolismo. O que isso representa? Mensagem! Aí vai um exemplo: certa vez, Mário deixou na porta da casa de um funcionário que andava meio desmotivado uma pá, ferramenta utilizada para cavar. Na verdade, ele deixou uma "charada". A chave para o desvendamento do mistério dizia: "Você precisa 'cavar' mais oportunidades...".

Portanto, para trabalhar na Gazin, não basta querer, é preciso gostar. Foram definidas nove práticas de trabalho e uma delas é o "celebrar". No ambiente profissional, pode soltar bomba, contar piada, bater na mesa, levar galo no escritório etc. A empresa pensa e age assim. E tudo começa logo pela manhã, já no primeiro minuto de trabalho, com a oração que todos fazem reunidos para que se tenha um dia abençoado e produtivo! Os que optam por não rezar, por questões religiosas, devem participar passivamente e respeitar o momento, da mesma forma que é acatada a decisão deles de não participar ativamente daquele momento.

Por respeito, admiração à história, idolatria ao presidente e fundador, entre tantos outros aspectos, é que o *turnover* da equipe Gazin, isto é, a rotatividade de pessoal – o número de funcionários que deixaram a empresa e foram substituídos – é de 28% ao ano. Um número considerado aceitável no segmento do varejo!

OUTRO VENDEDOR DO ATACADO

Volte daqui a uns sessenta dias.
Vou ver se arrumo uma vaga para você.

Essa foi a resposta de Mário Gazin ao pedido de emprego de Genésio Barros de Castro, que havia estudado com Antonio Gazin. O rapaz precisava mesmo do emprego. Ele havia estado por uns tempos em São Paulo e, depois de ficar desempregado, resolveu voltar para Douradina. Entre o tempo de saída e retorno à cidade, Genésio constatou que a Gazin havia crescido bastante e que os funcionários estavam felizes e ganhando bons salários. Passados uns dez dias, Genésio pensou: "Estamos quase no final do ano de 1996. Se eu esperar dois meses, o ano termina e depois o comércio só reaquece lá para março. Do jeito que o seu Mário é ocupado, ele não vai lembrar se passaram dez ou sessenta dias. Vou voltar lá".

Deu certo. Para quem tem vontade de trabalhar, Mário nunca negou emprego! Em novembro de 1996, Genésio foi contratado para atuar no depósito, com carga e descarga de mercadorias. Dois meses depois, Genésio foi transferido para o escritório, para o setor de faturamento. Sempre que Mário o via, perguntava: "E então, está gostando do trabalho e da empresa?". E encerrava assim a conversa: "Mete o pau! Mete o pau! Trabalhe firme que você tem família para sustentar e irá construir uma linda carreira!".

Às vezes, como fazia na casa de amigos e funcionários, Mário aparecia na casa de Genésio perto do horário do almoço e perguntava: "Tem comida aí?". A resposta era sempre positiva. Ele entrava e servia-se daquilo que houvesse na mesa. Conversava, almoçava, agradecia e seguia adiante.

Um ano depois de começar na empresa, Genésio passou a ajudar voluntariamente numa área da contabilidade. A iniciativa chamou a atenção da chefia, que lhe ofereceu uma oportunidade: trabalhar em vendas no Atacado! Ele aceitou na hora! Principalmente porque passaria a ganhar três vezes mais que o que recebia na época. No Atacado, havia a geladeira dos funcionários, que ali deixavam um lanchinho para o meio da manhã ou da tarde. Mário levava queijos, pães e outros alimentos e dizia: "Trouxe umas comidas boas! Estão lá na geladeira! Vocês precisam comer bem porque, quanto mais comem, mais vendem!".

Genésio incorporou o espírito que Mário sempre incutiu nos funcionários: "A Gazin é de todos nós que aqui trabalhamos! Quanto mais a empresa cresce, mais cada um de nós cresce também".

INTERAGIR COM O MEIO VAREJISTA

Em 1996, à convite da Philco, os grandes do varejo brasileiro viajaram à Austrália. Era uma forma de fidelizar e integrar os clientes. Apesar de serem concorrentes, a relação entre os empresários mais importantes do setor era excelente. Alguns dos principais destaques do segmento, como Samuel Klein, da Casas Bahia, Luiza Trajano Donato, fundadora do Magazine Luiza, Antonio Koerich, da rede Koerich, todos com seus pares, participaram da viagem. Outro grande varejista presente no grupo foi Adelino Colombo, da Lojas Colombo, que rapidamente se afeiçoou a Mário, que se tornou um dos mais populares. Tempos depois, Colombo foi a Douradina para conhecer a estrutura da empresa paranaense.

Mário sempre tinha uma piada para animar o pessoal: "Dos que andam em avião, 90% têm medo. Os outros 10%, que falam que não têm medo, são mentirosos..." – brincava ele. Além de Mário, um dos que mais descontraía o grupo era Samuel Klein; ambos brincavam com todos do grupo. O melhor jeito de Klein fazer isso onde só havia varejistas era dizer: "Quer vender *lugínia* [lojinha]?", perguntava, com sotaque, para um e outro. Para Mário, ele não dava esperança: "As suas *lugínias* são muito longe. Eu não quero comprar". E reforçava: "Você precisa ir para cidades grandes. A sua empresa é do tamanho do local em que está localizada". Mário ouvia e respeitava a opinião de Samuel Klein, mas mantinha-se fiel às suas convicções.

O alvo preferido das brincadeiras de Samuel Klein era Luiza Trajano Donato. Onde a encontrava, ele soltava: "Quer vender *lugínia*?". Até mesmo durante um voo em que houve grande turbulência Samuel Klein brincou:

– Luiza, o avião está balançando muito. Vou perguntar de novo: quer vender *lugínia*? É agora ou nunca!

Essas frases arrancaram risos de Mário e de todos. A mulher, entrando na brincadeira, olhou com cara de brava. E Samuel emendou:

– Vende ao menos *lugínia* de Campinas. – Unidade da rede de Luiza Trajano que Samuel sempre elogiava.

A partir daquela viagem, Mário e Samuel Klein passaram a ter um bom relacionamento. Às vezes, Mário recorria à experiência de Klein para ajudar no direcionamento da Gazin.

Outro fato que divertia o grupo: quando todos chegavam para o café da manhã, vindos de seus quartos, Mário já estava sentado numa das mesas. Ele acordava muito cedo para sair pelas ruas e ver lojas e vitrines com intuito de aprender novidades com o varejo do país. Era comum ele ouvir: "Mas você não perde tempo... hein, Mário?".

• • •

Em outra ocasião, o grupo de varejistas viajou à convite da Panasonic para a sede da multinacional no Japão. Durante uma das apresentações entre os empresários brasileiros e os executivos japoneses, surgiu a palavra "concordata". Naquele momento, havia uma onda de concordatas no mercado nacional. Um dos executivos japoneses, intrigado com aquilo, fez a pergunta ao presidente da Panasonic brasileira:

– Você pode nos explicar o que significa "concordata"?

O silêncio fez-se presente. O executivo não queria contar o significado da palavra, ou mesmo alertar os japoneses sobre a realidade brasileira daquele momento. Mas Adelino Colombo fez a "sugestão":

– Ô Mário, conte para eles o que representa uma concordata.

Claro, Colombo quis brincar com o amigo, colocando-o na berlinda. Mas Mário não se fez de rogado e emendou:

– É muito simples, pessoal: concordata é um meio de a empresa não pagar o governo, os fornecedores e os funcionários. Ou melhor: concordata significa "brasileiro ferrando japonês".

Dito isso, todos, inclusive os executivos da multinacional japonesa, gargalharam com a "clara" explicação de Mário.

• • •

Naquele ano de 1996, a Gazin vivia um momento especial: a comemoração de seus trinta anos de história. Uma emocionante festa foi realizada, com a presença da Família Gazin, funcionários, amigos e parceiros comerciais. Mário disse algumas palavras, registrando um especial agradecimento a todos que ajudaram a construir o ciclo de três décadas. E ainda prometeu:

– Teremos muitas outras comemorações a fazer. E preparem-se! A próxima grande festa será a dos cinquenta anos de Gazin! – disse, já projetando um momento a ser vivido dali a vinte anos.

MAIS OUTRA OPORTUNIDADE PROFISSIONAL

Filha, eu vou dar uma loja para você gerenciar. Aproveite a chance. E escolha a cidade: Paranaíba (MS) ou Tapejara (PR)?

Mariluci Munaro, que assumia sua primeira gerência e começara quase quatro anos antes como caixa, ao ser questionada por Mário Gazin, disse ao patrão que ficaria com Tapejara. O faturamento da loja estava aquém do esperado, de modo que a moça imaginou um intenso trabalho para elevá-lo. Apesar de toda dedicação, contudo, a loja não correspondeu e foi fechada. De lá, ela seguiu para Sinop. Depois de cinco anos na cidade mato-grossense, Mariluci gerenciou algumas outras filiais até chegar a Paranatinga, em Mato Grosso.

Nos contatos com o patrão, Mariluci pôde conhecer o jeito divertido e também severo de Mário, principalmente quando algo não andava como ele imaginava. Nesses casos, no entanto, suas atitudes são pautadas pela justiça. Quando as metas são batidas, Mário não economiza elogios. Valoriza não só a gerência, mas toda a equipe.

METAS *VERSUS* CORAÇÃO

Em 1997, a Gazin fez uma promoção interna: os funcionários das lojas que recebessem mais juros das parcelas atrasadas dos clientes ganhariam uma viagem à Europa. A funcionária Francisca Pereira Ribeiro, a Kika, caixa da loja de Douradina, colocou o prêmio como uma meta pessoal e fazia de tudo para batê-la. Mas aí surgiu um problema... e o problema tinha nome: Mário Gazin. Acontece que, apesar da promoção e de os clientes em atraso terem de pagar os juros, todos se conheciam na cidade. As pessoas iam à loja, procuravam Mário, "choravam suas pitangas" e... o empresário mandava perdoar a multa.

Por isso, Kika foi reclamar com Mário, dizendo que a postura dele, mesmo sendo tão gentil, atrapalhava o desempenho dela. Ele entendeu e disse para a funcionária:

– Tá certo, Kika! Eu lhe dou razão! Estou vendo todo o seu esforço para ganhar a viagem. Fique tranquila! Eu te atrapalho, mas você vai viajar comigo e com a turma!

Aquilo deixou a moça tranquila. Aliás, Kika conhecia Mário desde a infância. O empresário era amigo do pai dela e frequentavam a igreja juntos. O pai de Kika era devoto de Nossa Senhora Aparecida e promovia missas em casa; sempre que podia, Mário ia assistir. A convite de Mário, a moça havia iniciado na Gazin em 1992, na fábrica de móveis. Depois de dois anos, ela passou a trabalhar em loja, tendo sido telefonista, caixa e vendedora. Mário também cobrava dos funcionários para que estudassem. Ela ganhou bolsa e formou-se em Ciências Contábeis, sendo depois transferida para o faturamento e contabilidade, e, mais tarde, promovida a contadora.

Assim que terminou a faculdade, em 1998, Kika queria comprar um carro. Ela conversou com Mário para pedir orientação. Saiu de lá com o cheque para comprar o veículo, devolvendo depois o valor para o empresário em suaves parcelas.

Existem também passagens divertidas. Mário adora a comida preparada pela mãe de Kika. Às vezes, ele diz: "Avise a sua mãe que amanhã eu vou almoçar na casa dela". Realmente, por volta das 12h do dia seguinte, ele aparecia lá. Mas, muitas vezes, acompanhado de mais duas ou três pessoas. Quem conhece Mário sabe que isso é típico dele. Na hora do almoço, ele vai encontrando as pessoas pelo caminho e convidando para almoçar com ele. E aí, quem o convidar precisa estar preparado para colocar "água no feijão".

Outra passagem divertida envolvendo Kika aconteceu por volta de 2003. Como a Gazin tinha loja em vários Estados, em cada um deles mudava a tributação. Assim, eram vários formatos de cálculos. Mário leu uma matéria no jornal que abordava justamente isso, as dificuldades de quem trabalhava com contabilidade. Ele foi então até o departamento, onde havia uns seis funcionários, e disse:

– Meus filhos, hoje li uma notícia explicando sobre as dificuldades que vocês têm em suas atividades. Por isso, vocês estão trabalhando bastante. O governo exige demais. Mas eu vou compensar isso: a partir de hoje, vou dobrar o salário de vocês!

Beijos, abraços e uma salva de palmas para o seu Mário...

FIM DA LINHA PARA A SONEGAÇÃO

No Paraná, a Gazin tinha crédito de ICMS. Então, não havia o porquê de sonegar. Mas em outros estados, como Mato Grosso e Mato Grosso do Sul, a situação era bem diferente. Nesses lugares, sim, eram feitas operações às escondidas. A contabilidade apresentava um aumento substancial de lucro. Naquele momento, o sistema adotado desde 1987 já era questionado pelo próprio Mário, sócios e profissionais que trabalhavam na contabilidade. Nos primeiros anos, realmente sobrava mais dinheiro. Mas, depois, o resultado não se repetia. Sonegar parte dos impostos já não compensava mais.

Em abril de 1998, houve uma denúncia sobre o envolvimento de alguns servidores da alta cúpula da Fazenda do Estado de Mato Grosso em casos de achaques e "proteção" a certas empresas. Foram enviadas cartas anônimas para várias frentes, como: o governador Dante Martins de Oliveira (PDT), o secretário da Fazenda do Mato Grosso, deputados, órgãos de imprensa, entre eles, a revista *Veja* etc. Tudo para despertar o interesse em desvendar a história. Ao todo, eram perto de oitocentas empresas envolvidas no esquema. O caso ficou conhecido como "Máfia do Fisco". O Ministério Público Estadual (MPE) e o Ministério Público Federal (MPF) constituíram uma comissão de investigação. Assim, o "esquema" foi desmascarado.

A rede Gazin devia ter ao todo pouco mais de sessenta lojas. Um grupo da Receita Federal apresentou-se na Gazin dizendo estar ali para investigar a contabilidade da empresa. A Gazin caíra na "malha fina". Bastante incomodado com aquela situação, Mário gritava:

– Eu não sou bandido! Ninguém aqui é bandido! Nós produzimos, compramos, vendemos, empregamos! Nós trabalhamos!

Os irmãos de Mário e Adriano, seu filho, intercederam perante os fiscais da Receita Federal, na tentativa de convencê-los a ouvir suas explicações. Os fiscais queriam levar alguns computadores da empresa para investigação. Aquela situação deixou Mário ainda mais preocupado. Chegou a orientar a filha, Valéria, que queria estudar Odontologia, a formar-se em Direito. Ele até dizia a ela: "Valéria, se der algum problema com o pai e a empresa, você pode nos defender". Ela questionava, mas realmente formou-se em Direito.

Além de preocupado e de, no entender dele, ter sido vítima de injustiça, Mário fez uma promessa a todos que quisessem ouvir:

– A partir de hoje, não se comete nenhuma irregularidade fiscal na Gazin! Não entra e não sai nem uma caneta da empresa que não esteja devidamente registrada e com nota fiscal!

O maior temor era o valor da multa. Houve muita negociação entre Mário e a cúpula da Receita Federal. Os procuradores Pedro Taques (que veio a se tornar governador do Mato Grosso), da esfera federal, e Ana Cristina Bardusco, da estadual, ajudaram a encontrar uma solução para o problema. Quem também teve participação decisiva foi Edna Negrini, fiscal do Estado. Na primeira vez em que esteve com Mário, o empresário disse:

– Filha, peço que você cuide da minha empresa com carinho.

Edna respondeu:

– Seu Mário, a primeira coisa que mandam a gente tirar quando fiscaliza é o coração. – Mário ficou apreensivo, com os olhos marejados. Mas ela continuou: – Fique tranquilo! A intenção não é acabar com a sua empresa e sim colocá-la no eixo e com regularidade. Somos muito criteriosos nas nossas análises.

Havia muito trabalho pela frente, pois Edna precisaria fazer uma busca retroativa nos documentos. E, durante o processo investigativo, foi descoberto ainda que uma das funcionárias vinha lesando a empresa, cometendo falcatruas nos pagamentos dos impostos e desviando o dinheiro sem que as guias fossem devidamente pagas nos bancos. Durante as negociações, Mário reforçou:

– Vocês têm a minha palavra de que na Gazin não se sonega mais! Agora, eu peço a vocês: não me deixem quebrar! Definam um valor que a minha empresa tenha condições de cumprir e de seguir trabalhando.

Da conversa, Mário saiu confiante, fortalecido. O temor foi embora. Era pagar a multa, cumprir as obrigações, andar na linha e seguir a vida! Naquele período, Mário também demandou que o processo de criação da *Holding* Gazin fosse acelerado. A Gazin foi devidamente autuada pela Receita Federal, e o valor estipulado da multa foi alto e superava o faturamento mensal da empresa.

Quem erra tem a chance de redimir-se. À Gazin foi dada a oportunidade. Mário e os outros gestores da empresa souberam aproveitá-la e agarrá-la com unhas e dentes! A própria Edna Negrini passou a fazer semestralmente o acompanhamento da arrecadação. Nasceu uma bonita amizade entre a fiscal e Mário. O empresário reconheceu o excelente e sério trabalho que Edna desempenhara na empresa. Ela ajudara também a corrigir as pendências administrativas; algumas delas que até então eram imperceptíveis.

No início, era natural que houvesse certa insegurança. A determinação foi cumprida à risca. A situação financeira da Gazin e dos sócios era bastante sólida. Em relação a isso, não havia o que temer. No mais, era trabalhar duro, algo que já fazia parte da rotina de todos na empresa. Também havia o fato de que, sonegando, a empresa corria muito mais riscos do que agindo corretamente. Claro, num primeiro momento, foi complicado enxergar todos os benefícios que aconteceriam com a mudança de postura. Em especial, certas "perdas" que, na verdade, poderiam transformar-se em ganhos.

Pouco a pouco, entretanto, a empresa ganhou em competitividade e em potencial de compra. O grande legado que todo esse difícil processo deixou foi poder aproximar-se de pessoas que estavam do lado da lei e que fizeram diferença na vida de Mário e da Gazin. Elas não estavam simplesmente preocupadas em autuar a empresa, mas em mudar a mentalidade e a filosofia de trabalho até então praticadas. Foram verdadeiros professores de conduta e de esperança. Por isso, onde quer que o empresário realize uma palestra ou que o tema ética se faça presente, ele cita seus nomes com orgulho, dizendo: "São pessoas boas que passam por nossas vidas e que criam valores para o nosso aprendizado!".

Uma das estratégias que sucederam o processo envolveu o investimento em terras. Até então, comprava-se terra com dinheiro financiado; o patrimônio subia, mas o endividamento também. Era uma roda-viva! Daí em diante, as aquisições passaram a ser realizadas com sobra de dinheiro em caixa. Isso fez com que os investimentos na área rural fossem realizados com bastante critério. Outra mudança importante: a padronização dos caminhões. A partir do ocorrido, toda a frota foi pintada com o nome Gazin em suas carrocerias. As lojas também tiveram suas razões sociais unificadas.

Depois de meados da década de 1990, a Gazin acelerou o processo de abertura de lojas. Mas, a partir de 1999, com os novos rumos fiscais adotados pela empresa, pode-se dizer que a Gazin efetivamente estabeleceu-se entre as grandes no mercado do varejo. Era como se a empresa tivesse saído de um piso molhado, escorregadio, para um seco e seguro!

MAIS UMA CARREIRA DE SUCESSO

Outro que iniciou na Gazin em 1996 foi Fernando Moretto. Ele vendia óleo diesel e foi indicado por um amigo para trabalhar na empresa. Chamaram-no no dia seguinte. Um ano depois, durante torneio de futsal na cidade de Alta Floresta, no Mato Grosso, Mário foi participar da festa e fazer a entrega do troféu de primeiro lugar. Quem não o conhecia pessoalmente se impressionou com a simplicidade do homem, que bancou toda a comemoração, e com o carinho demonstrado em relação às pessoas. Naquela mesma oportunidade, Mário disse a Moretto:

– Filho, se você quiser algo de diferente na sua vida, trabalhe com dedicação e empenho.

Ele prometeu ao patrão que esse seria o seu caminho. A recompensa veio tempos depois, quando foi transferido da loja de Alta Floresta para assumir a gerência de Peixoto de Azevedo, também no Mato Grosso, chamada de filial 134. Passados alguns meses, Fernando ligou para Mário. Desde que era vendedor em Alta Floresta, ele já tinha o número do celular do patrão; esta é quase uma regra na empresa. O pedido era de socorro. Fernando era solteiro ainda e não tinha muito controle sobre o dinheiro que ganhava. Assim, gastou demais e apertou-se. Pediu um socorro a Mário, que lhe emprestou o dinheiro e descontou do salário do rapaz em dez vezes.

Aquilo tocou o coração de Fernando, que pensou: "O dono de uma empresa desse tamanho atende ao meu telefonema e ainda me ajuda financeiramente. Que homem bom! Eu tenho mesmo é que vestir a camisa da Gazin!". Mas vale a ressalva: apesar de ajudá-lo, Mário não se privou de puxar-lhe a orelha como um pai e dizer:

– Fernando, enquanto você não se casar e constituir família, não vai aprender a valorizar o dinheiro e a construir um bom patrimônio.

Logo, o gerente conheceu uma moça, namorou e casou-se com ela. O rapaz também não escapou das broncas quando Mário visitava a loja que ele gerenciava e via estoque alto de algum produto. Prontamente, Fernando comprometia-se em vender de forma rápida o excedente. E as metas eram sempre batidas.

TRATAR A TODOS COM IGUALDADE

Nas *Viagens com o Patrão*, além daqueles que batem metas, alguns são convidados por Mário Gazin, geralmente pelo comprometimento com a empresa. O empresário quer que seus funcionários possam crescer conceitualmente, conhecendo cidades e culturas diferentes. Assim aconteceu, entre tantos outros casos, com Rita Rizzo Bach, copeira de longa data da loja de São Gabriel do Oeste, no Mato Grosso. Rita recebeu convites para tornar-se vendedora, mas preferiu manter-se na copa.

Chegaram a comentar com ela que Mário Gazin poderia levá-la numa das viagens. A mulher não acreditou, até receber o comunicado oficial. E quando Mário viu Rita na viagem, exclamou:

– Filha, você veio! Aproveite bastante o passeio, para aprender coisas novas.

Nessas oportunidades, Mário realiza o sonho daqueles que nem sempre podem pagar uma turnê cultural tão rica e confortável. Quando reencontra funcionários antigos, Mário pergunta da família e os chama pelo nome. Por isso, muitos deles dizem: "Em determinadas situações, nem o nosso próprio pai faria o que o senhor Mário Gazin realiza por nós!".

OUTRO MEMBRO PARA A LINHA DE FRENTE

Ano de 1997! Rondonópolis, Mato Grosso; Mário Gazin vai visitar a filial na cidade. A equipe esperava ansiosa pela chegada do patrão. Logo que ele chegou à loja, coincidiu de um vento forte arrastar e derrubar um latão de lixo que havia na entrada, lotado de placas de isopor. Mário não teve dúvidas: agachou-se e começou a catar o lixo para colocá-lo de volta na lata. Obviamente, a atitude foi copiada pela equipe. Um deles, Alzemar Souza que passou a ser chamado pelo sobrenome pensou: "Esse homem é diferente! Olha que exemplo, que atitude nobre".

No início de 1999, o mesmo Souza foi convidado para ser gerente em São Gabriel do Oeste, no Mato Grosso do Sul. Depois de uns nove meses, logo pela manhã, ele recebeu uma ligação de Mário:

– Souza, como estão as vendas por aí?

O rapaz passou o retrospecto. Perto do meio-dia, nova ligação:

– Souza, é o Mário. Você está feliz trabalhando nessa filial?

O gerente confirmou que sim, mas disse que estava sempre pronto a novos desafios. Ao final daquele mesmo dia, outro contato do patrão:

– Souza, arrume as malas. Vou transferi-lo para Ji-Paraná, em Rondônia. Está bem longe daí, talvez uns 1.700 quilômetros. Mas eu preciso de um gerente de "saco roxo" para aquela loja! Essa pessoa é você!

O que significava ter "saco roxo" naquele momento? O sentido era o de resolver os problemas da filial, como recuperar o faturamento, que havia caído em quase 50%, e baixar as vendas "fiadas" de 33% para, no máximo, 9%. Na sequência, Souza foi gerenciar a loja de Vilhena, também em Rondônia, que chegou a ser a loja líder de vendas na rede. No ano de 2002, talvez pelo sucesso da loja, Mário chegou a visitá-la por cinco vezes. Souza, em nome da equipe, sempre lhe fazia um desafio antes da visita:

– Se batermos a meta, o senhor vai pagar o jantar na sua próxima vinda.

O empresário topava. E para a alegria de Mário, e também do grupo, ele realmente teve de pagar o jantar nas cinco vezes em que esteve em Vilhena. Numa das primeiras idas à cidade, Souza levou Mário para conhecer a região. Passearam e andaram de barco pelo Rio Guaporé, que faz divisa com a Bolívia. Na volta, pararam na cidade de Cerejeiras para comer algo. Mário encantou-se pela cidade. No restaurante, perguntou a duas ou três pessoas sobre a rotina dali e qual era a população. Na saída do restaurante, Mário disse para Souza:

– Agora vamos procurar um ponto! Quero montar uma loja Gazin em Cerejeiras.

As visitas à loja que Souza gerenciava continuaram, até que, numa delas, Mário fez outro convite: Alzemar Souza devia criar a área de gerência regional. Em 2003, ele se mudou para Douradina. A rede devia ter perto de cem lojas. Nos dez anos subsequentes, até 2013, a rede chegou a 203 lojas, o que gerou novos postos para gerentes regionais, dez ao todo. Uma dessas vagas foi ocupada por Marcelo Gazin, filho de Mário. Em 2013, Souza migrou sua atuação na empresa para a indústria, a Gazin Colchões.

O PRIMEIRO MARCO DA GAZIN

Ainda no ano de 1997. Era perto do meio-dia quando o carro de Mário encostou na porta da casa do pai:

– Seu Alfredo, pode preparar dois copos e pegar uma garrafa de pinga da boa que nós temos muito que conversar e comemorar...

– E o que você tem de tão bom para me contar, meu filho?

– Pai, abrimos a 50ª loja Gazin! Eu devo isso ao senhor!

Alfredo fez cara de espanto. Claro que ele havia sido importante, principalmente, por ter dado asas ao sonho de Mário quando este tinha dezesseis para dezessete anos. O homem aceitou desfazer-se de bens pessoais para dar em troca da loja que pertencia a Celi Antonio Pereira. E o filho continuou:

– O senhor se lembra da surra que me deu quando eu era jovenzinho? Naquele dia, posso dizer que a surra doeu bastante. Doeu no corpo e na alma. Doeu no coração. – Mário parou por alguns segundos, estava emocionado, e prosseguiu: – Mas... quero que o senhor saiba que aquela surra foi uma das maiores lições que recebi na vida. Eu tomei aquela sova e chegamos a cinquenta lojas. Se o senhor tivesse me dado umas duas surras daquelas, hoje teríamos o dobro de lojas...umas cem filiais! *Tim-tim!*

O barulho dos copos batendo foi forte. Do tamanho da conquista alcançada. E em meio a tanta alegria, nasceu a próxima meta:

– Agora...vamos partir para dobrar o número de lojas! Vamos chegar a cem filiais!

E ambos viraram a bebida como forma de mostrar alegria e força para encarar o próximo desafio.

PACTO PARA A VIDA ETERNA

O que você está fazendo no lugar da recepcionista, minha filha?

A pergunta, feita por Mário Gazin, foi dirigida a Leonilda Maria. Ela trabalhava na limpeza e na cozinha, preparando o café. A moça respondeu:

– Seu Mário, a recepcionista está doente e não podemos ficar sem ninguém no lugar. Ela está muito mal e quase não tem vindo trabalhar. Então, estou me dividindo na função.

Leonilda também era do grupo da igreja de Douradina e ajudava nos jantares que Mário preparava na Gazin para os convidados. Quanto à nova recepcionista, o problema deveria ser resolvido. Mário conversou com Leonilda, dizendo-lhe:

– Precisamos então substituí-la. Eu tenho duas pessoas para indicar, mas vou escolher uma terceira pessoa… – Depois de alguns segundos de suspense, Mário continuou: – Amanhã mesmo você já começa na recepção e arrumamos alguém para a limpeza e a cozinha.

Leonilda não se continha de tanta alegria. Ela passou a trabalhar na recepção, mas continuava a ajudar Mário nas "jantas" que o patrão preparava. Além de Leonilda, o filho dela também tornou-se funcionário da Gazin Colchões. A mulher guarda momentos de grande emoção no convívio com Mário, a quem tem como um pai. Certa vez, num sábado, o marido dela ligou para o celular da esposa e disse:

– O seu pai está aqui em casa. – A mulher gelou! O pai dela havia falecido pouco tempo antes. Mas o marido continuou: – É o seu Mário Gazin que passou aqui com a esposa, a dona Cecília. Ele está dizendo para você vir logo preparar um café gostoso *pra* gente.

Outro momento marcante foi na formatura da filha de Leonilda no curso de Ciências Contábeis. Mário foi homenageado e estava acomodado numa mesa colocada no palco, sentado ao lado dos professores. Na hora da entrega do diploma para a menina, ele pediu a vez. Na plateia, Leonilda Maria não se conteve de tanta emoção com a demonstração de carinho de Mário.

Ajuda financeira também não faltou. Como na época em que ela começou a construir a sonhada casa própria. Leonilda morava de favor na casa de uns parentes e conseguiu comprar um terreno. Mas o dinheiro para a construção andava curto. Mário intercedeu e socorreu-a, acelerando a finalização da casa. Mais um exemplo do humanismo de Mário, que criou com Leonilda um pacto digamos chocante, mas divertido:

– Leonilda, quem morrer primeiro vai ser vestido para o enterro pelo outro. Se você morrer primeiro, eu te visto; e vice-versa...

A história nasceu depois que Leonilda ajudou a vestir um falecido que trabalhava na portaria da Gazin.

PAU PRA TODA OBRA

Hoje tem "janta", Graya!

Basta o aviso de Mário Gazin para que Edson dos Anjos, o "Graya", coloque-se prontamente à disposição. E se perguntar na Gazin

"Quem é o Edson dos Anjos?", ninguém saberá responder! De onde surgiu "Graya"? O apelido nasceu porque, bastante falante que é, alguém lançou esta:

– Você fala tanto que parece uma gralha! – No sotaque interiorano virou... Graya!

Ele entrou na Gazin em 1998. Depois de tentar trabalhar com vendas, Graya passou a fazer cobranças num novo setor, o Departamento de Crédito e Cobrança (DCC). Ele deslocava-se de bicicleta. Depois, circulou por outros departamentos, exercendo as funções de vendedor externo, estoquista, vendedor interno e analista, até atuar no almoxarifado fiscal. Neste último setor, passou a receber todas as correspondências que entram ou saem da empresa, assim como a armazenar por até dez anos, em função da fiscalização, as notas fiscais de compra e venda.

As "jantas" de Mário que Graya ajuda a preparar são servidas muitas vezes para mais de trezentas pessoas. O cardápio é variado: churrascos, risotos, peixes etc.

PARA CUIDAR DOS FUNCIONÁRIOS

Rapaz, você é um garoto inteligente, trabalha muito bem, mas tem só quinze anos e ainda está imaturo. Você precisa ganhar "musculatura", ou seja, responsabilidade.

Dessa forma, Mário Gazin mostrou a Adriano Novo que muitas vezes pagamos pelos nossos atos. O jovem Adriano, que trabalhava numa prestadora de serviços da Gazin, era realmente um bom profissional. E Mário sabe como ninguém descobrir talentos. Ele destacava-se no trabalho, mas, como se costuma dizer, "não tinha juízo"; gostava de brincadeiras e de aprontar das suas, algo natural nos garotos dessa idade. Por isso, Mário deu-lhe aquele "pito". Resultado: Adriano não conseguiu ser contratado pela Gazin! Mas carregou aquilo como um estímulo e colocou para si próprio uma meta: "Um dia eu ainda vou a trabalhar na Gazin!".

Ele passou por algumas empresas e chegou a trabalhar na roça. Até que, em 1998, com a criação da Gazin Colchões, Adriano prestava serviços como diarista cuidando do jardim da empresa. Logo abriram algumas vagas na Gazin Colchões; Adriano pleiteou a de entregador de mercadorias. Além dele, seu pai, que era pedreiro e estava desempregado, também foi contratado.

Três meses depois, Adriano passou a trabalhar no depósito. A felicidade, que já era grande, ficou ainda maior quando ele soube que a Gazin pagaria a ele a faculdade de Contabilidade; Adriano ainda cursou Publicidade e fez pós-graduação em Marketing, além de outros cursos. Tempos depois, ele foi convidado para trabalhar no Departamento Pessoal e aproveitou a chance! Sempre que se encontra com o patrão, Adriano o agradece e diz: "Seu Mário, obrigado por não ter me contratado quando eu tinha quinze anos. As palavras que o senhor me disse foram as de um pai. Dali em diante, eu mudei a minha postura!".

O empresário sabe da importância que cada um da equipe precisa dar ao comprometimento à empresa e aos estudos. E Adriano sabe da importância que Mário e a Gazin tiveram na vida dele. A Gazin empregou tanto seu pai quanto a ele próprio; e foi trabalhando na Gazin que Adriano conheceu uma também funcionária, namorou e casou-se com ela. Por isso, os momentos que mais o tocam na relação com Mário acontecem quando o patrão começa a frase com a seguinte palavra: "Filho...".

FAZER O BEM SEM OLHAR A QUEM

Um empresário incomum! É assim que muitos definem Mário Gazin. Esse lado diferente faz-se notar pela forma simples, humilde e direta com que toca a vida. Ele sabe como dirigir uma empresa bilionária sem perder a essência dos tempos de criança e da adolescência, em que a maior conquista era poder comer um bom prato de comida, que vinha praticamente da própria roça!

Com a mesma elegância que participa de encontros e convenções nacionais e mundiais, Mário viaja de caminhão com amigos queridos, socorre as carretas da empresa quando viaja pelas cidades em que tem loja, divide quarto nos hotéis com os funcionários, entre outras ações. E não admite que deixem a cama de casal para ele. Mário logo se ajeita na de solteiro e deixa o colega de quarto na condição mais confortável.

O próprio José Roberto Tavares, que trabalha no transporte, já viveu um pouco de cada uma dessas situações ao lado do patrão: "Com o *seu* Mário não tem frescura! Certa vez acabou meu combustível no meio da estrada. Ele passou, me viu lá e ficou comigo fazendo companhia até o socorro chegar". As histórias não param por aí: "Quando ele encontra com a gente na rua ou na estrada, ele para o carro e dá carona! Nas viagens, quando almoçamos num restaurante de beira de estrada, ele sempre faz o pedido: 'Quero arroz, feijão, bife e dois ovos fritos!'". Mas uma passagem marcou muito José Roberto Tavares:

> Tinha um motorista na Gazin que teve hemorragia e passou muito mal. Estávamos numa dessas pequenas cidades onde havia loja da rede. Pois o seu Mário soube e mandou o avião dele buscar o rapaz. Depois que o moço se curou, beijou até os pés do seu Mário por gratidão!

Quem o conhece também sabe do seu nível de exigência. Quando Mário pede algo, tem de ser do seu jeito. E se fizer diferente, prepare-se para estar muito bem embasado!

SAUDADES DO AMIGO

Estou dormindo, ainda não acordei...
Mas estou com Deus, olhando por você!

A frase, que nasceu de um sonho de Mário, está escrita ao lado da árvore que foi plantada por "Tijoleiro", apelido de Antonio Alves Chaves, quando este completou dez anos de Gazin. Mário tinha amizade e grande carinho por ele. Mas Tijoleiro, que era motorista de caminhão da Gazin, sofreu um acidente e faleceu em 2009. No sonho que teve, Mário reviveu as conversas com o amigo. Foram vinte anos de trabalho na área de transportes da Gazin. Quando "Tijoleiro" começou na empresa, ela era pequena. Tinha algumas poucas dezenas de lojas. Mas a afinidade foi grande. Tanto que Mário aparecia sem avisar na casa dele para almoçar, jantar ou conversar. E quando surgia, Tijoleiro vibrava: "Pode entrar, meu amigo! A sua presença é sinal de coisa boa!".

Mário até pensou em dar uma loja para ele gerenciar e sempre dizia ao amigo: "Você é muito honesto, 'Tijoleiro'! Tudo o que conquistou veio do suor da sua camisa!". Mas o homem não tinha conhecimentos sobre gestão, o que tornava difícil para ele a responsabilidade de gerenciar uma loja. Ao menos aquilo serviu para que ele alertasse a filha, Juliana Alves, que muito jovem já trabalhava na assistência técnica da Gazin. Depois de um tempo, ela migrou para a área de vendas na loja de Douradina, até que se tornou vendedora do Atacado.

Juliana Alves? Quase ninguém a conhece por esse nome. Agora, se disser "Tijoleira"... Claro, ela herdou o apelido do pai! Nos tempos em que trabalhava na loja de Douradina, era "Tijoleira" quem atendia Mário quando este precisava comprar um presente ou algo para casa. E não pense que ela dava moleza. Negociava o desconto. O carinho que Mário sentia por "Tijoleiro" foi transferido para sua filha. E ela recorre ao patrão para aconselhamentos que poderiam ser dados pelo pai caso este não tivesse partido. Como aconteceu em 2013, quando ela idealizava montar uma fábrica de chinelos. A opinião de Mário foi decisiva:

– Filha, você me fala em investir 10 mil reais. Eu acredito que seja pouco capital para arrumar um local, montar a fábrica, comprar maquinário, produtos, computadores para o escritório... Melhore esse capital inicial. Você ainda é jovem e terá muito tempo pela frente para empreender.

Tijoleira seguiu à risca os conselhos de Mário e optou por continuar na rede varejista em vez de, ao menos naquele momento, iniciar o próprio negócio.

INVESTIR EM FABRICAR COLCHÕES

Em 1998, Mário Gazin pensou em abrir algumas lojas dando sociedade para gerentes que quisessem investir no varejo. Esse modelo de negócio foi observado pelo empresário durante viagem feita ao Japão.

A equipe da Gazin chegou a procurar algumas cidades para abrir os comércios, mas a iniciativa não seguiu adiante, pois nem todos tinham um pé-de-meia para poder investir. Mário então pensou em fazer o mesmo, mas para negócios em outros ramos. Inicialmente, eles deveriam investir em fazendas; o projeto não evoluiu. Surgiu a possibilidade de comprar um hotel no Trevo do Lagarto, no município de Várzea Grande, Mato Grosso; o negócio seria dividido em dez cotas. Novamente, a ideia não vingou.

Como já fabricava mesas e cadeiras, outra possibilidade seria produzir portas para aproveitar a sobra de madeira. A iniciativa também não saiu do papel. Após estudos, chegou-se à conclusão de que a estrutura comercial dos móveis não serviria para a venda de portas, o que implicaria investimento em nova equipe. Então surgiu uma grande luz: a Gazin comprava colchões em grande quantidade e, em determinadas épocas, encontrava certas dificuldades com os fornecedores do produto. Isso foi um alerta para Mário e equipe. A iniciativa de criar nova linha de produção migrou então para a fabricação de colchões, que já era um importante produto da linha de vendas da Gazin.

O empresário, assim, convidou Luiz Custódio e José Roberto Corsine, o Gabira, para montar uma fábrica de colchões que também passou a produzir estofados e a vender molas e espumas. Eles toparam, e o negócio foi feito – quando foi criada a *Holding* Gazin, Mário decidiu incorporar todos os negócios a ela; assim, entrou em acordo com Custódio e Gabira, adquirindo as participações deles.

Os dois tinham grande gratidão por Mário e os irmãos desde longa data. Entre outras conquistas, Gabira realizou o sonho de estudar. O pai dele não havia tido condições de investir nos estudos do filho. Mário sempre dizia aos funcionários: "Gente, vamos estudar e ler! Conhecimento é a maior riqueza que a gente tem!". Dessa forma, em 2000, Gabira e a esposa formaram-se na faculdade. Com seu trabalho na Gazin, ele ainda pagou os estudos do filho arquiteto, para alegria de toda a família!

Assim que a criação da fábrica ficou definida, Mário viajou para Tampa, nos Estados Unidos, para conhecer e entender como ele deveria proceder na sua montagem. Ele seguiu exatamente o modelo da indústria de colchões que foi conhecer. Afinal, se já havia alguém com uma fábrica montada e tendo sucesso, não havia por que provocar grandes mudanças; o melhor seria fazer apenas algumas adaptações. Naquele contexto, Mário constatou as dificuldades que o Brasil enfrentava quanto à logística. Nos Estados Unidos, as entregas são feitas pelo sistema ferroviário, o que barateia o transporte. No Brasil, as remessas vão por caminhões, em rodovias. Para se ter ideia, um caminhão que transporta colchões suporta 12 mil quilos. Mas um caminhão lotado de colchões alcança no máximo 1.600 quilos. Ou seja, o volume da carga para lotar uma carroceria é grande, mas o peso, nem tanto.

Em relação à fábrica, a primeira unidade foi montada em Douradina. Com o desenvolvimento da empresa e a conquista de outros clientes além da Gazin, a estratégia foi criar novas fábricas em outros estados. Colchão é um produto difícil de transportar, já que a peça é leve e grande, o que provoca bastante volume nos caminhões. Por isso, surgiu a estratégia de criar outra fábricas em pontos estratégicos, reduzindo as distâncias de entregas. Dentro dessa mentalidade de expansão, em 2003, foi inaugurada a segunda fábrica, em Vilhena, Rondônia. Quatro anos depois, em 2007, surgiu a terceira unidade, na cidade de Candelária, no Rio Grande do Sul. No ano de 2010, surgiram duas novas fábricas: Feira de Santana, na Bahia, e Jaciara, no Mato Grosso. E, em 2013, surgiu a sexta fábrica, dessa vez de molas, também em Douradina.

Um dos primeiros a tornar-se cliente e a acreditar na linha de colchões que passava a ser produzida foi Francisco Ontivero, o seu Chiquinho, da Lojas Brasília. Ele fazia boas compras da empresa. Mas, como não tinha um grande depósito para guardar tantos colchões, Mário assumiu com ele um compromisso: alugou um espaço para que ele continuasse a fazer volumosas compras e tivesse onde estocar a mercadoria. Eis uma bela estratégia de resolver um problema, agradar e fidelizar o cliente!

ORGANOGRAMA DEFINIDO

Entre o fim de 1998 e os primeiros meses de 1999, aconteceu outro período crítico para a economia mundial e que respingou fortemente no Brasil. Por um lado, em especial nos grandes centros, houve um desaquecimento. Por outro, foi um período de expansão para o Centro-Oeste e também para a indústria, pois, antes do início da crise, a moeda do país, o real, quase se equiparou ao dólar, de modo que as empresas brasileiras modernizaram-se, importando máquinas e tecnologia de produção. Nesse período, houve também o crescimento do setor do agronegócio. Algumas indústrias migraram para as cidades do interior, onde a atuação de sindicatos e também o nível salarial era menor.

Na virada da década de 1990, o agronegócio firmou-se como um forte braço da Gazin. Eram os primeiros passos de uma caminhada que levaria à profissionalização da empresa. Nesse momento, as ações estavam definidas dentro do organograma. Mário era o principal gestor, o presidente da Gazin. Quanto aos irmãos, Rubens fixou-se no agronegócio; Jair, na padronização, reforma e construção das lojas, assim como na expansão da rede; e Antonio, no departamento de compras; já o cunhado, João José da Silva, assumiu a área financeira.

VOLTAR A ESTUDAR

Quando o filho nasce, todo pai quer ver o filho doutor. Meu pai também queria. Entre os meus filhos, apenas a Valéria se formou; o Adriano e o Marcelo, não. Quem não estuda, muitas vezes só "entra" se "chutar e arrombar a porta". Já quem estuda tem a "chave" que abre a porta.

Por pensar assim é que Mário Gazin fez questão de, mesmo sem concluir o ensino médio, frequentar como "ouvinte", ou "aluno especial", a faculdade. Isso lhe daria o direito a assistir e participar do curso, mas sem outorga de grau ao final do mesmo, ou seja, se formar e receber o diploma. Quando estava com cinquenta anos, em 2000, Mário cursou em Maringá a Trecsson Business, faculdade de Administração de Empresas conveniada à Fundação Getúlio Vargas do Rio de Janeiro (FGV-RJ). O objetivo era o de aprender o lado técnico da Administração. Por manter sua tradição humilde, Mário comentou com um dos professores sua intenção de melhorar a forma de se expressar. Deixar de "tropeçar" em algumas palavras.

O professor foi direto:

– Mário, você deve continuar com a sua naturalidade. Use o dinheiro que gastaria para descaracterizar a sua marca e o invista ainda mais nos estudos.

A faculdade foi concluída em três anos. Mário tinha aulas intensivas às segundas e terças, até as 13h, quando retornava para Douradina. A classe era composta por alunos experientes e com alto grau de liderança, o que elevava o nível. Era puxado, mas valia a pena. Além do estilo bastante participativo, Mário divertia a turma. Como certa vez em que colocou uma placa na sala, para mexer com um professor de Gestão que dava muitos trabalhos para serem feitos e entregues na aula seguinte: "Professor Irã, tu és o capeta da minha vida". Claro, os alunos, e também o professor Irã, deram muitas risadas.

Mário reclamava do excesso de atividades a serem feitas em casa e dizia: "Irã, não me sobra tempo para fazer as lições; eu trabalho dezesseis horas por dia". O professor devolvia: "Vamos então fazer contas: Bem... você trabalha dezesseis horas e o dia tem vinte e quatro. Então, sobram oito horas para você se dedicar às tarefas que determino". O recado foi dado! Ou melhor, o recado fora muito bem dado! E Mário gostou do "puxão de orelhas" que levou.

Outro fato curioso. Imagine qual a matéria em que Mário ia pior? Pois bem, um empresário tão respeitado tropeçava justamente na disciplina em que era *expert*: liderança, ministrada pela professora Irene Badaró, por quem Mário expressava respeito e carinho. Isso serviu de grande lição: "Quanto mais a gente conhece sobre um tema, maior é a nossa chance de errar".

Nas aulas, um dos momentos mais marcantes de Mário, que era questionador, foi quando abordou o tema "mudanças". O empresário relatou, com toda a experiência adquirida como principal gestor da Gazin, sobre a dificuldade que as pessoas têm de aceitar mudanças, sejam elas pessoais ou profissionais:

– Mudanças podem ser positivas ou negativas. As positivas abrem grandes portas. As negativas exigem frieza para agir, recuar e não persistir no erro. Muitas vezes, mudanças negativas transformam-se em grandes oportunidades.

HOLDING GAZIN

A família dos Gazin crescera... Eram quatro irmãos (Mário, Rubens, Jair e Antonio) e uma irmã (Cidinha), todos casados e com filhos, alguns também já em matrimônio. Era preciso então encontrar um meio de, como sempre diz Mário, "proteger" a empresa. Assim, ele e os irmãos encontraram a melhor fórmula para definir certas regras quanto à forma de gestão e de continuidade da companhia: criar a *Holding* Gazin.

A empresa paranaense vivia ainda a primeira geração, ou segunda, se levarmos em conta o investimento inicial de Alfredo Gazin no negócio. Certo mesmo é que a segunda ou terceira geração, não importa, estava prestes a entrar na empresa. Aliás, Mário iniciara a preparação para aquele momento em 1993, quando começou a estudar sobre empresas familiares, como a italiana Parmalat e a norte-americana Cargill.

Como já dito, os sócios têm filhas e filhos que constituiriam suas próprias famílias, e os agregados também poderiam querer trabalhar na empresa. Por isso, a preocupação era a de estabelecer um estatuto. Mário ainda dizia aos irmãos e a pessoas próximas:

> "Quero definir tudo para as gerações futuras: como e onde eles podem trabalhar na Gazin, exigências que terão que cumprir, qual o nível de qualificação, a retirada, o grande legado que precisam ajudar a manter vivo... Não quero que no futuro nossos filhos e netos passem em frente à sede da Gazin e digam: *Um dia tudo aquilo foi do meu pai – ou avô – ...*"

Muitos acharam prematura a decisão de uma *holding*. Mário, o mais velho dos irmãos, estava com cinquenta anos. Geralmente, isso acontece quando os fundadores têm mais idade. Mas a intenção foi justamente esta: ser mais rígido nas regras. Entre elas, a restrição do ganho dos acionistas. Obviamente, eles retirariam salários e dividendos, mas a grande parte do lucro seria reinvestida na empresa.

Outro fator determinante: a *holding* foi criada para que a Gazin tivesse um amanhã promissor. No processo de formação da *Holding* Gazin, foi sugerido que todos os CNPJs das empresas que compunham o grupo fossem unificados. Alguns negócios que a Gazin mantinha em parceria com sócios, como a fábrica de colchões, foram incorporados à *holding*, e os parceiros tiveram suas ações adquiridas. Na montagem da *holding*, os irmãos Gazin transferiram todos os seus bens para a recém-criada unidade de comando central. A estratégia era unificar os patrimônios familiares e, na sequência, efetuar uma divisão societária. Contudo, além de não ter sido fácil essa composição, foi uma ação bastante custosa.

Com o crescimento da Gazin, um importante patrimônio foi montado. Mário investira na compra dos prédios das lojas e outros imóveis. Mas, em vez de colocar essas propriedades em seu próprio nome, Mário dividira o patrimônio entre os irmãos, colocando-os alternadamente como donos nas escrituras. Havia um motivo para isso, mesmo sendo ele o sócio majoritário: o receio de que no futuro ele pudesse ser acusado de favorecimento. Isso nunca aconteceu. Por isso, custou bastante dinheiro centralizar e passar todos os bens para a *Holding* Gazin. Mas a família concordou. Mário assim disse:

– Não havia outro caminho. Era o mais certo a ser feito.

A iniciativa, que partiu de Mário, chegou a um consenso ao definir-se que os cinco irmãos e seus respectivos pares teriam 10% de ações cada. Assim, por ordem de nascimento, Mário, Rubens, Jair, Cidinha e Antonio teriam cada um 10% de ações; as esposas dos irmãos também teriam 10% de ações cada, assim como João José da Silva, esposo de Cidinha.

Mário chegou a definir desta forma:

– Teremos todos partes iguais, pois o Rubens, o Jair, o Dóia, o João e eu trabalhamos na empresa.

Por ser o caçula, Antonio, o Dóia, levantou uma questão:

– Eu sou o mais novo e, por isso, entendo que mereço um percentual menor.

Mário, falando em nome dos outros irmãos, não aceitou:

– As ações são iguais para todos os irmãos! Se nós, os mais velhos, cuidamos de você até hoje, saiba que no futuro será você quem cuidará de nós.

A relação que Mário mantém com o dinheiro é a de instrumento de crescimento da companhia. Como ele sempre diz: "Quase tudo que ganhamos nós investimos na empresa. Retiramos um salário para poder viver bem. No mais, buscamos fortalecer a Gazin. Tanto que 94% do nosso lucro líquido é recolocado na empresa; nós, os sócios, dividimos os 6% restantes".

Não há como negar que, com tantas regras novas, a empresa ficou mais lenta, engessada. A partir dali, a autonomia estava limitada. Haveria um Conselho de Administração que seria supremo na grandes decisões. A configuração do Conselho, composto por sete pessoas, ficou assim definida: dois acionistas (Mário e Rubens), dois executivos da Gazin e três profissionais externos; os mandatos dos conselheiros externos vigorariam por dois anos, podendo serem eleitos para apenas mais uma nova gestão de um ano.

SURGE A UNIGAZIN

Ainda no fim da década de 1990, foi criada a Universidade Corporativa Gazin (UNIGAZIN). A ideia nasceu da então psicóloga da empresa, Armelinda Michelan. Um grupo de gestores da Gazin, incluindo Mário, agendou uma visita à empresa Máquinas Agrícolas Jacto S/A, na cidade de Pompeia, interior de São Paulo. Ali, havia uma escola técnica desenvolvida para qualificar os filhos dos agricultores; Mário quis conhecer o modelo praticado.

O presidente da empresa, Shunji Nishimura, amigo de Mário que cultivava por ele grande admiração, abriu as portas da empresa. Mário gostava muito de Nishimura, assim como de sua biografia. Nascido no Japão, quando estava com quase vinte anos o "Seu Nishimura", como Mário costuma chamá-lo, decidiu ir em busca de novos rumos profissionais no Brasil. Ele trabalhou em algumas cidades, como o Rio de Janeiro, até que se instalou no interior paulista, em Pompeia, onde criou a primeira polvilhadeira nacional, que deu origem à Máquinas Agrícolas Jacto S/A.

Bem, mas assim que o projeto foi colocado em prática, os cursos de graduação e pós-graduação, e depois MBA, passaram a ser desenvolvidos nas salas do prédio construído especificamente para sediar a UNIGAZIN. As aulas, de alto nível, são ministradas por professores de destaque ligados às principais instituições de ensino do país, como a FGV, a Fundação Dom Cabral, a Universidade do Oeste do Paraná (UNIOESTE), entre outras. Na época, eram poucas as universidades corporativas. A Gazin oferecia os cursos sem custos para os funcionários, além de pagar 50% de bolsa para os funcionários que optavam por estudar em outras universidades. A Gazin chegou a dar 100% de bolsa para quem estudava em universidades particulares, mas, em função do alto número de reprovações, o percentual foi reduzido para 50%, embora os outros 50% pudessem ser recuperados pelos bons alunos.

Isso se deu porque, certa vez, Mário Gazin foi visitar a Universidade de Pádua, na Itália. Ali, soube que havia uma empresa que pagava apenas metade do curso. Mas, se o aluno tirasse uma nota acima de 8,3, a empresa devolvia os outros 50%. Na mesma hora, Mário ligou para o Brasil e determinou que a regra fosse implantada para o ano seguinte. A única mudança foi a de que a nota mínima para recuperar metade do investimento seria 8 e não 8,3, como na Itália.

A Unigazin faz parcerias com as principais instituições de ensino do Brasil. Mesmo sem apoio governamental, anualmente a Gazin disponibiliza recursos e amplia seu braço educacional: em 2015, os investimentos foram da ordem de 20 milhões de reais.

• • •

Antes da virada da década de 1990, foi construído um novo escritório numa área de 2 mil metros sem paredes ou divisórias internas. Mário trouxe o modelo arquitetônico do Japão, da Panasonic, onde estivera anos antes. Foi reservada ainda uma área enorme para estacionamento. Houve quem "satirizou": "Mas, Mário, o seu pessoal não tem mais do que meia dúzia de carros... *Pra* que construir um escritório tão grande? E por que tantas vagas de garagem?". O empresário mostrava otimismo: "Porque eu acredito no meu país e na Gazin! Vamos crescer muito ainda!".

Nem todos colocaram a "mão no fogo" por isso. Mas a verdade é que, dois anos depois, o espaço não suportava mais a demanda e foi necessário construir nova garagem para acomodar os veículos.

REVER UM VELHO AMIGO

Era fim da tarde de sábado. De repente, a filha de Antonio Ciríaco, professor e palestrante, avisa ao pai:

– Tem um casal lá na porta de casa! O homem não quis falar o nome dele; apenas disse que o senhor ia ficar surpreso em revê-lo.

Quem seria? Ciríaco andou alguns passos até a entrada e, ao ver o casal, gritou:

– Cecília! Mário Gazin! Que alegria!

Era mais uma das atitudes inesperadas de Mário: visitar amigos antigos. Todos entraram na casa e logo as lembranças dos tempos em que trabalhavam para Sebastião Rubira dominaram a conversa: "Lembra quando você atropelou o cavalo do homem?", dizia um. "E quando quebrou o banco velho em que estávamos sentados no cinema?", recordava o outro... E eles ficaram por quase uma hora numa conversa gostosa, descontraída. A partir daquele reencontro, os amigos passaram a se encontrar com mais frequência.

• • •

Em 1999, no dia 16 de novembro, Mário completou cinquenta anos. Houve uma grande comemoração, com direito à exibição de um filme sobre a trajetória do empresário. No entanto, a partir dali, Mário esquivou-se de comemorar os aniversários futuros. Geralmente, nessas datas, ele viaja e fica praticamente incomunicável. É comum perguntarem: "Seu Mário, por que o senhor não comemora mais o seu aniversário? A gente nem consegue cumprimentá-lo...". Ele não se nega a confessar o real motivo:

> "Na minha festa de cinquenta anos, mostraram um filme. Aquilo mexeu comigo. Fiquei muito tocado, mas também chocado. Cinquenta anos haviam se passado... Eu vi no filme

a transformação que a vida tinha feito comigo. Preferi, a partir daquele dia, curtir meu aniversário de forma isolada. Nada de presentes, bolo, parabéns... Na maioria das vezes, inclusive, passei o meu aniversário em viagens internacionais. Esse é um hábito que não pretendo mudar!"

CAPÍTULO 6

A FORMAÇÃO DO CONSELHO CONSULTIVO

Após a fundação da HOLDING, foi criado, em 2000, o primeiro Conselho Consultivo. Mário Gazin sempre foi o responsável pelos convites aos integrantes. Até concorrentes de mercado, como o "Seu Chiquinho", da Lojas Brasília, já participaram do Conselho. Certa vez, Mário foi até Mandaguari convidar um dos irmãos de uma família proprietária de uma fábrica de móveis fornecedora da Gazin para assumir uma das vagas. O homem ficou envaidecido, mas tentou argumentar:

– Seu Mário, sua empresa é grande e nós somos dez vezes menor. O que o senhor quer que eu faça lá? Posso até atrapalhar. Nossos problemas e soluções estão em outra dimensão.

Mário respondeu:

– Temos que ter pessoas competentes ao nosso lado, independentemente do tamanho dos negócios que elas possuam. Nós mantemos a nossa essência. Começamos pequenos e crescemos, mas nunca esquecemos ou passamos por cima daquilo em que acreditamos. No Conselho da Gazin, precisamos de gente séria como você! – disse, e o fornecedor aceitou o convite.

Naquele período, um consultor de origem japonesa, que era bastante rígido com a pontualidade, costumava trancar a porta da sala de reuniões depois do horário marcado. Quem por algum motivo chegasse atrasado ficava de fora. Depois da segunda reunião, não houve quem se aventurasse a atrasar. Mário gostou tanto da aplicação da regra que a adotou na sua vida pessoal e profissional.

• • •

No início dos anos 2000, uma importante novidade foi implantada na rede: a abertura de mais de uma loja na mesma cidade. A iniciativa ajudou a "baratear" o investimento em propaganda e logística, além de favorecer a clientela e brigar mais fortemente com a concorrência. Em algumas cidades, muitas lojas foram abertas. Alguns exemplos são as cidades de Rio Branco (dez), Porto Velho (nove), Ji-Paraná (cinco), Rondonópolis (quatro), Vilhena (quatro), Corumbá (três), Sinop (três), Tangará da Serra (três), Cáceres (três), Cacoal (três) e Rolim de Moura (três), além de várias outras cidades com duas filiais.

Outra grande "sacada" no mesmo período foi a abertura de lojas virtuais. Havia filiais com o *mix* de produtos definido. As lojas virtuais eram montadas em salas com computadores onde a venda era operacionalizada pelo sistema integrado. Essas lojas perduraram por alguns anos até serem incorporadas pelas lojas físicas, que passaram também a vender por terminais.

NOVAS DEFINIÇÕES DE MARKETING

Depois da criação da *holding*, também o marketing teve seu direcionamento transformado. O trabalho deu-se no sentido de unificar as ações. Antes, havia liberdade para que cada loja agisse da forma como entendesse. A partir dali, começou a padronização da marca e das ações.

O processo inicial de conscientização teve um tempo de maturação de três anos, até 2003. Era uma mudança de cultura: todas as ações deveriam partir da matriz. Mas o efeito foi muito positivo, pois logo a imagem da Gazin ganhou abrangência nacional. A evolução foi tão satisfatória que uma ação demandada pelo escritório central em algumas poucas horas já estava espalhada por todas as lojas.

Isso consolidou-se no grupo, incorporando-se não só ao varejo, mas também ao atacado e à fabrica de colchões e suas campanhas; cada qual era definida dentro do percentual da verba estipulada pelo Departamento de Marketing.

• • •

No início dos anos 2000, depois de passar por sérias dificuldades pessoais e financeiras, como fechar as operações das lojas, além de ter sido sequestrado, o empresário Girz Aronson, da G. Aronson, retornou ao mercado. No passado, Girz chegou a ser conhecido como “o inimigo número um dos preços altos”. Naquele momento, o homem estava com 83 anos. Mário conversou com ele, que era considerado um bom amigo. Em respeito à ajuda que o empresário havia dado a ele ainda nos primeiros anos de Gazin, Mário abriu as portas do Atacado para Girz Aronson, que passou a ser cliente assíduo.

O carinho que Mário sentia pelo homem era tão grande que ele o convidou para acompanhá-lo numa viagem ao Nordeste. Girz aceitou e integrou a comitiva composta também por um grupo de funcionários da Gazin.

ATITUDE DIFERENTE

O que está acontecendo?
Por que essa confusão toda?

Ano de 2000. Filial de Vilhena, Rondônia. A pergunta foi feita por Mário Gazin, que acabara de chegar à loja, a Paulo Sergio Martins. Ele havia sido recém-contratado. O comércio estava em promoção e Paulo Sergio, na tentativa de chamar ainda mais atenção para a loja, soltou alguns rojões. O rapaz então respondeu:

– Entre! – disse, já puxando o homem pelo braço. – Estamos numa grande promoção, a maior da cidade!

Os outros funcionários, que já sabiam que o "convidado" se tratava de Mário Gazin, começaram a cutucar e a fazer caras e bocas para o vendedor. Mas Paulo Sergio não entendeu por ainda desconhecer quem era Mário. Até que um deles gritou:

– É o seu Mário Gazin!

O rapaz começou então a explicar ao patrão que ele soltara um rojão que estourara no telhado do banco vizinho. Nesse ínterim, o gerente do banco entrou na loja e, irritado, começou a tirar satisfações com Paulo Sergio. Mário aproximou-se, para acompanhar a conversa. Ao ser questionado sobre os prejuízos, Paulo Sergio respondeu:

– Não se preocupe! A nossa rede é rica e vai pagar tudo!

O clima foi-se acalmando aos poucos. Depois disso, Mário convocou a todos para uma reunião. E elogiou a postura de Paulo:

– Todos deveriam agir como esse rapaz. Ele soltou o rojão, buscou consertar a situação e ainda tentou trazer-me para dentro da loja para vender mercadorias. Por isso, vou dar-lhe um presente – falou o empresário, entregando ao rapaz um vidro de perfume importado.

A fama de festeiro do vendedor se espalhou. Mário gostava disso e também dos bons resultados dele nas vendas. E por causa dos rojões, logo ele virou "Paulinho Fogueteiro". Foram dez anos de trabalho na Gazin, assumindo, inclusive, algumas gerências de lojas. Depois, Paulinho passou a ser representante de algumas marcas importantes que tinham a Gazin como cliente.

Os dois, Mário e Paulinho, desenvolveram uma relação estreita, paternal. Certa vez, mesmo sem saber de quem se tratava, Mário conheceu o pai de Paulinho numa feira no Acre. O homem havia saído de casa quando o menino tinha 9 anos, e eles ficaram anos sem se falar. Depois das apresentações, o homem disse:

– Gazin, eu tenho um filho que trabalha com você! É o Paulo Sergio Martins.

Mário, que sabia da história, olhou bem para o homem e disse:

– Sim, a gente o chama de "Paulinho Fogueteiro". Mas ele não é seu filho, é meu!

ANTÍDOTO CONTRA A CRISE

Crise? Vamos acordar mais cedo e trabalhar ainda mais, Daniel!

Em tantos anos de relacionamento comercial e de amizade, Daniel Trevisan, diretor da Brinquedos Bandeirante, jamais viu Mário Gazin deixar-se abater por períodos de dificuldades econômicas do país. E foram muitas. O empresário sempre tinha uma palavra de otimismo e uma orientação a dar. Tudo isso envolto a muito respeito e humanismo, além de grande coragem nos negócios. Como aconteceu no início dos anos 2000, quando Daniel levou uma linha de brinquedos totalmente reformulada e que encheu os olhos de Mário; tanto que ele comprou perto de 18 mil peças, um pedido bem acima da média que ele adquiria mensalmente.

Jamais Daniel presenciou Mário gabar-se dos resultados da Gazin ou mesmo de associá-los a algum feito na primeira pessoa do singular ("eu"); em todas as ocasiões, foram utilizadas a primeira pessoa do plural ("nós"). Quando está em Douradina, é certo que logo cedo Mário passe no hotel e leve Daniel para andar pela cidade, para fazer exercício. Durante o trajeto, as conversas são as mais diversas possíveis.

Mário também tem grande gratidão por Daniel e pela empresa que ele representa. A conduta e relação comercial sempre foi de parceria extrema, independentemente do momento econômico vivido pelo país. Até mesmo em fins dos anos 1990, quando a Gazin passou por difícil período de adaptação fiscal, o fornecedor manteve-se como fiel parceiro.

OUTRO LÍDER NO GRUPO

Você quer saber como é a Gazin?
Anote aí: A Gazin é gente!

Essa foi a avaliação recebida por Paulo José da Silva, o Paulo Melancia, ao perguntar a alguns amigos e funcionários da Gazin sobre como era a empresa. O rapaz cursava Administração de Empresas e trabalhava como técnico em segurança num hospital de Umuarama, o que lhe valeu convite para realizar uma palestra na Semana Interna de Prevenção de Acidentes do Trabalho (SIPAT) da Gazin, em Douradina. A palestra agradou bastante.

Pouco tempo depois, em janeiro de 2000, o técnico responsável por segurança do trabalho da Gazin desligou-se da empresa. O nome de Paulo surgiu nas conversas entre a direção e ele foi convidado a participar do processo seletivo. Na entrevista com a psicóloga, Paulo ouviu pela primeira vez falar em Mário Gazin. Ali ele soube algumas características do empresário:

– O seu Mário admira quem quer aprender, incentiva e dá até bolsas de estudo para os funcionários – disse a psicóloga.

Em 10 de março ele iniciou na Gazin. Além das avaliações positivas dos amigos, o fato de melhorar a remuneração, o incentivo aos estudos e o desafio atraíram-no. Paulo cuidava de toda a área de segurança, inclusive da fábrica de móveis. Os primeiros contatos com o presidente da empresa aconteceram nas reuniões técnicas, em que Mário esteve sempre presente, trocando ideias sobre a área.

O primeiro grande desafio de Paulo foi passar pelo teste da "brigada de incêndio", uma simulação. Aconteceu num sábado à tarde, durante treinamento teórico, justamente para pegar o pessoal "desprevenido" e colocar literalmente à "prova de fogo" os responsáveis pelo setor. Mário manteve-se à distância, acompanhando o desenrolar da situação. A simulação ocorreu justamente no depósito de madeira, onde um possível incêndio seria de enormes proporções. Mas a equipe entrou rapidamente em ação e deu conta do recado.

O ainda recém-contratado Paulo Melancia vibrou com aquilo. Ele e sua equipe haviam sido acionados de surpresa. Então ele aprendeu outra característica de Mário Gazin: a de procurar manter seu grupo de trabalho em comprometimento constante, seja atuando pela empresa, seja nas atitudes (como desprezar um prego ou pedaço de papel jogado no chão).

Em 2001, Paulo organizou com a equipe mais um SIPAT. Foi criado um túnel para que os funcionários se colocassem numa simulação de três situações de acidentes, sendo os resultados avaliados individualmente. Mário acompanhou e gostou tanto do resultado que determinou:

– Hoje vai ter "janta". Vamos fazer um churrasco! – Era uma forma de valorizar o empenho de todos.

Aos poucos, Paulo foi-se interessando em estudar outras áreas da empresa, como financeira e *marketing*, pensando justamente num plano de carreira na Gazin. Numa de suas viagens profissionais a São Paulo, ele pegou o folheto de uma determinada rede de supermercados e ali estava escrito no rodapé: "Garantia estendida". Esse era um serviço que a Gazin não oferecia aos seus clientes. Paulo pesquisou sobre o tema. Mas como era um serviço e não um seguro, não havia muitas informações. Mesmo assim, com o material que reuniu, Paulo montou um projeto para apresentá-lo a Mário. Na reunião, o patrão perguntou:

– Onde você arrumou o projeto?

– Eu mesmo montei, seu Mário.

– Você sabe por que a garantia da máquina de costura é maior que a de TV?

– Sim, o motivo é que a máquina pode ser movimentada e a TV fica basicamente estática. Então, a chance de a máquina quebrar é maior.

O empresário aprovou o plano e as explicações. Antes mesmo que a conversa pudesse entrar no tema monetário, Paulo adiantou:

– Seu Mário, eu não viso nenhuma recompensa com o projeto. É um presente meu para a Gazin, para devolver à empresa um pouco daquilo que a companhia faz por mim, como pagar os meus estudos.

Mário sorriu e agendou o próximo encontro:

– Quero que você esteja aqui na quarta-feira, para participar de uma reunião.

Era agosto de 2002. A reunião agendada contaria ainda com a participação do pessoal de uma multinacional, que lá estava justamente para oferecer um plano de extensão de garantia. Paulo participou do encontro e fez inúmeras perguntas: se eles tinham concorrentes e quais eram as principais empresas do mercado, quanto pagavam de comissão etc. Lá pelas tantas, Mário pediu a palavra e surpreendeu a todos, perguntando ao executivo da multinacional:

– Quanto você ganha? Quero montar a garantia estendida na Gazin. Você e o Paulo vão tocar o departamento.

O executivo pediu um tempo para pensar. Dias depois, o executivo declinou ao convite:

– Ele não vem! Vamos meter os peitos? – perguntou Mário a Paulo Melancia, que deu sinal verde.

Mário ainda tentou trazer outro profissional de referência no mercado. Dessa vez, teve êxito. Mas, dias depois, Mário pediu a Paulo Melancia e ao recém-contratado para ajudar no transporte de uns latões. O rapaz negou-se, dizendo que aquilo não era serviço para ele. E pediu demissão!

Depois da saída dele, Mário teve uma conversa com Paulo Melancia, que seguiu no projeto. O empresário queria que em cinquenta dias o sistema estivesse em funcionamento. Com isso, promoveu Aparecido Benedito, o Cafu, para trabalhar ao lado de Paulo. Seria preciso a parceria de uma seguradora, que, ao lado da Gazin, chancelaria os produtos vendidos. Foi quando Paulo e Cafu conheceram Marco Antonio Muzi, cuja empresa representava uma importante seguradora na época, a Mapfre. Ele fez a intermediação e conquistou a Gazin como cliente. Marco era filho de Ademocracino Lourenço Muzi, representante que se tornou próximo de Mário e por quem o empresário tinha enorme respeito e carinho.

No prazo determinado, a Paranatec, nome da empresa criada para administrar os serviços financeiros, estava funcionando. Com o passar do tempo, todo o sistema foi transformado e modernizado. Outros serviços foram agregados e oferecidos, como, em 2004, a venda de seguros de vida, de carro e prestamista (proteção financeira de seguro desemprego e invalidez), entre outros. Também um combinado de capitalização, com diárias de internação hospitalar, assistência odontológica e o seguro premiado, foram criados. Nasceu depois o Consórcio Gazin, com oferta de automóveis, motocicletas, serviços, eletroeletrônicos e, anos depois, imóveis.

Obviamente que esses serviços e produtos sendo chancelados pela marca e a história da Gazin davam segurança ao mercado e aos consumidores. No início, os resultados ainda eram modestos. Mário estimulava, dizendo: "Tenham paciência, estamos só começando. Façamos a nossa parte, que é trabalhar com dedicação, e vamos em frente!".

Era isso mesmo! Precisava estimular a equipe. Em seis meses, dentro da participação no faturamento geral da empresa, os números das vendas já eram expressivos e apresentavam boa rentabilidade. Além da criação da Paranatec e do Consórcio Gazin, o maior arrojo está justamente no fato de a empresa, em vez de terceirizar esses serviços, servindo como uma representante comissionada, desenvolver tudo internamente.

Quando o empresário tem uma ideia, ele liga no mesmo momento para o responsável pela área em questão e a compartilha, pedindo para que seja estudada a viabilidade. Como numa vez em que sugeriu um preço popular para o seguro com capitalização. A situação foi estudada e chegou-se ao cálculo de um número acessível, o que rendeu milhares de planos vendidos por mês. Ou como, em certa ocasião, já nos anos 2000, em que Mário sugeriu consórcios de televisores de LCD com planos de seiscentos reais. Os aparelhos chegavam a custar bem mais do que isso. A justificativa dele foi: "Os preços vão baixar!".

Aquilo parecia improvável! Pois logo vieram os televisores de LED com tecnologia ainda mais avançada e preços menores. Alguns aparelhos realmente estavam na faixa dos seiscentos reais. A antevisão é uma das principais características e um dos grandes diferenciais dos empreendedores.

CONTRATANDO MAIS UM TALENTO

Você é o Maurício Churkin? – O rapaz confirmou. – Então, eu preciso de alguém que me ache uma forma legal de reduzir a carga que pago de impostos. Tenho um crédito importante de ICMS que está parado. Até hoje, ninguém conseguiu resolver...

Em 2002, indicado por um amigo, Mário Gazin apareceu no escritório da Electrolux, em Curitiba. Ele lá esteve justamente para falar com Maurício Churkin, recomendado como um excelente contador. O empresário buscava uma solução fiscal para o problema. O jeito humilde de se apresentar de Mário deixou Churkin indeciso. Ele imaginou que Mário tivesse umas duas ou três lojas. Mesmo assim, resolveu ajudar:

– Pode deixar! Eu vou resolver isso para o senhor! – afirmou o contador.

Depois, lendo e investigando o processo, percebeu tratar-se de uma rede de varejo importante, a caminho das cem lojas. No encontro seguinte, ele perguntou:

– O senhor é o dono disso tudo?

– A família e eu. Temos algumas lojinhas... – disse com simplicidade.

Churkin fez um belo trabalho e, depois de um ano e meio, tudo estava solucionado. Como forma de gratidão, Mário quis recompensá-lo:

– Você pode escolher o carro que quiser que eu lhe dou de presente!

Encabulado, Churkin não aceitou a oferta e colocou-se à disposição para colaborar sempre que fosse necessário. Mário ainda tentou convencê-lo a aceitar, mas sem sucesso. Ele encontrou então outra forma de persuadi-lo. Meses depois, procurou novamente o rapaz:

– Churkin, eis aqui o balanço da Gazin. Preciso que você faça um estudo para que possamos reduzir o valor que pago de Imposto de Renda. Está muito elevado.

Outra vez, Maurício comprometeu-se a estudar alguns benefícios que pudessem ser aplicados. Novamente, Churkin teve sucesso no trabalho. Concluído o processo, Mário fez a oferta:

– Quero que você trabalhe comigo na Gazin. Podemos negociar um bom salário para que você se mude para Douradina.

Lisonjeado, Maurício agradeceu, mas declinou do convite. Mário realmente queria que Maurício trabalhasse na Gazin. Assim, fez a segunda e depois a terceira investida. Ambas foram novamente recusadas. Até que Mário deu o "ultimato":

– Maurício, este é o quarto e último convite que lhe faço! Você aceita trabalhar na Gazin?

Para alegria de ambos, dessa vez a resposta foi positiva. Eles acertaram o salário e, trinta dias depois, Churkin iniciou na empresa. O rapaz assumiu a gerência de controladoria, responsável pelas áreas de custo, fiscal, contabilidade, parte tributária e controles internos. Naquele momento, Mário estava em viagem e não pôde recepcioná-lo. Assim que retornou, marcaram de conversar. Foi quando o patrão pôde dar as boas-vindas:

– Maurício, desenvolva uma excelente equipe. Temos um rico material humano à sua disposição na empresa.

Eles ainda falaram sobre mais alguns detalhes. Quando a reunião parecia estar encerrada, Mário disse:

– Quando você me ajudou com o problema do ICMS, eu prometi lhe dar um carro e você negou-se a recebê-lo. Agora que você trabalha na minha empresa, quero recompensá-lo. Então, escolha o modelo!

Maurício tentou desconversar. Mário encurralou-o, dizendo que não haveria escapatória. Depois de muita insistência, o contador disse:

– Está bem, eu agradeço e aceito. Quero então um Audi.

– Eu falei um carro... Não um Audi... – E ambos riram da brincadeira.

Dali em diante, Maurício passou a ser o responsável pela controladoria da empresa e também por desenvolver internamente equipes de alto nível para que não fosse necessário buscar profissionais no mercado. Todo um trabalho interno e externo, que envolveu parceria com uma auditoria, a Ernst & Young (EY), foi desenvolvido. Inclusive, de formação e aplicação da governança corporativa, iniciada em 2007. Assim, a Gazin tornou-se pronta para adaptar-se a qualquer transformação que pudesse acontecer no mercado, independentemente de qual fosse!

REEDUCAÇÃO DA EMPRESA

Ainda em 2002, foi implantado na Gazin o sistema *5S*. Este é mais um dos métodos japoneses de gestão que trabalha "sensos" que devem ser incorporados por todas as organizações que prezam por um bom desempenho. Cada "S" corresponde a uma palavra em japonês. São eles: *Seiri*: Senso de utilização; *Seiton*: Senso de ordenação, ou seja, ter um espaço organizado; *Seiso*: Senso de limpeza; *Seiketsu*: Senso de normalização; *Shitsuke*: Senso de autodisciplina.

Foram muitas reuniões e palestras sobre o modelo que seria aplicado. Nos últimos dias de trabalhos intensos para a aplicação da metodologia, Mário Gazin levou um grupo de pessoas para almoçar. Um deles era Luiz Aparecido Custódio. Depois do cafezinho, Mário pagou a conta e comprou balas, dividindo-as entre o pessoal. Pasmem... excluindo-se Mário, todos os integrantes abriram a bala, colocaram o doce na boca e... jogaram o papel no chão. Justamente as pessoas que estavam à frente da implantação do sistema *5S*.

Distribuir a bala foi uma atitude intencional de Mário, que queria testar o pessoal. Ele foi até os papéis que estavam no chão, catou-os um por um e colocou-os no lixo. E não precisou dizer nada. Sua atitude falou muito mais do que as palavras. O recado foi dado. A mensagem foi transmitida. E as pessoas ali presentes perceberam que o sucesso da implementação do sistema dependeria do comprometimento de cada um.

Limpar gavetas e armários era ainda uma etapa do sistema. Mário detesta ver armários e gavetas com material desnecessário. Como costuma dizer: "Esses compartimentos escondem lixo". Ele sempre pedia que aquilo que não fosse mais útil pudesse ser vendido ou doado.

GRANDES ENSINAMENTOS

Como não tem o produto? Olhe o tamanho do meu estoque! Filha, nossa base é ser honesto, mas nunca podemos dizer não ao cliente. Nunca desista do seu cliente!

O jeito de falar é mesmo de Mário Gazin. A conversa aconteceu no início dos anos 2000 entre ele e Rosangela Bonelli. A moça já trabalhava na empresa havia alguns anos e passou por vários setores até ser vendedora de loja e, na sequência, do Atacado. O fato que provocou a fala do patrão aconteceu depois que um cliente queria comprar determinado modelo de televisor. O preço estava dentro do orçamento do homem, mas Rosangela checou o estoque e viu que aquele tipo de aparelho estava em falta. Ela então disse:

– Infelizmente, não temos o produto no estoque.

Mário, que estava de passagem, "salvou" a venda. Intercedeu e disse ao cliente que havia outros modelos tão bons ou melhores do que aquele. E deu o "golpe de mestre":

– Recebemos produtos diariamente. Vou checar no meu sistema quando teremos o televisor no depósito.

Realmente, a previsão de chegada era para aquela mesma semana. Se o preço de venda estava aprovado, e o produto chegaria em pouco tempo no estoque, a venda estava feita! Depois de tudo finalizado, Mário então explicou para Rosangela que jamais se deve negar uma venda antes de verificar todos os pontos: se não houver estoque, é preciso confirmar no escritório quando chega o produto; buscar saber se há mercadoria similar que agrade ao cliente; descobrir uma outra necessidade do consumidor e elevar o valor da venda etc.

Aquilo serviu como um grande aprendizado para Rosangela. Foi uma verdadeira aula de vendas que ela carregou consigo na sólida carreira que construiu na empresa: "Nunca desista do seu cliente!". A frase tornou-se o seu lema na área comercial. Rosangela sempre recebeu grandes ensinamentos na convivência com Mário, tanto para a vida pessoal quanto para a profissional, principalmente, com os exemplos de conduta do patrão: criar e alcançar as metas, correr atrás dos sonhos e ter conduta ilibada. Muitas vezes, o aprendizado veio por meio de um "puxão de orelhas". Em algumas dessas situações, Rosangela até chorou por ter sido repreendida. Mas após analisar a situação, chegava à conclusão de que o patrão estava certo. Rosangela então procurava transformar a "bronca" em aprendizado.

Especialista em conhecer pessoas e em tirar delas o que podem oferecer de melhor, Mário também foi o responsável pela transição de Rosangela na empresa. A vendedora estava desgastada com a rotina do trabalho e colocou o cargo à disposição. Em vez de aceitar a demissão, Mário deslocou-a para o Atacado, onde ela saiu-se muito bem!

Outra situação incrível aconteceu quando, casualmente, eles se encontraram na área rural de Douradina. Era um sábado de manhã. Mário andava pela região para comprar verduras diretamente da horta de um conhecido. Coincidentemente, Rosangela estava colhendo jabuticabas no sítio em que ela mora. Eles se cumprimentaram e o patrão disse:

– Nossa, minha filha, que coisa linda! Você mora no paraíso!

Eles ainda conversaram por mais alguns minutos. Depois que Mário partiu, Rosangela ficou a mirar cuidadosamente a sua propriedade e tudo o que estava a sua volta. Depois de alguns minutos, ela disse em tom emocionado:

– Meu Deus, moro aqui há alguns anos e, se não fosse a observação e a sensibilidade do seu Mário, eu nunca perceberia que eu realmente moro no paraíso...

• • •

Em 2003, teve início na Gazin uma campanha de vendas, idealizada por Antonio Gazin, que ficou conhecida por "Quebra tudo na Gazin". Eram gravados comerciais em que um ator, vestindo a camisa da Gazin, jogava os produtos das prateleiras. Aquilo significava que os preços das mercadorias estavam abaixo daqueles que eram cobrados normalmente. A campanha fez muito "barulho" e sucesso pelas filiais.

CONSELHO VALIOSO

A Gazin faturava, em 2003, em torno de R$ 50 milhões por mês. Mas a empresa vinha mantendo esse número havia algum tempo. Mário Gazin estava incomodado, uma vez que não conseguia fazer o faturamento deslanchar. Isso já havia acontecido tempos antes, quando o faturamento não conseguia alcançar os R$ 10 milhões/mês. Como era de seu feitio compartilhar suas dificuldades com gente experiente, vivida, ele marcou uma conversa com Samuel Klein, presidente da Casas Bahia. E colocou a situação:

– Seu Samuel, não consigo faturar mais do que 10 milhões por mês. Parei nesse número há algum tempo. O que faço?

O varejista abriu o coração e deu a dica:

– Mário, quando eu faturava R$ 10 milhões por mês eu tive esse mesmo problema. Depois, a cada mês eu vendia mais. Até que chegamos a faturar R$ 50 milhões por mês. Assim como acontece agora com você, naquela época eu também tive dificuldade para elevar os números. Você vai superar essa marca. E quando isso acontecer, não vai sentir chegar mensalmente aos 100, aos 150, aos 200 milhões de reais... – E fez o alerta: – Trate bem e aperte o teu povo. Ninguém faz nada sozinho! – Numa alusão ao grupo de funcionários. Mas esses já eram pontos fortes da administração da Gazin.

Mário tinha grande respeito pela história do empresário judeu-polonês que fundara a Casas Bahia, e costumava dizer ao amigo:

> O senhor tem o poder do vendedor! Parece que já nasceu vendendo! Vende o que quer e do jeito que quer! Eu não, sempre vendi o que eu conseguia comprar, o que tinha nas mãos. Se o sujeito queria um guarda-roupa de três portas e eu só tinha de duas, era isso que ele levava.

• • •

No mesmo ano, Mário recebeu uma visita de Vasco de Almeida Martins, gerente de vendas da Simbal, indústria de móveis. Vasco estava acompanhado pelo vendedor da área, de nome José Augusto. Nesse primeiro contato, o gerente impressionou-se com o jeito simples, sincero e honesto de Mário. O varejista contou um pouco de como havia adquirido a loja. Vasco, de origem portuguesa, também narrou sua trajetória, desde a chegada ao Rio de Janeiro, com 16 mil dólares no bolso, que era uma fortuna na época; de lá foi viver em São Paulo, onde aproveitou as opções de lazer da cidade e gastou todo o dinheiro. Depois disso, Vasco dirigiu-se até o Paraná, onde começou a trabalhar com móveis.

Desse primeiro contato, nasceu uma relação de amizade e confiança profissional. Vasco acreditou no potencial de Mário e, automaticamente, da Gazin. Assim, ele mandava entregar o quanto de mercadoria Mário precisasse comprar e ainda facilitava as condições e prazos de pagamentos.

A MELHOR RELAÇÃO COM O DINHEIRO

Sempre que está com algum gerente, Mário Gazin quer saber como anda o nível de sua vida profissional. O objetivo é ajudar caso algo o esteja incomodando. Como aconteceu em 2003, quando Fernando Moretto, na época gerente da filial Peixoto de Azevedo, no Mato Grosso, recebeu Mário na loja. O rapaz foi buscar o patrão no aeroporto. Como ele só tinha moto, pediu a um amigo o carro emprestado. Depois de encontrar Mário, quando eles dirigiam-se para a Gazin, o empresário perguntou:

– Esse carro é seu?

– Não, seu Mário. Peguei emprestado de um amigo para vir buscar o senhor. Eu tenho uma moto.

– Mas você precisa comprar um carro.

– Sim, seu Mário, mas gosto de dar o passo de acordo com o tamanho da perna...

– Você está coberto de razão – afirmou convicto Mário. – Perdi alguns gerentes porque endividaram-se além da conta. Continue assim, firme e com os pés chão.

Mário não perde a oportunidade de deixar uma mensagem aos membros do seu grupo de trabalho. Preocupa-se com seu pessoal de liderança para que não tomem atitudes descabidas que possam prejudicá-los individualmente. Tempos depois, Fernando foi acompanhar Mário numa palestra que o empresário iria ministrar. Durante a apresentação, ele reforçou o conceito:

– Dinheiro não é fácil de ganhar, não cai do céu; vem do suor de cada pessoa e das economias que se consegue guardar. Quando você sabe ganhar e juntar dinheiro, ele corre atrás de você. Caso contrário, é você quem vai ter que correr atrás dele – profetizou Mário.

A Gazin leva essa preocupação da administração financeira dos funcionários tão a sério que criou uma "cartilha de educação financeira", em que constam dicas e orientações, além de uma tabela para lançamentos de receitas e despesas do mês.

• • •

No ano seguinte, em 2004, Mário Gazin fez palestra na Associação Comercial e Empresarial de Goioerê (AcEg). Julio Cezar da Silva, que havia dois meses trabalhava como vendedor de uma das filiais da Gazin, teve ali, pela primeira vez, contato com as ideias do patrão. Ele gostou da forma simples e direta com que o empresário mandou seu recado e abordou temas complexos. O dia seguinte Mário passou trabalhando na loja. Conversou com os clientes e a população da cidade em geral, visitou o comércio local, falou com os funcionários e comprometeu a todos com os propósitos da empresa. Como aconteceu com Julio Cezar da Silva, que anos depois veio a ser um dos assessores diretos de Mário e chegou a assumir a gerência geral do varejo.

Em 16 de novembro do mesmo ano, mesmo a contragosto do empresário, foi preparada uma festa de aniversário para ele em Foz do Iguaçu, no Paraná. O presidente da Gazin comemorava 55 anos. Muitos amigos foram convidados. Após cantarem parabéns, começou uma bateria de fogos de artifício. Era a abertura de um grande momento programado para a festa: Mário recebeu um belíssimo presente da irmã, Cidinha, e do cunhado, João, e dos irmãos Rubens, Jair e Antonio: as chaves de uma caminhonete. Ele ficou emocionado, pois não sabia da surpresa. Afinal, desde 1999, quando havia completado 50 anos, ele planejara não mais festejar seus aniversários.

UM CANTO PARA MORAR

Chega de pagar aluguel, rapaz! Você vai morar num dos apartamentos da empresa!

A fala de Mário Gazin aconteceu depois de ele muito observar o desempenho no trabalho de José Aparecido Pedro, o Pedrinho. O empresário perguntou-lhe onde morava. Quando soube que ele não tinha casa própria, além de ceder moradia gratuita ainda lhe concedeu um aumento. O rapaz havia iniciado na fábrica de colchões de Vilhena, em Rondônia, sendo depois transferido para a Bahia. Na sequência, ele foi para Jaciara, no Mato Grosso, como encarregado do setor de colchoaria.

O empresário, com seu poder de observação, sempre que estava na fábrica, percebia que Pedrinho desempenhava arduamente sua tarefa. E não há empreendedor que não se sensibilize ao acompanhar tal situação.

• • •

Ainda em 2004, Luiz Aparecido Custódio completou 25 anos de empresa. Como prêmio, ganhou uma bonificação em dinheiro, entregue numa emocionada e animada festa que homenageou também aqueles que completavam dez anos de Gazin. Sempre surpreendente, Mário adentrou ao local do evento com buzina e lanterna nas mãos, fazendo barulho e iluminando Custódio, dizendo:

– Era assim que eu chamava o Luiz na casa dele, de madrugada, para que ele ajudasse a carregar o caminhão...

CUIDAR DA SAÚDE DA SUA GENTE

Outro que recebeu oportunidade profissional na Gazin foi Fernando Sanches. Em primeiro de abril de 2004, que para Fernando não representou o "dia da mentira" e sim o "dia da verdade", ele passou a trabalhar na Contabilidade. O rapaz cursava faculdade em

Umuarama e foi indicado a Mário por um professor da instituição de ensino, Régio Toesca, amigo do empresário.

O interesse em trabalhar na Gazin foi despertado em Fernando após assistir a uma palestra ministrada pelo empresário. Ali, além de conhecer o futuro patrão, ouviu maravilhas de outros colegas que já trabalhavam ou conheciam a empresa. Fernando, convocado para uma entrevista em Douradina, foi conhecer a Gazin. Conversou com o pessoal de Recursos Humanos e no dia seguinte começou a trabalhar na companhia.

Nos contatos com Mário, ele sempre incentivou Fernando a ler livros, fazer cursos e buscar conhecimento; a empresa procura dar condições para que isso seja alcançado. Mário costumar alertar: “Infelizmente, existem pessoas que, mesmo formadas em universidades, agem como ‘analfabetas’. Não investem em leitura e em outras formas de conhecimento”.

Mário ensina por meio do seus exemplos: incentiva *networking*, aprecia pessoas com conteúdo e com quem possa trocar conceitos e informações. Gosta de falar sobre economia e, quando viaja, procura conhecer a cultura e o modo de vida das pessoas: conversa com o pessoal nas lojas, faz perguntas ao garçom, quer saber quanto as pessoas ganham para poder medir a economia da região.

Uma das cobranças de Mário sobre a área em que Fernando trabalha é para que os profissionais não fiquem apenas em suas mesas, recebendo números e relatórios. O empresário incentiva que circulem pela empresa, conversem com as pessoas de outros setores para que, assim, fundamentados em números e nas informações recebidas, possam elaborar suas planilhas e desenvolver análises.

Da mesma forma que sabe cobrar, Mário cuida dos seus funcionários. Fernando teve essa prova quando, devido a uma meningite, ficou quinze dias internado. O empresário esteve por duas vezes no hospital. É difícil mensurar o tamanho da emoção de Fernando ao receber a visita do patrão, que lhe passou orientações de como se cuidar melhor. Esse tipo de atitude, muito comum no dia a dia de Mário, leva apoio e valorização às pessoas, que se emocionam ao ver um homem tão importante abrir mão do seu próprio tempo para cuidar do próximo.

• • •

Também em 2004, durante viagem pelo Nordeste, Mário e alguns integrantes da equipe precisaram comprar passagens de última hora. Procuraram e não acharam uma agência de viagens. Nesse momento, nasceu em Mário uma ideia empreendedora: "Vamos montar uma agência, a Gazin Viagens".

Como é do perfil de Mário, logo a agência estava aberta e em funcionamento. A empresa passou a atender todo o movimento de passagens da Gazin e também os de outras empresas. A iniciativa foi importante principalmente pelas longas distâncias que separam Douradina das cidades onde estão situadas algumas filiais; há casos em que as lojas estão a milhares de quilômetros da sede.

PARTICIPAR DE EVENTOS

Todos os anos, Mário e um grande grupo da Gazin comparecem a uma das principais feiras mundiais do varejo, a *Retail's Big Show*. O evento, que existe há mais de cem anos, é realizado em Nova York e registra os lançamentos mundiais de muitos produtos e serviços. A organização fica por conta da National Retail Federation (NRF), principal entidade do varejo mundial.

São palestras e treinamentos com profissionais de renome internacional e que são grandes referências no varejo. Entre os destaques estão personalidades como as do ex-presidente dos Estados Unidos, George W. Bush, e do sétimo secretário-geral da Organização das Nações Unidas (ONU), o ganês Kofi Annan. Sempre que está presente, Mário é um dos mais interessados. Senta-se nas primeiras poltronas, acompanha através de tradução simultânea e participa ativamente, inclusive, fazendo perguntas.

• • •

O bom coração de Mário Gazin o faz ajudar a quem precisa. Muitas são as doações que ele e a empresa fazem. O empresário também procura socorrer quem passa por contratempos. Como aconteceu com a loja de um empresário de Cidade Gaúcha, Atílio Levoratto. O prédio em que ele tinha o comércio pegou fogo. Penalizado e sabedor das dificuldades que o homem enfrentaria para reerguer a loja, Mário determinou que sua dívida fosse perdoada para que ele pudesse continuar comprando do atacado e da fábrica de colchões.

O mesmo problema aconteceu com um cliente de Rondônia que acabara de receber um caminhão de colchões da Gazin. Um incêndio destruiu a loja e o estoque. Outra vez, Mário intercedeu e pediu para que a dívida fosse parcelada dentro das condições em que o lojista se propusesse a quitá-la. E determinou que continuassem vendendo para ele. Outra senhora, cliente da fábrica de espumas

1

2

3

4

1 E 2. EM SUAS VIAGENS, MÁRIO GAZIN É SEMPRE PROCURADO PELA MÍDIA PARA ENTREVISTAS

3. MÁRIO E JAIME DE SOUZA COMEMORANDO ANIVERSÁRIO DO EMPRESÁRIO

4. MARIO GAZIN ENTRANDO NO RITMO NO "DIA DO DESAFIO"

1. MÁRIO GAZIN SENDO HOMENAGEADO PELA ABAC (ASSOCIAÇÃO BRASILEIRA DE ADMINISTRADORAS DE CONSÓRCIOS)

2. HOMENAGEM DO CNI (CONSELHO NACIONAL DA INDÚSTRIA) A MÁRIO GAZIN

3. MÁRIO VISITA CLIENTE DE POCONÉ – MT, QUE JÁ ADQUIRIU MAIS DE 100 CARNÊS DA GAZIN

4. MÁRIO E O SEMPRE COMPANHEIRO EDSON DOS ANJOS, O "GRAYA"

5

6

7

8

5. INAUGURAÇÃO DA FÁBRICA DE COLCHÕES EM DOURADINA (PR)

6. EVENTO DE INAUGURAÇÃO DO NOVO ESCRITÓRIO DA GAZIN

7. MÁRIO FESTEJANDO O ENCERRAMENTO DE CURSO NA UNIGAZIN COM A TURMA

8. MÁRIO GAZIN, SEMPRE SAUDADO PELOS FUNCIONÁRIOS EM SUAS CONSTANTES VISITAS ÀS FILIAIS

1

2

3

4

1. MÁRIO E EXECUTIVOS DA GAZIN ENTREGANDO CHEQUES SIMBÓLICOS AOS FUNCIONÁRIOS QUE COMPLETARAM CICLOS DE TRABALHO NA EMPRESA

2. MÁRIO MINISTRANDO UMA PALESTRA EM JI-PARANÁ (RO)

3. MÁRIO EM EVENTO COM FUNCIONÁRIOS QUE ATUARAM COMO CAIXAS NA GAZIN

4. STAND DA "COLCHÕES GAZIN" EM FEIRA DO SETOR OCORRIDA NO URUGUAI

7. EM PÉ: ANTONIO, RUBENS, JOÃO E JAIR; SENTADOS: MÁRIO E O PAI ALFREDO

8. MÁRIO COM CLIENTES E EXECUTIVOS DA GAZIN NA NRF, PRINCIPAL EVENTO MUNDIAL DE VAREJO, REALIZADA NOS ESTADOS UNIDOS

1. MÁRIO GAZIN MINISTRANDO UMA PALESTRA

2. STAND DO "GAZIN ATACADO" EM FEIRA DO SEGMENTO

3. PROMOÇÃO DA CAMPANHA "CANTAR DO GALO" EM 1998

4. EVENTO DE CONFRATERNIZAÇÃO DOS FUNCIONÁRIOS DA GAZIN AO FINAL DE 1999

5, 6, 7 E 8. AS CONCORRIDAS "JANTAS DO SEU MÁRIO" EM QUE O EMPRESÁRIO FAZ QUESTÃO DE COZINHAR PARA DEZENAS E ATÉ CENTENAS DE CLIENTES, FUNCIONÁRIOS E AMIGOS

1. OS JANTARES CONTAM COM A DESCONTRAÇÃO DE MÁRIO GAZIN E SUAS DIVERTIDAS PIADAS

2. MÁRIO FAZ QUESTÃO DE COZINHAR E DE SERVIR UM A UM DOS CONVIDADOS

3. MÁRIO GAZIN É SEMPRE GRATO A PEDRO TAQUES, A QUEM CONSIDERA UM GRANDE PROFESSOR

4. MÁRIO GAZIN EM UMA DE SUAS VIAGENS AO NORDESTE

6, 7, 8 E 9. MÁRIO GAZIN EM UM DOS SEUS LAZERES PREFERIDOS: A PESCARIA

1. O EMPRESÁRIO NÃO DISPENSA UM BOM CHIMARRÃO

2 E 3. MÁRIO GAZIN ENTRE A APRESENTADORA ELIANA,O CANTOR DANIEL E RUI DIAS, GERENTE COMERCIAL DA ÁREA DE COLCHÕES

5. AS FOLCLÓRICAS PEÇAS ÍNTIMAS COM AS METAS ESTAMPADAS QUE MÁRIO GAZIN DISTRIBUIU PARA FUNCIONÁRIOS, CLIENTES, FORNECEDORES, AMIGOS...

6. MÁRIO ENTREGANDO UM CARRO DE PRESENTE A UM DOS CLIENTES DA "COLCHÕES GAZIN"

7. MÁRIO GAZIN COM SEU ASSESSOR DIRETO, DIEGO SORIANI

1. OUTRA PARTICIPAÇÃO DO "GAZIN ATACADO" EM FEIRAS, DESTA VEZ EM CHAPECÓ (SC)

2. HALL DE ENTRADA DA UNIGAZIN

3. ENTRADA DA AFUNGAZ (ASSOCIAÇÃO DOS FUNCIONÁRIOS DA GAZIN)

4. UMA DAS INÚMERAS COMEMORAÇÕES DA GAZIN

5

6

7

8

5, 6 E 7. MOMENTOS DE COMEMORAÇÃO AOS 35 ANOS DE ATIVIDADES DA GAZIN

8. INAUGURAÇÃO DO ESCRITÓRIO ADMINISTRATIVO NA SEDE DA GAZIN

1. MÁRIO DISCURSANDO PARA OS FUNCIONÁRIOS DA GAZIN

2. AS EXECUTIVAS DE RH SÔNIA ROSSI, PSICÓLOGA, E VIVIANE THOMAZ COM MÁRIO GAZIN

3. MÁRIO E O PRESIDENTE-EXECUTIVO DA GAZIN, OSMAR DELLA VALENTINA, NA FEIRA "EQUIPOTEL"

4. O SEMPRE AGUARDADO "CAFÉ COMUNITÁRIO", NO QUAL A GAZIN ABRE AS PORTAS PARA RECEBER E PRESENTEAR OS FUNCIONÁRIOS E SEUS FAMILIARES

4

5

6

7

8

4, 5, 6 E 7. O EMPRESÁRIO DURANTE ESTADIA NA ILHA DE PÁSCOA – CHILE

8. MARIO GAZIN EM PASSAGEM PELA HOLANDA

1. MÁRIO GAZIN PRESTES A VIAJAR EM UM DOS AVIÕES DA EMPRESA

2, 3 E 4. MÁRIO GAZIN VISITANDO ALGUNS PAÍSES DA EUROPA

da Gazin, teve a pequena fábrica incendiada. Também foi dada a ela uma condição especial de pagamento da dívida, parcelada em um ano. A mulher continuou a comprar normalmente.

Como dizem pessoas próximas, Mário não tem concorrentes, mas amigos. Ele abraça o pessoal e gosta de "festar", comemorar, e diz que só na hora de negociar é que começa a "briga". A política de boa vizinhança sempre imperou; quando necessário, a Gazin e outras redes trocam mercadorias. Em tudo que faz, Mário coloca amor. Ele gosta de viver no meio do povo. Até nas festas da igreja ele agita. Ficava na churrasqueira e, com seu jeito despachado, brincando com um e com outro, vendia todos os espetinhos.

OUTRO MARCO IMPORTANTE

O ritual repetiu-se em 2004. Mário foi visitar o pai e fez certo suspense:

– O senhor se lembra da surra que me deu quando eu era jovenzinho? Naquele dia, posso dizer que a surra doeu bastante. Doeu no corpo e na alma. Doeu no coração. – Mário parou por alguns segundos, estava emocionado, e prosseguiu: – Mas quero que o senhor saiba que aquela surra foi uma das maiores lições que recebi na vida. Eu tomei aquela surra e há alguns anos estive aqui e contei ao senhor que chegamos a cinquenta lojas. Agora... acabamos de abrir a centésima! É a filial de Rondonópolis, no Mato Grosso. Se o senhor tivesse me dado umas duas ou três surras daquelas, hoje teríamos o dobro, o triplo... Umas duzentas ou trezentas lojas... Tim-tim!

O barulho dos copos batendo era do tamanho da conquista alcançada. E em meio a tanta alegria, nasceu a próxima meta:

– Agora… Vamos partir para dobrar o número de lojas! Vamos chegar a duzentas filiais!

E assim como havia acontecido antes, ambos viraram a bebida, como forma de mostrar alegria e força para encarar o próximo desafio.

Naquele período, Marcelo, filho de Mário que trabalhou alguns anos nas fazendas da família, iniciou na Gazin. Ele trabalhou como gerente regional de loja. O dinamismo do garoto logo fez com que ele galgasse outros postos na companhia.

• • •

Quando criado, em novembro de 2004, o Consórcio Gazin atendia a grupos fechados de doze pessoas. Eram, geralmente, amigos de Douradina que a cada mês concorriam ao sorteio de um produto; o primeiro deles foi um ar-condicionado. Depois, os consórcios passaram a ser oferecidos nas lojas. O sucesso fez com que nascessem os consórcios de móveis, carros, motos etc., sempre dentro de determinado formato e com metas a serem cumpridas. Logo tornou-se um consórcio nacional, regularizado pelo Banco Central. Tempos depois, nasceram a financeira própria e independente. Tudo aconteceu de forma descontraída:

> No início, era um brincadeira entre amigos. Depois, profissionalizamos e expandimos para as lojas. Hoje, temos muitos clientes cadastrados, pagando suas mensalidades e

realizando os seus sonhos. E temos vários parceiros vendendo as cotas dos nossos consórcios de móveis, eletrodomésticos, carros, motos, entre outros.

FORÇA DO VAREJO

A partir de 2004, houve importante inversão de valores no mercado varejista. Até então, a força era da indústria, que impunha preços e prazos de pagamentos aos lojistas e às redes.

Com a agressiva expansão dessas organizações e o aumento da concorrência interna e externa, inclusive nas importações, o “poder de vendas” das fábricas foi cedendo espaço para o “poder de compras” do varejo.

Se as condições não fossem ideais, do ponto de vista dos lojistas, estes reduziam as compras ou mesmo tiravam de linha produtos de determinadas fábricas.

• • •

Naquele ano, Mário Gazin e Vasco de Almeida Martins viajaram a Portugal em companhia das respectivas famílias. Vasco era gerente de vendas de um dos principais fornecedores de móveis da Gazin e amigo de Mário desde o início da década de 1970. O empresário sempre cultivou grande carinho por Vasco, tanto que costumeiramente dizia quando o apresentava a algum amigo: “Este homem é o meu segundo pai!”. E na avaliação do jeito de empreender de Mário, Vasco gostava de ponderar: “Eu me considero um bom negociador. Eu sei vender, mas o Mário sabe comprar e vender como poucos!”.

Nessa viagem, eles visitaram várias cidades. Saborearam, claro, deliciosos pratos de bacalhau, um dos preferidos do empresário. Como Mário diz: "O melhor prato do mundo é um bacalhau bem-feito. O segundo melhor prato do mundo é um bacalhau mal feito...".

Em Lisboa, também foram apreciar os famosos e deliciosos pastéis de Belém. Divertiram-se, pois o pedido inicial era de três dúzias: as esposas comeram meia dúzia cada, enquanto Mário e Vasco dividiram as outras duas dúzias, regadas por um bom vinho do Porto.

• • •

O ano de 2004 foi um dos melhores momentos econômicos das regiões Norte e Centro-Oeste. Automaticamente, aquele foi um dos principais anos para a Gazin. A empresa teve faturamento elevado e aproveitou o crescimento para conquistar mercado. Entretanto, em 2005, aconteceu um dos períodos mais difíceis vividos pela Gazin e que se mostrou ser o prenúncio de forte crise no ano seguinte. Mesmo com os grandes centros do Brasil vivendo certa euforia econômica, em 2005, estourou a crise do agronegócio nas regiões em que a Gazin marcava território. Em especial da madeira e da soja no Mato Grosso. O preço da soja despencou na região Centro-Oeste, o que gerou uma desaceleração – fato que viria a se repetir em 2008.

A quebra de safra e a queda do preço prejudicou excessivamente os agricultores. Alguns produtores de soja, tal o grau de desespero, chegaram ao extremo de praticar o suicídio. Situações próprias de um país como o Brasil, de extensão territorial tão grande que o faz viver diferentes situações socioeconômicas nas suas mais distintas regiões.

A inadimplência dos clientes extrapolou os números aceitáveis. A grande maioria deles, tanto do atacado como da fábrica de colchões e estofados, ou do varejo, não conseguia cumprir seus compromissos. Uma das exigências de Mário Gazin era evitar demissões. Assim, foi proposto um acordo com os gerentes, em que foram cortados benefícios, como pagamentos de planos de saúde, escolas, entre outros. A política de gestão da Gazin sempre trabalhou com os "pés no chão". Naquele período, até mesmo prorrogação ou renegociação de títulos os gestores da Gazin tiveram de fazer. Era uma situação tão inusitada na empresa que Mário fez uma promessa: "Quando passar esta fase, nunca mais pediremos prorrogação de qualquer título!". Regra que realmente se manteve pelos anos seguintes.

TRANSFORMAR FUNCIONÁRIOS EM EMPREENDEDORES

Gringo, o que eu faço com você?

Essa frase vem de uma conversa que aconteceu entre Mário Gazin e Jober Cesar Dalmolin, o "Gringo", gerente da loja de Juína, no Mato Grosso, em 2006, no aeroporto da cidade. Ele realmente achou aquilo meio estranho, e perguntou a Mário:

– O senhor pensa em me transferir?

– Gringo, a Gazin é pequena demais para nós dois. Um de nós terá que sair...

Essa foi a "senha" que Mário utilizou para dizer a Jober que a trajetória de quinze anos dele na Gazin havia chegado ao final. Gringo iniciara na Gazin em 1991, na cidade de Juína. Ele assumira a primeira gerência em fevereiro de 1995, na cidade de Poconé. Um ano depois, gerenciou a loja de Cáceres e, na sequência, a de São José do Rio Claro. Em 1998, Gringo foi transferido para Juara e depois para Barra do Bugres. Todas as lojas em que trabalhou eram do Mato Grosso.

Em janeiro de 2002, foi-lhe dada a gerência em Juína, onde se manteve até aquela fatídica conversa. Gringo tinha suas diferenças com outros funcionários, o que tornava a relação com eles mais tensa. Depois de ouvir de Mário que "A Gazin é pequena demais para nós dois. Um de nós terá que sair", Gringo começou a costurar seu desligamento, que foi consolidado uns quinze dias depois daquela conversa.

Assim que se despediu da Gazin, Gringo começou a montar a própria loja, também em Juína. Ele ligou para Mário e contou a novidade. Do ex-patrão, só ouviu palavras de incentivo. Mário visitou a loja de Gringo e desejou-lhe muito sucesso. Foi quando Gringo contou-lhe sobre a dificuldade que tinha em abrir contato e conseguir fornecedores. Mário prometeu ajudar. O atacado e a fábrica de colchões da Gazin já lhe vendiam mercadorias. Depois daquela conversa entre eles, alguns representantes passaram a ligar para Gringo, registrando que o contato se dera por indicação de Mário Gazin. Eles também diziam: "O seu Mário falou que ele é o responsável pela venda! Que eu posso vender que ele garante!".

O empresário utilizava todo o seu prestígio para ajudar Gringo e sua empresa. Além disso, Mário sempre que podia ia visitá-lo para saber como andavam as vendas e a contabilidade da empresa. Nessas ocasiões, primeiro Mário perguntava da família. Depois, sempre dizia: “Gringo, cuide do estoque e do caixa! Saiba que, principalmente para quem começa uma empresa, nome limpo é o maior patrimônio! Nunca deva mais do que duas vezes o valor do faturamento da sua empresa!”. Esse e outros conselhos foram seguidos à risca. Gringo era também bastante seguro na administração do negócio. Tanto que em alguns anos montou ao todo três lojas: além de Juína, abriu filial em Castanheira e Juruena, tendo ainda uma frota de quatro caminhões.

Sempre que eles estão juntos, relembram passagens importantes e divertidas. Uma delas aconteceu logo que Gringo começou na Gazin. Havia a possibilidade de ele vender uma geladeira duplex, sofisticadíssima. Mário era o responsável pelas compras na época. Ele ligou para a central, em Douradina, e perguntou ao patrão:

– Seu Mário, posso fechar a venda? O senhor tem a peça aí no estoque?

– Claro, meu filho! Pode bater o martelo! – garantiu Mário.

E assim foi feito. Gringo ficou à espera da peça para mandar ao cliente. Pois... veio o primeiro caminhão de entregas da Gazin e... nada da geladeira. O segundo apareceu e... nada também. Preocupado, ele voltou a ligar para Mário:

– Patrão, tem produto chegando na loja, mas a geladeira não veio!

– Fique calmo! Já está a caminho! É que quando você me ligou e fez a consulta, eu banquei o negócio, mas tive que sair para comprar a peça! Não tinha no estoque. Fiz isso porque sabia que iria encontrar o produto! E realmente você logo a receberá. O caminhão está na estrada. – E Mário deixou outro ensinamento: – Jamais podemos enganar o cliente! Mas quem é do varejo, não perde venda!

Outra situação envolveu um fato triste, quando Gringo perdeu o pai, ainda em 1996. Gringo, que já era gerente de loja, ligou e contou o ocorrido a Mário. Dele, ouviu:

– Meu filho, a vida prega mesmo dessas peças! Veja o que você precisa e conte comigo!

Entre tantos aprendizados, eis mais um que Gringo trouxe da convivência com Mário e que ele sempre conta a todos:

> Nas reuniões, o seu Mário nunca comentava sobre crise! Ele só falava em prosperar e bater metas! E nós batíamos todas elas. Com ou sem dificuldades, íamos em frente! Havia confiança no líder! Por isso, o seu Mário é uma pessoa especial, um exemplo a ser seguido no varejo e no atacado brasileiro!

AMIGO E REPRESENTANTE

Oscar, você não quer ser
meu representante de colchões
no Rio Grande do Sul?

Ao receber o convite, em 2006, Oscar Grasselli não hesitou! Aceitou na hora! Eles já se conheciam desde o fim da década de 1970, quando Mário Gazin ia a Bento Gonçalves buscar mercadorias numa fábrica que Oscar representava, a Móveis Bentec. A partir de 1982, Oscar passou a ter a Gazin na carteira de clientes; assim, as visitas tornaram-se constantes. Oscar admirava a forma como Mário negociava: buscava o melhor para a Gazin, mas respeitava os limites a que o fornecedor poderia chegar em preço e prazo.

Mas ele não perdia a chance de descontrair a conversa. Como certa vez em que o cliente relatou um problema pontual na mercadoria. Mário não se conteve e soltou ao comprador:

– Mas também... você pediu tanto desconto que os caras tiveram que colocar cal dentro do colchão para dar peso... – disse ele, brincando e arrancando risadas de todos.

Na época do convite de trabalho, contudo, Oscar estava aposentado havia uns três anos e tinha montado uma fábrica de móveis própria, que o filho dele tocava. Por isso, o chamado de Mário veio mesmo em boa hora.

A relação deles sempre foi bastante estreita. Oscar tinha em Mário um confidente, pronto a orientá-lo sempre que preciso; isso aconteceu, por exemplo, a partir do momento em que Oscar montou a própria fábrica de móveis. Ele sempre dizia ao amigo: "Mário, a sua marca é mais valiosa do que a da Gazin. Aonde você vai ou onde eu falo de você, todo mundo te conhece. Você é otimista, uma pessoa do bem!".

Sobre a representação, Oscar recebeu de Mário a incumbência de abrir as grandes redes, a quem ele atendia havia mais de trinta anos. A primeira delas foi a Lojas Colombo, do empresário Adelino Colombo. Oscar marcou uma conversa com o presidente, que foi direto:

– Eu conheço bem o Mário! Gosto muito dele! Mas não posso comprar colchão Gazin, pois são nossos concorrentes diretos; eles também têm lojas.

– Seu Adelino, o Mário me incumbiu de vender colchão para a Colombo. E não vamos medir esforços para isso! – disse Oscar. Conversa vai, conversa vem... e Oscar trouxe a solução: – Tenho a certeza de que o seu Mário pode apresentar por escrito um documento dizendo que, tendo a Colombo como cliente de colchões, ele não abrirá filiais em regiões onde possa vir a concorrer com as lojas da Colombo, como no Paraná, Rio Grande do Sul e Santa Catarina.

O homem aceitou! Dias depois, Oscar visitou Adelino acompanhado justamente de Mário, que lhe entregou o documento contendo os termos do acordo assinado e com firma reconhecida. E ainda reforçou:

– Se eu quebrar a promessa, não precisa pagar as duplicatas emitidas.

Resumindo: saiu um pedido inicial de 3 mil peças de um único modelo! E quando a Colombo completou 55 anos de história, Mário foi um dos primeiros a receber convite. Daí em diante, uma a uma, Mário identificava as redes que Oscar deveria abrir, mantendo a mesma promessa feita a Adelino Colombo.

Por vezes, Mário acompanhava Oscar nas viagens. Quando isso acontecia, além de a viagem tornar-se mais agradável e divertida, era certo que o trabalho seria dobrado. Mário, intenso como ele só, não parava um minuto sequer. Mas uma coisa era certa: ele jamais interferia na negociação com o cliente, que ficava sob o comando de Oscar; ou seja, ele, mesmo como patrão, não "atravessava a linha"!

Nessas viagens, Mário reforçava um lema de vida que ele carrega consigo desde sempre: "Oscar, cuidado com os gastos e com as compras na empresa de vocês. Fale isso para o seu filho também. Comprem só o necessário. Cuidado para não depender de dinheiro e ficar devendo no banco. O mais importante para um empresário não é usar e sim ter o crédito!".

RESPEITAR AS DIFERENÇAS

De 2006 para 2007, o filho de Mário Gazin, Adriano, que havia trabalhado na área de compras do escritório central, participou da montagem da fábrica de colchões em Candelária. Com a estrutura já em funcionamento, Adriano atuou na área comercial até 2010. Àquela altura, ele foi alçado a diretor da fábrica. Era uma enorme responsabilidade. Mas Adriano não estava feliz. Ele queria poder viver com mais tranquilidade, dedicar-se mais à família. Até que conversou com Mário:

– Pai, eu não sou como o senhor. Eu não consigo pensar em trabalho 24 horas por dia! Eu necessito e quero curtir e estar mais com a minha família.

Mário inicialmente não aceitou as ponderações de Adriano. Ele queria que o filho se entregasse de corpo e alma à empresa como ele próprio fizera. Mas, depois de refletir, entendeu que deveria respeitar a posição de Adriano, mesmo que não concordasse com ela.

– Adriano, o pai entendeu o que você disse. Eu agi de forma diferente. Sempre me dediquei ao trabalho como se fosse a minha própria vida. Mesmo que eu discorde da sua posição, eu a respeito!

Dito isso, Adriano acertou com o pai para ser representante da Gazin Colchões. Ele conhecia bastante o produto. Já trabalhava com colchões desde 2006. A relação entre eles até melhorou, abrandou. Antes, havia divergências profissionais. Depois que

Adriano tornou-se representante, eles passaram a conviver mais. Mário não foi um pai de beijar, abraçar, rolar na grama, jogar bola ou andar de bicicleta com os filhos. Claro, o trabalho privava-o desses momentos. Ele, então, procurava demonstrar carinho e amor pelos filhos de outras formas, principalmente querendo investir no ensino e no desenvolvimento cultural deles.

Adriano, no entanto, não entende certas posturas do pai. Como, por exemplo, sair de Douradina para dar uma palestra no Acre em vez de estar mais perto da família. Mário explica ao filho o que o motiva a fazer isso: “Adriano, tenho uma missão que é compartilhar tudo o que vivi, mostrar onde acertei e errei. Se Deus me permitiu tantas conquistas, nada mais justo que eu divida as experiências e os aprendizados que tive com as pessoas”. E o filho sempre procura passar aquilo que sente: “Pai, gostaria de ter convivido mais intensamente com o senhor; de tê-lo curtido mais. Mas saiba que o senhor é o meu ídolo. É o ídolo de muita gente. Tenho enorme orgulho de ser o seu filho. O senhor é um homem e um empresário brilhante, fantástico!”.

A mesma avaliação que faz do pai, Adriano também passa ao filho dele, neto de Mário: “O vovô trabalhou demais na vida. Ele fez isso para dar conforto para todo mundo da nossa família. Ele é um grande homem! Um empresário que nos enche de orgulho”.

ESTILO PRÓPRIO DE SER

Em 2007, Roberley Ronaldo Trolezi, representante comercial da Panasonic, levou um dos diretores da filial de Curitiba para conhecer a Gazin, em Douradina. O homem, todo enquadrado em regras e acostumado a trabalhar por anos numa empresa multinacional japonesa em que as pessoas concentram-se e focam-se em suas atividades, impressionou-se com a vibração e a alegria dos funcionários.

Mas o "ponto fora da curva" aconteceu quando, de forma inesperada, uma forte bomba quase arrancou seus tímpanos! O homem ficou pálido, entrou em desespero. As outras pessoas que ali estavam, contudo, já conheciam quem costumava aprontar a "peça" e gargalharam: "Isso é coisa do seu Mário...". Na sequência, Mário tocou por diversas vezes o sino, que estrategicamente fora colocado no escritório para comemorar grandes conquistas, assim como anunciar a chegada de um visitante ilustre. Roberley adiantou-se em explicar ao homem sobre os significados da bomba e do sino. O diretor ficou tão empolgado com as badaladas que levou a iniciativa para ser implantada na filial da Panasonic de Curitiba.

Para exemplificar ainda mais o jeito de ser de Mário Gazin, Roberley contou alguns "causos" para o executivo. Um deles, de quando ele foi visitar o empresário e viu no escritório uma gamela (espécie de vasilha com a forma de tigela ou bacia), um saco de açúcar, uma abóbora grande e uma pá.

– Pra que isso, seu Mário? – perguntou Roberley.

– Meu amigo, acontece que o mês está difícil e nós temos que mexer o doce...

Um sentido figurado, mas cuja linguagem os integrantes da equipe da Gazin absorvem e entendem muito bem!

• • •

Nessa época, uma grande homenagem foi feita a Mário Gazin. O busto do empresário, reproduzido em bronze, foi inaugurado na entrada da empresa.

Sabe quem pagou a obra? Você arrisca dizer que foi a empresa? Não! Mário Gazin? Também não!

Acredite, foram os próprios funcionários que se reuniram, doaram o dinheiro e fizeram a homenagem ao patrão! Isso mostra o respeito, carinho e admiração em sentido de mão dupla que existe entre Mário e os funcionários. Aliás, é como o empresário gosta de chamar o pessoal que trabalha com ele. Mas há uma explicação:

> Aos oito anos comecei a minha vida de trabalho como funcionário. Prefiro usar "funcionário" do que "colaborador". A primeira forma me remete à necessidade que temos de estar ao lado de pessoas e que elas estejam "funcionando". A empresa precisa do empenho delas para ter sucesso.

Tudo aconteceu discretamente. Mário nem suspeitava da surpresa. Sem deixar pistas, foram tiradas fotos dele e entregues ao artista plástico que confeccionou a obra. No dia da homenagem, o busto estava coberto. Depois de uma sequência de falas de alguns diretores e do próprio Mário, a obra foi então apresentada. Mário, bastante emocionado, voltou a pronunciar palavras de agradecimento, chegando às lágrimas pela alegria em receber aquele maravilhoso tributo.

O empresário cobra bastante do seu grupo de trabalho, mas também retribui de todas as formas, seja na valorização pessoal, seja na profissional. E quando ele mesmo faz algo errado, também fica sujeito às penalidades. Aí vai um exemplo: festeiro como ele só, nas comemorações, quase diárias na Gazin, Mário pegava as cadeiras e saía batendo pelo chão. Ele foi avisado de que aquilo danificava as peças. Numa das festas, ele superou-se: quebrou cinco cadeiras! Ah... no dia seguinte, lá estava uma "continha" na mesa do patrão a ser paga. O pessoal de Recursos Humanos pediu ao departamento responsável para que comprasse as cadeiras. Depois, entregou a nota fiscal a Mário, para que ele a assinasse e o valor pudesse ser descontado do salário do presidente.

É nessa hora que é preciso dar o exemplo! Mário faz isso muito bem! Ele, além de assinar o débito no salário, ainda mandou um recado:

– Guardem aquelas cinco cadeiras quebradas. Na próxima festa, vou usá-las para continuar a fazer o meu "piseiro"...

ASSISTÊNCIA IRRESTRITA

Fevereiro de 2006. Chegou em Douradina uma triste notícia: um carro, com cinco funcionários da Gazin Colchões, sendo eles gerentes e representantes da empresa, havia sofrido um grave acidente. Três deles morreram e os que sobreviveram estavam feridos. Um deles foi José Carlos de Oliveira, representante comercial da Colchões e Estofados Portal, de Rondônia; José Carlos sofreu fraturas e ficou afastado do trabalho e em cadeira de rodas por meses.

Por pura coincidência, Jair Gazin estava em viagem, indo para Jaciara, onde seria aberta uma nova fábrica de colchões. Ao presenciar o acidente, o empresário parou para socorrer as pessoas. Sem que ele soubesse, no carro estavam funcionários da Gazin.

A Portal é outra marca da Gazin, criada justamente para fornecer o produto para empresas varejistas concorrentes que não aceitariam vender colchões e estofados Gazin. A produção é feita na fábrica de Vilhena, em Rondônia. A cidade, situada a menos de cinco quilômetros da divisa com o Mato Grosso, é considerada o Portal da Amazônia, o que originou o nome da marca.

A Gazin e seus gestores demonstraram grandiosidade em suas ações, dando total e irrestrito suporte aos funcionários e suas famílias. A postura reforçou as melhores impressões de José Carlos Oliveira, tanto pela nobre atitude de Jair quanto pelos contatos iniciais com Mário Gazin. Quando conheceu o presidente da Gazin, numa convenção, José Carlos impressionou-se pela enorme facilidade de relacionamento que Mário tinha com todos: o pessoal da limpeza, do transporte, do escritório, os clientes e os trabalhadores em geral. E Mário sempre compartilha seus conhecimentos mediante atos, palavras e livros que indica ou presenteia.

• • •

Em 2006, iniciou-se o projeto de transformar a Gazin em uma das melhores empresas para se trabalhar no Brasil. Como sempre acontece, o primeiro passo era difundir a informação entre a equipe. Afinal, são eles que ajudam a alcançar as metas e fazem o dia a dia da empresa. Por isso, o próprio Mário Gazin foi de departamento em departamento, de loja em loja, para comprometer a todos com seu discurso:

> Como acontece em tudo que realizamos, precisamos de vocês para comprar, vender, produzir e atender bem o cliente.

E agora, mais do que nunca, dependemos dos esforços somados de cada um de nós para que a Gazin se posicione entre as melhores empresas para se trabalhar no Brasil. Conto com vocês!

REFORÇO NO MARKETING

Antes de meados dos anos 2000, Mário Gazin foi convidado pelo amigo e professor Clóvis Uliana, coordenador de ciências contábeis, para ministrar palestra aos alunos da Universidade Paranaense (Unipar), em Umuarama. Um dos presentes foi Paulo Henrique Souza, do curso de Propaganda e Marketing. Antes, alguns amigos falaram-lhe muito bem sobre a história do empresário e da Gazin; entre eles, havia quem trabalhava na empresa.

Durante a palestra, Paulo aprendeu muitos conceitos empresariais e de vida. Assim como os outros alunos, ele foi ao delírio quando o carismático empresário baixou as calças e mostrou a cueca com as metas a serem cumpridas naquele ano. Não havia nada de grosseiro naquilo. Era assim que a Gazin alcançava e superava suas metas, mantendo a equipe comprometida com os números a serem alcançados e que são afixados em todos os lugares da empresa. Até ganhavam peças de roupas íntimas com as metas estampadas em calcinhas, cuecas, lenços etc. Por isso, Mário literalmente mostrou ao público a cueca e falou:

– A meta tem que incomodar. Tem que estar na cueca, no lenço, no espelho, na parede do banheiro, na porta de entrada do escritório, em cima da mesa de trabalho... E digo isso não só para as metas profissionais, mas para as pessoais também.

Logo depois de concluir a graduação, Paulo iniciou, em 2006, um curso de pós-graduação. Ali, conheceu o gerente de marketing da Gazin na época. Paulo, que trabalhava na assessoria de imprensa da universidade, declarou seu interesse de trabalhar na empresa. Assim, o colega de curso convidou-o para ser voluntário na festa junina que haveria na Gazin. Ele foi e teve de fazer de tudo: montar barraca, carregar e vender produtos etc. Exatamente como se faz na Gazin, ele arregaçou as mangas.

Paulo deixou excelente impressão! Marcou presença! Assim, em 2007, foi convidado e aceitou trabalhar no Departamento de Marketing da Gazin. Havia muito trabalho a ser feito. Digamos que essa área acompanhou todo o desenvolvimento da Gazin. As lojas ganharam estrutura e padronização, assim como as ações de Marketing. Antes, em cada uma das cidades grandes, havia uma agência que prestava serviços. Não havia direcionamento de marketing.

Nasceram então algumas campanhas regionalizadas e históricas, como: "O gerente sumiu da loja", em que se dizia que sem o gerente haveria "loucuras" nos preços; "Lavando a égua", quando se colocou uma égua na porta da loja para atrair o público. "Cantar de Galo", uma das mais divertidas, que consistia em pôr uma ave na loja com um crachá de funcionário da Gazin; também o jargão "Taca-lhe pau" foi amplamente explorado na voz de Mário pela Gazin. Nesse período, todo o trabalho de publicidade e propaganda ficou centralizado em apenas uma empresa contratada, com sede em Maringá. Nasceu, então, uma linguagem clara e única, dando ao cliente aquilo que ele procura: atendimento e preço!

A imagem que Paulo construiu de Mário quando o conheceu na palestra, uma pessoa carismática e próxima, foi confirmada e reforçada. O empresário chama seus funcionários de "filha" ou "filho", prepara e serve jantares, viaja com os funcionários. O próprio Paulo percorreu de carro 16 mil quilômetros na companhia do patrão, saindo do Paraná e conhecendo os centros de distribuição e as filiais espalhadas por Rondônia, Mato Grosso e Pará. Ao todo, visitaram em torno de 140 lojas. Após a viagem, Paulo disse ao empresário:

– Seu Mário, nessa viagem, eu fiz um curso de pós-graduação ao seu lado, com duração de 16 mil quilômetros! – E arrancou risadas do presidente da Gazin.

Quem convive e viaja com Mário sabe que, mesmo sendo tão bem-sucedido, ele é desprovido de luxo. A Gazin tem aviões e ônibus, mas ele os usa apenas para trabalhar e produzir. Dorme no mesmo quarto de hotel dos funcionários, ou mesmo num simples colchão colocado no chão se necessário; quando está muito cansado, qualquer canto de sala serve para tirar um cochilo. Também não escolhe restaurantes chiquérrimos, mas sabe frequentá-los. Como ele diz: "Um bom arroz e feijão com bife, dois ovos e batatas fritas tem em qualquer lugar". Esse é o comportamento 100% natural de Mário Gazin; não há nada de marketing nisso!

Na área em que trabalha "Paulinho", como é carinhosamente chamado, convencionou-se fazer contratos de prestação de serviços por produtividade. Em vez de um valor mensal fixo, as empresas recebem mediante resultados alcançados. Assim, um fornecedor pode receber 100%, 70% ou 50% do contrato, o que seria proporcional ao retorno prometido. Alguns profissionais de mídia foram contratados para divulgar o Gazin Atacado e a Gazin Colchões em nível nacional. O cantor Netinho de Paula e o apresentador esportivo Milton Neves foram alguns deles. E criou-se também um forte vínculo da empresa e de Mário com o cantor Daniel, garoto-propaganda da Gazin Colchões.

Outro aprendizado que Paulo traz das orientações de Mário: fazer uma cartilha financeira. Nas palestras, o empresário diz: "O dinheiro tem que trabalhar em nosso favor, e não o contrário. Quem tem reservas, pode fazer investimentos". Certa vez, Mário perguntou a um funcionário por que ele não comprava um carro. Este disse que tinha outras prioridades a serem pagas. O empresário, então, falou:

– Vou colocar uma placa na vaga do estacionamento com o seu nome. Assim, você cria uma meta. E meta é para ser atingida! Quem cria metas, acaba se deixando "contaminar" por elas.

Quem trabalha na Gazin sabe bem disso. O "contaminar" tem o sentido de encantar-se. A relação estreita que Mário e a empresa travam com os seus membros da equipe faz com que eles tenham uma forte ligação. Aí vai um bom exemplo disso. Em 2007, quando Francisca Pereira Ribeiro, a Kika, contadora, estava grávida, durante as consultas do pré-natal, a doutora comentou:

– Eu quero ir conhecer a Gazin. Preciso descobrir o "segredo" que existe na empresa e que faz com que as gestantes que lá trabalham não queiram se ausentar, mesmo tendo direito à licença-maternidade e ao atestado médico de liberação. – Kika começou a sorrir, enquanto a médica completava: – Será que tem açúcar lá na empresa? – Para riso de ambas.

E no dia em que Kika aniversaria, estar na empresa é quase uma obrigação. Como é de praxe, uma roda de colegas do trabalho é formada e o aniversariante faz um discurso. Como diz Kika: "Quando isso não acontece, o aniversário não tem valor. A Gazin é a minha maior escola profissional e de vida. Quem trabalha aqui tem capacidade para fazer carreira em qualquer lugar, em qualquer empresa!".

SABER RECUAR É PRECISO

Em 2006, uma nova empresa para mudar toda a parte de informática foi contratada. A proposta era trazer inovações arrojadas para o sistema, que incluía a troca de *software*. Foi um investimento pesado, na ordem de R$ 2 milhões. O sistema, todavia, não atendeu às necessidades e exigências, que eram facilitar a interligação de dados da empresa e a relação com os clientes. Ao contrário, trouxe problemas. Então, dentro do seu estilo rápido de agir, mesmo tendo investido um bom dinheiro, Mário pediu para que o sistema antigo fosse utilizado novamente: "Não dá para medir esforços quando estão em jogo a satisfação do cliente e o bom desenvolvimento da empresa. É preciso ter coragem para tomar iniciativas e também para recuar quando as ações não surtem o resultado esperado!", alertou o empresário.

OUTRO EX-FUNCIONÁRIO QUE VIRA EMPREENDEDOR

"Dautão", preciso que você deixe a loja de Sinop e vá gerenciar Porto Velho.

Estávamos ainda em 2006. A conversa aconteceu por telefone entre Mário Gazin e Adauto Nicoletti Bovolante. A resposta de "Dautão" não agradou a Mário:

– Eu não tenho como ir. Espero que você entenda. Preciso estar próximo da minha fazenda – de plantação de soja, com mais de seiscentos hectares.

A resposta do empresário foi dura:

– Se você não for, vai ter que sair da Gazin.

Aquilo chocou Adauto, que tentou mostrar-se firme:

– Então, se é assim, estou fora!

Nessa dura conversa encerrou-se um ciclo de trinta anos de Adauto na Gazin. Depois de desligar o telefone, Adauto despediu-se dos funcionários, entrou no carro e foi embora. Ainda sem rumo, ele buscava um caminho para seguir com a vida profissional. Mas precisava de dinheiro para investir. Dias depois, ele recebeu uma excelente oferta para vender a fazenda. E aceitou! Juntou ao valor da propriedade a rescisão de trabalho na Gazin. Este capital, somado às economias, permitiu a abertura de uma loja de varejo em Nova Monte Verde, Mato Grosso. O próprio Mário depois conversou com ele, acertou tudo e levou a Jacarandá Móveis, loja de Adauto, para ser cliente do Gazin Atacado. Mário o incentivou:

– "Dautão", você vai vencer no varejo. Digo isso porque você é muito trabalhador. Com essa "arma", não tem como dar errado!

Realmente, "Dautão" venceu. Abriu uma loja atrás da outra e criou uma rede de sete lojas, com perspectivas de expansão. Mesmo seguindo carreira solo, "Dautão" nunca se esquece de momentos especiais que viveu por trinta anos ao lado de Mário e da Família Gazin, assim como no exercício do trabalho. Ele se lembra com frequência das festas na Gazin, em que Mário divertia todos e cozinhava, das aberturas de lojas, das comemorações por metas alcançadas, entre outras ocasiões. Do período em que "eles pegavam o touro à unha", referindo-se aos tempos iniciais e de dificuldades.

REPLICAR O MODELO

Seu Mário, temos que "copiar" o que dá certo! Então, estamos procurando aplicar na nossa empresa modelos de gestão de sucesso que o senhor também aplica na sua!

Essas foram as palavras de Yoshimi Takei, da Takei Estofados, que além de cliente da fábrica de espumas é fornecedor da Lojas Gazin. Desde que iniciou relação comercial com a Gazin, a Takei desenvolveu-se bastante. Os primeiros contatos foram com o intuito de comprar espumas para a fabricação de estofados, que passaram a ser fornecidos para a rede de varejo. Mesmo os contatos com o Departamento de Compras sendo feitos com Antonio Gazin, Mário esteve por duas vezes na Takei Estofados. Numa delas, em 2013, Mário abraçou Takei e fez uma previsão:

– Menino, a sua fábrica está muito bem montada. Trabalhe bastante e junte dinheiro que em 2014 você vai produzir o dobro do que fabrica agora. – Essa posição se confirmou com o tempo.

Quando Takei visita a Gazin, ele sempre se impressiona com o acesso que todos têm às informações da empresa. Conforme ele mesmo diz: "A dinâmica deles é muito veloz e nos motiva". A gestão de Recursos Humanos da Gazin, tão respeitada pelos resultados alcançados, também é motivo de admiração para Takei. Tanto que certa vez ele utilizou a estrutura da Gazin para tirar o melhor desempenho profissional:

> Eu tinha uma funcionária com grande conhecimento técnico, mas que pecava no desempenho. Falei com a psicóloga

Sonia Rossi e ela abriu as portas da Gazin para conversar com a moça. Minha funcionária saiu de lá completamente transformada; era outra pessoa, muito mais produtiva e comprometida com os objetivos da empresa!

GREAT PLACE TO WORK

Ser a quarta melhor empresa para se trabalhar no Brasil e na América Latina! Alcançar tal conquista não é fácil. Ainda mais no varejo, em que a responsabilidade sobre as metas e a dificuldade de unificar a comunicação, em função da longa distância entre a matriz e as filias, tornam-se muitas vezes as vilãs.

Este é um prêmio de grande valor, concedido pela Great Place To Work (GPTW), responsável por realizar uma pesquisa mundial nas empresas que engloba 53 países. Ao todo, são 58 tópicos que compõem a pesquisa. Apesar de o projeto ter nascido nos Estados Unidos, o Brasil é a nação que contribui com o maior número de companhias: são 1.400 ao todo, das quais 130 são premiadas. Em nível de América Latina, o número de empresas inscritas e que formam o *ranking* sobe para 3.500. A Gazin começou a pontuar internacionalmente entre as melhores em 2011, ficando em 35º lugar; em 2012, subiu para 16º; e em 2013, 2014 e 2015 vem-se mantendo no 4º lugar no Brasil e na América Latina.

A Gazin começou a participar das pesquisas em 2003 e foi premiada em todas as edições. Muitas vezes, uma empresa que tem boa colocação pode acomodar-se com tal situação e cair de posição. Mas isso não acontece com a Gazin. Os funcionários respondem de forma anônima às questões sobre a relação com a empresa em que trabalham. São centenas de companhias que participam e, aos seus funcionários, são entregues as pesquisas com perguntas que avaliam pontos fortes e fracos na relação entre a empresa e seu grupo de trabalho. Para participar, o profissional deve enquadrar-se em determinado perfil.

Na pesquisa, em síntese, são medidos quanto existe de confiança das pessoas na organização e nos seus gestores e o quanto elas têm orgulho e gostam de trabalhar na companhia. Certamente, aquelas qualificadas como as melhores empresas para se trabalhar têm um rodízio bem menor de funcionários. Essa medição é também conhecida por *turnover*, que expressa a rotatividade de pessoal em uma organização. Não há regra que determine os resultados a não ser o trabalho desenvolvido internamente. O fato de uma empresa ser familiar ou não, nacional ou multinacional, grande ou pequena, não influencia na avaliação dos resultados.

Em relação à Gazin, um ponto que alcança nota altíssima é a proximidade que os líderes da empresa, presidentes (executivo e do conselho) e diretores têm com seus comandados. Há um relacionamento direto, sem barreiras, passível de conversas e diálogos. Na Gazin, não há salas reservadas, fechadas em quatro paredes como se fossem um "castelo" particular. Um bom exemplo dessa proximidade são os jantares preparados e servidos pelo próprio Mário Gazin; enquanto acontece o preparo, ou mesmo durante e após o jantar, as pessoas conversam, divertem-se, contam piadas e estreitam o relacionamento. E é esse item que expressa a real satisfação em trabalhar na empresa, superando até mesmo o recebimento de bons salários e benefícios. A confiança nos líderes faz com que os atuais funcionários queiram continuar a trabalhar na companhia, enquanto outros sonhem em iniciar na organização. As pessoas defendem a empresa e lutam por ela.

Há também outro ponto importante: a inspiração! Ou seja, como essas empresas e seus gestores inspiram e motivam as pessoas. Nesses casos, se a empresa enfrenta uma crise, seja interna, de âmbito nacional ou global, as pessoas disponibilizam-se a resolvê-la. Existe um grande comprometimento. Diferentemente do que pode acontecer quando a relação empregado-empresa não é das melhores; nesses casos, em vez de ajudar, os funcionários começam a mandam currículos para outras organizações.

Outro fato curioso é a divulgação que a Gazin promove em relação às suas metas. Assim, cada qual se sente parte integrante do processo. O próprio Mário explica: "Eu preciso contar ao funcionário qual a estratégia da empresa e onde queremos chegar. Se ele não tem essas informações, como eu posso querer que ele se dedique?".

Mesmo sendo convidadas pela equipe da GTPW, as empresas inscrevem-se por livre arbítrio dos gestores. São realizadas várias perguntas aos trabalhadores, que respondem com notas que variam de zero a dez. No conceito da GPTW, a partir de notas com média de setenta pontos a empresa é considerada boa para se trabalhar. No caso da Gazin, esses índices têm apontado avaliações acima de noventa pontos. O mais impressionante da pesquisa está na ponderação que os funcionários fazem em relação à confiança nos gestores da Gazin. Nesse caso, a aprovação, avaliada como impressionante pela GPTW, atinge 97%! É considerada unanimidade! A empresa consegue manter esse grau de satisfação mesmo atuando em várias frentes, como varejo, atacado, indústria e prestação de serviços. Ou seja, aprendeu a "falar" a linguagem de cada segmento.

O presidente da GPTW desde 2008 é Ruy Shiozawa. Ele presenciou, num evento do SEBRAE em Londrina (Paraná), o consultor e palestrante Marco Aurélio Ferreira Vianna contar uma passagem vivida na Gazin. Marco fora contratado para um trabalho na Gazin, em Douradina, e o motorista da empresa foi buscá-lo em Maringá. Durante o trajeto de ida para a matriz, o rapaz contou qual era a meta da empresa, quanto já haviam alcançado até aquele momento do ano, entre outras informações. Isso chamou muito a atenção de Marco Aurélio. Afinal, ele não estava na companhia de algum executivo que tinha os números gerais na mente e sim de um profissional ligado ao departamento de transporte. E uma das falas do motorista que ficou registrada foi:

– Gosto muito de trabalhar na Gazin, porque contribuo para que alcancemos os melhores resultados! Imagina se eu for levar alguém da área comercial para fechar um grande contrato numa reunião e chegar atrasado? Então, preciso me envolver com o trabalho. Antes de sair da empresa, penso no caminho que vou fazer, analiso as possibilidades de ter trânsito, penso numa rota alternativa... Tudo para ter a certeza de que o funcionário vai chegar na hora certa. E, assim, dentro da responsabilidade que me cabe, vou ajudar a fechar o negócio.

Esse alto grau de comprometimento do rapaz se dá principalmente pela confiança nos líderes, nos gestores. Por acreditar nos propósitos de Mário, Rubens, Jair e Antonio Gazin, e nos executivos, como Osmar Della Valentina, Luiz Custódio e João José da Silva, entre outros. E pesa o carisma de Mário, que o transmite para toda a organização. Isso faz com que as pessoas que lá trabalham possam dizer: "Nós, aqui da empresa, estamos pensando em...", e não: "Eles estão pensando em...".

O primeiro encontro entre Ruy Shiozawa e Mário aconteceu na festa de premiação de 2009 para homenagear os escolhidos na temporada anterior. O jeito descontraído, falante e ao mesmo tempo simples de Mário ficou como uma marca nesse contato inicial. Uma marca da familiaridade. Depois dessa oportunidade, estiveram juntos outras vezes. Numa das conversas entre eles, o executivo da GPTW disse:

– Seu Mário, quando a empresa vai contratar o funcionário, este passa por uma série de testes e entrevistas. Mas a recíproca não é verdadeira! E quantos desses candidatos "entrevistam" as empresas? Quando deles se preocupam em entrar no site e conhecer o possível lugar em que irão trabalhar? Infelizmente, poucos agem dessa forma. A grande maioria está ansiosa em terminar o processo seletivo e ser contratada!

O empresário paranaense concordou com tudo o que ouviu. Dentro da tese que Ruy defende, cada empresa tem seu traço de cultura. E esse traço deve ser respeitado! Não há cultura certa ou errada! Há simplesmente a cultura da empresa! Ele até cita o exemplo de duas empresas que são sempre premiadas e cujas culturas são de estilos extremos:

> Uma das empresas bem ranqueadas é o Bradesco, onde às 7h a diretoria já está no ambiente de trabalho; não há excessos no escritório, existem salas definidas, o pessoal trabalha de terno e gravata... Outra delas é o Google, empresa

descontraída, colorida, onde cada um precisa cumprir sua meta sem obrigatoriamente ter horário fixo...

Qual delas está certa? Ambas! Cada uma alcança seus objetivos e tem um grupo de trabalho satisfeito com a empresa. A característica cultural do Bradesco é uma, e a característica cultural do Google é outra! Assim como a da Gazin difere de ambas! Mas, claro, se um funcionário do Google for trabalhar no Bradesco, e vice-versa, os dois provavelmente estarão infelizes em suas carreiras e empregos.

Outra passagem que marcou Ruy aconteceu no evento que homenagearia apenas empresas do Paraná. A Gazin foi eleita na temporada em questão a melhor empresa do estado. Mário fez questão de subir ao palco e discursar. Naquela oportunidade, Ruy estava sentado a uma das mesas e cercado de outros empresários e executivos paranaenses. Chamou-lhe a atenção a forma carinhosa como as pessoas referiam-se a Mário e a torcida daqueles que, além de amigos, eram também concorrentes ao prêmio: "O Mário e a Gazin merecem mesmo!", diziam eufóricos.

ESTRATÉGIA FINANCEIRA

Ano de 2007. Nasce o Gazin.com, site de vendas de produtos da rede varejista. Os resultados comerciais nunca foram expressivos, em decorrência da difícil logística de entrega de produtos, muitas delas efetuadas de um dia para o outro – em 2013, as vendas pelo site foram interrompidas, mas a retomada está nos planos da Gazin.

No ano seguinte, em 2008, Osmar Della Valentina recebeu da Gazin duas bolsas de estudos. Uma delas para fazer curso de gestão pela Escola de Negócios da Fundação Dom Cabral e a outra para um MBA de curta extensão nos Estados Unidos. Durante a experiência internacional, Osmar manteve-se por três semanas "internado" na escola, estudando bastante. Foi um período mágico e de grande aprendizado, além de muito rico nos contatos realizados. No curso, Osmar teve aulas com grandes empreendedores e executivos. Em determinado dia, foi organizado, como atividade, um jogo de golfe com a participação de um empresário bilionário norte-americano. Um dos professores era acionista da Budweiser e, durante a partida de golfe, o homem contou a Osmar que ainda naquele ano estouraria uma importante crise nos Estados Unidos que deixaria respingos espalhados pelo mundo inteiro.

Assim que chegou a Douradina, Osmar fez suas checagens. Depois, reuniu-se com Mário e João José da Silva, responsável pela área financeira. Uma das diretrizes sugeridas por Osmar foi a de rever os limites dos contratos firmados com os bancos, pois havia forte tendência de aumento dos juros, e também levantar dinheiro a custos pré-definidos, para estar capitalizado. Após análises, João acertou algumas linhas de empréstimos nos bancos parceiros com taxas pré-fixadas, reunindo capital em torno de R$ 50 milhões. Pouco tempo depois, estourou a crise, que elevou os juros. O mercado retraiu-se, mas a Gazin estava capitalizada para fazer compras em melhores condições e, assim, aproveitou-se das ótimas oportunidades que costumam aparecer nos períodos de dificuldade.

RECEBENDO DE BRAÇOS ABERTOS

Suelane, daqui a pouco vai chegar o seu Mário, presidente da empresa. Vamos recepcioná-lo.

A moça, uma das vendedoras da loja de Cacoal, em Rondônia, estava ansiosa para conhecer o patrão. Ficou até a imaginar: "Acho que ele vai chegar cercado por seguranças. Deve ser difícil ter contato com ele". Minutos depois, entrou na loja um homem fazendo a maior festa, brincando com todos e dizendo: "Vamos quebrar tudo!", frase que Mário usa para expressar alto ritmo de trabalho, produção e vendas. Depois de falar com todos e de ser apresentado a Suelane Maria Silva Goes, o grupo, liderado por Mário, fez uma oração. Ao final, Mário soltou:

– Temos entre nós uma nova filha, com carinha tímida, que está chegando na Gazin. Fique à vontade, minha filha! Esta é a sua casa!

A passagem ficou eternamente registrada na mente de Suelane, que cresceu na empresa e tornou-se gerente de loja. Ao ocupar esse cargo, ela passou a participar anualmente da pesquisa de perfil do gerente. Uma das perguntas é: "Qual o líder que você considera seu maior inspirador?". Assim como a grande maioria dos gerentes, Suelane escreve na resposta: "Mário Gazin!".

Como Mário sempre repete aos que ocupam cargos de gerência: "A essência de liderança da Gazin faz com que possamos servir sempre mais as pessoas. Fazemos isso sem pedir nada em troca e agradecendo pelas nossas conquistas". Mário demonstra isso principalmente com seus atos. Depois que Suelane assumiu a gerência, o empresário foi visitar a loja. Eles ficaram num canto do comércio, conversando sobre a rotina e os resultados daquela filial. A moça queria explicar como andava o movimento, o desempenho da equipe, a estrutura etc., mas o empresário insistia em saber de outro assunto:

– Filha, depois falamos da empresa. Está tudo bem com você? Está adaptada? E a família, vai bem?

Ou seja, Suelane estava querendo falar de trabalho. Mas o patrão, antes disso, queria saber com andava a sua vida e se estava tudo em ordem com ela.

APRENDER COM OS ERROS

Nas palestras, Mário Gazin sempre comenta sobre os erros cometidos e os aprendizados que eles deixam. Em alguns casos, erros projetam boas oportunidades. Numa das palestras que ministrou, o empresário contou uma passagem ocorrida na fábrica de móveis da Gazin. Ele defendia a "tese" de que o ideal era exportar 30% da produção. Mas, na realidade, as exportações na fábrica alcançavam 70% do faturamento. Como era uma situação favorável, nada foi feito para revertê-la. Boa parte da produção era comercializada com Angola, Portugal, Chile, Argentina e Uruguai.

Em 2008, contudo, estourou uma crise mundial que se espalhou nas mais variadas intensidades por outros países e continentes. O enfraquecimento do Lehman Brothers, banco norte-americano de investimentos que pediu concordata, tornou-se o marco da crise. Em função do ocorrido, os importadores começaram a criar certas barreiras para compras de produtos externos, o que causou problemas para a Gazin.

Com a mudança da política econômica e cambial, o negócio deixou de ser rentável e as atividades foram encerradas. Com isso, Mário aprendeu que exportar tem muitas vantagens: a moeda-base é o dólar, sempre valorizado em relação ao real. Além disso, há vários incentivos, como menos impostos e desencaixe de dinheiro. Mas, apesar das vantagens, é prudente que se determine um limite para as exportações e que não se ultrapasse o patamar definido.

BONS MOMENTOS

Em 2007, começou a ser discutida a implantação da Governança Corporativa da Gazin, que determina os meios e as regras pelos quais as empresas são administradas, dirigidas. O processo estuda e avalia ainda a relação entre os acionistas e a alta gestão das empresas, assim como os objetivos que definem a postura das ações das companhias.

Além da existência da *holding*, foram desenvolvidos controles internos. Entre outras ações, uma auditoria foi contratada. Tudo visava à transparência da empresa para a sociedade, reflexo de uma boa Governança Corporativa. Nesse processo, Maurício Churkin, gerente de controladoria, teve papel importante.

Ele e Mário Gazin tiveram grande convivência, tanto profissional quanto pessoal. Foram muitas as viagens nacionais e internacionais a trabalho – ou lazer, nos períodos de férias de Churkin, que coincidiam com períodos de folga de Mário, geralmente de dez dias. Nessas viagens a lazer, geralmente em grupos de amigos de dez a doze pessoas, é feito um trato: nada de se falar sobre trabalho! Mas, às vezes, Mário quebrava o "trato"...

A primeira viagem que fizeram juntos foi para os Lençóis Maranhenses. Churkin pôde constatar que Mário adapta-se às mais diferentes situações e que tem uma energia incomum. Às 6h, ele já estava no café e de lá saíam para explorar a natureza: ver os lençóis maranhenses, mergulhar, nadar, entre outras atividades. Numa das viagens internacionais, eles passaram por Suíça, Alemanha e Inglaterra. No outro ano eles estiveram, entre outros países, na Rússia e na Polônia. Em ambos, se emocionaram ao conhecer áreas que foram campos de concentração no passado, uma forte e trágica marca da história mundial. Mário chegou às lágrimas e disse:

– Na Segunda Guerra Mundial morreram em torno de seis milhões de judeus... Conversei algumas vezes com o senhor Samuel Klein, empresário varejista, que foi prisioneiro de guerra.

Numa outra viagem, estiveram na Colômbia e no Panamá. Como de costume, Mário puxava o pessoal para conhecer os pontos turísticos e a cultura local. Eles também estiveram juntos nos Estados Unidos, visitando as cidade de Los Angeles, San Francisco e Las Vegas, que, por ser bastante agitada, não faz muito o estilo de Mário.

CRIANDO EMPREENDEDORES

Ainda em 2007, Mário Gazin recebeu a informação do gerente regional de que o gerente de Barra do Garças, Leandro Camilo da

Silva, que estava havia catorze anos na Gazin, pretendia montar um comércio. Mário não podia negar que esperava ouvir isso do próprio Leandro Camilo. Ele então agendou uma reunião com Leandro, e o rapaz disse ao patrão:

– Eu tenho o sonho de abrir uma loja!

Mário acertou o desligamento dele da rede e ofereceu-lhe o repasse de uma das filiais da Gazin, localizada perto de Corumbá, no Mato Grosso do Sul. Leandro não quis fazer negócio. Com o dinheiro do desligamento, do qual pegou parte em produtos, e de mais dois carros que possuía, montou sua primeira loja, em Barra do Garças. Como em todo início, havia dificuldades. Ele teve até que levantar dinheiro em banco. Mário foi visitá-lo e deu a maior força:

– Leandro, não tenha medo! Investir e endividar-se faz parte da construção e do desenvolvimento do negócio. Você conhece muito bem o varejo e tem tudo para alcançar sucesso. Siga adiante!

Mário também reviveu na conversa algumas complicações de seu início como empresário varejista nos anos 1960. As palavras do ex-patrão deram-lhe grande estímulo! Realmente, Leandro Camilo teve sucesso com a loja. Tanto que, em 2014, viveu um dilema: investir em imóvel ou abrir a primeira filial. Ele recorreu aos conselhos de Mário, que o encorajou:

– Você me disse que tem dinheiro guardado. E está esperando o que para montar a segunda loja? Uma ajuda a outra e com duas você terá uma administração ainda mais ajustada do que com apenas a matriz. Pense primeiro na empresa. É ela que vai lhe sustentar e garantir o seu patrimônio. Veja o nosso exemplo, o meu e dos meus irmãos: antes de termos casa própria, construímos o depósito da Gazin.

Era o que Leandro Camilo precisava ouvir. Meses depois, as portas da loja de Aragarças, em Goiás, estavam abertas! Mesmo estando em estados diferentes, a distância entre suas lojas é de apenas dois quilômetros; ele mora no meio do caminho entre ambas. Outro aprendizado trazido dos ensinamentos do ex-patrão: participar de feiras, palestras e encontros do setor. Ele apenas colocou em prática aquilo que observou do comportamento de Mário Gazin!

• • •

Em 2008, a irmã de Mário, Cidinha, separou-se do marido, João José da Silva, diretor financeiro da Gazin. Como forma de dar suporte emocional à irmã, e também estar ao lado dela por um tempo, o empresário convidou-a para ir com ele viajar, numa pescaria. Cidinha aceitou o convite, e lá foram eles para uma área do Mato Grosso. A viagem foi providencial. Além de curtir o "mano", Cidinha andou de lancha, viveu a natureza, nadou no Rio Paraguai, alimentou-se dos peixes que eram fisgados, entre outras atividades. Foi um tempo necessário para que ela pudesse repensar na retomada de vida!

CONFIANÇA NO LÍDER

Umas das principais características de Mário Gazin é saber utilizar-se do seu prestígio e credibilidade nos momentos de dificuldade. Muitos são os exemplos. Mas uma passagem que marcou Julio Cezar da Silva, gerente geral do varejo da Gazin, aconteceu em 2008. Naquele período, como visto, o Brasil passava por um momento de crise. A mídia só falava nisso: problemas com a economia, mudanças mundiais, demissões em massa etc. Aquela conhecida "rádio corredor", em que os funcionários reúnem-se pelas áreas comuns da empresa e divagam sobre vários assuntos, entre eles, os problemas, começou a inflar o tema das demissões nas conversas.

Ao reportarem isso para Mário, ele convocou uma conversa geral na sede da Gazin em Douradina. Em poder da palavra, Mário explicou, com seu modo direto e sincero, o que acontecia na economia mundial. E ainda firmou um pacto com os funcionários, falando com segurança:

– Vamos criar um compromisso. Peço que todos se esforcem, trabalhem bastante e, se preciso, fiquem até mais tarde. Mas podem confiar na Gazin. Não procurem outra colocação e não tenham medo de perder o emprego. Eu prometo que não mexeremos nos valores dos salários e nem faremos demissões. – E fechou envolvendo e convencendo o grupo. – Eu acredito no comprometimento de vocês para enfrentarmos e vencermos qualquer dificuldade! E podem anotar aí: não será necessário, mas, caso preciso, nos desfaremos do patrimônio da empresa para honrar a folha de pagamento. Quem está garantindo isso sou eu, Mário Gazin!

Estava feito! Palavra de Mário Gazin é melhor do que garantia bancária! O efeito foi fantástico! A Gazin passou firme por aquele momento duro, que invadiu 2009. Assim, teve em 2010 um dos melhores resultados de sua história. Essa segurança que Mário passa faz com que pessoas o procurem para conversas reservadas, que vão desde conselhos para o casamento até temas que envolvam investimentos financeiros.

OLHAR BIÔNICO

O seu Mário, quando entra pela porta da loja, já passa um "raio X" geral. Percebe quem precisa estar mais motivado, quem necessita de treinamento, observa detalhes da organização da loja, se alguma lâmpada precisa ser trocada... O homem enxerga tudo!

Em qualquer roda de conversa, Fabiano Clessio Ludtke conta com euforia sobre as características de Mário Gazin. E narra algumas passagens.

– Ele corria com o olhar ao redor da loja e via os produtos que precisavam ser eliminados do estoque. Certa vez, ele puxou a minha orelha. Havia uma geladeira que custava uns R$ 6 mil. Ao deparar-se com a peça, ele disse: "Filho, o que você está fazendo com esse produto aqui? É uma mercadoria que não roda nessa praça. Em vez de uma geladeira de quase R$ 6 mil é melhor ter três de R$ 2 mil".

Dali em diante, sempre que pedia produtos para a matriz, Fabiano levava em consideração as observações do patrão de como adequar os produtos às realidades dos consumidores locais. Também foram muitos os conselhos pessoais, como para guardar dinheiro:

– Fabiano, sabe qual é o seu verdadeiro salário? Não é quanto você ganha, mas quanto lhe sobra depois de pagar as contas. E reserve um dinheiro para investir no seu conhecimento! Faça cursos, faculdade, leia livros...

CLIENTE E AMIGO

Seu Mário, eu sou a sua fã número um!

Basta Rosangela Gurgel Diógenes encontrar Mário Gazin em qualquer feira do segmento no Brasil que ela levanta os braços, abre um largo sorriso e se declara! Eles se conheceram em 2009, durante feira do setor. Naquela oportunidade, Rosangela, que tem lojas de varejo no Rio Grande no Norte, encantou-se com a simplicidade do homem e passou a ser cliente da Gazin, comprando colchões e estofados.

Logo depois, foi formado um *pool* de varejistas daquela região do Nordeste, um total de dezessete empresários. O grupo, inteligentemente, passou a fazer compras em conjunto também do Gazin Atacado, do tipo cooperadas. O objetivo era criar melhor volume de compras e condições de preços e prazos mais interessantes.

Em determinada oportunidade, Rosangela e alguns empresários do grupo estiveram a convite da direção da Gazin em Douradina. Mário fez questão de estar presente e de recepcionar a todos, preparando e servindo almoços e jantares para o pessoal.

DEMONSTRAR A ESSÊNCIA

Os empresários precisam se renovar, buscar ideias novas sempre. Mas, para isso, é preciso aprofundar-se naquilo que se faz.

A frase foi dita em 2009 por Mário Gazin a Gilberto Galafassi, diretor estatutário da Lojas Colombo, outra gigante do varejo.

Galafassi gostou da reflexão e guardou aquelas palavras como uma conduta de vida profissional. Naquela oportunidade, Mário visitou a sede da Colombo, em Farroupilha, no Rio Grande do Sul. Logo depois, eles estiveram juntos em Bento Gonçalves, e a admiração de Galafassi por Mário aumentou.

Em 2011, encontraram-se outra vez. Mário convidou Galafassi para participar com ele e o grupo da Gazin da *Retail's Big Show*, maior feira mundial do setor varejista, organizada pela NRF. A presença dos brasileiros é sempre maciça. Foram oito dias de convivência diária. Galafassi então constatou que as formas de ser, pensar e agir de Mário são na realidade a sua essência de vida, baseadas na simplicidade e no humanismo. Seu discurso era verdadeiro. Eles falaram sobre vários assuntos, desde vida pessoal, varejo e empresa até sobre sucessão, tema bastante abordado e que Mário demonstrou ter sido bastante estudado e analisado antes de ser decidido.

Durante a viagem, Galafassi disse:

– Mário, estou "contaminado" pelo seu entusiasmo.

O empresário paranaense deixava seus pensamentos no ar:

– Galafassi, de nada adianta você simplesmente falar para as pessoas como elas têm que agir e se portar. É preciso estar junto delas, incentivá-las, provocá-las, questioná-las, parabenizá-las e agradecê-las. Além disso, quanto mais perto você está da equipe, mais você conhece a sua empresa.

Também viveram situações engraçadas na estada em Nova York. Nas viagens, Mário incorpora o modo de vida local, experimenta tudo e se alimenta apenas da comida nativa. Ele sempre oferecia:

"Galafassi, pegue um pedaço dessa comida aqui do meu prato!", o amigo se divertia com aquilo.

Outra de arrancar risos aconteceu quando o zíper da jaqueta de Galafassi emperrou e ele não conseguia fechá-la. Mário então entrou numa loja e, mesmo sem falar inglês, dizendo tudo em português e gesticulando bastante, conseguiu pegar emprestadas as ferramentas de que precisava para arrumar o fecho. O norte-americano que cedeu o material ria muito da forma extrovertida de Mário se "expressar em inglês".

• • •

Quem também teve oportunidade de estar com Mário Gazin na *Retail's Big Show* foi Ronaldo Koerich, da rede varejista que leva seu sobrenome. Como de hábito, a Gazin costuma levar nesses eventos clientes da fábrica de colchões e funcionários que se destacam na produtividade. Eles eram amigos havia alguns anos, tanto que mantêm excelente relação de cumplicidade, mas estar na companhia de Mário por uma semana fez com que Ronaldo pudesse conhecê-lo mais intimamente. Ronaldo presenciou a forma correta como Mário sabe distinguir os momentos de trabalho e lazer.

Nos momentos de trabalho, Mário impõe disciplina, está sempre antenado, exige que as pessoas cheguem no horário e cultiva seus valores. Na hora de lazer, o que vale é a descontração. Em determinadas situações, no entanto, ele até consegue mesclar as duas posturas, por exemplo, quando apresenta as metas da empresa estampadas em peças de roupas íntimas.

AGIR PENSANDO NO BEM MAIOR

Se você sair da empresa, terei que mandar o seu marido embora.

Assim foi a conversa entre Adriana Regina da Silva e Mário Gazin em 2010. A moça, que já trabalhava no grupo desde 1995, recebeu proposta para trabalhar em Maringá. E aceitou! O patrão, que tinha grande carinho por ela e cujo sentimento era recíproco, tentou demovê-la sem sucesso, propondo que Adriana assumisse cargos de liderança.

O único ponto que a fez reconsiderar foi justamente a possível saída do marido da Gazin, onde trabalhava havia quase duas décadas. O casal conversou bastante e ficou definido que, independentemente do que viesse a acontecer, ela deveria realmente seguir o seu caminho.

Adriana pediu demissão e tempos depois o marido dela foi desligado da empresa. Sim, ela ficou bastante chateada com tudo. Até que, certo dia, surpreendentemente, Adriana recebeu a visita de Mário na empresa em que ela trabalhava. Ele convidou-a para um café. Na conversa, em que ela estava bastante emocionada, Mário confessou:

– Filha, como é que eu poderia manter o seu marido trabalhando em Douradina e você aqui, em Maringá? A distância iria acabar com o seu casamento! – E concluiu: – Sei que fui duro na minha decisão! Por mais que seja difícil de entender, saiba que às vezes um "pai" tem que contrariar um filho para deixar uma grande mensagem ou para não prejudicá-lo.

Adriana, bastante sensibilizada, deu-lhe um abraço apertado:

– Seu Mário, obrigada por vir me encontrar e por falar essas palavras tão lindas! Meu carinho e admiração pelo senhor são eternos!

O empresário, para quebrar o clima, brincou:

– E então, vocês não querem voltar a trabalhar na Gazin? – Ambos gargalharam.

ENSINAR PELO EXEMPLO

Muitos são os exemplos de pessoas que mudaram de cargos e fizeram carreira na Gazin. É o caso de Queila do Carmo Pedroso, gerente da filial de Porto Velho, em Rondônia. Ela iniciou na empresa no setor de limpeza. Depois de um ano, foi promovida a caixa e após dois anos tornou-se vendedora. O excelente desempenho levou-a a ser gerente de loja. Como recompensa, Queila já participou de quatro *Viagens com o Patrão*: para Buenos Aires, em 2010; Fortaleza, em 2011, e, nas duas outras oportunidades, para Foz do Iguaçu, em 2013 e 2014.

Ela valoriza cada conquista: "A Gazin me permitiu construir uma carreira sólida e participou de quase tudo de mais importante na minha vida. Ajudou-me a fazer a faculdade de Administração de Empresas e foi meu primeiro e único emprego". Para ela, as viagens também são importantes conquistas: "Nessas viagens, aproveito cada oportunidade de aprender e de conviver com o seu Mário. Isso me traz valorização pessoal e profissional, por entender que a empresa reconhece e investe em mim".

E quanto ao patrão, o sentimento é também paternal: "Eu não tive o meu pai presente, mas criei no seu Mário uma figura paterna. Ele é mais um pai do que patrão! Quando eu conheci a matriz, passei a respeitar e a admirar ainda mais o seu Mário, pois pude constatar e ter a real noção do grande império que ele construiu".

CAPÍTULO 7

TEMPO DE RENOVAR

Ô Mário, você já pensou em se aposentar? Deixar a presidência?

A pergunta surgiu numa reunião do Conselho Consultivo. Estávamos em 2009. O tom da pergunta foi de descontração, para quebrar o gelo. Não era nada sério.

– Imagine... A Gazin sem o Mário na presidência? Essa eu pago *pra* ver! Isso não existe! O homem tá fazendo sessenta anos...

O pessoal que estava na reunião gargalhou! Menos Mário Gazin:

– Pode escrever aí: quando eu completar 65 anos, deixo a presidência da empresa.

O grupo continuou a gargalhar ainda mais forte. Certamente, não acreditaram no que disse o empresário. Mas Mário bateu na mesa e falou ainda mais sério:

– Podem escrever aí! Quando eu completar 65 anos, passo o bastão! Gente, trabalho desde os cinco anos. Não tive infância, adolescência, tempo para estudar, para me dedicar e brincar com os meus filhos... Eu só trabalhei, trabalhei e trabalhei! – Em meio ao silêncio que se fez, ele decretou: – Aos 65 anos eu entrego a presidência. A partir de hoje, começa o processo de sucessão, que se completará daqui a cinco anos! Agora eu vou embora. Preciso preparar o jantar. Tem uma turma grande de novos funcionários aqui na Gazin fazendo a integração.

Mário saiu da sala em meio à troca de olhares. Assim que ele passou pela porta, a pergunta foi inevitável: "O Mário não é de falar em vão. Ele tem palavra! Mas... será que ele vai cumprir a promessa?". Só restava esperar. Mas a fala estava registrada na ata da reunião do Conselho! Dias depois, Mário começou a conversar com pessoas próximas. Entre elas, Samuel Klein, amigo e concorrente. Dele, ouviu:

– Você ainda é novo, mas acho a sua ideia excelente! É importante revigorar a direção da empresa.

Era uma opinião relevante, de peso. O amigo Luiz Marins foi outro consultado e também apoiou a decisão! Mário foi em busca ainda da experiência do amigo Shunji Nishimura, da empresa Jacto; em 2009 ele estava com 98 anos. O empresário havia-lhe presenteado com um livro escrito por ele próprio. Mário releu o material algumas vezes, dezenas de vezes, principalmente o trecho que dizia mais ou menos assim: "Todas as mudanças virão. A vida da gente é como a árvore, responsável pelo nascimento de novas árvores e de frutos. Mas um dia a árvore precisará da poda, que representa a mudança. A árvore vai sofrer com a poda, mas depois disso ela pode voltar a florir".

Nesse caso, a teoria é menos complicada do que a prática. Não é nada fácil ter a frieza de deixar que outra pessoa possa administrar aquilo que você mesmo construiu.

Caro(a) leitor(a), enquanto o ano de 2014 não chega na nossa história, você, que já conhece grande parte da vida de Mário Gazin, pode fazer a sua aposta...se ele irá ou não entregar a presidência aos 65 anos de idade...

O MARKETING DA GAZIN

O slogan da Gazin é: "Sempre fazendo o melhor pra você".

Conhecer os perfis dos clientes e acertar a linguagem com eles não é missão das mais simples. Muitas foram as transformações até que o Departamento de Marketing da Gazin lançasse campanhas para projetar a marca nacionalmente, principalmente nos casos dos colchões e do atacado. O gerente de marketing, Edson Oleksyw, iniciou na empresa em 2000 como vendedor na loja de Goioerê, no Paraná. Em 2006, passou a gerente regional e foi convocado por Mário Gazin para abrir algumas lojas, mesmo sem ter experiência no assunto.

Mário dá autonomia de trabalho aos seus comandados e confia no poder de realização e na responsabilidade deles. Tanto que Mário ligou para Edson e disse:

– Quero que você gerencie uma filial que abriremos em Cruzeiro do Sul, no Acre.

– Pode deixar, seu Mário! O senhor precisa de mim para quando? – perguntou Edson.

– *Pra* ontem! – brincou. – Em quarenta dias, a loja precisa estar funcionando! – afirmou o patrão, mostrando que na Gazin trabalha-se com agilidade. Talvez esse seja um dos segredos que tornam a Gazin a quarta melhor empresa para se trabalhar do Brasil e da América Latina.

Em 2009, Edson foi promovido e assumiu a gerência de marketing. Logo de início, ficou claro para ele que o DNA da Gazin estava na capacidade de seus funcionários em empreender. A Gazin investe bastante na qualificação e capacitação dos funcionários. A empresa respeita sua história familiar e valoriza o capital humano, dando oportunidades de crescimento a todos.

O *slogan* "Sempre fazendo o melhor pra você" dá à palavra "você" um sentido amplo: pode ser o cliente, o grupo de trabalho, o fornecedor... Um dos principais objetivos é chegar até o cliente e fazer parte dessa sociedade da qual ele participa, acompanhando o desenvolvimento da região em que ele está inserido. Para isso, novas ferramentas que surgiram foram adaptadas às já existentes. Entre as estratégias de marketing do passado estavam inserções em carros de som, propaganda boca a boca e eventos na comunidade, entre outras; a estas foram somados investimentos em *web*, internet, televisão e marketing direto. Mas a essência da Gazin, sempre voltada ao cliente, não mudou; isso faz com que a empresa esteja madura e consistente.

Mas a grande diferença entre o marketing do passado e o atual é a velocidade com que as mudanças acontecem. A evolução era mais lenta e com ciclos mais longos, de um, cinco e até dez anos; depois, a evolução exige mudanças rápidas e agressivas, que podem até variar em uma hora, um dia ou um mês. O investimento em marketing é da ordem de 2% do faturamento. Do montante da verba, 30% são destinados às emissoras de TV; 40% para o rádio;

15% para panfletagem; e o restante é diluído entre marketing direto, ações nos pontos de vendas, telemarketing e outros formatos.

Nesses números, não estão as ações sociais, que envolvem verbas de investimentos em comunidades e no meio ambiente – no ano de 2014, foram distribuídas e plantadas 11 mil mudas de árvores. Houve ainda a doação de bicicletas, além de campanhas que envolvem estética e regulamentação de documentos pessoais. A Gazin Colchões também se dispôs a doar todos os colchões para o Hospital do Câncer de Umuarama, que foi projetado para atender mais de 200 mil pessoas da cidade e de todos os municípios vizinhos. Foram feitas ainda doações em dinheiro, materiais e produtos para igrejas, festas e associações das mais diversas cidades.

Isso está na essência de Mário Gazin: "Precisamos amparar o próximo! E quanto mais ajudarmos as pessoas, mais Deus ajuda a gente!". Por isso, as identidades de Mário e da Gazin misturam-se. É normal ele ser abordado e reconhecido nas ruas e restaurantes em suas andanças pelo Brasil: "O senhor não é o Mário Gazin?" ou "O senhor não é o Mário, da Gazin?". Ele sempre fica orgulhoso, ainda mais quando escuta: "Eu o reconheci da propaganda na televisão!". Quando essas propagandas passam nas mais diversas cidades, a mídia local fica interessada em entrevistá-lo para os jornais e emissoras de rádio e televisão.

A grande expressão de Mário com a clientela é outro ponto importante. O empresário representa para muitos deles uma projeção de uma história do tipo "Eu sou você amanhã!". Isso porque, assim como a grande maioria, Mário começou de forma bastante humilde e, com dificuldades, conquistou a primeira loja. Daí em diante, foi trabalhar e crescer para a abertura da segunda, terceira, quarta... e mais dezenas e centenas de lojas e de outros negócios. A simplicidade e a facilidade que Mário tem em comunicar-se facilita muito a identificação dele com os clientes, que sempre pensam: "O Mário começou como eu e olhe só aonde ele chegou!".

SABER VALORIZAR-SE

Certa vez, querendo provocar Paulo Rogério, o Paulo Lambari, Mário comentou:

– O Carlos – nome fictício – é gerente de loja pequena. Tentei mandá-lo para uma loja maior, mas não deu certo. É gerente de loja pequena.

Mário disse aquilo olhando para Paulo. A pessoa citada pelo empresário realmente havia sido promovida para uma loja maior e não conseguiu ter sucesso. Assim, teve de retornar para uma gerência de loja menor.

Curiosamente, com Paulo Lambari a situação havia-se repetido. Claro, ele entendeu o recado: falando de *fulano*, mas "apontando" para ele. Aquilo passou... Depois de algum tempo, Paulo foi promovido a gerente da maior "loja" da rede, o Atacado, em substituição a Osmar Della Valentina. Convenhamos, o Atacado representava o faturamento de quase todas as lojas que a Gazin tinha em 2014. Só então Paulo conseguiu fazer a melhor leitura daquelas sábias palavras de Mário. O real sentido foi: "Eu acredito em ti, mas você precisa conhecer o seu potencial e ter sonhos e objetivos que sejam do seu verdadeiro tamanho!".

BUSCAR *KNOW-HOW*

No início dos anos 2010, Mário Gazin foi visitar uma fábrica de colchões nas proximidades de Michigan, nos Estados Unidos. Ali, havia uma base militar. Mesmo sem falar o inglês, Mário sempre dá um jeito de se fazer entender e ser compreendido. O engenheiro que o recebeu arranhava o espanhol. Mas a comunicação estava difícil. Todos que passavam por ali apresentavam-se e cumprimentavam Mário. Até que um deles, engenheiro de produção, ao ouvir a resposta de Mário ao cumprimento em português, identificou-se:

– Sou brasileiro, filho de militar! Moro nos Estados Unidos há anos!

Ufa! Além de uma pessoa que conhecia o desenvolvimento técnico da fábrica, Mário havia encontrado um tradutor! Eles foram almoçar juntos. Mário quis saber mais sobre a história do rapaz, que lhe contou ter nascido no Mato Grosso do Sul, onde a Gazin tem várias lojas. O pai dele, coronel do exército, havia comandado um batalhão de 1.300 homens no início dos anos 1960 e participou do Golpe de Estado e da instauração do Regime Militar em 1964. Em 1968, quando se aposentou, o coronel levou a família para morar nos Estados Unidos.

Mário praticamente passou o dia ali, conhecendo a fábrica e conversando com o engenheiro. Já no fim da tarde, eles trocaram contatos e mantiveram-se conectados por um bom tempo, trocando informações importantes sobe o mercado.

• • •

Uma aposta certa da Gazin foi oferecer os serviços da Western Union aos seus clientes. Esta é uma empresa norte-americana com mais de 160 anos de história, especializada em remessa nacional e internacional de dinheiro. A Gazin tornou-se, inclusive, a rede que mais dinheiro remete para o Haiti. O representante da Western Union que fechou contrato com a Gazin foi Carlos Eduardo de Andrade. Impressionou-o o fato de Mário Gazin chamar a todos por "filho". Ele quis saber mais sobre o empresário e recebeu as melhores referências da empresa, e do presidente, sempre lembrado com carinho.

A parceria tornou-se tão estreita que Mário foi convidado a palestrar em São Paulo, na sede da empresa norte-americana. A palestra aconteceu durante o Encontro Nacional de Agentes. O público, formado por parceiros da Western Union, assistiu a Mário falar sobre sua vida e sobre o trabalho desenvolvido na Gazin. A mensagem foi transmitida de forma simples e direta. Ao final, ele foi aplaudido de pé.

UM DELICIOSO "BRINDE"

Em 2010, Gleison Alves Pereira trabalhava numa loja de eletrodomésticos na cidade de Cacoal, em Rondônia, onde também havia a filial 57 da Gazin. Mas o rapaz cultivava o sonho de um dia trabalhar na concorrente. Os amigos que ele tinha na Gazin falavam maravilhas da empresa, apesar de registrarem também as dificuldades de competir com as outras lojas da cidade. Ele então comunicou ao gerente da Gazin aquele sonho, que não tardou a realizar-se. Quando abriu uma vaga na filial da empresa paranaense, Gleison aceitou transferir-se. Ficou definido que ele cumpriria o aviso prévio. Ele ainda nem havia pedido a conta e recebeu uma ligação do gerente:

– Gleison, preciso que você comece amanhã cedo.

Ele tentou "negociar", mas sem sucesso. Estava criado um impasse... Contudo ele topou o desafio. Gleison era o melhor vendedor da empresa em que trabalhava e cultivava grande carinho pelo patrão. A proposta, no entanto, era irrecusável. Ele também sabia como era difícil derrotar a Gazin nas vendas e tinha como diferencial o atendimento. A conversa demissionária foi de certo modo tensa. O homem tentou demovê-lo e até ameaçou não acertar os direitos. Depois, arrependeu-se e deu sinal verde para Gleison trocar de empresa ao ouvir do vendedor:

– Eu quero crescer, fazer um plano de carreira. O destino pede que eu vá para a Gazin.

Ele realmente foi e agradeceu ao destino! Gleison passou a ganhar melhor e a cada mês o salário, por conta das comissões, superava o anterior. No fim de 2012, de tanto ouvir falar bem de Mário Gazin, a quem ainda não conhecia, Gleison decidiu mandar mensagem de boas-festas para o celular do patrão. Alguns minutos depois, Mário agradeceu e desejou-lhe o mesmo. O rapaz ficou radiante. Daí em diante, Gleison sempre mandava mensagens, que eram respondidas por Mário.

Certa vez, durante difícil negociação com um cliente, Gleison colocou a mão no bolso e percebeu que tinha três balas, de que ele gostava e sempre carregava consigo. Para quebrar a "tensão", emendou:

– Se você fechar esse pedido, eu te dou um "brinde" – disse, já mostrando as balas ao cliente.

O homem pegou as balas da mão dele, bateu o martelo na compra e não conseguia parar de rir! Dali em diante, Gleison passou a comprar pacotes de bala e a usar a mesma estratégia: "Se fechar comigo, vai ganhar um brinde!". Pois... teve mês em que ele comprou cinco pacotes grandes de bala. A "notícia" sobre o bom desempenho de Gleison chegou aos ouvidos de Mário, que passou a citá-lo em suas palestras, falando de sua criatividade e diferencial. E não demorou para que ele ganhasse do próprio Mário um apelido: começou como "Zé da Bala", "Menino da Bala" e virou "Balinha"!

Gleison, sempre divertido, finalmente conseguiu conhecer Mário numa estada do empresário na loja. Pelo carisma e excelente desempenho nas vendas, Gleison conquistou o carinho de Mário e também o direito de estar em algumas *Viagens com o Patrão*. E quando eles se falam por telefone, o tratamento é neste nível:

– Pai Mário, sua benção!

– Benção, meu filho! Continue distribuindo as balinhas por aí...

SABER LEVAR NO GRITO

Em 2011, o estado do Paraná, por meio da Secretaria da Fazenda, implantou a antecipação do Imposto sobre Circulação de Mercadorias e Serviços (ICMS), a Substituição Tributária (ST). Com isso, o ICMS passou a ser cobrado antecipadamente na venda do produto. Ou seja, seria recolhido no ato da emissão da nota fiscal de compra da mercadoria da fábrica para o varejista ou atacadista e compensado na nota fiscal de venda do mesmo varejista ou atacadista ao cliente.

A Gazin, por atuar também no atacado e vender para outros estados além do Paraná, sofreria drasticamente com isso. A empresa, que pagava o imposto na compra, não conseguiria se creditar nesses casos. Uma reunião entre Mário Gazin, acompanhado de Osmar Della Valentina e Maurício Churkin, e o pessoal da Secretaria paranaense foi marcada. Durante a conversa, Mário ponderou todos os pontos que afetariam a atuação contábil da área atacadista da Gazin. Depois de um bom tempo de conversa, a resposta da direção da Secretaria foi seca:

– Infelizmente, seu Mário, não podemos fazer nada!

Antes mesmo de o homem terminar a frase, Mário levantou-se, deu um murro na mesa e respondeu convicto:

– Se vocês não querem a Gazin no estado, não tem problema! Amanhã mesmo mudamos para o Mato Grosso do Sul!

No mesmo momento, Osmar interveio, na tentativa de acalmar o empresário e colocar panos quentes na conversa. Mas a reação de Mário fez o pessoal da secretaria retroceder. A conversa, antes inflexível, foi ganhando "elasticidade". E um novo formato foi proposto e aceito, de modo que especificamente o Gazin Atacado continuasse a atuar no Paraná num modelo fiscal que permitisse a sequência do trabalho. Ao final, todos comemoram a conclusão da conversa. E Mário demonstrou que em determinados momentos é preciso saber "rosnar e mostrar os dentes"!

Por ter esse tipo de postura, no mesmo ano ele foi condecorado com o título de Empresário do Ano e de Cidadão Honorário de Campo Grande, capital do Mato Grosso do Sul. A homenagem, realizada na Assembleia Legislativa, deixou-o bastante sensibilizado. A cada fala dos políticos e personalidades presentes, ele emocionava-se e chegava às lágrimas. Essa é mais uma das inúmeras formas de reconhecimento à história de realizações protagonizada por Mário Gazin!

DEIXAR VOAR

Em 2011, Márcio Ricardo Fabril, o Berola, que trabalhava na Gazin havia quinze anos, pediu para falar com Mário e Antonio Gazin. O motivo era especial:

– Eu amo a Gazin, mas quero dizer aos senhores que estou pedindo demissão! Eu tenho uma fábrica de móveis em sociedade com meu cunhado e um amigo. A fábrica está indo muito bem e eles precisam de mim por lá!

Depois de alguns segundos de silêncio, Mário disse:

– Berola, se você fosse para um concorrente eu não iria deixar. Mas, para dedicar-se à sua empresa, tudo bem. Vá bater suas asas e ótimos voos!

Antonio também desejou boa sorte:

– Estou torcendo por você! Sucesso! E as portas da Gazin estão abertas!

Eles se despediram. Nos passos derradeiros rumo à saída da Gazin, Berola sentiu uma sensação de vazio. Chegou às lágrimas. Era como se não quisesse perder aquele elo, o vínculo que fez parte de sua vida naqueles últimos quinze anos. Mas o conforto maior veio quando se lembrou de algumas falas de Mário. Uma delas foi:

"O trabalhador tem que dar segurança para a família e ter guardado pelo menos um valor que seja suficiente para sustentá-la por um ano". Outra aconteceu numa conversa, em que perguntaram ao empresário:

– Qual é o sonho do senhor para o ano seguinte?

– O meu sonho é do tamanho do sonho dos meus funcionários! Eles sonham alto! Então, eu sonho alto também! – respondeu Mário.

Baseado nessas palavras, Berola apertou os passos. Passando pela porta da Gazin, olhou para trás e disse a si mesmo:

– Obrigado, seu Mário. Obrigado, Gazin. Agora eu estou indo em busca de realizar os meus sonhos...

CONFIAR PARA CRESCER

A felicidade das pessoas traz alegria a Mário Gazin. Como certa vez, quando ele estava com Paulo José da Silva, o Paulo Melancia, e olhava pela janela do estacionamento dos funcionários da empresa, lotado de carros. Parecia o de uma montadora. Ao ver aquilo, ele disse:

– Cada carro desse é um investimento, um patrimônio do nosso pessoal! É uma realização, um objetivo alcançado. Dá para imaginar como eles ficam felizes com isso? Pois eu me realizo tanto ou até mais do que eles!

Sempre que ganha presentes dos fornecedores, Mário olha para quem está ao seu lado e diz: "Muito obrigado! Você tem participação nisso!". São situações que se repetem em relação aos irmãos Rubens, Jair, Antonio e Cidinha.

Outro ponto que realiza Mário Gazin: quando a empresa propicia novidades para os funcionários, como por exemplo, uma viagem nacional ou internacional, um bom restaurante ou outras situações que possam fazer a pessoa crescer e adquirir conhecimento. Mas ele também, dentro da sua autenticidade, reclama quando entende que as pessoas não estão dando o devido valor àquilo que lhes é oferecido. Como em uma ocasião no Chile. Mário levou o grupo para assistir a um show local. Ao final, todos da turma aplaudiram os artistas, menos um dos integrantes. Pois foi justamente a esse rapaz que ele repreendeu:

– Estamos aqui para assistir a um show da cultura local e ao trabalho de um artista! Aplaudi-lo, mais do que uma atitude de agrado ao que foi apresentado, é uma questão de respeito ao trabalho dele!

A posição de patrão e pai dos funcionários exige que Mário, às vezes, repreenda-os com a intenção de orientá-los! Como se costuma comentar pelos corredores: "Ao mesmo tempo em que o seu Mário se preocupa nos detalhes com cada um dos seus 'filhos', representados por cada integrante da equipe de trabalho, ele cuida de um investimento de milhões". Isso aconteceu na mesma viagem ao Chile. Mário viu uma carreta bi-trem de 30 metros, cujo modelo não havia no Brasil. Pois ele fotografou, foi até a fábrica que lhe fornecia as carretas e pediu um modelo exclusivo! Essa inovação ditou uma transformação nos modelos de carretas utilizadas por algumas lojas de varejo e de outros segmentos do mercado.

Mário, assim como os irmãos, reconhece que o crescimento da Gazin deu-se pela confiança que teve nas pessoas:

> A Gazin cresceu e teve sucesso a partir do momento em que meus irmãos e eu necessitamos contratar outras pessoas;

> passamos a confiar nelas. Até a quarta loja, cada irmão ficava numa delas. Daí em diante, precisávamos de gerentes, de pessoas que tocassem as lojas como se fossem delas próprias.

Por isso, quando alguém quebra a confiança dele, Mário fica muito triste. Mas isso não o abala a ponto de não continuar a acreditar no próximo! Mário é muito intenso, tanto nas alegrias quanto nas decepções. Uma intensidade demonstrada na grande realização profissional, por saber de sua origem humilde e de tudo o que conquistou e gerou de oportunidades e riqueza pelo caminho. Um ponto divertido dentro dessa intensidade é presenciar Mário ser surpreendido ao ser colocado num quarto de hotel diferente e mais luxuoso do que aqueles em que estão os funcionários. O primeiro que encontra da organização ele já aborda reclamando: "Vocês me colocaram na suíte presidencial! Eu não posso aceitar isso! Quero estar num aposento igual ao de todos. Caso contrário, eu mudo de hotel!". E ainda arranca gargalhadas de todos: "Ah... ainda tem o pior! O colchão não é da Gazin! É de um concorrente!", esbraveja, embora sorrindo.

Uma das alegrias de Mário é conversar com as pessoas e saber que elas são clientes da Gazin. E quando o hotel tem colchão da Gazin, mesmo sem se identificar, apesar do sobrenome, ele faz questão de deixar um bilhete com a avaliação dele sobre o local: "Você estão de parabéns! Gostei muito do hotel, do atendimento e, em especial, do colchão", e assina apenas como "Mário". Em contrapartida, quando o colchão não é confortável e ainda por cima não é Gazin, ele também faz "questão" de deixar um bilhete. Mas, claro, com outro teor de "avaliação": "O hotel é muito bom e o atendimento maravilhoso. Infelizmente, o colchão é inadequado. Sugiro a sua troca".

E assim que ele entrega a avaliação na recepção, sutilmente pega um cartão do hotel, que depois é passado à equipe de vendas para que seja feito um futuro contato. Mas ele alerta o vendedor: "Avise o comprador do hotel que quem pediu para fazer contato foi um hóspede que reclamou de ter dormido mal e de ter ficado com dor nas costas por causa do colchão".

VALORIZAR AS CONQUISTAS

Era fim de tarde no pátio da Gazin quando Mário saiu com seu carro. Jaime estava conversando com um motorista quando avistou o patrão. Foi o próprio Mário quem estacionou o carro e foi ao encontro deles. E chegou dando seu grito tradicional: "Eeeeeitaaaaaa"! Mário cumprimentou os dois e começaram a travar um conversa divertida. Se bem que com Mário todo diálogo envolve também temas sobre o andamento da Gazin. Minutos depois, o motorista despediu-se; Mário e Jaime continuaram a conversa. Logo passaram a relembrar dos anos de convivência, do crescimento da empresa, das passagens difíceis e também das divertidas. Até que, olhando para aquele pátio enorme, Mário falou:

– Jaime, trabalhamos muito para chegarmos até aqui! E saiba que ainda temos muita estrada pela frente!

Bastante emocionado, o funcionário disse ao patrão:

– A Gazin deve muito do crescimento ao senhor. Seu Mário, vou falar apenas do desenvolvimento na minha área. Quando eu pedi e o senhor me deu emprego, em 1990, tínhamos vinte caminhões.

– Mário franziu a testa como que querendo saber aonde aquela conversa iria chegar. E Jaime continuou. – Pois bem... Estamos em 2014, e nossa frota tem em torno de 560 caminhões. Cada um deles é resultado do esforço do senhor, da Família Gazin e de todos nós que fazemos de tudo para ajudar essa empresa a crescer cada vez mais.

Com um sorriso de orelha a orelha, Mário deixou outra vez sua marca:

– Eeeeeitaaaaaa! A roda não pode parar de girar!

Dito isso, bateu nas costas de Jaime e foi em direção ao carro. Mas ele ainda ficou por algum tempo pensando em tudo o que aconteceu na vida dele. Pensando na sua própria biografia!

POSICIONAMENTO DE MARCA

Em determinado momento, o Marketing da Gazin ficou dividido em três áreas: varejo, indústria e atacado. Foi uma decisão acertada! As lojas de varejo estão situadas nas regiões Norte e Centro-Oeste, e todo o estudo de marketing baseia-se nesses mercados. Já os produtos industrializados, que são os colchões, molas, travesseiros e estofados, necessitam de um marketing de alcance nacional e para alguns países da América do Sul – como Bolívia, Peru e Uruguai – e mesmo de outros continentes (Angola). A estratégia visa estar no maior número de pontos possível. Ao todo, essas linhas rendem para a Gazin Colchões uma carteira de mais de 5.200 clientes cadastrados, incluindo os das lojas da rede Gazin.

Uma estratégia arrojada foi dar identidade para a marca e o produto. Foi escolhida uma personalidade para "vestir" a camisa dos colchões fabricados pela Gazin. Dentro das pesquisas realizadas e do perfil ideal definido, a Gazin buscava um nome que tivesse aceitação popular e cuja imagem passasse sensações positivas, do tipo sem "contraindicações". As pesquisas também mostraram que o público que define a compra de colchões é basicamente feminino, o que remeteria ao lado "galã" do contratado.

Assim, em 2009, o escolhido foi o cantor Daniel, cuja história, postura e credibilidade atraem o público-alvo e fazem a marca ganhar grande proporção. A identificação com Mário também foi enorme, tanto que eles se cumprimentam com abraço e um beijo de tom paternal.

Outra estratégia de divulgação nacional foi patrocinar o programa Terceiro Tempo, apresentado pelo jornalista esportivo Milton Neves. Somam-se ainda parcerias com lojistas, inclusive no futebol, para divulgação dirigida nas praças em que atuam, além do marketing direto.

Para atender a clientes que também atuam nos mercados em que a Gazin tem loja e que não se disporiam a trabalhar com uma marca de colchões e outros produtos fabricados por um concorrente, foi criada a marca Portal. A participação com ambas as marcas em feiras do setor é obrigatória! O Atacado busca ações para estimular vendas nas áreas em que consegue atender com tranquilidade e que estão dentro do raio definido, tendo como base os Centros de Distribuição (CDs).

BENEFÍCIOS

Se existe algo que incomoda Mário Gazin é o desperdício. Em algumas ocasiões onde isso foi constatado na empresa, o empresário dava a ordem: "Vamos cortar os produtos que eles desperdiçam. O valor da economia, transformaremos em benefícios aos mais necessitados. Esse é o nosso jeito de fazer as pessoas darem valor ao dinheiro".

Muitas são as doações que tanto a empresa quanto a própria Família Gazin fazem: casas de saúde, creches, hospitais, socorro a funcionários, em especial nos casos de doença da família. Por isso, Mário gosta de usar a frase: "Faça hoje o que a maioria não faz, para que você possa ter amanhã o que a maioria não tem". Uma atividade que Mário gosta de participar é a da soltura dos peixes. Anualmente, a Gazin adquire entre 25 e 30 mil peixes para que as crianças de Douradina os soltem no Rio das Antas.

Voltando a falar em benefícios que a Gazin oferece, além de bolsa de estudos, há ainda plano de saúde e seguro de vida, além do Cooper Cred, um vale-alimentação. Nos meses de outubro, a Gazin abre as portas para receber a visita dos filhos dos funcionários. Eles participam de recreação e recebem explicações sobre a empresa, bem como têm a oportunidade de conhecer o ambiente de trabalho da mãe ou do pai. Esses encontros acontecem sempre aos sábados. São oferecidos salgadinhos, bolo, refrigerante etc., tudo em meio a uma porção de atividades. No mês de janeiro, os funcionários podem também usufruir da Colônia de Férias. A Gazin coloca uma equipe de monitores à disposição das famílias dos funcionários para interagir com seus filhos por duas semanas, nos períodos da manhã e da tarde. Ademais, há as já mencionadas e concorridas *Viagens com o Patrão*, quando Mário acompanha grupos de cinquenta a trezentos integrantes. Todas as despesas são bancadas pela empresa.

Na Gazin, quase todo dia tem uma boa festa ou comemoração. Uma das mais esperadas é a Festa do Caminhoneiro, que começa pela manhã, invade a tarde e encerra-se com a realização de um animado baile.

VIVENCIAR A GAZIN

O empresário Mário Gazin não gosta de justificativas. Nada de ficar arrumando desculpas para algo que deveria ter sido feito e não foi, ou mesmo que, por displicência, foi realizado de forma equivocada. Para Mário, viver mais um dia de forma intensa já é motivo de comemoração e vibração; ele gosta de agradecer quando amanhece com Sol, chuva, tempo nublado, frio, calor... Tudo vale a pena!

Isso sem contar a disposição do empresário. Às vezes, Mário chega de viagem na madrugada, mas às 7h já está em sua mesa, lendo notícias pela internet e livros. Mesmo quando vem de viagem longa, Mário vai para casa, toma um banho e aporta na Gazin no fim da tarde, para fazer a "janta", tomar um copo de vinho e ter algumas horas agradáveis de convívio com o pessoal. Por isso, não admite que se formem grupinhos reservados; a "janta" do seu Mário é um momento de interação, para fazer amigos.

Vale lembrar que esse mesmo pique é demonstrado nas viagens com o pessoal da Gazin. O lugar mais difícil de encontrá-lo durante o dia é no quarto de hotel. Ele quer sair andando, passear e conhecer tudo, e exige que o grupo o acompanhe. E também gosta de provar da comida local, sugerindo, e às vezes exigindo, que todos também aproveitem aquele tempo para curtir novos hábitos e culturas. Por isso, ele destaca bastante os costumes dos europeus, em que há ojeriza pelo desperdício. Ele também prefere que as comidas sejam servidas em ciclos, como acontece na Itália: *antipasto* (entrada), *primo piato* (massa ou risoto), *secondo piato* (carne, ave ou peixe, acompanhado de um contorno, como verdura, salada, legumes ou grãos), *desert* (sobremesa) e, para finalizar, um *calice de amazza caffè* (licor).

Ah, não se arrisque a pedir outro prato que não aquele que foi preparado por Mário para o almoço ou jantar: "Tem gente que pensa que vai encontrar na casa dos outros os mesmos hábitos, costumes e alimentação que tem na própria casa. Está errado. Na minha cozinha eu escrevi: 'Na sua casa, você come o que você quer. Aqui, você come o que eu faço!'", diz o empresário.

Isso vale para todos! Certa vez, Mário preparou um delicioso bacalhau em postas, acompanhado de risoto. Entre os convidados, estava um cliente com os filhos, que disseram não gostar de bacalhau. Mário não se intimidou e sugeriu:

– Se vocês correrem ainda pegam a feira aberta. Vão até lá e comprem pastel!

Até mesmo o neto que só come carne ele põe na "linha"! Quando está presente nas refeições, o garoto come o que lhe é servido. Aliás, quem convive com o empresário, afirma: "O Mário avô é totalmente diferente do Mário empresário!". Quando está ao lado dos netos, os olhos dele brilham. Ele gosta de ensinar, orientar, e diz à garotada que é preciso estudar para ter uma profissão.

Ainda sobre a Europa, Mário admira a modernidade e a qualidade das máquinas alemãs. Indo à Ásia, ele respeita a força da produtividade e a fartura do mercado chinês. Sobre a América do

Sul, Mário destaca o Chile, com seus bons vinhos, hotéis e a capacidade de improvisação das pessoas.

O empresário tem realmente grande antevisão dos fatos. Quando decidiu construir o escritório, a grande maioria dizia: "Mário, você é louco! Esse escritório é muito grande! Vai sobrar espaço, não vai encher nunca!". O tempo passou... os espaços foram preenchidos... e, em 2014, o escritório, digamos, começou a ficar pequeno para acomodar a Família Gazin! Na própria UNIGAZIN, que também nasceu enorme, às vezes faltam salas para cursos, encontros e palestras.

UM ACIDENTE PREOCUPANTE

Novembro de 2013. Mário Gazin sempre gostou de andar de moto. Inclusive, costumava ter duas motos, uma maior e mais possante, e outra menor. Aliás, desde muito jovem, ele percorria as redondezas de Cidade Gaúcha de lambreta, para recolher o dinheiro das lojas de Celi, o antigo patrão. Mas, naquele ano, Mário, o irmão Antonio e mais um grupo de amigos, como Paulo Sergio Martins, Aníbal Satanna, Neno Sossai, Vando Eloi, entre outros, resolveram sair de moto desde Douradina, passar pelo Rio Grande do Sul e chegar ao Uruguai. Era a segunda vez que Mário viajava em grupo; até então, optava por viajar sozinho.

A primeira parada foi em Candelária, onde mora o filho Adriano, que seguiria viagem com eles. Ali, também há uma das fábricas da Gazin Colchões. Na casa de Adriano, eles saborearam um delicioso churrasco e seguiram para Santana do Livramento, na divisa com o Uruguai. Decidiram dormir por lá e no outro dia bem cedo já estavam adentrando terras uruguaias. Então, na imigração, Adriano se deu conta de que estava sem os documentos pessoais e o passaporte. Incomodado em não estragar o passeio do grupo, voltou para casa. Mário e a turma seguiram para Montevidéu e depois Punta del Este.

O pessoal ficou no Uruguai por alguns dias. Na data marcada para retorno, um domingo pela manhã, como Mário estava sempre de pé às 6h, arrumou-se e ficou pronto antes dos amigos. Assim, resolveu sair na frente, dizendo:

– Vou bem devagar... Depois vocês me alcançam.

– Espere a gente, Mário... Não vamos demorar – tentou demovê-lo o irmão Antonio, mas sem sucesso.

Realmente, ele saiu dirigindo em baixa velocidade, para observar melhor a paisagem. Até que, quando passava por uma das ruas largas de Punta del Este, já entrando na cidade de Maldonado e entretido justamente pela paisagem, distraiu-se e não percebeu a presença de uma lombada: Mário e a moto foram ao chão. Naquele exato momento, transitava ao lado um carro; o motorista, vendo o acidente, parou para socorrê-lo e ajudou Mário a levantar-se. Aparentemente, Mário estava bem, mas sangrava pelo nariz e reclamava de dores no braço. O rapaz ainda fez companhia a Mário por algum tempo. Não tardou e a turma dele apareceu. Apesar de o empresário dizer que estava bem, "Foram só alguns arranhões" – repetia ele –, o pessoal resolveu levá-lo ao hospital.

Depois que foi dada a entrada na documentação, eles ficaram na sala de espera. A médica que o atendeu examinou-o e disse que ele estava bem e deu-lhe alta. Mas o grupo, explicando que estavam longe de casa, pediu para a médica deixá-lo ali em observação por mais algum tempo. Ela aceitou. Logo depois, outro médico, excelente profissional por sinal, sugeriu que Mário tomasse um banho, pois ele estava ainda com roupa de motoqueiro. Após o banho, Mário sentou-se numa cadeira. E começou a sentir-se indisposto... até que apagou! Chegou a convulsionar. Imediatamente, foi atendido pela equipe médica e encaminhado para a Unidade de Terapia Intensiva (UTI). Mário então passou por uma bateria de exames e ficou em coma induzido.

Enquanto tudo acontecia, Antonio ligou para o sobrinho, Adriano, que apressou-se em ir até Punta del Este. Ele chegou mais à noite. Nas conversas com os médicos, foi-lhe explicado que Mário teve um traumatismo craniano e que estava em constante estado de observação. No dia seguinte, foi autorizada a visita de Adriano. Foram apenas alguns minutos, mas o suficiente para ele rezar segurando a mão do pai e dizer, na tentativa de tocá-lo o coração:

– Pai, se estiver me escutando, quero dizer que o senhor vai sair dessa! E depois que tudo passar, peço que mude o seu modo de vida, que se preocupe mais com o senhor e com a sua felicidade!

No terceiro dia, os médicos começaram a diminuir a sedação, reduzindo o estado de coma induzido. Até que Mário abriu os olhos e recobrou os sentidos. Adriano estava com o pai e, bastante emocionado, disse:

– Pai, Graças a Deus está tudo bem agora.

Mário começou a olhar pelo ambiente e viu todo o cenário. Ele estava entubado, respirando com a ajuda de aparelhos, além de ter o braço cheio de agulhas e uma sonda na bexiga. O braço ainda incomodava; constatou-se que estava quebrado. Depois de alguns segundos de reflexão, ele disse a Adriano:

– Graças a Deus estou vivo. Estou bem agora, meu filho. Mas não quero passar por outra dessa – respondeu, com lágrimas no rosto.

O empresário ficou por mais alguns dias no hospital até ser liberado. Diariamente, recebia a visita do amigo, e também funcionário, Osmar da Silva, representante da Gazin Colchões no Uruguai. Depois de uma semana, Mário recebeu alta. Mas o médico recomendou:

– Seu Mário, quero que o senhor descanse e relaxe por trinta dias! É importante para ajudar na plena recuperação.

Mário ouviu, respondeu de forma afirmativa, mas, dez dias depois do acidente, já estava na ativa! Certamente, para fazer aquilo que o realiza: trabalhar! A moto voltou para Douradina de caminhão. Pai e filho fizeram um pacto: ambos prometeram nunca mais andar de moto e logo venderam as que possuíam.

• • •

Tempos depois, Mário voltou a passar por novo susto. Ele estava em São Paulo num evento organizado pela HSM Educação Executiva, comandada pelo amigo José Salibi Neto, e sentiu forte dor de cabeça. Eram por volta das nove horas. Mário foi conduzido à sala da empresa, que oferecia assistência médica no local. Ali, ele foi atendido e explicou o que sentia. A pressão também estava alta. Depois de ouvir as reclamações sobre os sintomas, o médico deu a Mário um remédio sublingual e pediu para que ele fosse encaminhado de helicóptero ao hospital. Mário ainda tentou relutar, mas foi convencido a seguir para receber um atendimento em local mais apropriado.

Essa foi a melhor decisão, e Mário também entendeu dessa forma. Ele passou por uma bateria de exames e só foi liberado quando estava bem, já no fim da tarde.

O MESTRE

Meu professor, podemos bater um papo?

Dessa forma, Mário Gazin abre a conversa quando liga para Francisco Ontivero, o "Seu Chiquinho", presidente da Móveis Brasília. Mário tem grande carinho e respeito por Chiquinho, a quem recorre em determinados momentos, para buscar orientação. No ano de 2013, Chiquinho chegou a ser conselheiro da Gazin. Ali, o também varejista confirmou o "segredo" do sucesso da Gazin, embora o próprio Mário deteste segredos:

– O sucesso do Mário deve-se muito ao modelo de gestão dele e à excelente equipe que ele formou para tocar a empresa sem que haja obrigatoriamente a presença física dos donos. Outro detalhe: o Mário é um homem que não tem preguiça de trabalhar e é um ser humano bastante sensível. A Gazin programa viagens com os funcionários e clientes e o Mário os acompanha.

Outro tema que sempre rende boas conversas entre os dois: empresas familiares, categoria na qual tanto a Gazin quanto a Brasília se encaixam. Mas se Chiquinho é um bom ouvinte e "guru" em determinados momentos, Mário retribui, conforme conta o próprio Chiquinho:

– Quando eu me separei da sociedade, e fiquei com quatro das nove lojas, o Mário me ajudou muito nessa época. Eu precisava de crédito e produtos, e a Gazin forneceu as mercadorias e até me deu prazo extra para pagamento. Isso me ajudou a construir uma rede sólida de vinte lojas.

UM GRANDE AMIGO, TCHÊ

Mário, você reúne grandes qualidades. Além do bom humor, de ser brincalhão, você é um grande líder e empreendedor, atento a tudo o que acontece. Você é um extremo conhecedor do seu negócio e do mercado em que atua! Outra delas é o otimismo!

O elogio partiu do um querido amigo Adelino Colombo, outro gigante do varejo e presidente da Lojas Colombo, com sede no Rio Grande do Sul. O empresário, também um grande empreendedor do varejo, esteve algumas vezes em Douradina e maravilhou-se com a equipe e a metodologia Gazin, bem como com o centro de treinamento da empresa paranaense. Outro ponto de admiração de Adelino Colombo em relação a Mário Gazin e que ele sempre comenta com o amigo: "Tu conseguistes criar uma empresa atacadista de sucesso! Muitos tentaram, inclusive nós, da Colombo, mas nem todos venceram nesse segmento".

Quando a Gazin Colchões quis vender produtos para a Colombo, Mário assumiu um pacto com Adelino. Dificilmente a Colombo, ou qualquer outro concorrente, venderia colchões Gazin em suas filiais se do outro lado da rua houvesse uma loja com esse mesmo nome. Por isso, como já vimos, Mário visitou pessoalmente Adelino e assinou um documento no qual se comprometeu a não abrir lojas onde a rede Colombo atua.

Certa vez em que Mário teve um problema de saúde e ficou internado, Adelino Colombo foi visitá-lo. Além da demonstração de carinho, ele ficou feliz por ver que o amigo, mesmo que num quarto de hospital, conservava a espiritualidade, o bom humor e estava atento às notícias do Brasil e do mundo, assim como se mantinha informado sobre o desempenho da própria empresa.

O modelo de sucessão adotado por Mário Gazin também foi motivo de boas e longas conversas entre eles. Afinal, sucessão é algo que sempre preocupa os grandes empreendedores.

Ah, outra qualidade de Mário que Adelino Colombo testou e aprovou: "Ele também é um ótimo cozinheiro!".

ANTECIPAR A DECISÃO

Osmar, você aceita ser o presidente no meu lugar?

Os dois, Mário Gazin e Osmar Della Valentina, voltavam de carro de uma feira do setor de móveis quando o patrão fez a pergunta. Osmar era o diretor comercial. Após alguns segundos de silêncio, Osmar respondeu:

– Aceito, Mário! Uma honra sucedê-lo na presidência!

Sonho? Desafio? Talvez, um pouco de cada. A possibilidade de haver um presidente indicado que não tivesse o sobrenome Gazin era algo difícil de se imaginar. Afinal, tratava-se de uma empresa familiar e, como tal, naturalmente, um dos irmãos mais novos de Mário poderia assumir a presidência. Mais especificamente, Jair ou Antonio; sobre o segundo, talvez, recaíssem as expectativas.

Mesmo depois de Osmar dizer sim, era possível que Mário ainda recuasse no desejo de sair da presidência executiva e de se firmar na presidência do Conselho. Naquele momento, Mário estava com 63 anos e, como se diz, ainda tinha muita "lenha para queimar", numa alusão a seu vigor físico para seguir no comando. Foram em torno de dois anos vivendo a expectativa do chamado. Até que, em agosto de 2013, Mário convocou Osmar para uma conversa:

– Chegou o momento, Osmar! Preciso de você agora! Vou antecipar a minha saída. Quero que você passe a pensar e a agir como um presidente.

Osmar transmitiu confiança:

– Mário, eu já faço isso desde que você me convidou para assumir! – E fez um pedido: – Gostaria de ter o Luiz Custódio comigo nessa empreitada como diretor administrativo.

O pedido foi aceito. Custódio era um dos nomes que poderia ter sido alçado à presidência. Conforme programado, Osmar viajou para participar de um feira e, no retorno, fez uma sequência de visitas às lojas e também começou a participar do desenvolvimento das fábricas. Aos poucos, Mário foi-se desligando da empresa e delegando poder de decisão para Osmar. Mário também deixou de trabalhar na empresa às sextas e aos sábados. Osmar resolvia os assuntos e repassava as decisões para Mário.

Nesse momento, começava efetivamente a troca do estilo intuitivo de Mário pelo mais técnico de Osmar, o que o faz ser mais cuidadoso nas iniciativas. Afinal, Osmar é um executivo. Mário abria lojas no instinto e baseado em algumas informações; Osmar precisa ter muito mais subsídios antes de decidir-se pela abertura de uma filial. Mesmo a alguns poucos meses de assumir efetivamente o posto, Osmar buscou entender a "linguagem", as peculiaridades e as velocidades de cada segmento. O atacado e o varejo andam naturalmente em velocidades diferentes; o atacado é mais ágil.

Em relação às fábricas de colchões e molas, era preciso conhecer a dinâmica, que difere dos outros dois segmentos.

Uma das primeiras ações de Osmar foi encerrar as atividades do *e-commerce*, ou seja, as vendas pelo site *www.gazin.com.br*; era um operação deficitária, em especial pelas devoluções e pelo alto custo do frete. As vendas pela internet haviam começado em 2007. O executivo também marcou reuniões com presidentes de importantes empresas fornecedoras da Gazin, como Walita, Electrolux, Semp Toshiba, Samsung, Britânia, Dako, LG, entre outras. Essa atitude foi "herdada" do antecessor; Mário fez isso a vida inteira.

Outra regra que Osmar respeitou: o que quebra uma empresa é falta de caixa. Assim, em 2012, ele havia começado a alongar as dívidas, renegociando os contratos com períodos mais extensos. Além dos fornecedores, Osmar conversou também com economistas, presidentes e altos executivos dos bancos, que previam que os anos de 2014 e 2015 seriam bastante difíceis. Assim, era melhor ter dinheiro em caixa.

Depois de sair da presidência executiva, Mário já vislumbrava como seria seu dia a dia. O empresário passaria a fazer principalmente o que mais gosta: visitar clientes e lojas, participar de eventos e realizar palestras.

• • •

Ainda sobre a sucessão, em 2013, na cerimônia em que Mário Gazin transmitiu a presidência executiva a Osmar Della Valentina, foi organizado um jantar aos convidados, com show do cantor Daniel. Para facilitar o deslocamento dos fornecedores e de convidados estabelecidos fora do Paraná, a festa aconteceu em Valinhos, a praticamente cem quilômetros de São Paulo. Emocionado, o empresário fez um pequeno discurso:

– São 47 anos de história... Uma história que não chega ao fim, mas que ganha um novo direcionamento com o Osmar Della Valentina na presidência executiva. A história de um sonho que nasceu em Douradina e que continua vivo!

• • •

Quanto aos filhos, no passado, Mário Gazin inscreveu-os no curso para sucessores, ministrado pelo amigo Luiz Marins. Mas a sucessão através de um membro da família não se consolidou na Gazin. O professor Marins aprovou a decisão:

> Poucos têm essa sabedoria de tratar a sucessão com tanta responsabilidade e não se deixar confundir pela emoção. O Mário acertou ao profissionalizar a empresa, colocando alguém de fora da família na presidência. Não é o caso, mas se o executivo não traz resultados satisfatórios, há a opção de troca. Outro acerto: fixar-se no Conselho. O Mário tem os pés no chão. Ele sabe que tem que se posicionar e não se distanciar da empresa.

A continuidade da Gazin preocupa bastante o empresário. Por vezes, Mário conversa sobre o tema com o amigo, que sempre faz uma análise real da situação: "Mário, você construiu uma empresa sólida, com nível de endividamento aceitável e com enorme potencial de crescimento. É natural que você e os seus sócios continuem a ser cada vez mais assediados para vender a empresa".

CAPÍTULO 8

PASSAR O BASTÃO DA PRESIDÊNCIA

Chegou o grande dia! Era uma quinta-feira: 2 de janeiro de 2014. Como de costume, Osmar Della Valentina chegou cedo à Gazin. O caminho era o mesmo. A mesa não mudou, pois ele se manteve no mesmo espaço físico que ocupava antes de assumir o posto. Ali ele iniciava oficialmente sua trajetória como presidente. Mas como o próprio Osmar dizia: "Eu acompanhei bastante o Mário e conversei com muitos outros presidentes de empresas antes de assumir a Gazin. Por isso, eu já pensava e agia como presidente da Gazin bem antes de tomar posse do cargo".

Como principal executivo da empresa, a primeira grande ação dele foi a de aproximar-se dos funcionários e pedir apoio para enfrentar e vencer os desafios e alcançar os objetivos:

– Quero que vocês saibam que eu não mudarei em nada o meu comportamento. O que se altera daqui por diante é o tamanho da responsabilidade que assumo perante a empresa. Por isso, preciso do comprometimento de todos!

PAPO DE PRESIDENTE PARA PRESIDENTE

Osmar, você já trabalha desde 1996. Então, você conhece a empresa e sabe muito bem o que precisa ser feito! Quebra tudo!

Esta é a expressão que Mário gosta de usar para manifestar força, vitalidade: "Quebra tudo!". As palavras foram dirigidas a Osmar Della Valentina em seu primeiro dia como presidente executivo. Mário ainda brincou:

– E prepare-se para rapidamente "envelhecer" uma década em cada ano como presidente!

A maior dificuldade de quem transmite um cargo de tanta relevância é realmente a de saber se conter para não tomar decisões que passaram a estar nas mãos do novo presidente. Mário sempre comenta com quem encontra na empresa sobre a importância de todos ajudarem Osmar a comandar a Gazin com pulso firme. A Família Gazin, com Mário e os irmãos, sempre teve um modo de vida simples, sem requinte. Até janeiro de 2000, eles viviam apenas do bom salário; não havia divisão de lucros. A partir daí, os acionistas passaram a repartir mensalmente 6% do lucro líquido, além de receber os salários; os outros 94% continuaram a ser investidos na empresa.

Em 2002, entretanto, após análise dos acionistas, eles chegaram à conclusão de que naquele momento, em que se projetava de grande expansão, a Gazin necessitaria de mais recursos para investimentos. Todos então concordaram em reduzir seus ganhos, retomando apenas a retirada do salário mensal. Em janeiro de 2014, devido aos expressivos números e resultados da rede, foi readotado o modelo praticado entre 2000 e 2002, com salários acrescidos da divisão dos 6% sobre o lucro líquido. Fora da presidência executiva, Mário tentou mudar a rotina: "Vou acordar às 9h", pensou.

Mas não conseguiu! Como de hábito, pontualmente às 6h ele já está de pé e às 7h chega ao seu novo escritório. Levou uns quatro meses para que se adaptasse à nova rotina. No início, Mário ficava só na nova sala que se tornou seu escritório depois de sair da presidência executiva. Mas logo apareceu a oportunidade de contratar um assessor. Ele sempre se gabou do fato de em 47 anos nunca ter tido um assessor exclusivo, direto. No entanto, o jovem Diego Henrique Garcia Soriani, graduado em ciências contábeis, passou a trabalhar diretamente com o empresário. Mário gostara bastante do rapaz, da sua educação, gentileza e conhecimento sobre contabilidade. Mas a pergunta que selou a contratação de Diego foi:

– Quanto você tem guardado na poupança?

– Uns 3 mil reais, seu Mário.

– Então pode começar amanhã! Bom contador eu já sei que você é! E se sabe guardar o seu dinheiro, vai saber também cuidar do meu! – disse Mário, sorrindo.

Trabalhar na Gazin, em especial assessorando Mário, a quem já conhecia pelas palestras ministradas na universidade que Diego estudava em Umuarama, era também reviver um pouco da infância. Nos anos 1990, quando estava com nove para dez anos, a família de Diego morava em Sete Quedas, no Mato Grosso do Sul. Lá, havia uma filial da Gazin. A mãe de Diego passou a ser cliente da loja, e o garoto sempre a acompanhava nas compras.

Outra lembrança: a Gazin possuía uma revista com a apresentação dos produtos. Diego adorava folheá-la e ler, na última página, a mensagem de empreendedorismo e motivação de Mário Gazin, que ficava bem ao lado da foto do empresário. Uma das que mais o marcou dizia: "Lutar e acreditar no sonho!". Diego lia com atenção os textos e imaginava um dia conhecer aquele homem. Periodicamente, ele dizia à mãe: "Vamos passar lá na Gazin? Quero ver se chegou a revista nova".

Em 2005, com dezessete para dezoito anos, Diego foi morar em Umuarama para trabalhar e cursar a universidade, onde conseguiu 50% de bolsa. E foi justamente nesse primeiro ano que o rapaz assistiu a uma palestra de Mário; entre tantos temas, o empresário falou sobre a importância dos estudos e sobre a sua sucessão na Gazin. Diego saiu de lá supermotivado a continuar a estudar. E qual não foi a surpresa e alegria de Diego quando, três anos depois, ele foi indicado pelo coordenador do curso, Clóvis Uliana, ao amigo Mário. O rapaz estava empregado, mas foi em busca da realização de um sonho antigo. Eles marcaram uma reunião em que tudo foi definido, conforme já explicado. Depois de contratado, saindo da sala de Mário, Diego pensou: "Quando eu era criança, lia os textos do seu Mário e hoje trabalho para ele!".

O primeiro ato de Diego foi pedir demissão no emprego para logo começar no escritório de Mário. Já na estreia, Mário pediu a Diego que buscasse na caminhonete dele um envelope. Como o jovem não conhecia bem qual era o carro do patrão, e de tão nervoso que estava, ele entrou na primeira caminhonete que viu e pegou o envelope que estava sobre o banco do passageiro. Mas aquele era o carro errado e, automaticamente, o envelope também!

Já nos primeiros dias Diego conseguiu traçar um perfil do empresário. Mário é exigente e educado, jamais deixa de pedir algo sem dizer "por favor". Ele gosta de trabalhar com gente competente. Na convivência do dia a dia, as mensagens e aprendizados são enormes. Duas de inúmeras passagens Diego guarda com carinho. Na primeira delas, Mário disse:

– Eu tenho enorme confiança nas pessoas. Quem quer crescer precisa mesmo confiar. Se não fosse tanta gente maravilhosa que trabalhou e trabalha na Gazin, não conseguiríamos alcançar toda essa evolução.

A outra retrata algo conceitual:

– Diego, você sabe a diferença entre emprego e carreira? Vou lhe explicar. Emprego é fonte de renda e carreira é fonte de vida. Emprego a gente só tem por causa de salário; quem vive de emprego, pouco agrega à estrutura e tem poucas perspectivas de crescimento. Já quem busca construir uma carreira sólida e trabalhar no que gosta, passa a agregar valor.

Diariamente, quando está em Douradina, Mário chega ao escritório por volta das 7h. Ele lê os e-mails e depois os jornais e sites de notícias, como os portais do jornal *Valor Econômico* e o da revista *Exame*. Também gosta de avaliar relatórios e, depois disso, passa para os livros, que gosta de ler e grifar as partes que considera importantes.

Perto das 11h30, Mário e Diego saem para almoçar juntos na própria casa do empresário ou em algum restaurante da cidade. Na parte da tarde, geralmente ele reserva para receber ou fazer visitas, e também circular pela empresa. Na sala de Mário, sempre há doces guardados. Como ele diz: "Se aparecer alguma criança por aqui, eu adoço a vida dela", mas a verdade é que são os adultos que se mais deliciam com as guloseimas.

Nos primeiros dias do mês, Diego prepara os relatórios com os resultados do mês anterior e envia para Mário por e-mail, mas também imprime o material para deixar na mesa dele. Num determinado período em que Mário estava em viagem internacional, Diego não enviou as análises por e-mail. Logo, veio uma mensagem do patrão:

– Diego, cadê os relatórios? Manda *pra* mim, meu filho.

O jovem tentou se explicar:

– Não mandei porque o senhor está viajando, seu Mário.

– Sim, é verdade! Mas isso não importa. Onde quer eu esteja, certamente arrumarei tempo para abrir meu e-mail e ler os relatórios – respondeu Mário, demonstrando que lazer e trabalho podem se misturar.

Outra característica de Mário que Diego aprendeu a respeitar: o empresário pode marcar um compromisso para daqui um, dois ou seis meses. No dia e horário agendados, pode esperar na porta que Mário passará pontualmente no local combinado!

COPA DE 2014

Ano de Copa do Mundo sempre impulsionou as vendas do varejo, em especial, as de eletroeletrônicos. Uma geladeira nova para guardar a cerveja e a carne para o churrasco, um rádio novo para ouvir os jogos e, sobretudo, um televisor "zero quilômetro" e de tela maior para assistir às partidas. Mas a Copa de 2014, mesmo sendo realizada no Brasil, não reviveu os momentos de euforia das edições anteriores. O país passava por período de crise financeira e, principalmente, política. Mário explica o ocorrido:

> Até as vendas de televisores foram abaixo do esperado. A realidade é que em todos os lares já existem mais de um aparelho. Tem na sala, no quarto, na cozinha... Foram necessários quarenta anos para que os lares tivessem televisores em quase todos os cômodos; em apenas dez anos as casas já tinham televisores de tela fina.

E se não houve euforia fora de campo, dentro dele ela parou na semifinal. O "apagão" que acometeu o time brasileiro contra a Alemanha levou a equipe a tomar uma surra de sete a um. Assim, mesmo ainda tendo chance de disputar o terceiro lugar, podemos dizer que, para o Brasil, a Copa havia terminado ali. Na partida contra os holandeses, nova derrota: três a zero, ficando os vencedores com a terceira posição e o Brasil com o quarto lugar. Na final, a Alemanha venceu a Argentina por um a zero na prorrogação e conquistou pela quarta vez o mundial. Decepcionado, Mário disse, revelando qual é o seu time do coração:

– O Corinthians não dá esse tipo de vexame!

GENTE QUE AJUDOU A FAZER A GAZIN

Em 2014, como sempre acontece, clientes foram convidados para participar da Convenção Anual de Gerentes. Alguns deles, inclusive, eram antigos gerentes da Gazin e deixaram a empresa para montar suas próprias lojas que, em alguns casos, tornaram-se também redes de varejo. O evento é muito comemorado por Mário, pois ele sabe da importância dos gerentes para suas equipes e nos resultados alcançados por cada loja.

Numa das conversas que Mário teve com o pessoal, ele e Adauto Nicoletti Bovolante relembraram o início da Gazin. "Dautão", como vimos, trabalhou na Gazin por trinta anos e montou algumas lojas de varejo, sete ao todo. Não faltaram boas gargalhadas com as lembranças do passado, como as vezes em que eles viravam a madrugada descarregando caminhões e às sete horas já estavam prontos para abrir a loja:

– Mário, o povo de hoje não aguenta o seu ritmo! Nós, que viemos da roça, estivemos sempre prontos para o trabalho – disse Adauto.

A conversa ganhou também um toque mais sensível quando Adauto relembrou passagens marcantes:

– O segredo do seu sucesso é a garra, o empenho. Você é uma grande companheiro, Mário! Nos momentos difíceis, você abraçava a gente e dizia: 'Vamos vencer essa batalha'. E a gente vencia mesmo!

A voz de Adauto foi embargando. Mário ficou com os olhos marejados. E Adauto concluiu:

– Você nunca deixou que um funcionário seu passasse fome, necessidade. Sempre que a gente precisava de um socorro financeiro, você estava por perto!

Foi o suficiente para que os dois desabassem. A passagem de Adauto pela Gazin foi tão marcante que há, inclusive, uma sala na UNIGAZIN batizada com seu nome: "Adauto Nicoletti Bovolante".

FEIRAS DO SETOR

Sempre que pode, Mário participa com o pessoal da Gazin Colchões da Movelpar, importante feira de móveis realizada em Arapongas, no Paraná. O evento, organizado a cada dois anos, viveu sua décima edição em 2015. Existem mais algumas feiras importantes do setor, como a Movelsul, também bianual, realizada em Bento Gonçalves, a Movexpo, realizada anualmente em Recife, e a Mercomóveis, de Bento Gonçalves, entre outras. Outras importantes feiras mundiais, como Hanôver e Colônia, acontecem na Alemanha.

A Gazin tem por hábito participar das feiras do setor. Mário conta sobre a importância:

> O melhor das feiras é poder conhecer e ter contato com os clientes. É um meio de agradecer pessoalmente pela compra e fidelidade em relação aos nossos produtos. São muitas fábricas concorrentes, mas o diferencial está no atendimento. Eu até prefiro ir visitar os nossos clientes. Assim, temos mais tempo para conversar e consigo conhecer a realidade na qual eles vivem.

Outro ponto importante é a necessidade de criar novidades: "As feiras nos obrigam a apresentar novos modelos. O cliente quer ter linha nova para investir e os lançamentos acabam puxando toda a coleção".

• • •

Ainda sobre feiras, nas participações de Mário Gazin na *Retail's Big Show*, conforme já mencionado, um dos principais eventos de varejo mundial, realizado em Nova York, ele sempre traz novidades, em especial sobre recursos tecnológicos. Uma delas foi a utilização de *tablets* pela equipe de vendas das lojas.

Em 2015, Mário encantou-se com as palestras de duas diretoras de recursos humanos, uma delas da renomada marca de calçados e bolsas Louis Vuitton e outra da rede de lojas Bloomingdale's. Ambas abordaram temas sobre a relação que os jovens têm travado com o mercado. Aprender com o varejo norte-americano é sempre inspirador. Como o próprio Mário observa:

> Assim como nos Estados Unidos, o varejo brasileiro é muito forte. Infelizmente, nossa carga tributária é enorme. Nos Estados Unidos, crescem a cada dia as vendas de serviços e produtos que são importados. Diariamente, pelo menos quando o câmbio em dólar permite, chegam 30 mil pessoas em Nova York com as malas vazias e os bolsos cheios. Depois, voltam para suas cidades e países com os bolsos vazios e as malas cheias...

OPORTUNIDADES E SONHOS

Nas *Viagens com o Patrão*, além de toda a "magia" e descontração que envolve o pessoal, Mário Gazin faz suas observações e define os estilos de cada um, justamente pelo fato de ele estar com o grupo por alguns dias. É uma escola de líderes, formada por um especialista no tema. Quando Mário ainda estava na presidência executiva, muitos foram promovidos e viraram gerentes depois das *Viagens com o Patrão*. Outros chegaram até mesmo a mudar de cargo ou departamento. Mas, também, mesmo que em menor escala, houve quem não aproveitasse a oportunidade; alguns, por não demonstrarem desenvoltura ou interesse no convívio geral, ou até por exagerarem na bebida, acabaram demitidos.

Nas viagens, Mário não tem e não aceita privilégios. Fica em quartos duplos ou triplos na companhia de funcionários, faz as refeições nos mesmos locais e viaja nas mesmas condições (ônibus, carro ou avião). Em resumo, como Mário gosta de afirmar:

> Essas viagens são uma recompensa por tudo aquilo que eles fazem pela Gazin e por mim quando eu não estou perto deles. Eles são exemplos para outros funcionários; são verdadeiros líderes. Alguns deles nunca saíram das cidades em que moram.

Todas as *Viagens com o Patrão*, em média seis por ano, começam em Douradina, onde acontece o que Mário costuma chamar de "piseiro", ou seja, festa, agito. Ao todo, anualmente, em torno de quinhentas pessoas são agraciadas com o convite. Todos os destinos são, geralmente, escolhidos por Mário. E quando chegam ao local, Mário coloca sua estratégia em prática: "Nessas viagens, temos que gastar a sola do sapato. Os guias levam os turistas a locais convencionais, como igrejas e museus. Comigo o pessoal vai conhecer a essência dos povos e cidades. Não quero ver ninguém parado!".

Estreitar as relações numa viagem com o patrão traz certa ansiedade. Ainda mais quando o convite se dá não como prêmio pelas metas alcançadas e sim por uma iniciativa do próprio Mário. Na primeira viagem em que participou, Anderson Izidoro valorizou cada experiência vivida. Mas a maior delas foi o "piseiro" em Douradina:

> O seu Mário preparou e serviu a "janta" para nós. Estou impressionado com a humildade desse homem tão poderoso e inteligente. Ele não precisava estar junto, poderia pagar tudo e pronto! Até agora o maior aprendizado é o de valorizar a Gazin. Não é qualquer empresa que permite o benefício de viajar com o patrão.

Anderson conquistou o direito de estar no grupo por ter-se destacado na "Campanha do Perdido", cujo objetivo é recuperar parcelas acima de 180 dias de atraso. E pela viagem vale qualquer sacrifício:

> Eu perdi duas provas na faculdade para estar aqui. No começo, eu pensei em desistir, mas acabei aceitando pela oportunidade de viajar e aprender com o seu Mário. A Gazin é uma empresa na qual você pode encontrar a toda hora o presidente. Vim pela primeira vez e espero voltar outras vezes.

Nas *Viagens com o Patrão*, as pessoas encantam-se com o volume de novidades. É comum ouvir nas conversas: "Para mim, tudo é inédito. Vou compartilhar as experiências que vivi com o pessoal da minha cidade. Vou ganhar muita cultura". Ou: "É um grande aprendizado. Viajar com o seu Mário é assistir a uma verdadeira aula de liderança. Nossa vida é feita de momentos e não consigo definir o que estou vivendo em uma palavra". Ou ainda: "Nós viemos de várias partes do Brasil, e o seu Mário nos inspira. Ele é um exemplo de que podemos ser melhores a cada dia. O seu Mário é um homem iluminado".

Além dos que trabalham na Gazin, clientes também são convidados para as viagens. Como aconteceu com Adriana Cunha Ferreira, gerente da Rede 2000 de Ipupiara, na Bahia. A empresa é cliente tanto do atacado quanto da Gazin Colchões. Em uma das convenções anuais, Mário foi convidado a palestrar na empresa em que Adriana trabalha, que na época tinha dez lojas. Como é de praxe, os fornecedores oferecem produtos para serem sorteados entre os funcionários. A palestra foi um sucesso e, na hora da confraternização e entrega dos prêmios, Mário ofereceu uma *Viagem com o Patrão* a ser sorteada. E a vencedora foi justamente Adriana, que, assim como quem esteve no passeio, se sentiu parte da "Família Gazin".

Às vezes, o próprio Mário faz a função de guia turístico, explicando características das cidades visitadas, da economia local, hábitos e cultura etc. Durante a viagem, Mário também comanda os horários para rezar. Nesses momentos, ele sempre diz: "Vamos agradecer a Deus pela viagem maravilhosa e por tudo que Ele nos tem proporcionado". E por falar em horários, ai de quem se atrasa: "Pessoal, se marcamos para sair às 10h, não há por que perder o horário! Em respeito a quem cumpriu o que está estabelecido, peço que respeitemos o horário determinado!". As viagens pelo Brasil, geralmente, acontecem com os ônibus da empresa. Neles, está estampada a seguinte frase nas laterais: "Transportando campeões Gazin".

Numa de suas viagens com o grupo para Foz do Iguaçu, Mário levou o pessoal para fazer compras, jantar e assistir a um show na Argentina. Numa das lojas em que entrou, Mário foi atendido por um menino que deveria ter seus doze anos. Esperto como ele só, o garoto encantou. Apresentou os vinhos, sugeriu a marca, degustou produtos, negociou preço e deu desconto. Depois de algum tempo de conversa, e de ter feito uma boa compra, Mário comentou emocionado com quem o acompanhava:

– Esse menino lembra muito o meu jeito quando tinha a idade dele. Eu também trabalhava como gente grande. Esse menino será um grande empreendedor!

Realmente, empreendedor "fareja" empreendedor...

ÉPOCAS DE OURO

Mário Gazin costuma dizer: "A minha empresa nunca 'chorou' porque eu e os meus irmãos jamais tiramos um dinheiro extra do caixa. A Gazin já 'chorou', sim, mas por inadimplência".

Três marcos registram os melhores anos de faturamento da Gazin. Curiosamente, todos terminam com o número quatro e se repetem em ciclos de dez anos. O primeiro deles foi 1994, no final do governo do presidente Itamar Franco. O segundo, em 2004, quando a economia estava aquecida no primeiro mandato do presidente Luiz Inácio Lula da Silva. O terceiro aconteceu em 2014, ano em que a presidente Dilma Rousseff reelegeu-se; o Brasil vivia um momento econômico de grandes incertezas, mas a Gazin superou todas as expectativas e previsões. Por isso, Mário sempre afirma: "Podemos definir os anos 2000 como a 'Era do dinheiro'. A economia brasileira posicionou-se entre as melhores do mundo".

Uma das ideias de Mário e da direção do grupo é a de que a Gazin monte loja no Paraguai. A proximidade com cidades em que a rede tem filiais ajuda na logística. A limitação para que a Gazin abra lojas em alguns estados, como Santa Catarina, São Paulo, Rio Grande do Sul, entre outros, devido ao compromisso assumido com clientes do atacado e da fábrica de colchões e estofados, faz com que o crescimento possa acontecer em países que fazem divisa com o Brasil.

Quanto ao mercado de colchões, são em torno de 950 fábricas no país. Um produto bem concorrido. Ao todo, em 2015, a Gazin possuía seis fábricas, assim distribuídas: uma em Candelária, no Rio Grande do Sul, uma em Rondônia, uma no Mato Grosso e uma na Bahia, além de duas em Douradina, no Paraná. Nem todos os grandes varejistas conseguem isso, mas Mário conhece todas as fábricas e lojas da rede. Para alguns empresários, esse é um sonho que muitas vezes eles não conseguem realizar.

Um produto industrializado tem outro valor em relação ao estado bruto. Mário explica:

> Se a gente cortar a árvore e vender a madeira, o lucro é bem pequeno, porque não envolveu o uso de tecnologia. Mas se moer a árvore e transformar em resina, o resultado fica diferente, satisfatório. O mesmo acontece com a espuma. Se produzir espuma e vender o bloco, o lucro é bem pequeno. Mas se utilizar tecnologias, máquinas, picar e cortar a esponja, fazer sofás e travesseiros, começa a sobrar mais dinheiro. Quanto mais máquina você usa, mais valor agregado tem no produto!

FAZER A DIFERENÇA

Depois de tantos anos à frente da empresa, Mário faz uma retrospectiva dos planos econômicos:

> Após confiscarem a poupança, no Plano Collor I, nós vendemos muito bem! Sempre fomos em busca das oportunidades. Sempre nos saímos bem nos planos, porque nunca agimos de forma radical, atabalhoada, irresponsável. Nós crescemos gradativamente, abrindo mais lojas, contratando mais gente, comprando e vendendo mais...

Certo mesmo é que o maior diferencial da Gazin é justamente o próprio Mário! O empresário representa uma grande referência. Seu valor é reconhecido por todos. É comum ouvir daqueles que conhecem e participaram efetivamente da construção da história da Gazin:

> Aqueles que vêm visitar a Gazin em Douradina são tratados com todo o respeito, carinho e admiração pelo seu Mário e por todos nós. Ele os recebe, leva para conhecer a empresa e a cidade, faz questão de cozinhar e de preparar almoços e jantares, além de servir um a um o prato dos convidados. Não há nada de forçado ou estratégico nisso! O seu Mário é mesmo assim, humilde e um ser humano muito especial.

Além disso, o empresário ainda leva o nome da Gazin pelos diversos cantos do Brasil e do mundo: "O seu Mário visita os nossos clientes e as lojas. Além disso, viaja para todo canto e participa de encontros com empresários, congressos, feiras e palestras. Assim, consegue estar sempre atualizado com o que acontece dentro e fora do país".

E ainda há quem conte o segredo da empresa: "A Gazin alcançou esse patamar graças ao seu Mário. Se um dia alguém comprar a Gazin, só terá sucesso se levar o seu Mário junto".

O empresário é o melhor exemplo da transformação por meio do conhecimento: "O seu Mário está sempre com um livro nas mãos. Ele lê muito, desenvolve seus horizontes e conceitos e sempre indica uma boa leitura para as pessoas".

Uma transformação que manteve a essência do empresário:

> Quando começou a Gazin, o seu Mário andava de botina e camiseta. As lojas não respeitavam um padrão. Mas ele e a Gazin foram ganhando formatos de empresário e de empresa, respectivamente. Quando ainda era o presidente executivo, o seu Mário só se apresentava de gravata e as filiais estão todas padronizadas. Mesmo com todo esse sucesso, o seu Mário continua a ser uma pessoa simples, de hábitos comuns.

Outro fator: o acesso ao empresário. Amigos, fornecedores, clientes e funcionários falam e trocam mensagens com Mário Gazin pelo celular. Mandam mensagens religiosas, motivacionais, vídeos, textos, curiosidades, piadas, pedidos etc. Às vezes, ele não consegue atender, mas retorna. E se não responde a uma mensagem na hora, na primeira oportunidade ele manda o recado.

Quanto aos sócios, Mário avalia assim o estilo de cada um:

> A relação com meus irmãos sempre foi a melhor possível. Eu e o Jair somos líderes e empreendedores. Assim, a gente sempre discordava em alguns pontos de vista. Mas é algo extremamente positivo e que leva todos à reflexão, em busca do melhor para a empresa. O Rubens, meu irmão, e o João, meu cunhado, têm estilos semelhantes e são conciliadores. O Antonio é bastante empreendedor!

Alguns dizem que, depois de ter completado 60 anos, em 16 de novembro de 2009, Mário ficou mais ansioso, talvez impaciente. Naquela data, ele prometeu durante reunião da diretoria que sairia da presidência aos 65 anos. E, conforme já vimos, Mário não só cumpriu como antecipou-se na promessa.

GRANDE APRENDIZADO

Um dos empresários que Mário Gazin mais admira é Antônio Ermírio de Moraes, do Grupo Votorantim, falecido em agosto de 2014. Eles, inclusive, estiveram juntos em algumas oportunidades:

> Eu li com grande atenção todos os livros que o Antônio Ermírio de Moraes escreveu. Não pulava uma linha! Um grande homem e exemplo de vida. Ele nasceu de uma família rica, mas era bastante humilde. Estivemos juntos por duas vezes em Sorocaba, numa ação social em albergue.

Antônio Ermírio ainda explicou os motivos que o levaram a estar ali: "Ele me disse: 'Mário, eu também faço doações em dinheiro, mas isso não me faz falta. Então, estar aqui para trabalhar é abrir mão daquilo que mais me falta, daquilo de que mais eu preciso: tempo! Essa é a minha verdadeira doação!'". As medidas e os objetos das doações diferem; cada qual sabe do tamanho e do teor da doação que pode fazer. Como certa vez em que Mário presenciou na igreja duas senhoras doarem dinheiro. Uma deu vinte reais e a outra, um real. Mário então entendeu que cada uma delas fez o seu esforço com base na capacidade individual que tinham para doar.

• • •

Sempre nas conversas com outros empreendedores, Mário faz uma análise sobre o seu pessoal:

> É natural que nas empresas haja pessoas mais empreendedoras e comprometidas do que outras. Na Gazin, acredito que 27% dos funcionários são empreendedores, 40% comprometidos, 25% não vivem a comunidade Gazin e 8% trabalham apenas por necessidade e sem grandes perspectivas de crescimento.

Pautado por esses números, Mário estipula as metas: "Nosso objetivo é transformar 33% da nossa equipe em empreendedores e comprometidos. De que forma? Reduzindo os percentuais de 25% das pessoas que não vivem a comunidade e dos 8% que apenas trabalham por necessidade".

O que é um funcionário comprometido? Aquele que transforma um dia normal no melhor dia de trabalho da própria vida. Aquele que dá sempre um pouco a mais de si pelo melhor desempenho da empresa e pelo bem-estar da família. Um bom exemplo disso aconteceu na loja de Cacoal, em Rondônia. A copeira da loja, Maria da Penha, percebendo que havia um cliente precisando de ajuda, passou a mão num *tablet* e foi atendê-lo. Ela ouviu a necessidade do cliente e começou a mostrar-lhe os produtos que havia para serem oferecidos na Gazin. Naquele exato momento, Mário entrou na loja e observou a cena. A mulher concluiu o atendimento e a venda. Depois disso, Mário, além de parabenizá-la, presenteou-a com uma *Viagem com o Patrão*. A funcionária não cabia em si de tanta alegria.

Tempos depois, quando a viagem aproximava-se, ela mandou uma mensagem para o celular de Mário:

– Patrão, não vai se esquecer de colocar o meu nome na relação do pessoal que ganhou a viagem.

Segundos depois veio a resposta:

– Imagine, minha filha, jamais esqueço das pessoas de que eu gosto e amo, como vocês, meus filhos da Gazin!

AMIGO E FORNECEDOR

Mário, que bom reencontrá-lo! Lembro-me dos tempos em que eu ia visitar você e o seu pai, para vender os meus colchões. Isso foi logo que vocês abriram a primeira loja.

A época citada por Antonio Bandeira é o fim da década de 1960. O encontro deu-se em 2015, no próprio estande do empresário na Feira de Móveis de Arapongas, no Paraná, a segunda maior do segmento no país. O antigo produtor de colchões era agora um importante fabricante e fornecedor de móveis, *kits* e cozinhas, atividade iniciada em 1974. Por isso, Mário foi visitá-lo. Mas nem tudo mudou. O jeito brincalhão, acolhedor, com muita disposição e garra, sincero e verdadeiro continuavam inalterados:

– Mário, fico impressionado em ver como você recebe bem as pessoas que te visitam! – disse Bandeira, que ainda avaliou: – Você é um grande empresário. Sabe comprar como poucos... Pede desconto sorrindo... Mesmo que a gente não feche negócio, saímos do encontro com você felizes por termos desfrutado da sua companhia.

Depois das negociações, Mário, Antonio e os filhos do industrial foram almoçar. A empresa, familiar como a Gazin, passava por um momento de transição. Durante a refeição, em determinado momento da conversa, Mário fez com que os filhos de Bandeira valorizassem ainda mais a trajetória do pai:

> Quando Antonio e eu começamos, plantar e colher café era o único trabalho que dava dinheiro. A nossa história é muito triste, não tínhamos nada. Mas lutamos muito para chegar até aqui. Então, empresa de família é assim: cada um faz a sua parte com garra e determinação! E todos ganham com isso!

O amigo aplaudiu as sábias palavras de Mário, que foram providenciais para o momento que ele e os filhos viviam na empresa.

VIAGENS PARA CONHECER E TROCAR CULTURAS

A primeira viagem internacional de Mário, como já vimos, aconteceu na década de 1970. O empresário foi fazer um curso em

Valparaíso, no Chile. Mário foi assistir à palestra de Philip Kotler, considerado um dos gênios do marketing mundial. A palestra foi traduzida, simultaneamente, em espanhol, um grande avanço para a época. Mário pegou um ônibus em Foz do Iguaçu até Buenos Aires, de onde seguiu para Valparaíso. Foram cinco dias de viagem.

No fim dos anos 1970, ainda de ônibus, ele viajou novamente para Buenos Aires; dessa vez para conhecer melhor a cidade, que já o encantara pelas ruas largas. Em 1994, foi a vez de conhecer a Itália e trazer de lá grandes novidades para a Gazin. Uma delas foi a forma de atender o cliente, assim como a agilidade na gestão.

Mário recebeu alguns amigos italianos em Douradina e com eles aprendeu algumas dezenas de palavras que montaram seu vocabulário. Visitou muitas empresas italianas – entre elas, a Parmalat –, além de fábricas de capacetes e de móveis, entre outras. Também conheceu a Universidade de Pádua. Mário ainda voltou por várias vezes à Itália e, numa das viagens, achou uma pequena loja de nome "Gazin".

Interessante também foi a viagem à Austrália. Como dito anteriormente, foi um convite da Philco, e Mário viajou na companhia de um grupo de varejistas. Na oportunidade, ele pôde conhecer um país moderno, diferente. Da primeira vez que esteve na Alemanha, Mário foi participar da Feira de Hanover. A Gazin ainda não tinha fábrica. Ali, ele também conheceu a Kauffman, um enorme *shopping*, onde era possível comprar de tudo com pagamento em caixa único. Havia até cinema no local. Uma tendência que muitos anos depois chegou ao Brasil. Mário fez várias viagens ao país.

A vida e o varejo dos Estados Unidos, para onde o empresário viaja regularmente, encantam Mário. Em especial a rede de lojas de móveis Ikea, empresa sueca considerada a maior do mundo no segmento. Ali sempre há algo a aprender. Na viagem à França, com estada em Paris, Mário apreciou passear pela Torre Eiffel e pelo Rio Sena, e fez sua exploração comercial em barcos que se transformavam em restaurantes e teatros. Ele também conversou com o presidente da Galeries Lafayette, famosa loja de departamentos francesa, para troca de experiências.

Alguns dos outros países europeus que ele também conheceu foram Inglaterra, Portugal, Espanha, Suíça, República Tcheca, Armênia, Eslovênia, Ucrânia, Kosovo, Ucrânia, Áustria e Holanda. Na Ásia, esteve no Japão, Coreia e China, em 2008. Na América, ainda visitou Canadá, México, Panamá, Chile, Uruguai, Paraguai, Colômbia, Venezuela, Peru e Bolívia.

Quanto ao Brasil, Mário o conhece como a palma da própria mão. Como se costuma dizer popularmente, "conhece do Oiapoque ao Chuí". Mário já esteve em cidades da Amazônia cujo acesso só se dá depois de percorrer doze horas de barco.

CAPÍTULO 9

REFLEXÕES

O empresário alerta para a necessidade de transformação e de adquirir conhecimento constantemente:

> Se você cria uma dúvida na sua mente, você tem capacidade de mudar e melhorar. Mas se você não tem dúvidas, não vai crescer na vida. Às vezes, inscrevemos o nosso pessoal em seminários, e alguns dizem: "Eu sei tudo o que vão falar nas palestras". Isso não existe! Você pode até ouvir um mesmo conceito, mas passado de forma diferente! Se você não se reciclar, será como um machado que perdeu o corte. Ele precisa ser amolado, geralmente, pela mesma lima de sempre. Mergulhar no conhecimento fará toda a diferença lá adiante. Esses aprendizados são importantes!

Ainda na linha dos aprendizados, Mário conta que erros também deixam grandes lições:

> Errar é poder aprender. Pessoas que conhecem a história da Gazin perguntam se erramos no nosso início, quando

> abrimos lojas distantes umas das outras. Posso afirmar que abrir loja nunca vai ser um erro, mas persistir numa loja deficitária, sim. O varejo é um mundo próprio, e quem participa dele precisa se arriscar.

Mas o empresário reconhece que cometeu seus erros:

> Um dos erros que cometi foi investir, por volta de 2004, na compra de frotas de caminhões mais em conta. A economia saiu cara, pois eles quebravam muito. Nossos motoristas reclamavam bastante. Em outra oportunidade, investimos em carretas de boa qualidade, mas com cabines pequenas. Esse foi outro erro, porque, durante longas viagens, os motoristas fazem da cabine a casa deles. Depois de um tempo, aprendemos: só compramos excelentes carretas com cabines grandes e ar-condicionado.

Entre as qualidades de Mário estão além de ser um grande gestor, saber comprar e vender. E, claro, saber comandar uma equipe: "O grande empreendedor jamais deixará de ser um líder".

A tecnologia também torna tudo mais acessível: "O televisor, por exemplo, virou um produto barato. O processo e o volume produtivo forçaram a baixa do preço. O remédio seguiu o mesmo caminho; hoje, o pobre e o rico usam genérico no Brasil. Quando o produto foi lançado, gerava desconfiança".

O conflito de gerações também é algo inevitável: "O jovem é mais corajoso, arrojado. Eu não possuo a força e a disposição que os jovens têm, mas tenho experiência e muitas ideias. O jovem tem menos medo de errar, mas, se ele errar, eu conserto".

Outra pergunta que Mário responde até com certa frequência está relacionada ao medo. O empresário abre o coração:

> Se eu tenho medo? Claro que tenho! O medo hoje é o de quebrar a empresa! Se isso acontecesse nos anos 1970, eu levaria uns dez ou vinte comigo; nos anos 1980, talvez uns cem; se fosse na década de 1990, talvez um quinhentos... um estrago desses nos anos 2010 afeta milhares de pessoas que trabalham direta e indiretamente para a Gazin.

Para Mário, ter medo, mas na dose "certa", é uma qualidade: "Feliz do homem que tem medo. Cuidado com quem fala que não tem medo. O medo é o ponto de equilíbrio da coragem".

O sucesso pleno envolve, além de muitas conquistas, dois sentimentos. Um deles é a realização: "Eu sou uma pessoa muito realizada com tudo o que recebi de Deus nesta vida. Tudo veio à custa de muito trabalho. Talvez, depois que eu me afastar de vez da Gazin, eu ainda inicie algum negócio".

O outro é a felicidade: "Sou muito feliz também! Gostaria apenas de ter os meus filhos mais perto de mim. Dois deles moram fora de Douradina. No mais, vou pedindo a Deus para me abençoar e me permitir viver um dia a mais".

Mário Gazin também analisa as diferentes fases da vida:

> O amadurecimento é algo que difere de pessoa para pessoa. Alguns conseguem isso na adolescência, outros demoram mais. A partir dos 33 anos, as nossas vidas estão sujeitas às grandes mudanças e transformações; é onde começamos a

entrar na fase mais concreta do amadurecimento. Depois, aos 45, chega talvez a fase mais especial: a da sabedoria. É a fase que o prepara para os anos seguintes, onde a sabedoria aumenta e a força diminui.

ASAS PARA VOAR

Santo de casa "às vezes" não faz milagre... Quando o jovem amadurece, tem que sair de perto do pai e da mãe. Isso faz parte do aprendizado. É do outro lado do "muro" que está a oportunidade. Assim, conhecemos o real valor da vida.

A realidade mudou! É isso que Mário Gazin busca expressar com suas palavras. Antigamente, as famílias procuravam "blindar" os filhos do mundo. Agora, não há mais como segurá-los e nem há motivos para isso. Viver experiências exteriores, seja saindo da casa dos pais, seja mudando de cidade ou país, é uma forma de adquirir conhecimento e de valorizar tudo o que a família faz por nós: "Quando morávamos em Cidade Gaúcha eu era o sapateiro, o garçom, o vendedor, o padeiro, o cozinheiro... Eu era o Mário bonzinho! Quando eu me mudei para Douradina, fui em busca do meu caminho. Éramos Deus e eu!", conta Mário.

Ele ainda fala do momento ideal de buscar a liberdade: "Acredito que com dezesseis anos o jovem esteja pronto para começar a descobrir o mundo! A sensação é maravilhosa!". Aos dezesseis anos, Mário nem pensava e muito menos tinha condições de viajar para outro país. Agora, como empresário bem-sucedido, ele pode fazê-lo quando e para onde quiser.

Certa vez, fizeram-lhe uma pergunta que mexeu com as suas emoções:

– Mário, quando você está viajando pelo mundo, em Paris, Lisboa, Roma... você se lembra das dificuldades que teve no passado?

– Claro que eu me recordo! Mas não são lembranças fáceis. Eu percebo que a geração de hoje nem de longe passa pelos apuros que vivíamos naqueles tempos. Mas, às vezes, eu me divirto com aquelas lembranças – respondeu, já com os olhos marejados.

ADAPTAÇÃO DE MODELOS

Seu Mário, onde o senhor foi buscar inspiração para criar uma empresa tão bem montada como a Gazin?

O empresário respirou fundo, pois era preciso refletir para dar a melhor resposta:

– Aprendi bastante conhecendo a cultura das outras empresas. Destaco algumas delas. Duas são pautadas pelas tradições japonesas: a Jacto, de onde eu trouxe para a Gazin a educação corporativa, e a Panasonic, de onde vieram o respeito para com os funcionários e clientes, e os escritórios sem paredes, para que as pessoas possam se olhar e interagir umas com as outras. Meu cunhado, João, que cuidava do financeiro, ficou preocupado em termos um escritório sem paredes, sem privacidade, porque às vezes ele manuseava dinheiro na sala. Mas eu disse a ele: "Isso vai durar mais um tempo... Depois, o dinheiro vai ceder espaço para o plástico...".

Outra escola que interferiu na formação da Gazin foi a norte-americana:

> A Philco foi a primeira grande empresa a vender televisores diretamente para a Gazin; na época, era da Família Setubal. Conheci e me impressionei ainda na década de 1980 com a bem alinhada e bem idealizada fábrica da Philco: entravam matérias-primas de um lado e saíam televisores prontos do outro; aprendi e absorvi essa organização de fábrica da Philco. A Gazin é um pedacinho do Japão, da Itália e dos Estados Unidos.

Apesar de suas peculiaridades, o mercado varejista brasileiro também tem pontos de semelhança com os de outros países:

> Tem certas características do varejo brasileiro que se assemelham às do japonês, onde se faz promoções, colocam-se mercadorias em bancas, nas calçadas... Há similaridades também com o modelo norte-americano de varejo. Reputo ainda a força do varejo brasileiro à boa qualidade dos nossos vendedores. Já nos Estados Unidos, o que movimenta o varejo é o poder de compra do povo.

No passado, muitos migraram para as vendas por não terem carreira definida ou por terem sido demitidos. Mesmo com a mudança forçada, alguns encontraram-se na profissão, construíram sólidas carreiras e tornaram-se grandes empreendedores: "Na minha época, não tínhamos outra saída: era vender e pronto! Tem uma nova geração que parece não saber bem o que é a falta de emprego e de dinheiro, e a necessidade de ter que vender e depois receber o dinheiro. Essa é a base de um negócio sadio".

Ainda sobre vendas, os produtos que têm maior procura são os de telefonia móvel. Dados da Agência Nacional de Telecomunicações (Anatel) mostram que em 2014 o Brasil encerrou o ano com um total de 280,73 milhões de linhas ativas de telefonia móvel. Do total, 212,93 milhões eram de aparelhos pré-pagos (75,8%), enquanto que os pós-pagos representavam 67,8 milhões (24,2%). Na Lojas Gazin, as vendas de aparelhos e acessórios para celulares representam em torno de 40% do volume total negociado no setor. Isso se dá também porque, em função da evolução tecnológica, há grande rapidez no lançamento de novos modelos.

• • •

Mário tem como característica valorizar o simples, ao mesmo tempo em que tem coragem para realizar o novo. Muitas vezes, as pessoas se esquecem disso. Ele também tem facilidade em improvisar, sempre com visão otimista. Numa de suas "teses" de liderança, ele diz o seguinte: "Cada um dos nossos líderes e gestores têm dez funcionários para comandar. E cada um desses dez comandam mais dez... e assim por diante...".

Nas palestras que ministra, Mário traz o tema "liderança" na apresentação. Esse é um ponto que entretém demais o público. Ao final da palestra, as pessoas impressionam-se com a história do empresário, pelo fato de não ter tido a oportunidade de estudar e ter saído de uma cidade pequena e criado um império.

SABER COMPRAR, SABER VENDER

Justamente pelo fato de comprar e vender serem a base da atividade varejista, costumam perguntar a Mário "Qual é o segredo do grande comprador?". O empresário define assim:

> Saber vender é entender o gosto e o que se passa pela mente de quem compra. Você pode gostar de uma determinada cor, mas nem sempre é aquela que vai vender. O Brasil é um país enorme, continental. Em países vizinhos, de pequena extensão, como o Uruguai e o Paraguai, é mais fácil conhecer as preferências da população. No Brasil, podemos dizer que são vários países reunidos em um só!

Os exemplos são muitos:

> No Rio Grande do Sul, se come muita carne; na Argentina, com bem menos habitantes, se como ainda mais carne do que no Brasil. Na região Centro-Oeste, se tem por hábito comer peixe de água doce. O Nordeste tem costumes locais; lá, inclusive, não se vende colchão branco. No Rio Grande do Sul, não se usa cozinha de aço; já no Paraná, se usa bastante. A partir da segunda metade dos anos 1990, tivemos a

grande virada. Os clientes começaram a ficar mais exigentes. O comprador tem por obrigação saber de tudo isso.

Uma das estratégias bem aplicadas na Gazin é encher os olhos do cliente:

> Na entrada das nossas lojas, sempre estão expostos os produtos mais caros e bonitos que temos para vender. O cliente pode se apaixonar e comprar; depois que a pessoa entra na loja, aí a responsabilidade de atendê-lo bem é nossa. E mesmo que não adquira o produto mais caro, vai criar no cliente uma expectativa de compra...

E Mário conta um "causo" que reforça a "tese":

> Certa vez, eu presenciei um homem com longo tempo de garimpo, com uma peneira e uma bacia. Ele enchia a peneira, mergulhava na bacia e chacoalhava as pedras que tirava do rio; depois, batia o olho e jogava tudo fora. Eu o vi fazer esse mesmo movimento umas dez vezes. Perguntei então a ele: "Como o senhor sabe que nesse monte de pedras que jogou fora não há um diamante?" O homem respondeu: "Se numa sala estão dez mulheres, para qual delas você olha primeiro? Certamente, você vai cravar os seus olhos naquela que é a mais bonita". Fiquei observando, e, realmente, após repetir aquilo por mais algumas vezes, ele de fato achou um belo diamante. Portanto, a pessoa pode não comprar, mas vai saber admirar um bom produto!

PERFIL DO BOM VENDEDOR

O que eu ensinava ao pessoal que começou comigo era para atender muito bem o cliente...

Essa era a regra passada por Mário a quem trabalhava com ele no fim dos anos 1960. Mas a mesma regra prevalece para os anos 1970, 1980, 1990, 2000, 2010... 2015... 2100... 2200... ou seja, é eterna! A base de uma boa venda é o atendimento. Bom preço e qualidade do produto são determinantes, mas o nível de atendimento ajuda ou atrapalha a venda, que, pela atuação do vendedor, pode ficar maior, mais agradável e fidelizada ou até mesmo menor ou nem acontecer.

Quando se refere à técnica e ao exemplo de um grande vendedor, Mário resgata a figura do comandante Rolim Amaro, fundador da TAM, companhia de aviação:

> É preciso ser carinhoso para saber vender. Tem hora que eu vejo gente que atende mal e ainda consegue sobreviver. Mas esse tipo de situação não dura muito. Nós tivemos uma enorme perda com a morte do Rolim. A aviação "morreu" com ele. Hoje tem várias companhias, mas nada se iguala ao atendimento que ele implantou na TAM. Ele não cobrava barato pelas passagens, mas o povo pagava com satisfação. Cheguei a conhecê-lo em uma palestra em Foz do Iguaçu. Conversamos, e eu fiquei encantado com a energia daquele homem!

Para Mário, há uma regra importante para tornar-se um bom vendedor:

> Ser teimoso! O vendedor já parte do "Não" do comprador. A missão dele é reverter a situação e transformá-la num "Sim".

Mário também define a diferença entre comprador e cliente, que todo bom vendedor deve conhecer:

> O comprador aparece na loja quando encontra uma boa oportunidade de preço ou pesquisa bastante e só compra onde tiver a melhor condição. Já o cliente é fiel e volta sempre que quer adquirir uma mercadoria e não sai por aí buscando apenas preço. Ele pechincha, o que é um direito dele, mas valoriza a estrutura e o atendimento. E nossa missão é atendê-lo bem e fidelizá-lo cada vez mais. Mas tanto o comprador quanto o cliente merecem tratamento digno!

Existem vendedores da Gazin que são tão procurados que os clientes aceitam ficar numa "fila de espera" para serem atendidos exclusivamente por aquele profissional. Esse tipo de vendedor é muito bem remunerado nas comissões. Tanto que alguns deles não desenvolvem perfil de gerência e preferem permanecer na função de vendas. Em vez de crescer na organização, eles buscam ganhar cada vez mais. E qual a base de um bom atendimento? Falar a verdade e transmitir confiança!

Um dos que mais vendia na rede trabalhava na loja de Porto Velho, em Rondônia. Era também um dos maiores salários entre os vendedores. O rapaz oferecia realmente um atendimento especial. Quase não parava na loja, vivia visitando o pessoal. Mas a estrutura entendia isso. E o telefone dele não parava de tocar; era a clientela, querendo saber das novidades da loja. Ele cumpria todas as etapas com perfeição: pré-venda, venda e, principalmente, a pós-venda. No dia da entrega da mercadoria, ele aparecia com o caminhão para parabenizar o cliente pela compra e orientá-lo sobre como o produto deveria ser usado:

> Esse é o espírito que eu quero nas minhas lojas. Logo quando eu entro numa filial Gazin, eu já consigo perceber se estou ou não em casa. Às vezes, entro na loja e estranho. Aí eu saio e volto a olhar a placa, para me certificar de que estou no lugar certo. Digo isso porque há lojas que realmente têm o espírito Gazin, mas outras unidades da nossa rede não incorporaram isso.

Então, tem loja que é Gazin, uma vez que os que nela trabalham são Gazin, vivem a comunidade Gazin. Nesses casos, é fácil perceber, pois o ambiente é vibrante, as pessoas estão em movimento: um está gritando, outro, sorrindo, há quem esteja em atendimento, outro ainda andando. E tem loja que mesmo sendo da rede não é Gazin, porque as pessoas de lá são engessadas! Nesse caso, é preciso intervir e fazer mudanças substanciais.

O REAL SENTIDO DE UMA MARCA

As pessoas gostam de perguntar: "Mário, qual o segredo do sucesso?". O empresário adora responder a essa pergunta:

> O segredo é, em vez de ter sucesso, criar valor! Sucesso tem dia para começar e para acabar... Quer alguns exemplos de

> gente que criou valor? Pelé, Ayrton Senna, Antônio Ermírio de Moraes e todo o processo que provocou a transformação da Votorantim numa potência, entre outros... Isso não é fazer sucesso, mas criar valor. Quem constrói valor deixa legado!

Esse valor é levado consigo até o fim da vida:

> No túmulo do meu pai, está escrito: "Aqui tem um pai que soube criar uma grande família". No meu túmulo também não vai ter placa com "Aqui jaz"! Lá, estará escrito: "Aqui morreu um homem que procurou a cada dia empregar mais e mais pessoas". E quero a despedida regada a uma grande festa!

Quanto aos ídolos, todos nós temos os nossos. Mário venera três grandes homens: "Eu registro meu temor a Jesus Cristo, o maior líder da história do mundo; convenceu a todos com a força da palavra. O segundo foi o estadista indiano Mahatma Gandhi. O terceiro líder foi o ex-presidente da África do Sul, Nelson Mandela. São homens de valor e que têm a mente rica: "A sabedoria não tem limites e não tem idade. O aprendizado, sim. Quando você é jovem, a cabeça ajuda mais. A sabedoria é adquirida com o processo da vida e uma longa caminhada. É uma mescla de passado, presente e futuro".

• • •

Numa roda de bate-papo na Associação de Funcionários da Gazin (AFUNGAZ), certa vez perguntaram:

– Seu Mário, o senhor acredita em vendas no sistema porta a porta?

Mário abriu um sorriso e disse:

– Porta a porta é o melhor negócio do mundo! Quanta gente teve sucesso vendendo bíblias, produtos Avon, livros... É maravilhoso, você tem o cliente certo. Se ele abrir a porta para você, 50% da venda está feita! Eu mesmo já vendi muito dessa forma. A gente ia vender de sítio em sítio. E fazia amizade com o pessoal.

Essa é outra fala visionária do empresário! O século XXI tem mostrado que muitas empresas resgataram as vendas do sistema porta a porta.

CRIAR A PRÓPRIA ROTA

Nas rodas de conversas nos almoços e jantares, Mário Gazin diverte-se ao relembrar como a Gazin tornou-se uma gigante do varejo:

> Nossas aberturas de lojas não tinham nenhum tipo de programação. Certa vez, fui viajar para Alta Floresta, no Mato Grosso. Depois, no retorno, viemos por outro sentido, passando por Arenápolis, Barra do Bugres, entre outras. Fomos mesmo para conhecer essas cidades. Aparentemente, elas não tinham estrutura para abrirmos loja. Mas nós acreditamos e fomos montando filiais, mesmo em cidades distantes de Douradina.

Mário até exemplifica:

> No passado, em vez de abrirmos lojas perto de "casa", chegamos a montar filial em Juína; para chegar lá tínhamos que percorrer 750 quilômetros de estrada de chão. Mas depois conseguimos "corrigir" a logística da montagem de lojas.

O empresário também gosta de contar a forma curiosa de como essas cidades foram criadas:

> O desenvolvimento deu-se pelo dinamismo dos empreendedores daquela época. Era gente de muita posse que comprava grandes lotes de terra. Aí, começavam uma atividade na área, o que gerava todo um movimento ao redor e, automaticamente, a criação de novas cidades. Um exemplo disso é a cidade de Alta Floresta, ao norte do Mato Grosso, que nasceu como município por meio de um projeto de colonização nas próprias terras do empresário Ariosto da Riva.

ESTRUTURA E ORGANOGRAMA

No organograma, a *Holding* Gazin é o ponto de controle das empresas do grupo ao qual todas estão ligadas. O capital, por opção própria, ainda não foi aberto ao mercado. Propostas para fusões e venda da organização nunca faltam. Fruto da credibilidade que a Gazin e os sócios possuem no mercado, conquistada à custa de trabalho e seriedade.

A empresa, no atacado e na fábrica de colchões e estofados, atua em todo o território nacional. O fator geográfico dificulta bastante a logística e exige a criação de várias fábricas e Centros de Distribuição (CDs). Em 2016, a estrutura de logística era formada por cinco depósitos exclusivos do atacado e mais três compartilhados com as lojas. A rede de varejo possuía seis CDs, sendo três no Acre e os outros no Mato Grosso, Mato Grosso do Sul e Rondônia. Havia ainda vários depósitos menores. Quanto às fábricas, eram seis ao todo.

Como presidente executivo da empresa, Osmar Della Valentina sabe que a importante posição que ele assumiu exige pensar e analisar mais profundamente as situações. Quando Osmar é convocado a tomar decisões, significa que estas são estratégicas; os profissionais em cargos de liderança na empresa sempre trabalharam com autonomia. O executivo foi a primeira pessoa fora da Família Gazin a fazer o Programa de Desenvolvimento para Acionistas (PDA). Osmar participou também de programas de desenvolvimento para presidentes, além de inúmeros cursos e seminários, muitos deles em companhia de Mário Gazin. Leitura diversa é outro recurso para elevar o conhecimento.

Em praticamente vinte anos de convivência, Osmar aprendeu a conhecer Mário apenas pelo olhar. O presidente da *holding* não é de falar muito no dia a dia. Talvez essa certa "quietude" seja o segredo que faz Mário ter a antevisão dos fatos; aquilo que se chama de pessoa visionária. Alguns dos ingredientes para isso são o fato de gostar de pessoas e o de saber como relacionar-se com elas.

Mário tem sido "obediente" no exercício de respeitar as novidades e o estilo de gestão de Osmar Della Valentina. Obviamente, ele concorda com a grande maioria delas, mas mudaria uma ou outra situação. Raramente, ele aborda Osmar sobre esses temas.

Mas sabe como mandar seus recados. Como certa vez, ao entrar numa loja da Gazin, em que viu uma placa onde estava escrito: "Fila única". Mário fotografou-a no celular e, ao chegar na Gazin, foi tomar café com Osmar. Durante a conversa, ele mostrou a foto para Osmar e perguntou:

– Presidente, você quer que a Gazin seja uma empresa simplesmente igual a todas as outras?

Obviamente, ele não estava falando da ordem que a placa poderia provocar na loja. Referia-se ao aspecto de que aquela placa, que certamente estava colocada na grande maioria das redes de varejo, faria a Gazin perder sua essência. Na Gazin, as pessoas ficam à vontade, conversando, trocando ideias na fila, mesmo que fosse para perguntar quem seria o último a ser atendido; a placa acabaria com essa "desordem" organizada... Mesmo sem ter sido o idealizador da placa, como grande comandante, Osmar prometeu avaliar o que acabara de ouvir. E a placa, após sua análise, foi retirada.

HOMENAGEM EM CANDELÁRIA

Candelária! Cidade brasileira do Rio Grande do Sul. Foi a sede escolhida para que a Gazin instalasse sua terceira fábrica de colchões. Por conta dos investimentos e de tantos recursos e centenas de empregos que a Gazin gerou, o vereador Cristiano Becker apresentou projeto de lei na câmara com o objetivo de conceder a Mário Gazin o título de cidadão candelariense. Era uma homenagem ao empresário e também uma forma de agradecer pela escolha de Candelária como sede da sua nova fábrica.

Os contatos iniciais começaram em 2007, embora o projeto tenha sido aprovado em 21 de maio de 2012. A informação de que a Gazin pensava em abrir uma fábrica em Candelária foi transmitida por um representante. Assim, uma comitiva de pessoas ligadas à Candelária foi montada para que fosse conversar com Mário e equipe em Douradina. Cristiano Becker foi um dos que compôs o grupo.

O encontro foi excelente. De lá, o pessoal saiu com as melhores impressões sobre a organização da empresa e o carinho que os colaboradores têm pelo patrão. Ali, ficou definido que a prefeitura disponibilizaria a área e a terraplanagem para a construção da fábrica.

Meses depois, estava tudo pronto e em funcionamento. No município de 31 mil habitantes, a Gazin passou a representar 26% do faturamento e tornou-se a empresa que mais recolhe impostos na cidade. Entre o projeto de Cristiano Becker e a entrega da honraria passaram-se três anos. A dificuldade maior foi encontrar brecha na agenda de Mário para marcar a data do evento. Assim, em 22 de outubro de 2015, aconteceu a sessão solene. Mário foi condecorado numa linda cerimônia ocorrida na Câmara dos Vereadores de Candelária e que contou com trezentas pessoas. Entre tantos discursos, Mário também registrou sua emoção em palavras, traçando um histórico da Gazin e a gratidão por todo o carinho do pessoal da cidade:

– Candelária é um município que muito ajuda a Gazin. Agradeço a todos vocês pelo presente que estão me dando e, a cada dia em que eu recebo um presente, eu tenho mais responsabilidade. É sinal de que eu preciso fazer algo a mais, de que eu devo continuar dando um bom exemplo de vida – finalizou.

DESEJO DE TRABALHAR NA GAZIN

Para muitos, trabalhar na Gazin é a realização de um grande sonho. Como aconteceu com Ermison Silva de Oliveira, que iniciou na área de vendas em setembro de 2015. Dez anos antes, em 2005, aos dezenove anos, ele conversou com o gerente de uma das lojas e demonstrou interesse em iniciar atividades na rede. Ermison queria trabalhar em Rondônia. O que despertou sua vontade em iniciar na Gazin foi a sequência de conversas com amigos que estavam na rede; eles elogiavam a empresa, as condições oferecidas e estavam sempre progredindo na carreira.

Para a surpresa e alegria de Ermison, ele foi chamado. Depois de tudo resolvido, o rapaz recebeu a triste notícia de que havia um problema: Ermison estava com o nome negativado em função de algumas dívidas, o que inviabilizava a sua contratação. O jovem pensou: "Acordei de um sonho maravilhoso!".

Ele então mudou de setor, indo trabalhar em vendas de bebidas. Nesse meio tempo, Mário Gazin foi fazer palestra numa universidade. Ermison foi assistir e adorou; ele aprendeu bastante com as falas do empresário. Depois, um grupo levou Mário para jantar numa pizzaria. Ermison esteve com eles e ficou impressionado em conhecer o jeito simples e despachado do empresário.

Coisas do destino... Depois de dez anos, voltou a surgir uma oportunidade de estar na Gazin. Ele soube da vaga jogando futebol, quando um dos companheiros comentou que a Gazin estava contratando vendedores. Os impedimentos do passado já não existiam mais. Por isso, ele animou-se e foi conversar na empresa. Havia outros candidatos na sua frente, mas Ermison foi o escolhido.

Depois de uns quinze dias da contratação, Ermison e um grande grupo de outros contratados estiveram em treinamento na sede da Gazin, em Douradina. Mário, como sempre, foi o grande anfitrião. Ele palestrou para o pessoal: "A empresa não demite ninguém. O próprio funcionário é que se demite".

E como não poderia deixar de ser, foi Mário quem cuidou de fazer a "janta" do pessoal. E ainda comentou com alguns, baseado no seu *feeling*:

– Esse rapaz moreno é o melhor vendedor que tem nessa turma. – referindo-se a Ermison.

PERPLEXIDADE COM A POLÍTICA

O sistema bancário do Brasil é um dos melhores do mundo. Nós temos financeiras muito bem cuidadas. Mas não entendo como pode rodar tanto dinheiro vivo na corrupção do país. Se eu preciso de trinta mil reais em dinheiro vivo, sou obrigado a fazer o pedido com três dias de antecedência e ainda recebo o dinheiro em carro-forte...

Assim como a grande maioria da população brasileira, Mário Gazin tem-se incomodado com o que anda acontecendo com a política do país. Desmandos, corrupção, uso indevido de poder etc. Para reforçar essa posição, o empresário conta outra passagem, ocorrida quando a Família Gazin resolveu vender uns 900 hectares de terra em Rondônia. Ali, havia plantação de pinos e eucaliptos. Como não sobrava tempo para cuidar da propriedade, os Gazin decidiram desfazer-se da área e, com o dinheiro, montar uma fábrica no Mato Grosso. O comprador, oriundo de São Paulo, pagou metade à vista e o restante a prazo. Mário explica o que se sucedeu então:

> Quando assinamos os documentos, o homem quis pagar perto de R$ 1 milhão em dinheiro vivo. Nosso financeiro não aceitou. Ele tentou fazer o depósito na nossa conta, mas alguns bancos também não aceitaram. O homem dizia, perplexo: "O dinheiro é legal". Só num banco de Umuarama é que ele conseguiu depositar. E por aí "desfilam'" com dinheiro na cueca, na meia, preso na cintura...

O empresário ainda se lembra de uma conversa que teve com o pai sobre política:

> Em 1960, quando minha família morava em Mandaguaçu, eu acompanhei meu pai por uns dezessete quilômetros para ele votar no Jânio Quadros para presidente; fomos de carroça. Na volta para casa, eu perguntei a ele: "O que é uma eleição?". Ele me explicou: "Eleição é um meio de mudar a situação política de um país".

A afirmação é correta. E, realmente, as mudanças podem acontecer para melhor ou pior... Mário também descreve quais seriam as preocupações de quem comanda um país, estado ou cidade: "O governo precisaria cuidar da saúde, educação e segurança. No mais, todos os serviços deveriam ser privatizados". Por isso, quando

Mário foi convidado para sair candidato, ele disse não: "Rejeitei! Se aceitasse, de tantas verdades que eu iria falar, acho que seria cassado já no primeiro dia...".

RODAR PELAS CIDADES

Em janeiro de 2015, Mário ligou para o seu assessor direto, Diego Henrique Garcia Soriani, e disse:

– Filho, prepare a mala com roupas para uma semana e vamos viajar!

Foram dias de grande aprendizado. Eles passaram por várias lojas. Mário gostava de chegar cedo na primeira unidade que visitava já para fazer a reza do dia com o gerente e os outros funcionários. Nas suas andanças, ele aprecia conversar com a equipe, para saber o que pode ser melhorado. Cada ponto que observa ou recebe de sugestão, Mário registra em seu *tablet*. Marca tudo e, depois, à medida que os problemas são resolvidos, elimina os tópicos.

Nos dias em que viajou com Diego, eles percorreram dezesseis cidades. Onde achou a região interessante, como de costume, pesquisou sobre a economia, a população, entre outras características, para saber se deveria ou não abrir nova loja. Algumas ele declinou, mas em outras chegou até a negociar o ponto. Nesses casos de abertura de loja, ele tem total noção do nível de investimento necessário.

Nessas andanças, as pessoas perguntavam muito a Mário sobre a crise que acometeu o país nos últimos anos, mais especificamente, a partir de 2013. O empresário explica assim:

> Desde 1962 nós só tivemos duas crises que não foram anunciadas: as dos governos Fernando Collor de Mello, no início dos anos 1990, e Fernando Henrique Cardoso, em 1998. A crise vivida nos anos 2010 é "fruto" da de 2008. A diferença é que esta é também uma crise de confiança no governo; tem dinheiro no mercado, mas o que falta é a confiança dos bancos para emprestá-lo!

BATE-PAPO COM MÁRIO GAZIN

Às vezes, perguntam a Mário: "O senhor é um grande empresário! O que é mais difícil? Viver a transformação de uma empresa pequena para média, ou de média para grande?". Ele responde desta forma:

> São situações bem distintas. Uma empresa de pequena a média trabalha com menos fluxo de caixa, ao passo que de média para grande já tem mais folga no fluxo. É preciso saber trabalhar com dinheiro sobrando... Quem trabalha apertado fica mais atento, faz mais economia. Todos que trabalham na empresa economizam. Mas quando começa a sobrar dinheiro, aparece gente de todo lado querendo pegar um pedaço: um quer vender um sistema, outro quer vender um produto... Nessa hora, tem que ser firme e saber dizer "não".

Mário também ensina que jamais se deve deixar levar pelo dinheiro:

> Com dinheiro na mão você compra barco, troca de casa, compra casa de praia... E depois vê que aquilo tudo não era necessário e que não foi feito um planejamento para as aquisições. Deixo um conselho aos jovens que montam empresas: fechem a mão! Antes de sair gastando, reinvistam no seu negócio! Patrimônio, como casa, terreno etc., não é dinheiro na mão! Na hora de vender, bate o desespero e você pode ter que "queimar" uma ou mais propriedades.

A empresa que leva o nome do dono na razão social carrega consigo uma enorme carga: "Quando você coloca o seu nome na empresa, a cruz fica cada vez mais pesada. Quanto mais você cresce, maior a sua responsabilidade". Mais há uma ressalva, a de saber que a empresa está sujeita a constantes transformações: "Você começa uma empresa e precisa fazer revisões temporárias. É natural que aconteçam na empresa o desgaste, o estresse, a interferência da concorrência no mercado, troca de funcionários, redirecionamentos...".

Sobre expansão, Mário explica o processo da Gazin: "Quando começamos, abrimos a segunda loja cinco anos depois de inaugurarmos a primeira. Até que foi um processo rápido. A média das redes é de sete anos para a abertura da segunda unidade. Não é um processo fácil: é preciso ter dinheiro, estoque e gente para abrir uma loja". E faz um alerta: "Outro aspecto importante: conhecer as diferentes leis tributárias de cada estado; é um processo rigoroso. Mas não se pode parar de crescer, é preciso meter as caras!".

Mário ainda fala sobre a conscientização das gerações futuras: "Temos que pensar na sustentabilidade do ser humano. Quem empreende tem que levar essa conscientização para a empresa. Haverá redução nos consumos de água e comida, mas vamos viver bem do mesmo jeito...". E quando ele fala com entusiasmo de sustentabilidade, geralmente aborda o campo, a agricultura e a pecuária. Muitas lojas da Gazin estão posicionadas em áreas do agronegócio, porque Mário entende que elas são sempre promissoras: "Falta comida no mundo, e o Brasil é um grande produtor de alimentos. Por aqui, tudo que se planta dá. Existe também a pecuária, outro recurso importante". Uma pena que quem deveria investir e estimular o segmento está enfraquecido: "Infelizmente, o governo não tem dinheiro para emprestar para o agricultor, que precisa vender a produção de forma antecipada. Um exemplo é o milho, vendido ainda durante o plantio. É o que o se chama de 'mercado futuro'".

Por entender tanto do tema, vez por outra lhe fazem a mesma pergunta: "Seu Mário, o senhor gosta de fazenda, de terra?". E ele responde: "Meu filho, eu não sou muito ligado em terra não... Eu gosto mesmo é de me relacionar com gente!", responde com jeito faceiro.

AMIGO E ADMIRADOR

O Mário fez a diferença na minha vida. Eu tenho orgulho de ter conhecido e convivido com ele nos tempos em que era bastante ativo na Gazin. A energia que ele imprimia na empresa me causava impacto.

As palavras são de Ruy Roberto Hirschheimer, presidente da Electrolux para a América Latina. O executivo sempre ouvia de Mário que o empresário buscava fazer da Gazin uma empresa diferente. Realmente, a Gazin sempre demonstrou no mercado ter perspectivas maiores de resultados, alcançados à base de uma metodologia própria de trabalho. O segredo para isso? Criar uma equipe de talentos: "O alto nível da Gazin se explica pelas pessoas que estão envolvidas no processo. A equipe sempre esteve alinhada, ouvindo de Mário mensagens corajosas e otimistas".

A amizade entre Mário Gazin e Ruy vem de longa data, desde 1997. Naquela época, Ruy era o presidente da Electrolux do Brasil. Sempre que estavam juntos, eles conversavam bastante. E também negociavam. Nessa hora, Mário mantinha a transparência:

> Ele não blefa. Nunca senti nele uma atitude oportuna, para tirar algum tipo de vantagem. A relação entre fornecedor-cliente com a Gazin sempre teve transparência, educação, gentileza. Isso não muda, nem mesmo quando não dá negócio. A relação com o Mário é pautada pela cordialidade e o respeito.

Uma das características de Mário Gazin é a busca constante pelo aprendizado, seja ele eclético, seja sobre os negócios em que atua. Esse é mais um dos pontos que o executivo da Electrolux valoriza: "O Mário quer jornadas novas. Mesmo estando em Douradina, ele não fica isolado do mercado, do país e do mundo. O Mário está sempre se renovando e prestando atenção nos detalhes. Ele vive constantemente ligado, plugado".

Mais uma atitude acertada que ele e os irmãos tomaram: o brilhante modelo sucessório escolhido. Muitas empresas, inclusive varejistas, enfrentam o mesmo problema, mas nem todas tiveram decisões assertivas. Ruy Hirschheimer analisa desta forma:

> O Mário e os irmãos elegeram o Osmar Della Valentina como sucessor, e ele respeitou as transformações que o novo presidente implantou na empresa. O Mário soube gerir um processo de crescimento pessoal e profissional coeso, transparente e maravilhoso. E soube fechar um ciclo. Há consistência e continuidade naquilo que sempre foi por ele transmitido.

Outra bola dentro na gestão do grupo destacada por Ruy: não se deixar levar pelos "embalos" mercadológicos: "A Gazin sempre focou no caixa, na liquidez e na segurança. Optaram por crescer menos, mas tendo a 'casa' muito bem fundamentada. Os que não fizeram dessa forma tiveram sérios problemas administrativos em suas empresas".

O executivo ainda deixa uma mensagem sobre o propósito de vida do amigo: "O Mário Gazin tem uma história de sucesso. Esse é o seu maior patrimônio, assim como o legado que ele deixa".

O QUERIDO DANIEL

O primeiro contato entre eles (2009) marcaria o início de uma parceria comercial importante, em que José Daniel Camillo, o cantor Daniel, passaria a ser a imagem e a voz da Gazin Colchões. Por isso, foi marcado um encontro para apresentar Daniel não só a Mário Gazin, mas também a toda diretoria e aos funcionários.

Quando andava pelo escritório central da matriz, em Douradina, Daniel observou que ali não havia salas e divisórias. Todos estavam num mesmo ambiente, o que facilitava o contato entre as pessoas. "Pelo menos o seu Mário deve estar numa sala reservada", pensou ele. Que nada! Mário também tinha a sua mesa postada numa das áreas abertas do grande salão de escritório. Daniel havia recebido algumas informações sobre a empresa: era uma companhia familiar, caminhava para completar cinquenta anos de atividades, estava entre as melhores empresas para se trabalhar no país...

Por mais que ele tentasse construir a imagem e o jeito de ser de Mário, o presidente da empresa, todas as expectativas foram superadas:

– Seja bem-vindo, meu filho!

O toque fraternal e paternal na primeira fala fez as "guardas" baixarem. Ali, estava um homem de espírito jovem, que fazia questão de fazer prevalecer a sua essência humilde, sem se preocupar em utilizar um linguajar rebuscado. Passados alguns minutos de conversa, e após tirarem algumas fotos, eles dirigiram-se até a casa do empresário, onde foi servido um saboroso almoço. Depois de algumas horas de agradável convívio, despediram-se. Daniel deu um beijo no rosto de Mário, assim como faz com o pai dele.

O interesse em conhecer melhor Mário continuou. Daniel assistiu algumas palestras do empresário. O cantor quis interar-se sobre as homenagens prestadas aos que completam ciclos de trabalho na empresa e registram esses marcos plantando árvores. Daniel soube também pelo próprio Mário que ele e os irmãos procuram ter uma vida confortável e sem extravagâncias, investindo a maior parte do que ganham na empresa. Vinculado às raízes, Daniel disse certa vez a Mário:

– Somos ligados à nossa terra. O senhor e os seus irmãos não arredam os pés de Douradina, assim como eu não arredo os meus de Brotas!

Bastante gentil e atencioso, Daniel tem por característica gostar de conversar com pessoas experientes e de mais idade, e tirar delas conselhos e orientações para serem aplicadas em sua vida pessoal e profissional. Certa vez, ouviu de Mário:

– O nosso maior tesouro está representado pela família e pelas amizades que a gente constrói na vida! O dinheiro só traz felicidade se ajudar a mudar vidas e a transformar pessoas. No mais, tudo é uma grande ilusão...

Outro ponto em comum: Mário e Daniel tem forte afinidade com o povo e gostam de comunicar-se com as pessoas. O cantor esteve em algumas inaugurações de lojas da Gazin Colchões e realizou shows para funcionários, clientes e fornecedores da empresa. Assim como Mário, nessas oportunidades Daniel procura interagir e conversar com as pessoas. Num desses shows, que aconteceu durante a Feira de Móveis de Arapongas, no Paraná, Daniel convidou Mário para subir ao palco. Ele então deu ao empresário uma linda imagem de Nossa Senhora Aparecida. Ambos são bastante religiosos, e Mário ficou muito emocionado com o presente.

Da mesma forma que Daniel esteve algumas vezes em Douradina, Mário retribuiu as visitas em Brotas. Numa das ocasiões, a equipe de Daniel organizou um churrasco de carneiro e porco no Cine São José, tradicional ponto turístico e de entretenimento na cidade que, inaugurado em 1956, passou por várias reformas.

A relação e a troca de respeito, carinho e amizade entre eles faz com que Daniel defina assim o empresário: "Eu admiro demais o seu Mário. Foi uma paixão à primeira vista. Eu o defino com duas palavras: sabedoria e generosidade! Como num espelho, vejo refletida nele a imagem do meu pai. Eu só tenho a agradecer a Deus por tê-lo colocado no meu caminho!".

UM POR TODOS E TODOS POR UM

A liderança de Mário Gazin é natural e indiscutível. Nas reuniões e conversas com os irmãos, ele sempre discute os temas e troca ideias, mas a última palavra sempre vem dele. Claro, a partir do momento em que se fixou como presidente do Conselho, respeita a decisão do presidente executivo, Osmar Della Valentina. Esse estilo formou muitos outros líderes que, assim como ele, buscam estar disponíveis e abertos a conversas e questionamentos. Procuram estar próximos de gente interessante. Mário adora estar rodeado de pessoas e vibra nos contatos que mantém com cada uma delas.

Dentro do estilo Mário Gazin de liderar, palavra dada é palavra assumida. É comum ouvir dos que trabalham na companhia: "Dou sempre um pouco a mais de mim e faço isso pelo seu Mário!". Assim, ninguém se incomoda com as metas da empresa pregadas em todos os lugares. Em vez disso, os funcionários vibram, divertem-se e, o mais importante, procuram alcançá-las e superá-las.

Como já dito, as metas estão estampadas nas paredes, nas mesas, nos banheiros, nos escritórios, bem como em lenços, calcinhas, cuecas e aventais que a empresa confecciona para serem dados de presente! Essas metas estão nas mentes e nas prioridades do grupo de trabalho. O pessoal sabe que o empenho deles será revertido em resultados para a empresa e, automaticamente, para eles próprios. Bater a meta é também realizar o sonho individual. Para isso, é preciso saber identificar a diferença entre tarefa, sonho e meta.

Na Paranatec, empresa de prestação de serviços do grupo, há um mural onde cada um dos funcionários escreve suas próprias metas e sonhos: "Quero comprar – ou trocar – meu carro", "Quero comprar – ou trocar – a casa própria", "Quero fazer uma viagem internacional", "Quero tirar férias e viajar com a família", "Quero trocar alguns eletrodomésticos em casa", "Quero ser gerente de loja", e assim por diante.

Certa vez, um dos funcionários queria comprar uma Saveiro. Assim, ele alcançou todos os resultados que precisava e, merecidamente, certo dia, apareceu o pai dele no escritório para buscá-lo, buzinando bastante e com a tão esperada Saveiro. A união de todos na Gazin é tamanha que um deles colocou como sonho comprar um computador e escrever um livro. Ele cumpriu sua tarefa, mas, infelizmente, não conseguiu atingir a meta individual. Sensibilizados, os companheiros de trabalho mobilizaram-se, fizeram a chamada "vaquinha" e deram a ele de presente um notebook.

Entre outubro e novembro, as metas começam a ser preparadas para o ano seguinte e são montadas na seguinte ordem: faturamento mensal, lucro líquido de todas as empresas do grupo, lucro líquido do varejo, crescimento do patrimônio líquido, percentual de perda com a venda e a comercialização, diminuição da dívida para terceiros e dias de viagem com o patrão.

A viagem com Mário Gazin é a recompensa aos que bateram as metas individuais. Nessas ocasiões, são montados grupos que podem chegar a ter até 150 participantes por viagem e que têm tudo pago: passagem, hospedagem e alimentação, tanto para roteiros nacionais quanto internacionais. Anualmente, em torno de quinhentos funcionários são premiados com o passeio. Mas não pense que Mário desliga-se por completo nas viagens. Ele fala pouco sobre trabalho, mas é bastante observador em relação às posturas das pessoas do grupo.

RESPEITAR AS OPÇÕES DE CADA UM

Aos mais próximos, Mário Gazin faz mea-culpa: "Eu não consegui dar tanta atenção aos meus filhos por causa do trabalho. Eu nunca me envolvi em bebida ou confusão, apenas trabalhei muito pensando em crescer e em ter uma vida melhor. Não se pode condenar ninguém por isso!".

Mário avalia que o sucesso acontece por meio da dedicação e do nível de energia que você coloca no trabalho: "Se você trabalhar oito horas por dia, só vai produzir o suficiente para ter uma vida simples. Se quiser algo a mais, dar uma vida melhor para os filhos, terá que realizar e se dedicar mais do que a maioria".

O empresário também sabe que nem todos conseguem avaliar com precisão a opção de vida que cada um escolheu: "Muitos conhecem e respeitam a minha trajetória, mas tem gente que não concorda com a forma como eu fiz. Abri mão de muita coisa que eu amo e gosto na vida. A família está entre elas. As pessoas não avaliam as perdas e os ganhos que eu tive". E logo coloca a real extensão de família para ele: "Tenho esposa, filhos, mãe, irmãos, sobrinhos... Amo todos eles. Mas, para mim, o sentimento de família se estende para cada um dos que ajudaram e ajudam a Gazin a crescer".

• • •

Desde o fim dos anos 2000, o empresário decidiu investir também um pouco mais em viagens e lazer. Mas, claro, sempre busca conhecer algo novo e ampliar o conhecimento. É natural que durante uma viagem de lazer ele visite uma fábrica ou loja e descubra algo interessante para a Gazin. Ele até passou a pescar, o que nunca foi o seu forte. Para mexer com ele, Luiz Custódio, que o acompanha há tantos anos, brinca:

– No passado, quando a gente te convidava para pescar, você dizia: "Que nada! Eu lá quero peixe... Eu vou é pescar clientes!".

OBSERVAÇÕES DO FILHO MARCELO GAZIN

Quando completou sessenta anos, meu pai mudou. Transformou-se numa pessoa mais reflexiva em relação à vida.

O mais jovem dos três filhos de Mário, Marcelo Gazin, acompanha bastante o pai, principalmente em viagens internacionais. Os dois têm uma ligação forte, direta. Marcelo trabalhou na Gazin e depois foi seguir carreira solo. Nessas andanças com o pai, ele viveu e presenciou situações interessantes:

> Certa vez perguntaram ao meu pai: "Por que ir para regiões onde poucos varejistas apostaram?". Isso foi realmente ousado da parte dele. Assim como outros grandes empreendedores, ele sempre esteve ligado no amanhã, naquilo que o Brasil vai ter de necessidade nos próximos dez anos. Ele apostou em áreas prósperas.

O filho ainda relata outra antevisão dos fatos de Mário Gazin:

> Por volta de 2004, meu pai separou uns cem alqueires de terra e plantou 1 milhão de pés de eucalipto. A madeira estava barata no Mato Grosso. Mas ele disse: "Um dia vai faltar...". Quase uma década depois, isso realmente aconteceu. Na década de 2010, está faltando madeira.

Os momentos especiais que Marcelo tem vivido ao lado do pai são principalmente os cursos de que participam juntos, quando ficam sentados lado a lado. Eles trocam ideias, debatem os temas, concordam e discordam. Marcelo aprendeu algo importante com Mário: "O meu pai é um grande defensor dos seus ideais. Ele dá a vida por um ideal. Ele nos ensinou isso, a mim e aos meus irmãos". Outra qualidade destacada pelo filho:

> Ele é muito franco! Meu pai fala o que precisa ser dito sem rodeios. Essa é uma forma de ele falar que gosta da pessoa, orientando para que ela faça do jeito certo. Tem gente que

se incomoda com isso, mas ele age com o objetivo de fazer com que as pessoas melhorem e cresçam sempre.

FALECIMENTO DA MÃE

Depois de vários dias internada, em 19 de setembro de 2015, Laurinda Gazin partiu aos 87 anos. Mário foi despedir-se da mãe. Ele sentiu bastante, mas confortou-se pelo fato de ela ter cumprido seu longo ciclo de vida.

A mãe, Laurinda, sempre preocupada, não perdia a chance de "puxar o orelha" do filho quando ele passava na casa dela: "Nego, você já trabalhou muito na sua vida. Chega! Diminua a carga de trabalho!".

Depois do enterro da mãe, Mário saiu de Douradina e seguiu para uma viagem de dez dias. E levou consigo as lembranças de Laurinda, para revivê-las...

O SUCESSO E SUAS ESCOLHAS

O que é sucesso? O que é realização? É difícil avaliar o que isso representa para cada um. Julgar? Muito menos. Ter sucesso é uma escolha! Mas antes é preciso definir que tipo de sucesso você busca. Há pessoas que almejam o sucesso familiar, pessoal. Isso faz com que tenham uma vida módica, sem provocar grandes transformações na sociedade, mas estão felizes ao lado da família, acompanhando de perto o crescimento dos filhos.

Outra opção é o sucesso profissional. Esse, sim, provoca grande transformação na sociedade, pois pratica o verbo "gerar" em todos os tempos: gera empregos, gera conhecimento, gera oportunidades, gera riqueza...

Qual deles é o certo? Ambos! E pode haver ainda outras fórmulas de sucesso! O caminho a ser percorrido será definido por cada um de nós! Todos eles apresentam perdas e ganhos, vantagens e desvantagens, alegrias e tristezas, vitórias e derrotas. No caso específico da biografia de Mário Gazin, ele sempre buscou uma vida coletiva e na qual a família, a empresa, o trabalho, os funcionários e os amigos compõem a mesma "paisagem". Tudo se misturou, sem que um esteja diretamente ligado ao outro.

O grande legado que ele deixa para os filhos é a garra pelo trabalho. Valéria, Adriano e Marcelo sempre viram o pai sair cedo de casa para trabalhar e voltar tarde da empresa para o lar. A melhor forma de vê-lo durante o dia era ir de casa até o escritório da Gazin. Lá, estava Mário trabalhando, contratando, comprando, vendendo, crescendo. Lá estava Mário feliz!

• • •

O empresário é desprovido de apegos materiais. Ele costuma alertar: "Onde um carro de 200, 300 mil reais vai, um de 30, 40, 50 mil reais também vai... Eu e meus irmãos somos pobres. Quem é rica é a empresa, a Gazin!".

No início, todo o lucro da empresa era investido nela própria. Mário sempre compartilhou com os irmãos a importância de não atuar em dois ou mais negócios distintos:

> Surgiram muitas outras oportunidades de negócios em segmentos nos quais não atuamos, como indústrias diversas, autopeças e investimentos imobiliários. Nosso *expertise* é o comércio e tudo o que o envolve. Por isso, montamos a fábrica de colchões, para abastecer nossas lojas e também outras redes do mercado varejista.

MUDAR PARA ORGANIZAR E CRESCER

Eu sabia que a Gazin precisava de grandes mudanças, mas que não poderiam acontecer pelas minhas mãos. A renovação faz parte da gestão das empresas. A escolha do Osmar Della Valentina foi acertada. Nos primeiros dois anos, em 2014 e 2015, ele alinhou e ajustou a empresa, para a partir de agora imprimir velocidade e transformações necessárias.

A fala do presidente do Conselho de Administração e do Conselho da Família, Mário Gazin, traz com clareza uma análise dos dois anos iniciais de gestão após a indicação do seu sucessor e, principalmente, para os próximos anos.

Iniciou-se então, em 2016, um grande projeto de implementação de processos e mudanças de sistemas, objetivando verticalizar a linha de ação da Gazin e também elevar os resultados do Grupo.

Para isso, investimentos pesados em estrutura, qualificação, contratação de colaboradores e expansão haviam sido desenhados e, por isso, uma resposta efetiva na elevação dos resultados era determinante.

A Gazin, dentro da Cultura Organizacional e da tradição de seu fundador, Mário, traz em seu DNA agir dentro de ações que sejam sustentáveis e mantenham a empresa sólida e capitalizada.

A escola profissional de Osmar se encaixava perfeitamente nesse perfil, pois, era oriundo do mercado financeiro, mantendo também uma forte veia comercial.

Tendo como ação dupla investir no campo e também afastar-se cada vez mais do dia a dia da empresa, assim como das ações executivas, em 2016, Mário Gazin, em sociedade com Osmar Della Valentina, investe na aquisição de uma fazenda no Mato Grosso.

A partir da aquisição, Mário iniciou todo o processo de investimentos e preparação produtiva, que envolvia estrutura para criação de gado e plantação de grãos, como soja, milho e trigo.

Cada vez mais Mário encantou-se com o trabalho na fazenda, ampliando a capacidade produtiva local. Além de todo o potencial agregado às terras, a iniciativa mostrou-se acertada, em função dos altos patamares alcançados pela agricultura e pecuária, assim como pela valorização territorial, nos anos seguintes.

Respeitando e provocando mudanças necessárias na Cultura Corporativa, Osmar foi trazendo cada vez mais musculatura ao Grupo. Isso provocou significativas transformações nos modelos de liderança e nos desempenhos dos colaboradores, criando mais sinergia entre os departamentos.

A resposta era clara: ampliar a atuação do Grupo, sem ferir os valores da empresa.

VALORIZAÇÃO DAS PESSOAS

Pessoas... São elas que representam toda a movimentação para a melhor aplicação dos processos. O varejo, em especial, tem em sua maior expressão a preocupação com as pessoas. São elas que vendem, criam estratégias, administram, estruturam e... compram!

Dentro dessa valorização de pessoas, Mário explica a essência do Grupo:

– A Gazin é uma empresa familiar e literalmente formada por uma grande família. Entre os nossos mais de 9000 colaboradores, existem núcleos de duas ou três gerações de uma mesma família trabalhando simultaneamente no nosso quadro. Isso nos ajuda a preservar a base da Cultura Organizacional.

RESULTADOS

Não há outra forma de medir o desempenho das empresas que não seja pelos resultados alcançados. Isso se associa diretamente à capacidade de cada colaborador de equipe cumprir as metas preestabelecidas.

A elevação das metas faz parte da rotina das empresas. Dentro do modelo criado pela alta gestão da Gazin, essas metas são debatidas entre os departamentos, fazendo assim a inclusão de todos, líderes e liderados, no processo.

Como forma de expandir horizontes e inteligentemente oferecer serviços a uma extensa relação de clientes consumidores já cadastrados pela Gazin, assim como pela possibilidade de atrair novos consumidores, uma ampla gama de produtos foi pensada e gradativamente desenvolvida e colocada em prática.

A amplitude envolvia atuar e expandir iniciativas nas áreas de varejo, atacado, indústria, consórcio, serviços, seguros, agronegócio, tecnologia e banco digital.

O melhor caminho para permitir a realização de tão ousada meta tinha como um dos alicerces o "sentimento de dono" que impera em grande parte do quadro de colaboradores do Grupo Gazin. Tal sentimento faz com que os funcionários se doem e busquem agir pensando de forma ampla e geral em prol da empresa, e não preocupados exclusivamente com suas carreiras ou departamentos.

ESG

Dentro dessa transformação conceitual que veio sendo aplicada na essência do Grupo Gazin, os olhares estavam atentos ao ESG, ou seja, *Ambiental, Social e Governança* (*Environmental, Social and Governance*).

Conforme já citado anteriormente, o Grupo sempre se pautou por ações sustentáveis. Assim, foi então feita uma extensa análise e avaliação dessas pautas, sendo que a grande maioria delas já fazia parte da rotina da Gazin.

Aquilo que já vinha sendo feito, ganhou projeção; alguns outros pontos foram iniciados ou receberam adaptações.

Ou seja, basicamente, a atuação do Grupo aconteceu como forma de regulamentar atos da empresa que já vinham sendo realizados nas esferas ambiental e social.

PANDEMIA

Ano de 2020! Estávamos em fevereiro quando surgiu no país o primeiro caso de infecção pelo vírus SARS-CoV-2 ou Novo Coronavírus.

Era o início de uma árdua luta de preservação de vidas e combate ao surgimento da Covid-19.

Muitos e crescentes foram os impactos econômicos, sociais, políticos e culturais da pandemia. Como maior aliado no combate ao Novo Coronavírus estava a ciência, com seus estudos e pesquisas para a criação de vacinas que pudessem frear o processo de contaminação e mortes que se mostrava alarmante; a ocupação dos hospitais e pronto-socorros alcançava índices preocupantes.

Ações diversas eram tomadas, sendo uma das primeiras a orientação para que as pessoas se mantivessem em isolamento social, permanecendo em casa.

Os governantes iam tomando suas decisões em âmbito nacional, estadual e municipal. Entre elas, o fechamento de lojas, a suspensão das aulas presenciais, a paralização das atividades presencias nas empresas, entre tantas outras. Apenas estabelecimentos autorizados, como supermercados, farmácias, óticas, entre outros, poderiam manter suas atividades.

Em meio à toda agitação, as companhias tomavam medidas de proteção, algumas respaldadas em ações determinadas pelos governos: protocolos de saúde, home office, férias coletivas, redução e intercalação das jornadas de trabalho, suspensão de viagens, reuniões virtuais...

Com a pandemia, um Comitê de Crise foi criado na Gazin e houve toda uma reinvenção de sistemas e processos de trabalho. Na Gazin, empresa baseada no varejo, aconteceu inicialmente uma brusca queda de receita com o fechamento das lojas; as vendas recuaram em torno de 50% e algumas localidades mantiveram o comércio fechado por quatro meses.

Mesmo assim, não houve um movimento de demissão em massa. A direção da empresa partiu para outras ações, preservando assim os empregos.

Preocupado com a situação econômica das pessoas, o governo federal passou a criar auxílios financeiros emergências, como forma de amenizar necessidades pelas quais milhões de pessoas passavam, sem condições financeiras de se manterem durante a pandemia; muitas delas, como profissionais liberais e pessoas que trabalham na economia informal, não conseguiam manter as atividades.

Tal medida, enquanto o combate à Covid-19 seguia firme, injetou um grande volume de recursos no mercado. Mário Gazin explica:

– Em 2020, quando a pandemia desencadeou um dos maiores traumas da humanidade, tínhamos um país que atravessava uma situação econômica difícil. Mas, pouco depois, o Brasil se tornou um país rico que eu e os demais brasileiros não conhecíamos. Digo isso em letras garrafais!

Mário explica com detalhes:

– Nesse momento, o governo injetou uma quantia de dinheiro que não imaginávamos que pudesse existir no mercado. Foi um período com sustentação e que fez a economia girar. Com os baixos rendimentos financeiros e a impossibilidade de sair e viajar, o dinheiro do brasileiro migrou de destino e foi utilizado para investir na melhor estruturação da casa e no próprio conforto. Por causa do distanciamento, o varejo digital também conquistou de vez a confiança do consumidor.

Preocupada com os parceiros e fornecedores, a diretoria da Gazin fez uma ampla antecipação dos pagamentos das faturas de aproximadamente 360 pequenos, médios e até grandes fornecedores, que geraram investimentos da ordem de R$ 260 milhões; não houve nenhuma negociação de vantagens para que a Gazin antecipasse esse grande volume de quitação de faturas.

Numa ação que envolveu a todos os colaboradores, aqueles que tinham salários mais elevados também abriram mão de parte da correção pelo dissídio coletivo, para que as pessoas com salários inferiores a R$ 3.000,00 pudessem ter seus rendimentos elevados em percentuais maiores.

Mário Gazin traça um painel de todo o processo:

– Vivenciamos uma crise sanitária e humanitária sem fim! Muitas vidas se perderam, pessoas se contaminaram e carregaram sequelas. Sobre a economia, o processo exigiu uma grande transformação e reinvenção de ações. Quanto ao varejo, adaptou-se com inteligência, agilidade e utilização da tecnologia. Porém, restou à população uma grande ferida e que deixou sua cicatriz!

Algumas das principais ações implantadas pela Gazin durante a pandemia:

- Redução de 50% nos valores dos contratos de prestação de serviços; (economia de 15 milhões – abril/maio/junho);
- Redução de 50% nos valores dos contratos de aluguel (economia de R$ 4,5 milhões – abril/maio/junho);
- Cancelamento das despesas não atreladas à venda;
- Cancelamento das viagens no ano de 2020; (economia de R$ 3 milhões);
- Suspensão de investimentos para 2020; (economia de R$ 33 milhões);
- Pagamento de 100% dos fornecedores e bancos;

- Aplicação da MP 936/20, reduzindo 50% da jornada de trabalho e salário dos funcionários com remuneração abaixo de R$ 3.145,00 (obs.: com a compensação do governo esses funcionários não tiveram impacto na renda); (economia de 11 milhões – abril/maio/junho);
- Desligamento de 284 funcionários substitutos de férias; (maio/20, gerando uma economia mensal de R$ 1,4 milhão);
- Mais de 60% dos funcionários tiraram férias em abril de 2020;
- 15/10 - Início do retorno gradativo dos funcionários em home office, chegando a 100% em Janeiro/2021
- Criação da TIG – Tecnologia da Informação Gazin - empresa criada para potencialização do sistema de tecnologia na governança corporativa do Grupo Gazin.

PLANO DE VACINAÇÃO CORPORATIVA

- A gestão executiva do Grupo Gazin, pensando na saúde dos seus funcionários, desenvolveu um plano de vacinação corporativa. Neste plano, foi provisionado o valor de R$ 2 milhões no mês de dezembro de 2020, para bancar a vacinação de todos os funcionários que não se classificaram para receber a vacina do governo;

FAZER A "LIÇÃO DE CASA"

No final de 2020, já havia entre a alta gestão da Gazin a preocupação com alguns pontos para a temporada seguinte, entre elas:

- Inadimplência;
- Retração do Consumo (Desemprego e Auxílio Emergencial);
- Dívida do Governo;
- Taxa cambial;
- Produtividade;
- Despesas;
- Aumento dos preços neste momento.

Como suporte, no período, foi iniciada um parceria com a Falconi Consultoria, com o objetivo de melhorar a Eficiência Operacional do Grupo Gazin.

Em relação ao desempenho da empresa, as premiações realizadas pela Revista Exame e o bom posicionamento no Ranking da Great Place to Work se mantiveram.

INTERNACIONALIZAÇÃO DA MARCA

O Grupo parte fortemente para ampliar o processo de difundir os Colchões Gazin pelo continente americano.

Os produtos da empresa já se apresentam em posições de liderança no Uruguai, Bolívia e Paraguai, assim como em países da América Central.

Mesmo com o alto custo do frete, a Colchões Gazin planeja a ampliação da atuação em novos países, assim como naqueles em que já distribui seus produtos.

O fundador do Grupo, Mário Gazin, comemora:

– Com as nossa lojas e colchões, a Gazin se posiciona nos quatro cantos do Brasil. Ultrapassar as fronteiras nos abre também frentes importantes de negócios. E ainda há muito espaço para crescermos. A tecnologia e a inovação tornaram o mundo "plano"!

INOVAÇÕES

Nos últimos anos, a política de verticalização de negócios do Grupo Gazin continuou a todo vapor. Desta forma, ocorreu a criação do Banco Digital Gazin, ou Gazin Bank, e do Fundo de Investimento Multimercado (FIM), que engloba o Fundo de Investimento em Direitos Creditórios (FIDC), o Fundo de Investimento Imobiliário (FII) e o Fundo de Investimento do Agronegócio (Fiagro).

As novas empresas vieram a somar à estrutura já existente, com as seguintes atuações: varejo e atacado; indústrias, com as produções de colchões, espumas, molas e estofados; área de serviços, com a GazinCred, Gazin Bank, Gazin Seguros, que é a quinta maior emissora de garantia estendida do Brasil, Gazin Viagens, Auto Posto, Consórcio Gazin, Gazin Tech e a TLG Transporte e Logística.

Em todas essas áreas a empresa atua em elevados níveis de operações. O Grupo Gazin, mesmo não tendo tal ação em seu escopo ou objetivo, está pronto para, caso se defina por tal ação, preparar um IPO (Oferta Pública Inicial ou Initial Public Offering) e abrir o capital.

A empresa ultrapassou a marca dos 56 anos e estuda intensamente o projeto para que possa alcançar um arrojado objetivo que, infelizmente, pouquíssimas companhias podem cumprir numa economia tão inconstante como a do Brasil: a de tornar-se uma empresa centenária!

MUDANÇAS NA GESTÃO

Dentro do processo natural que acontece nas empresas, ficou definido que Osmar Della Valentina, que desde janeiro de 2014 se mantinha na presidência executiva da companhia, assumisse à presidência do Conselho da Família do Grupo Gazin, posto até então ocupado por Mário.

Osmar traça um resumo dessa trajetória:

– O Mário criou as raízes da empresa, sustentadas por alicerces que envolvem o humanismo na relação com os nossos funcionários, a excelência no atendimento aos clientes, parcerias fortes, ética e empreendedorismo. Minha missão foi a de desenvolver padrões, sistemas e processos para alinhar e ordenar as nossas ações, abrindo áreas de atuações e ampliando os resultados para a empresa.

Na posição ocupada durante nove anos por Osmar, assume Gilmar Alves de Oliveira, o Gil. Tendo iniciado no Grupo em 1994, Gil está totalmente integrado à Cultura Organizacional da empresa:

– Temos uma grande referência que é a história de vida ética e empreendedora do senhor Mário. O Osmar desenvolveu um excelente trabalho nesses anos em que esteve à frente da presidência executiva, mantendo a Cultura da simplicidade com resultado e excelência. Minha missão é dar sequência ao trabalho já realizado e ampliar os horizontes da Gazin!

A mudança, definida no segundo semestre de 2022, endossa o desejo de Mário Gazin de cada vez mais se distanciar de qualquer participação na empresa, mantendo-se como acionista.

Mário explica os motivos que o levaram a tomar tal decisão:

– O modelo de gestão atual merece aplausos. Mas estou cada vez mais afastado dessas estratégias atuais. Desempenhei a minha missão. É como uma prova de revezamento no atletismo. Cumpri minha parte na prova. O Osmar também o fez brilhantemente. E o Gil está pronto para seguir o trecho seguinte. Empresas precisam se reciclar, se renovar. A Gazin se estrutura hoje pensando fortemente no amanhã!

Quadro evolutivo de resultados de 2013 a 2021

	2013	2014	2015	2016	2017	2018	2019	2020	2021	%13/21
Faturamento ($ milhões)	2.661	3.061	3.110	3.241	3.615	4.229	4.713	5.991	6.399	140%
Lucro líquido ($ milhões)	150	182	182	171	227	285	350	446	627	318%
Lucro líquido (%)	5,64	5,95	5,86	5,28	6,27	6.63	7,44	7,45	9,79	–
Previsão a pagar ($ milhões)	752	698	558	543	615	880	1.097	859	1.566	108%
Previsão a receber ($ milhões)	855	1.027	991	1.147	1.355	1.941	2.264	2.635	3.227	278%
Patrimônio líquido ($ milhões)	577	680	827	962	1.148	1.304	1.522	1.859	2.123	268%
Rentabilidade retorno PL %	26,0	26,8	23,9	18,3	21,0	21,7	23,8	25,5	19,3	–
Número de funcionários Qt	6.911	7.229	7.109	7.135	7.685	8.189	8.527	8.638	8.996	30%

SUMÁRIO EXECUTIVO 2021

Dentro do objetivo de levar a Gazin a tornar-se uma empresa centenária, foi desenvolvido o Sumário Executivo de 2021, com o Plano Estratégico Estruturado.

O plano foi elaborado em fins de 2020 e contou com a participação conjunta dos 28 membros da Governança Corporativa.

Mário Gazin avalia a iniciativa:

– Entendemos que toda Governança deve dar suporte para atingirmos as metas orçamentárias e atendermos aos clientes, sempre fazendo o melhor para a empresa, para os consumidores e as nossas frentes de negócios.

PROJETO FUTURO GAZIN

Uma das principais organizações do varejo e de negócios do Brasil, o Grupo Gazin expande cada vez mais seus horizontes e marca presença no cenário empresarial brasileiro.

Uma detalhada apresentação foi preparada pelos executivos da companhia para ser compartilhada com os fornecedores, bancos e o mercado em geral. A partir dela, é possível constatar o minucioso trabalho realizado no Grupo Gazin em relação à governança, pessoas, ESG, inclusão, áreas de atuação, mercado financeiro, logística, responsabilidade social, entre tantos outros aspectos.

Para conhecer ainda mais a essência do Grupo, acesse a apresentação por meio do QR Code ao lado.

NÚMEROS DA GAZIN

Em 31 de dezembro de 2021, ano em que a Gazin completou 55 anos de trajetória, a área de atacado e varejo trabalhava com uma gama de 3,8 mil produtos em linha. No passado, já chegou a ter em torno de 7 mil. A redução aconteceu para dar mais ênfase à linha definida.

Alguns produtos se mantêm por maior tempo, como, por exemplo, um jogo de panelas. Outros, como geladeiras, precisam ser vendidos com agilidade, pois, em pouco tempo, o modelo do estoque passa a ser a linha antiga, já que a fábrica constantemente lança novidades no mercado. Com colchões a situação se repete.

Antigamente, isso não ocorria. Um mesmo modelo de máquina de costura perdurava por décadas...

Quanto aos funcionários, o Grupo mantinha aproximadamente 9.000 empregos diretos, sendo 58,41% nas lojas de varejo, 2,23% no atacado, 14,46 % nas fábricas de colchões e outros produtos e 24,90% nos demais segmentos e setor administrativo.

O faturamento era da ordem de 6,41 bilhões, assim distribuídos: 50,67 % no varejo, 22,90 % no atacado, 12,64 % no setor de colchões e 13,79 % nos demais segmentos do grupo.

A Gazin possuía 305 lojas de varejo espalhadas pelos estados do Paraná, Mato Grosso do Sul, Mato Grosso, Rondônia, Pará, Amazonas e Acre, além de dez Centros de Distribuição, localizados em Douradina-PR, Ji-Paraná-RO, Rio Branco-AC, Cruzeiro do Sul-AC, Epitaciolância-AC, Jaciara-MT, Feira de Santana-BA, Campina Grande-PB, Nova Alvorada do Sul-MS e Ipameri-GO.

Ao todo, eram 456 caminhões que percorriam anualmente 38,5 milhões de quilômetros.

Havia seis fábricas de colchões e uma de molas, além de três montadoras de base box, instaladas em Douradina-PR, Feira de Santana-BA, Vilhena-RO, Jaciara-MT e Candelária-RS, sendo a fábrica de molas localizada em Douradina-PR, Itatinga (CE), Santarém (PA) e Senador Guiomard (AC).

No marketing, o investimento anual era da ordem de R$ 38 milhões. Durante a trajetória, Mário Gazin recebeu inúmeros prêmios e homenagens por sua participação como empreendedor e atuação social, como: Melhores do Varejo 2015 (Forbes e GS&MD), onde está relacionado entre os três melhores CEOs de Eletroeletrônicos; Prêmio Paex Empreendedor do Ano de 2012, organizado pela empresa JVALÉRIO; Prêmio Personalidades Empreendedoras do Paraná 2012, entregue pela Assembleia Legislativa do Estado do Paraná; Comenda Estadual do Pinheiro 2014, oferecido pela Assembleia Legislativa do Estado do Paraná; Tradição no Comércio, entregue pela Associação Comercial do Paraná, Medalha de Mérito Legislativo, entregue pela Câmara dos Vereadores de Elói Mendes (MG), entre tantos outros...

A Gazin se manteve em 1º Lugar no Ranking do Paraná como a Melhor Empresa para se Trabalhar no estado por 11 vezes, sendo por 7 delas de forma consecutiva.

Além disso, no Ranking Brasil ficou como a 6º Melhor Empresa para se Trabalhar na categoria Grandes Empresas (999 a 9.999 funcionários), conforme pesquisa e premiação realizada pelo Great Place to Work.

Já o ano de 2022 representou um importante marco para a empresa, e a agenda esteve repleta de festividades para comemorar o registro dos 56 anos de atividades da Gazin, celebrado no dia 13 de dezembro.

De modo estratégico a empresa vem trabalhando para que os valores sejam de fato experimentados no dia a dia pelos colaboradores, e através das novas dimensões de análise da premiação, isso ficou mais evidente:

CONFIANÇA: Como criamos um ambiente único?

EFICÁCIA DA LIDERANÇA: Como conectar o dia a dia ao propósito da empresa? Pessoas x Estratégia x Negócios.

INOVAÇÃO: Como envolver a todos e criar uma cultura de inovação?

MAXIMIZAÇÃO DO POTENCIAL HUMANO: Como garantimos que todos sejam inclusos?

MOVIMENTOS DA LIDERANÇA: Ousadia da liderança dentro e fora da empresa: Gazin x Comunidade.

VALORES: Como os valores da empresa são colocados em prática?

Essas perguntas são respondidas diariamente:

> **"Servir é um verbo que está na ponta da nossa língua. Nossos valores são respeito, trabalho, integridade, transparência e excelência com simplicidade."**

Comportamentos, valores e crenças colocados em prática pela empresa fizeram do ambiente de trabalho um espaço positivo para seus colaboradores.

Um tributo não só à empresa, mas também a Mário Gazin, aos irmãos Rubens, Jair, Antonio e Cidinha, ao cunhado João José da Silva, que, infelizmente, faleceu em 2 de outubro de 2019, e outras milhões de pessoas, sejam funcionários, fornecedores, prestadores de serviços, parceiros comerciais ou clientes.

Cada um deles ajudou a escrever um pedaço desta linda história de décadas em que o sonho de uma pessoa, Mário Gazin, permite igualmente a realização do sonho de milhões de outros brasileiros!

MENSAGEM DE MÁRIO VALÉRIO GAZIN

Caro(a) leitor(a), nas minhas palestras eu falo para o público que ganhar dinheiro não é nada fácil, que não cai do céu. O dinheiro vem do suor de cada pessoa e das economias que ela consegue fazer. Se você sabe ganhar e guardar, o dinheiro corre atrás de você; se não sabe, é você quem vai ter que correr atrás do dinheiro. Veja o caso do meu pai, Alfredo. Ele trabalhava na roça, conseguia ganhar seu dinheirinho, alimentar sete pessoas da família e ainda tinha lá suas economias. Tanto que foi ele quem fez o investimento inicial na primeira loja que tivemos.

Se projetarmos para os dias atuais, nunca houve tanta oferta de emprego como nos últimos anos. Eu mesmo constato isso na Gazin, onde diferentes gerações trabalham e conseguem ter carro, casa própria, estudar, viajar, viver bem etc. O sucesso é algo relativo. O que é sucesso? O que é felicidade? Cada qual responde de uma forma. Cada pessoa tem sua busca ideal de sucesso e de felicidade. A grande certeza que eu tenho é a de que o sucesso tem a ver com o propósito de cada um de nós. Tem que criar valor na vida. Sucesso tem dia para começar e acabar.

Em certos momentos, eu me pergunto: "Como pode uma pessoa de uma cidade tão pequena como eu crescer tanto, com tamanha dificuldade e tanta insegurança?". Só mesmo por Deus! Nas universidades explicam desta forma: "É fruto da gestão e do trabalho". Mas tem a mão de Deus nisso tudo!

Tenho sido questionado com frequência sobre o melhor caminho para mudar o Brasil. Minha reposta é: "Educação!". O povo precisa estudar, aprender, reciclar conceitos. Nós, na Gazin, gastamos mais com educação do que muitos municípios. Faculdades, cursos técnicos, aperfeiçoamento etc. É preciso investir muito na educação, para que as pessoas possam estar preparadas e motivadas.

Apesar de não ter concluído os estudos até o ensino médio, eu quis cursar faculdade, mesmo na condição de ouvinte, e não me aceitavam. Até que consegui! Cursei e concluí Administração de Empresas em 2003. O que aprendi na universidade ajudou-me a dar grandes passos com a Gazin. Eu anotava tudo o que eles falavam sobre os mais variados temas.

Mas um dos maiores aprendizados que eu tive aconteceu quando pedi para um professor reduzir a excessiva carga de trabalhos que ele demandava que fossem feitos em casa. A passagem já foi citada no livro, mas vale retomá-la. Eu disse a ele:

– Professor, eu trabalho dezesseis horas por dia...

Com a sabedoria que possui, o homem perguntou-me:

– Mário, quantas horas tem o dia?

Respondi:

– Vinte e quatro horas.

Ele continuou:

– Então, se você trabalhar dezesseis horas por dia, ainda lhe restam oito horas para fazer os trabalhos...

Sim, sempre há tempo para algo a mais! No meu caso, esse algo a mais a conquistar é conviver com os meus filhos Valéria, Adriano e Marcelo e com os meus netos. Quase não me permiti passear e viajar com eles; tudo em função do trabalho. Só depois de 2005 é que eu passei a reservar um tempo para as viagens. Começou com uma viagem à Itália. Não parei mais: visitei mais de 35 países. E como você já percebeu, eu gosto de perambular pelas cidades e países, e conhecer a essência dos povos, seus hábitos e culturas.

Sei que num determinado momento da vida passamos a fazer a "contabilidade". Quem vai por um caminho sempre avalia o que teria acontecido se tivesse escolhido outro percurso. No fim das contas, na grande maioria dos casos, você cai no seguinte questionamento: se fez o certo em priorizar a família ou o trabalho! Independentemente de qual tenha sido a opção, entenda que essa foi a sua escolha! Aceite-a e orgulhe-se dela. Não se arrependa daquilo que você faz. Eu mesmo faria tudo de novo. Se tivesse opção, melhoraria um aspecto ou outro, mas seguiria pelo mesmo trajeto.

Eu tenho certeza de que errei mais do que muita gente! Mas também acertei mais do que a maioria. Afirmo isso pelo grande número de decisões que tive de tomar na vida. Comecei a trabalhar com cinco anos de idade. Desde que me conheço por gente precisei tomar decisões. É como a prática de um esporte: quanto mais você treina, melhor fica! Quanto mais você decide, mais assertivo você fica!

Quando eu fiz o cursilho de cristandade na igreja, com duração de três dias, aprendi muito. Um dos ensinamentos que recebi foi o de montar e passar na mente o filme da própria vida. Esse é um exercício que devemos fazer anualmente. E todo dia 31 de dezembro você deve escrever o que fez naquele ano que passou, aquilo que não conseguiu realizar e também registrar as metas para o ano seguinte. Eu faço isso há mais de trinta anos. Na noite de réveillon, eu aproveito a festa: solto rojão, faço a ceia e vou deitar-me, concentrar-me no filme da minha vida. Vem tudo à mente: família, filhos, trabalho, amigos...

As partes que mais me incomodam são aquelas em que me lembro de ter sido, mesmo com certa razão, intransigente com alguém, ou mesmo de ter dito algo mais duro. Como eu afirmei, faria tudo de novo, mas se a gente pudesse ajustar algumas passagens e ter ainda melhor desempenho nos resultados alcançados, seria a vida dos sonhos! Algo como ter empresarialmente arriscado um pouco mais, ter empregado ainda mais gente.

Nós sempre pagamos pelos nossos erros. Talvez apenas a política ainda não puna na proporção devida. Eu, meus irmãos, os funcionários e a própria Gazin pagamos por nossos equívocos. Quando a Gazin para de crescer, a empresa sente os efeitos disso. É a lei da vida! Erros fazem parte de todas as trajetórias. Quem alcança sucesso, erra menos, aprende mais e transforma erros em oportunidades. Quem, ao contrário, não se destaca, tem errado muito e não tem aprendido com os próprios erros; muitos preferem achar culpados em vez de apontar o dedo para si próprios.

No mundo dos negócios e também nas construções das carreiras, há um percentual aceitável de erros. A margem é de 5%, o que já é suficiente para acender a luz amarela. Ao passar desse percentual, acende a luz vermelha! Isso vale para quem é funcionário, para quem tem uma pequena ou grande empresa, para quem tem uma ou quinhentas lojas! Obviamente, quanto maior você é, maior também fica o seu poder de superação. A Gazin é considerada uma grande empresa. Mesmo assim, passamos por situações difíceis impostas pelo mercado! Cabe a nós enfrentá-las e vencê-las!

No passado, muitos não tiveram a mesma sorte. Nesses anos todos, quantas redes quebraram? Arapuã, Mappin, Mesbla, G. Aronson... esses eram os "leões" do varejo! É claro que nos últimos anos apareceu muito dinheiro no mercado. Nos anos 1980 e 1990 não era bem assim. Talvez eles não tivessem quebrado se o problema acontecesse nos anos 2000. Hoje, até quem está com "luz vermelha" consegue recursos.

Outro ponto importante: defina se você realmente quer e está pronto para ter sucesso. Ele custa caro! O sucesso custa uma vida! Não há sucesso que custe mais "barato" do que isso! Às vezes, temos de fazer o que não gostamos, mas é justamente por essa porta que se abre o caminho da vitória. Eu sonhava em ter um armazém de secos e molhados. Quando surgiu a oportunidade de comprar uma loja de móveis e meu pai concordou e investiu o que podia no negócio, passei a ter necessidade de provar a ele que daria certo! Eu precisava fazer aquele pouquinho virar um montão! E eu e meus irmãos, com a ajuda de tanta gente, conseguimos!

Também considero que ter certa dose de teimosia é um importante ingrediente nas trajetórias de sucesso. Entenda teimosia como algo positivo, em tom de persistência. Aprenda a valorizar aquilo que você conquistou. Se é um bom emprego, dedique-se a ele, preze-o. Se é a sua empresa, independentemente do tamanho, cuide bem dela. Escolha pessoas competentes para trabalhar com você e que também tratem a sua empresa como se fosse delas.

Outra dica: crie metas realizáveis! Se num mês você vendeu R$ 10 mil, no mês seguinte busque vender R$ 10,5 mil. Essa é uma meta possível de ser alcançada ou superada; isso deixará a sua equipe motivada. Conte sua meta a todos que estão direta ou indiretamente envolvidos em alcançá-la; é uma forma de comprometê-los. Entenda também que além de compartilhar e comprometer a equipe com a meta, é preciso fazê-la participar dos resultados, ou seja, recompensá-la! Se você quer algo a mais, dê também algo a mais!

Quero ainda falar sobre a felicidade. Às vezes, não a alcançamos na plenitude. Mas escolha o seu alvo e busque ser feliz naquilo que você definiu. A felicidade é algo que nós mesmos criamos; temos de ir ao encontro dela. O esforço e a vontade são ingredientes da felicidade; a preguiça é a grande inimiga.

Agradeço aos meus irmãos Cidinha, Rubens, Jair e Antonio pelo respeito e carinho durante toda a nossa vida. Souberam aceitar minhas ideias, as boas e as que não deram tão certo, e confiaram em mim. Agradeço demais aos meu pais, que já partiram. À minha mãe, Laurinda, e ao meu pai, Alfredo. Ele saiu de Douradina, em 1973, e viu pouco do nosso crescimento. Queria muito que ainda estivessem por aqui. Meu pai vibrava e adorava saber que tínhamos comprado mais caminhões ou aberto mais lojas.

Amo muito os meus filhos; eles são trabalhadores e adoro estar com eles. Se eu tiver uma segunda chance de voltar para esta vida, vou querer ter os mesmos filhos: Valéria, Adriano e Marcelo. Mas a minha casa é o quintal da empresa, e vice-versa. Talvez por isso eu tenha vivido mais a Gazin do que minha própria casa. Talvez por isso eu sempre digo que minha família não é composta apenas pela minha esposa e pelos meus três filhos. Além deles, tenho ainda milhares de filhos... São os nossos membros da Família Gazin.

Eu quero viver com saúde e alegria. Estar no meio do povo realiza-me. Necessito desse calor humano. Por isso, eu prezo tanto a palavra "confiança"! Na Gazin, demos e damos oportunidade de trabalho e de crescimento pessoal e profissional a muita gente. Infelizmente, alguns poucos não entenderam bem isso ou decepcionaram-nos. Mas, mesmo assim, continuamos a apostar nas pessoas.

Sinto-me bastante motivado. Eu ainda tenho muito por fazer. Quem para no tempo "morreu" e não sabe! A vida é a nossa maior riqueza e não pode ser desperdiçada. Quem tem empresa jamais pode parar, precisa crescer sempre. Essa é uma necessidade para a sobrevivência do negócio. Acostume-se a dar o melhor de si. Quem age assim nunca aceitará tarefas malfeitas ou pela metade!

Quero agradecer por você ter dedicado parte do seu tempo para ler a minha biografia. Nela, mais do que a minha história, você conheceu a minha essência. Por isso, peço a você, leitor(a), que leve consigo aquilo que busquei transmitir com o livro: o meu exemplo de vida. É a história de um menino pobre que vai morrer pobre. Eu nunca pensei em ficar rico. Eu e meus irmãos construímos uma empresa grande, com alto faturamento e patrimônio. Mas é tudo dela! Nunca deixamos o poder e a riqueza subir à nossa mente.

Se com a minha história narrada neste livro eu conseguir transformar as formas de ser, pensar e agir de um jovem, serei o homem mais feliz do mundo! Entenda que, nesta vida, você não é, você está!

Todas as situações que vivemos são passageiras. Podem levar um tempo, maior ou menor, mas passam...

A vida também passa! E quando chegar um determinado momento, o que vale é olhar para trás e poder ler na sua biografia quanto de bem você fez, quanto você criou e gerou em empregos, estudos, riqueza... em realização de sonhos!

E se faltou algo ainda a fazer, a gerar ou a construir, entenda que *nunca* é tarde para começar... *Nunca* é tarde para realizar!

Minha filha, meu filho! Que Deus os abençoe!

AÇÕES DA GAZIN QUE A AJUDAM A ESTAR ENTRE AS MELHORES EMPRESAS PARA SE TRABALHAR NO BRASIL

O modelo de gestão da Gazin apresenta uma estrutura com poucos níveis hierárquicos, desburocratizada, simples e ágil.

O foco de ação da área de Recursos Humanos está fundamentado em três pontos específicos que determinam o sucesso corporativo: *pessoas, processos* e *satisfação do cliente*. O comprometimento da área faz com que a empresa antecipe-se às tendências e necessidades internas e externas, enfatizando a valorização do ser humano como elemento essencial ao negócio.

Na área de Recursos Humanos da Gazin, pratica-se *job rotation*, ou rotação de cargos. Esse é um recurso de motivação da equipe que faz com que os funcionários movimentem-se em várias posições e cargos na organização, tendo como objetivo principal expandir habilidades, conhecimentos e capacidades.

INTERAÇÃO COM OS FUNCIONÁRIOS

Sobre a ideologia (visão, missão, valores e negócio), as diretrizes são reforçadas por meio de placas informativas, que buscam dar direção à equipe, bem como orientar comportamentos. Alguns dos canais de comunicação entre a empresa e o grupo de trabalho são:

a) Rádio Gazin;
b) *Giro Gazin* (jornal interno);
c) Reunião mensal de resultados (mensagem do presidente, que apresenta todos os números da empresa por áreas de atuação e também ideias e novas estratégias);
d) Metas estampadas em calcinhas e cuecas (ferramenta de comunicação original dentro do grupo que representa um símbolo de relação íntima funcionário-empresa);
e) Reunião para Avaliação Gerencial Mensal (AGM), destinada a um grupo de líderes de áreas estratégicas da matriz;
f) Reunião do Bom-Dia (acontece diariamente no início de expediente em todas as empresas e setores, unidades e fábricas do grupo);

g) Boletins eletrônicos (são enviadas mensagens do presidente com informações importantes e reposicionamento de alguma diretriz);

h) Portal Gazin (fonte de hospedagem das informações, relatórios e vídeos para serem utilizados por líderes para o repasse de informação);

i) Mídia criativa (mensagens e recados afixados nos banheiros);

j) E-mail corporativo (objetiva a circulação de notícias entre todos os níveis da empresa, transmitindo notícias positivas e de agradecimento pelo esforço das equipes);

k) Cartazes e Placar de Resultados (afixados nos murais em locais de grande visibilidade na empresa);

l) Código de Conduta (manual com as principais condutas éticas esperadas dos funcionários);

m) Cartilhas diversas (informações que permitem a cada integrante conhecer a política da empresa);

n) SMS (para divulgação de notícias rápidas nos celulares dos funcionários);

o) Café Comunitário (encontro mensal com a participação dos funcionários e seus familiares, momento em que são sorteados brindes e compartilhadas informações);

p) Oficinas de lideranças (sistema de reuniões com os líderes das diversas áreas, para que atuem de acordo com as nove práticas do círculo da confiança que fazem parte das diretrizes estratégicas e da visão de futuro da Gazin. São elas: inspirando, falando, escutando, agradecendo, desenvolvendo, cuidando, contratando, celebrando e compartilhando);

q) Gestão de pessoas em movimento (atuação de profissionais do Departamento de Gestão de Pessoas, que percorrem unidades em outros estados fazendo palestras, tirando dúvidas, solucionando conflitos, promovendo a gestão por confiança etc.);

r) *Feedback* Amor x Verdade (independentemente do cargo e/ou função, os funcionários recebem de seus líderes os *feedbacks* de suas atuações na empresa);

s) Avaliação de Desempenho e Performance (momento que permite ao membro do grupo a oportunidade de falar e trocar *feedbacks* de ordem pessoal);

t) *Feedback* do presidente (cada um dos gerentes recebe avaliação de sua performance diretamente do presidente);

u) Workshop das Indústrias (o presidente e os diretores do grupo reúnem-se com os gerentes das indústrias duas vezes por ano, para análise de resultados, discussão de estratégias e avaliação sobre como alcançar competitividade no mercado);

v) Jornada Gestão de Pessoas (encontros profissionais de gestão de pessoas das unidades dos Centros de Distribuição, os CDs, e indústrias, para discutir práticas e alinhar estratégias de desenvolvimento, bem como solucionar conflitos e fazer com que cada um dê o melhor se si, trabalhando em equipe e em clima de confiança);

w) Convenção Gerencial Regional (encontro anual em que são repassadas as diretrizes para todos os gerentes, com temas pontuais e pertinentes às necessidades do Grupo Gazin);

x) Dia de Celebrar (todo dia 11 de cada mês as informações sobre vendas, faturamento, margem de lucro, crescimento, impostos pagos mensalmente etc. são transmitidos a todos os funcionários).

Em contrapartida, acontece também o caminho inverso, ou seja, a comunicação entre o trabalhador e a empresa, por meio das seguintes ferramentas:

a) Canal direto com o presidente da *holding* e os líderes (o presidente, bem como os demais diretores, executivos e líderes, estão sempre disponíveis para ouvir e atender as pessoas, seja por telefone ou e-mail);

b) Ouvidoria do Departamento de Gestão de Pessoas (funciona para denúncias, sugestões, dúvidas ou contato reservado e sigiloso com um profissional do RH);

c) Pesquisa de clima organizacional e setorial (avaliação dos funcionários sobre diversos aspectos:

relacionamento, remuneração, liderança, treinamento, gestão de informação etc.);

d) Caixa de sugestões nos setores (utilizada para melhorias em produtos, serviços e processos internos na empresa);

e) Reuniões setoriais de troca de ideias para melhorias (independentemente do nível hierárquico, os participantes opinam, sugerem e contribuem com suas sugestões no processo de alinhamento dos comportamentos, melhorias de processos, produtos e serviços);

f) Encontros periódicos com o corpo diretivo;

g) Viagem com o Patrão (viagens com o presidente da *holding*, Mário Gazin);

h) Visitas do presidente da *holding* às residências de funcionários, bem como a setores de trabalho, para conversar e estreitar a confiança com as pessoas;

i) Entrevista de desligamento (ocorre quando um funcionário é desligado ou pede demissão da empresa para que este possa registrar uma avaliação sobre sua passagem);

j) Diálogos éticos (diálogo sigiloso com um gestor sobre determinando assunto sobre o qual o membro da equipe não se sentiria à vontade para falar em público com o líder);

k) Espaço com o grupo de Gestão de Pessoas (para casos em que o profissional eventualmente não se sinta tratado da forma correta e esperada);

l) *Coaching* e *feedback* (diálogo franco entre líderes e liderados);

Outras ações:

a) Lentes da verdade (reuniões em que integrantes da diretoria ou da Gestão de Pessoas reúnem-se com grupos de trabalho pontualmente, sem a presença do líder direto, para ouvi-los);

b) Programa Cuidar no período experimental: funcionários com noventa dias de empresa, quando efetivados, recebem contato da área de Gestão de Pessoas para saber como está sendo seu processo de adaptação à cultura e para parabenizá-lo por ter sido efetivado;

c) Comitê de Responsabilidade Social (grupo composto por funcionários-voluntários que contribuem com ideias para ações e projetos sociais);

d) Comitê de Inovação (formação de grupos de profissionais para empreender melhorias nos processos e inovar, com o objetivo de ganhar competitividade);

e) Portas Abertas (no ambiente dos escritórios não há divisórias, a fim de que todo o time tenha acesso aos superiores, sem a necessidade de agendar horário ou sentir-se desconfortável com salas e portas que isolam as pessoas).

PROCESSOS DE INTEGRAÇÃO DOS NOVOS EMPREGADOS

No processo inicial, logo após a aprovação na seleção de pessoal, ocorre o treinamento para os novos funcionários, quando são abordados temas tradicionais, característicos para o momento de integração. O programa praticado tem a duração de apenas um dia e ocorre uma vez por mês, com todos os funcionários que possuem no máximo noventa dias de empresa. O processo é dividido em vários conteúdos, que contêm detalhamentos sobre a empresa e os cargos. São eles:

a) Conhecendo a empresa (cultura e valores);
b) Direitos e deveres;
c) Departamento Pessoal;
d) Benefícios;
e) Segurança do trabalho;
f) Sistemas de informação internos;
g) Processo produtivo;
h) Sistemas de Gestão de Qualidade (SGQ): 3R, que consiste em três objetivos básicos (reduzir, reciclar, reutilizar) e 5S, voltado para a eliminação dos desperdícios dos diversos tipos de recursos utilizados pela empresa;

i) Conhecer o setor de trabalho, as normas e pessoas específicas do setor;

j) Conhecer setores que farão parte do seu processo de trabalho;

k) ISO 9001 – norma internacional que fornece requisitos para o SGQ da organização.

FORMAÇÃO DE LÍDERES

Para que esse processo se consolide em termos de sustentabilidade e qualidade em liderança, os líderes em desenvolvimento recebem *feedback* formal e são treinados para também saberem dar *feedback* a seus colegas e gestores.

A empresa, além dos programas formais para capacitação de líderes, ainda permite atuação dos futuros gestores, incentivando experiências pontuais de gestão em processos internos, como a substituição em período de férias do líder principal, coordenação de projetos em áreas afins, entre outros.

A empresa aplica e atua com modelos de desenvolvimento em liderança para todos os níveis através da utilização de processos como *Coaching, Mentoring, Counseling, Job Rotation* (em outra localidade e unidade ou área de atuação), *Networking, Feedback* 360 graus e treinamentos *On the Job*.

Os eventos ou *workshops* específicos para formação em liderança são conduzidos por instrutores internos (presidência, Gestão de Pessoas e outros executivos) e cursos externos, tais como:

- Programa de Desenvolvimento de Liderança – organizado para trabalhar as habilidades das atuais e futuras lideranças, com o foco principal em Gestão de Pessoas e Vendas;
- Público-alvo: Lideranças atuais e futuras, conforme necessidade da empresa;
- Treinamento para Desenvolvimentos de Executivos: cursos internos e externos para executivos-chave da empresa;
- Vídeos e livros (disponíveis na biblioteca da UNIGAZIN para subsidiar o autodesenvolvimento dos funcionários e líderes);
- Treinamento Gestão Pessoal (com os seguintes temas: projeto de vida, educação financeira e dimensões do "ser um excelente lugar para se trabalhar");
- Programa de Treinamento sobre Administração de Tempo (destinado a desenvolver habilidades vinculadas ao aproveitamento do tempo no desenvolvimento do trabalho);
- Programa de Formação Gerencial para o Varejo (conteúdos de gestão de pessoas, vendas, marketing,

gestão comercial, auditoria, crédito e cobrança, rotinas de departamento pessoal);

- Curso de Formação de Instrutores Internos (tem o objetivo de capacitar os líderes a atuar como instrutores e palestrantes nos cursos de formação Gazin);
- Programa de Desenvolvimento na Área de Compras (almeja nivelar os conhecimentos dos compradores da indústria e do varejo e é aplicado pela instituição de ensino Fundação Dom Cabral;
- Programa de Desenvolvimento para Gerentes Industriais;
- Programa de Formação Gerencial para Indústria (capacitar engenheiros de produção para atuar como gerentes da indústria de colchões, molas, espumas e estofados).

Existem ainda práticas importantes em relação às políticas de remuneração, construção de carreira, saúde e desenvolvimento, assim como de cidadania empresarial (práticas com ações que envolvem os funcionários e seus familiares na participação de voluntariado na empresa e na comunidade). Todas essas ações, bem como outras iniciativas, preocupam-se em buscar comprometimento e valorização das pessoas, conforme destaca a gerente de Recursos Humanos da empresa, Viviane Thomaz:

Podemos considerar que, para se atingir a visão da empresa, é necessário traçar um planejamento estratégico preciso, ousado e voltado para resultados. Mas, acima de tudo, inspirador e confiável, de forma que cada um perceba a sua importância e a influência de seu trabalho diário no alcance das metas traçadas por todos. A empresa se preocupa em comunicar aos funcionários as soluções empreendidas para o tratamento das ocorrências, como forma de dar sentido às suas contribuições. Além disso, quer ouvi-los sobre suas impressões e sentimentos em relação à empresa.

FILOSOFIA GAZIN

NOSSA VISÃO:

Ser um Grupo econômico centenário, comprometido com a felicidade das pessoas.

NOSSÃO MISSÃO:

Estabelecer vínculos duradouros com os nossos clientes, promovendo as melhores condições para a venda de produtos e serviços.

NOSSOS VALORES:

– Respeito;
– Trabalho;
– Integridade;
– Transparência;
– Excelência com Simplicidade.

O que nos norteia e nos inspira:

1. Entender o cliente;
2. Confiar e gostar de gente. Fazer das pessoas e de seu desenvolvimento um diferencial competitivo;
3. Fazer negócios sustentáveis com uma perspectiva de longo prazo, contribuindo para o desenvolvimento econômico e social e para um meio ambiente saudável;
4. Ser implacável no corte de desperdícios;
5. Ser apaixonado pelo que faz. Cumprir metas e buscar, incessantemente, a geração de valor para as partes interessadas com planejamento e disciplina na execução;
6. Estar pronto para mudanças e aceitar a responsabilidade de inspirar outros a criar mudanças positivas. Inovar para não envelhecer;
7. Trabalhar de maneira que as atividades realizadas tenham significado e propósito para as pessoas, construindo um excelente lugar para se trabalhar;
8. Ser sempre um sonhador. Fazer do mundo um lugar melhor;
9. Realizar operações de forma rápida e simples, valorizando o seu tempo e o do outro.

RELAÇÃO DE ENTREVISTADAS E ENTREVISTADOS

Adauto Nicoletti Bovolante
Adelino Colombo
Ademocracino Lourenço Muzi
Adriana Cunha Ferreira
Adriano Gazin
Adriano Novo
Antonio Bandeira
Alzemar Souza
Amilton Cândido
Anderson Izidoro
Antonio Ciríaco
Antonio Gazin – irmão
Antonio Sergio Pazin
Aparecido Benedito
Artur Dias Bicaio
Carlos Eduardo de Andrade
Celi Ventura de Jesus
Daniel Trevisan
Diego Henrique Garcia Soriani
Edmilson Bergamaschi
Edson dos Anjos (Graya)
Edson Oleksyw
Fabiano Clessio Ludtke
Fernando Moretto
Fernando Sanches
Francisca Pereira Ribeiro (Kika)
Francisco Ontivero
Genésico Barros de Castro
Geronimo Borges
Gilberto Galafassi
Gilberto Ribeiro
Gleison Alves Pereira
Hitther Delatore
Iolanda Taglieri Rossi
Jaime de Souza
João José da Silva
João Perez Herrero
Joaquim Martins
Jober Cesar Dalmolin (Gringo)
José Aparecido Pedro
José Bússola (Mandioca)
José Carlos de Oliveira

José Daniel Camillo (Daniel, cantor)
José Roberto Corsine (Gabira)
José Roberto Tavares
José Rossi
Juliana Alves (Tijoleira)
Julio Cezar da Silva
Julio Kobren
Laurinda Gazin
Leandro Camilo da Silva
Leonilda Maria
Luis Freitas
Luiz Aparecido Custódio
Luiz David Neto
Luiz Marins (Professor Marins)
Marcelo Gazin
Marcio Ricardo Fabril (Berola)
Marco Antonio Muzi
Maria Aparecida Gazin (Cidinha Gazin)
Maria Madalena Bergamaschi
Mariluci Munaro
Maurício Churkin
Natal Angelo Pazin
Nelson Aparecido
Nivaldo Soares
Oscar Grasselli
Osmar Della Valentina
Pascual Garcia
Paulo Henrique de Souza
Paulo José da Silva (Paulo Melancia)
Paulo Rogério (Paulo Lambari)
Paulo Sergio Martins
Rauf Kadri
Ricardo Sirigalia Batista
Rita Rizzo Bach
Roberley Ronaldo Trolezi
Robson Melara
Ronaldo Koerich
Rosangela Bonelli
Rosangela Gurgel Diógenes
Ruy Roberto Hirschheimer
Queila do Carmo Pedroso
Rubens Gazini
Rui de Oliveira Dias
Salvador Gazin
Sebastião Gomes
Sonia Rossi
Suelane Maria Silva Goes
Vasco de Almeida Martins
Valéria Gazin
Viviane Thomaz
Walter Bergamaschi
Wanderley Pinheiro
Yoshimi Takei

ALGUMAS DAS OBRAS DE ELIAS AWAD

A Arte de Inspirar Pessoas e Encantar Clientes Biografia de Mário Gazin, fundador da Gazin Holding (2ª edição);
Viver e deixar viver Biografia de Samuel Klein, fundador da Casas Bahia (7ª edição);
José Aroldo Gallassini, uma visão compartilhada Biografia do presidente da Coamo, principal cooperativa agrícola da América Latina (2ª edição);
14 motivos para viver, vencer e ser feliz Trajetória de Oscar Schmidt, maior ídolo do basquete brasileiro (2ª. Edição);
Negócios & Música Biografia de Celso Ricardo de Moraes, presidente do Conselho do Grupo CRM (Kopenhagen, Lindt Brasil e Chocolates Brasil Cacau);
Sucessão: Decisiva e Necessária Case de sucessão do Grupo Gazin;
Cultura Organizacional Gazin Missão, Visão e Valores Focados em Pessoas
Ensina-me a Ensinar / Ensina-me a Aprender Box com dois livros sobre a trajetória de Affonso Brandão Hennel (fundador da SEMP Toshiba e da SEMP TCL) livro traduzido para o idioma chinês;
Sucesso em Palavras 16 biografias de alguns dos principais empreendedores do Brasil, como Chieko Aoki, Viviane Senna, Alberto Saraiva, Washington Olivetto, João Carlos Martins, entre outros;
Mr. Fisk Biografia de Richard Hugh Fisk / Fundação Richard Hugh Fisk) livro traduzido para o idioma inglês;
Nunca é tarde para realizar Biografia de Vicencio Paludo (fundador da Vipal Holding) livro traduzido para os idiomas inglês e espanhol;
Biografia de Julio Simões Fundador da JSL Logística/Grupo SIMPAR livro traduzido para o idioma inglês;
Biografia de Armindo Dias Fundador do Grupo Arcel e da rede de hotéis Royal Palm Plaza);
Biografia de João Uchôa Fundador da Universidade Estácio de Sá;
Sorte, Peito e Jeito Biografia de Sidney Tunda (Fundador do Grupo Uniar Poloar e STR);
Fazer o que ama, amar o que faz Livro de textos e reflexões de Elias Awad;
Nas asas de um sonho Biografia de Roberto Vascon;
A indústria do sucesso Biografia de Domingos Rigoni, fundador da Movelar)...

Contatos:
eliasawad@eliasawad.com.br
palestras@eliasawad.com.br
Site: www.eliasawad.com.br
Programa Biografias www.youtube.com/eliasawad